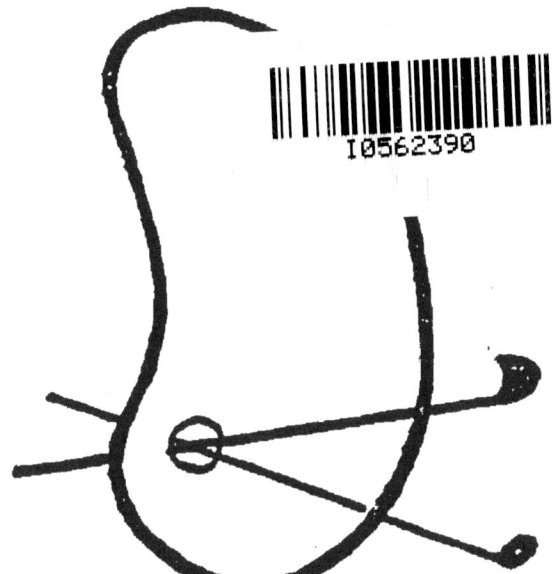

I0562390

Couverture inférieure manquante

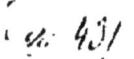

(Conserver la Couverture)

ITINÉRAIRE

11369

D'UN CHEVALIER DE SAINT-JEAN DE JÉRUSALEM

DANS L'ILE DE RHODES

PAR

LE BAILLI F. GUY SOMMI PICENARDI

GRAND PRIEUR DE LOMBARDIE ET VENISE, DU MÊME ORDRE.

Société de Saint-Augustin,

DESCLÉE, DE BROUWER ET Cie

IMPRIMEURS DES FACULTÉS CATHOLIQUES DE LILLE.

MCM.

ITINÉRAIRE D'UN CHEVALIER

DE SAINT-JEAN DE JÉRUSALEM

DANS L'ILE DE RHODES.

Est enim (Rhodus) amœnissima omnium Mediterranei maris insularum.

Buondelmonte : De insulis Arcipelagi.

Ærumnosæ Græciæ protectio, peregrinantium diversorium, naufragorum portus, miserorum asylum, languidorum xenodochium.

T. Guichardi ad Clementem VII Oratio.

Nous avons perdu nos conquêtes en Orient, mais l'Orient a gardé fidèlement notre gloire.

Michaud et Poujoulat : Correspondance d'Orient.

ITINÉRAIRE

D'UN CHEVALIER DE SAINT-JEAN DE JÉRUSALEM

DANS L'ILE DE RHODES

—— PAR ——

LE BAILLI F. GUY SOMMI PICENARDI

GRAND PRIEUR DE LOMBARDIE ET VENISE, DU MÊME ORDRE.

Société de Saint-Augustin,

DESCLÉE, DE BROUWER ET Cᴵᴱ,

—— IMPRIMEURS DES FACULTÉS CATHOLIQUES DE LILLE, ——

MCM.

A Son Altesse Éminentissime

FR. J.-B. CESCHI DE S. CROCE,

— GRAND-MAITRE —

de l'Ordre souverain et militaire de Saint-Jean de Jérusalem.

L'AUTEUR.

PRÉFACE.

MA profonde affection pour l'Ordre illustre [1] auquel j'ai l'honneur
d'appartenir, et la renommée de la sereine beauté de l'île qui fut, à partir
du XIVᵉ siècle jusqu'au commencement du XVIᵉ, le théâtre de son histoire, me conduisirent une première fois à Rhodes. J'y recherchai avec
soin, dans la ville et dans les faubourgs, les traces du glorieux passé de
la milice de Saint-Jean. J'y retournai une seconde fois, emportant avec
moi quelques-uns des livres où il est question de l'île et les notes que
j'avais pu recueillir çà et là dans les documents et les traditions de
l'Ordre, pour mieux apprécier le pays et les monuments qui y subsistent
encore. Ainsi il me fut permis d'évoquer sur les lieux mêmes une foule
de souvenirs, avec cette satisfaction qui vient de la certitude de ne pas
être le jouet des caprices de l'imagination.

Laissant absolument de côté ce que le temps nous a conservé des souvenirs
classiques de l'antiquité, non seulement dans la ville et les faubourgs, mais
encore dans le reste de l'île (que j'ai pu parcourir, non sans difficulté,
dans tous les sens), je ne me proposai d'autre but que de rechercher tout
ce qui se rapporte exclusivement à l'histoire des Chevaliers et à leur domination. Dès lors je visitai et étudiai de mon mieux les monuments qui
restent encore de cette époque ; monuments dont j'ai tâché de faire la description dans ces pages, en disant un mot des événements qui s'y ratta-
chent ; de là de nombreuses digressions, soit pour mettre en relief tel point
ignoré ou peu connu, soit pour réfuter les fausses données de l'histoire ou
de la tradition.

---

1. L'Ordre souverain et militaire de Saint-Jean de Jérusalem, appelé également Ordre de
l'Hôpital, Ordre de Rhodes, Ordre de Malte. Ses membres sont aussi appelés Hospitaliers. Dans
les Bulles et dans les anciens documents l'Ordre est toujours appelé *Hospitalis Hierusalem*.

Parmi les auteurs, et ils sont peu nombreux, qui ont traité en partie la matière qui fait l'objet de ce livre, il convient de citer au premier rang Hammer, Rottiers, Guérin, Biliotti et Torr.

Le premier, savant historien de l'Empire Ottoman, dans son livre intitulé Topographische Ansichten [1], qui a toutefois une valeur incontestable, est tombé dans une curieuse équivoque, comme le fait justement observer Ross [2]; car, voulant donner un récit fidèle du siège de 1522, et corriger en particulier les erreurs de Vertot et d'autres, il se rendit dans l'île en 1803, et, l'histoire à la main, visita les fortifications mur par mur, bastion par bastion, puis dressa avec beaucoup de soin le plan de la ville; mais il ne s'aperçut pas qu'il avait adopté un point de départ faux, ayant pris (erreur vraiment étrange chez un savant tel que lui) la colline de Symboli pour la montagne de Philermos; de là la description erronée qui accompagne ce plan.

Le colonel Rottiers alla, en 1825, passer une semaine à Rhodes et y retourna l'année suivante, en compagnie de M. Witdoeck, peintre flamand, dont il grécisa le nom en Aspro Madilli [3], et du jeune Dimitri, que lui avait donné pour guide M. Avenat, agent consulaire de France à Stanchio. Originaire de Lindos, Dimitri avait fait ses études à Padoue, et, après avoir parcouru l'Italie, était venu s'établir définitivement dans cette île [4]. Rottiers, dans ses Monuments de Rhodes, en homme qui se tient modestement à l'écart et qui rapporte la parole d'un autre plutôt que la sienne, présente au lecteur la description de Rhodes comme un récit sorti de la bouche de Dimitri, qu'il reconnaît digne de sa confiance [5]; et le livre est accompagné d'un atlas avec vignettes dessinées

---

1. P. 72, sq.
2. Reisen auf griechischen Inseln.
3. Monuments de Rhodes, p. 15, 87. Aspro Madilli veut dire Mouchoir blanc.
4. L. c., p. 20.
5. P. 36.

par Wildoeck. Les indications ·historiques données par Dimitri sur un ton déclamatoire, toujours dénuées de preuves, et parfois (nous le verrons) évidemment contraires à la vérité, n'ont guère de valeur en général. Que dire de la fable du moine de Trianda et de son manuscrit d'Éleuthère[1] ? Comment avoir fait de « bumaste », sorte de raisin, un village[2] et l'avoir marqué sur la carte défectueuse de l'île qui est au commencement de l'atlas ? Quant aux vignettes, indépendamment de leur mérite artistique, nous avons dû parfois constater sur les lieux le peu de fidélité tant de l'ensemble que des détails : erreur d'autant plus fâcheuse que pour certains monuments qui aujourd'hui n'existent plus, et que Wildoeck a vus et pu dessiner, nous ne sommes plus, malheureusement, sûrs d'en avoir dans son ouvrage une reproduction exacte.

Aussi y a-t-il, après cela, lieu de s'étonner qu'un livre, aussi dépourvu de critique, puisse être cité par des écrivains, tels que Guérin, comme l'ouvrage le plus important que nous ayons sur l'île de Rhodes[3] ?

Le meilleur livre et le plus agréable à lire est, à mon avis, le Voyage dans l'île de Rhodes, *de Guérin, dans lequel l'auteur ne se borne pas seulement à la description de la ville, mais fait encore celle de l'île tout entière, en reproduisant, avec quelques corrections, la carte tracée par Spratt[4].*

Chez Biliotti, Rhodien, qui, de concert avec l'abbé Cotteret, a écrit l'Ile de Rhodes *(le premier, et peut-être le seul livre imprimé à Rhodes), nous devons louer l'amour de l'île natale, qui éclate à chaque page, des détails intéressants ou peu connus, et surtout la publication de quelques passages d'un journal contemporain inédit qui est conservé à Rhodes[5] ;*

1. P. 235, 245, 246, 254, 258, 261, 263, 301, 325, 331, 341, 359, 360, 370, 389.
2. P. 199, 200.
3. « Le plus digne d'être consulté ». *Voyage dans l'île de Rhodes,* p. 3.
4. *Mediterranean Archipelago : Rhodes-Island.*
5. Nous avons pu nous en procurer une copie grâce à l'aimable intromission du vice-consul

mais déplorer les anachronismes, la reproduction des erreurs de Rottiers, et l'ignorance de l'histoire de l'Ordre ; défaut qui n'est que trop commun à la plupart des écrivains qui ont abordé directement, ou indirectement, le même sujet. Ainsi, par exemple, on s'étonne de trouver sous la plume d'un écrivain aussi instruit que Paul Lacroix, des phrases comme celle-ci : que « l'Ordre de Malte avait définitivement remplacé l'Ordre de » Saint-Jean de Jérusalem », et autres choses du même goût [1].

Le travail le plus récent qui s'occupe de l'île est celui de l'Anglais Cécil Torr [2], où se trouve condensé tout ce qu'ont dit de Rhodes même des auteurs peu connus. Il est à regretter toutefois, qu'avec une telle abondance de documents, l'illustre auteur n'ait pas donné à son livre, très estimable du reste, une apparence moins sommaire.

Un livre qui devrait être, au dire de Guérin [3], d'une importance capitale pour l'histoire de Rhodes, c'est l'ouvrage du Dr Jean Hedenborg, médecin suédois, qui, après de nombreux voyages, choisit cette île pour s'y retirer dans sa vieillesse, s'y établit à poste fixe, y vécut de longues années et y mourut en 1864, laissant le manuscrit d'une volumineuse histoire de Rhodes, que j'ai pu me procurer dans ces derniers temps [4]. Le livre de Hedenborg, écrit en allemand et enrichi de nombreuses vignettes, traite de Rhodes non seulement dans l'antiquité, mais encore pendant la domination des Chevaliers et des Turcs, et se continue jusqu'à nos jours. Il y est question des vicissitudes historiques, des arts, du commerce, de la flore, de la faune ; en un mot, pour employer une expression moderne, c'est un

d'Italie à Rhodes, M. Biliotti, qui l'a obtenue du cheik Abdullah, chef de la mosquée Mourad Reys de Rhodes, où il est conservé.

1. Bibliophile Jacob (Paul Lacroix): *Vie militaire et religieuse au Moyen-âge et à l'époque de la Renaissance.*

2. *Rhodes in modern times.*

3. P. 4, 5.

4. *Geschichte Rhodos.* Trois parties en quatre volumes et un atlas. Nous en avons fait l'acquisition de la veuve même de l'auteur.

travail de fonds. La partie du livre la plus importante est celle qui regarde l'archéologie, et les nombreuses inscriptions grecques qu'il a recueillies ont une valeur toute particulière. Pour ce qui concerne l'époque des Chevaliers et leurs monuments, il est, malheureusement, tombé dans une foule d'erreurs, montrant une connaissance très insuffisante des choses de l'Ordre[1]. Aussi cette étude, d'ailleurs pleine d'érudition, ne m'a-t-elle été que d'un secours à peu près insignifiant pour mon livre.

Quant à moi, j'aurais voulu m'étendre plus longtemps et donner des détails circonstanciés sur les murs, les tours, les fossés, les auberges, et sur ce qui reste du palais des Grands-Maîtres, si, outre l'impossibilité de pénétrer dans les habitations qui servent de résidence spéciale aux femmes musulmanes, je n'avais trouvé, lors de mon second voyage à Rhodes, une défense absolue du Gouverneur et de ses subalternes de visiter les édifices qui ont l'aspect de forteresses et où sont logés les soldats, défense qui émane du palais impérial de Constantinople, et qui a rendu vaine toute tentative de ma part d'étudier ces lieux en détail. Mesure vraiment étrange, quand on songe que plusieurs voyageurs, entre autres Pietro della Valle, qui était à Rhodes en 1616[2], purent visiter sans peine toutes les fortifications, et que celles-ci sont aujourd'hui telles que les laissèrent les chevaliers en 1522, par conséquent sans aucune valeur stratégique actuelle ; — tant est révoltante l'intolérance, et encore plus, s'il était possible, l'ignorance des Turcs !

Il m'est enfin un devoir d'adresser un mot de remerciement à ceux dont l'aimable concours m'a valu des indications utiles ou a secondé mes

---

1. Il répète une foule d'erreurs de Rottiers et autres. Il appelle, par exemple, Tour de Saint-Nicolas celle du Trabucco, Tour de Saint-Elme celle de Saint-Nicolas; Porte de Saint-Ambroise celle d'Amboise ; Prieurés les Auberges ; fait un Anglais du chevalier piémontais Provana, et appelle adjudant-général le Lieutenant du Grand-Maître, etc., etc., etc. (V. p. 111.)

2. Viaggi : vol. I, p. 318.

*recherches ; je suis heureux de citer en particulier M. Delisle, adminis-
trateur de la Bibliothèque nationale de Paris, M. Constantin Sathas,
savant grec de la plus haute érudition, le P. Félix de Jenne, préfet
apostolique des PP. Réformés à Constantinople, et M. Albert Biliotti,
vice-consul d'Italie à Rhodes.*

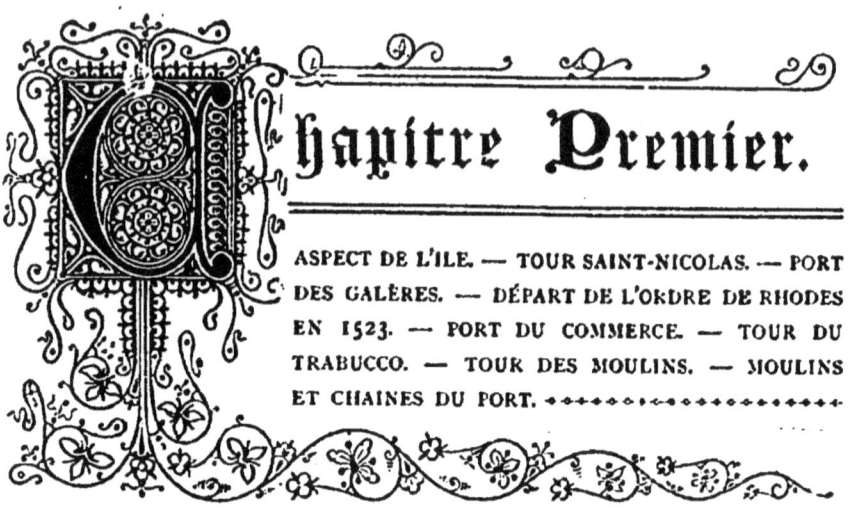

Chapitre Premier.

ASPECT DE L'ILE. — TOUR SAINT-NICOLAS. — PORT
DES GALÈRES. — DÉPART DE L'ORDRE DE RHODES
EN 1523. — PORT DU COMMERCE. — TOUR DU
TRABUCCO. — TOUR DES MOULINS. — MOULINS
ET CHAINES DU PORT.

U sein des eaux d'une mer enchantée, dans le plus doux climat de la Méditerranée, s'élève l'île de Rhodes, dont les anciens et les modernes ont loué tour à tour la beauté du sol, les monuments artistiques et le glorieux destin : « Je ne » connais pas au monde, écrivait jadis un illustre voyageur, » une plus belle position militaire, ni un plus beau ciel, ni » une terre plus riante et plus féconde [1]. »

Quand j'y abordai pour la première fois, j'apportais avec moi la copie d'une des nombreuses vignettes qui ornent un riche manuscrit de la Bibliothèque nationale [2] de Paris, représentant la vue générale de la ville à l'époque du siège de Mahomet II. Chose vraiment étrange, au bout de quatre cents ans, Rhodes a conservé pour ainsi dire, au premier coup d'œil, l'aspect qu'elle avait au déclin du XVe siècle ; j'avais sous les yeux un spectacle inouï, inattendu, dans cette ville médiévale aux murs crénelés, laquelle rappelle en grande partie celles de nos villes qui ont gardé l'aspect extérieur du moyen-âge, dans ces tours sévères qui se détachent sur le ciel d'azur de l'Orient et au milieu des fines aiguilles des minarets et les palmiers.

Le navigateur qui vient de Smyrne, après avoir doublé le cap septentrional de l'île, qui s'appelait au temps de l'Ordre cap de Saburra [3] ou des Moulins et

---

1. Lamartine : *Souvenirs, impressions, etc., pendant un voyage en Orient.* Vol. I, p. 166.

2. *Obsidionis Rhodiae Urbis descriptio*, par Guillaume Caoursin.

Ce manuscrit, un des plus beaux livres à peintures de la Bibliothèque nationale de Paris (Fonds latins, n° 6067), est un petit in-folio sur très beau vélin. Il provient, à ce qu'on croit, du fonds Colbert, qui avait pour les beaux livres une grande passion ; probablement il fait partie de l'envoi fait à ce célèbre ministre par le consul d'Alep et Chypre, en 1673. Le style des peintures rappelle celui de J. Focquet, peintre du temps de Louis XI ; leurs dimensions sont à peu près de 0,25 sur 0,18 ; elles sont très nombreuses et intéressantes.

3. Breydenbach : *De Rhodiae urbis obsidione.* — *Saburra*, en latin, est l[:] lest de pierres, cailloux et sables dont est couverte cette pointe, et Pauli, traduisant le *Puncta Arenarum* d'un diplôme, l'appelle *Punta della Arenella.* Cod. Dipl. Vol. II, p. 496. Les Turcs la nomment *Koumbournou.*

PLAN DE L'ÎLE DE RHODES AU XVe SIÈCLE.

(FAC-SIMILE RÉDUIT D'UN DES GRANDS PLANS TOPOGRAPHIQUES DES *Sanctarum Peregrinationum* DE BREYDENBACH, LYON, 1488.)

même de Saint-Martin [1], une fois arrivé devant le Lazaret et la tour de Saint-Nicolas, embrasse l'ensemble de la ville avec ses deux ports dits de la Darse et du Commerce. Puis, par un bassin carré, d'environ cent trente mètres de longueur, et dominé à l'embouchure du côté nord par une mesquine construction moderne qui sert de Lazaret, on entre dans le port nommé Mandrachi [2] par les Grecs, Dershane par les Turcs, et qui, au temps des Chevaliers, s'appelait le port des Galères. L'étroit passage du bassin dans le port est formé de deux digues qui

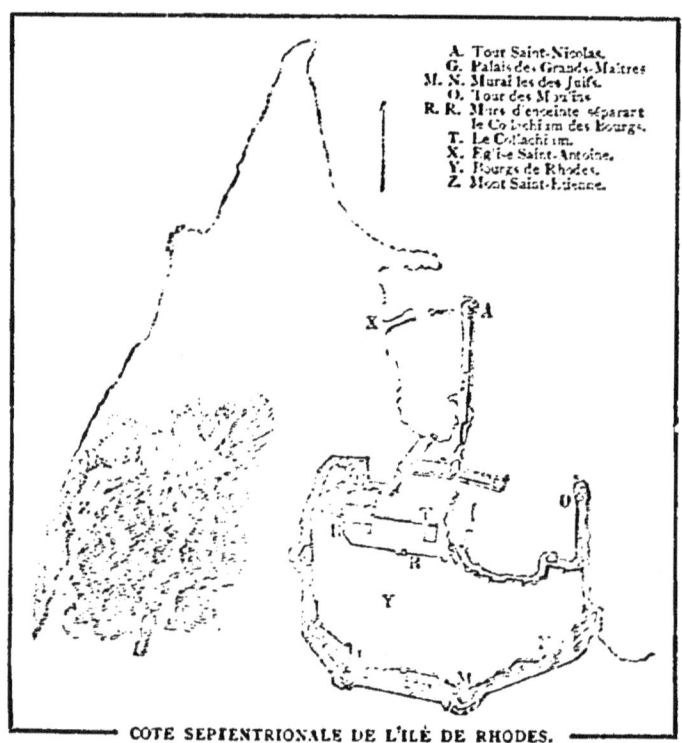

A. Tour Saint-Nicolas.
G. Palais des Grands-Maîtres
M. N. Murailles des Juifs.
O. Tour des Moulins.
R. R. Murs d'enceinte séparant
le Colachium des Bourgs.
T. Le Colachium.
X. Église Saint-Antoine.
Y. Bourgs de Rhodes.
Z. Mont Saint-Étienne.

CÔTE SEPTENTRIONALE DE L'ÎLE DE RHODES.

partent, l'une du rivage côté ouest, et l'autre de l'est, se détachant de la tour de Saint-Nicolas. Cette seconde digue, qui, d'après Hammer, serait l'œuvre du Grand-Maître Fr. Adéodat de Gozon, se trouve actuellement en grande partie renversée [3]. Le port, de forme presque rectangulaire, d'une longueur d'environ

1. Bosio : *Historia della Sacra Religione e Illustrissima Militia di S. Giovanni Gerosolimitano.* Vol. II, p. 403 et 652.
2. On trouve encore cette appellation usitée en Provence et en Istrie. V. Caprin : *Marine Istriane,* p. 166.
3. Hammer : *Histoire de l'Empire ottoman.*

Itinéraire d'un chevalier de St-Jean.

2

trois cents mètres sur deux cents de largeur [1], mais envasé de plus en plus par l'incurie des Turcs, n'a plus aujourd'hui que trois mètres de profondeur à l'entrée et un peu plus de quatre à l'intérieur [2], de sorte que là où se tenaient autrefois les galères de l'Ordre, de petits bateaux peuvent à peine maintenant jeter l'ancre. Il est borné à l'est par un môle long de quatre cent cinquante mètres [3], sur lequel se dresse la fameuse tour de Saint-Nicolas, que quelques-uns ont appelée à tort de Saint-Elme [4] et qu'un voyageur, Santo Brasca [5], qui visita Rhodes au XVe siècle, cite comme la plus belle et la plus magnifique que l'on puisse voir, bâtie sur des rochers et avec des fondations certainement helléniques.

Il y avait sur ce môle, en 1479, trois moulins à vent et une chapelle dédiée à saint Nicolas [6]. L'ancien fort fut rebâti tel qu'il est en 1464 par le Grand-Maître Fr. Raymond Zacosta, moyennant la somme de douze mille écus d'or fournis par Philippe le Bon, duc de Bourgogne et père de Charles le Téméraire, sans doute en considération du chevalier Fr. Jean d'Assaly [7], procureur de l'Ordre dans les Flandres, et peut-être aussi en souvenir de la défense que firent les Bourguignons du même fort, en 1444, contre les Égyptiens [8]. A l'occasion de cette reconstruction, on plaça dans le mur qui donne sur la mer une pierre avec inscription commémorative et avec les armoiries de Philippe et des provinces soumises à sa domination [9]. Aujourd'hui l'inscription n'existe plus, mais on aperçoit encore, outre deux lions qui supportent un écusson où ses armes étaient écartelées avec celles de ses États [10] et entouré du collier de l'Ordre de la Toison d'Or qu'il avait fondé, trois autres armoiries qui, en commençant à gauche du spectateur, sont celles de l'Ordre, du Grand-Maître Zacosta et, je pense, du chevalier d'Assaly. Au-dessus du marbre qui porte ces quatre écussons on remarque une statue mutilée, représentant saint Nicolas, laquelle y a été très probablement transportée de la chapelle, placée sous le vocable du Saint, qui s'élevait autrefois sur le môle. Le fort, auquel on monte par un escalier qui part de l'étage inférieur, où sont plusieurs casemates et un reste de chapelle, se compose d'une « *très belle et grosse tour ronde et grosse muraille* », comme l'a écrit Merry Dupuys [11]. Elle est à plusieurs étages en saillie et en retrait et fort importante par les batteries hautes

---

1. Guérin : *Voyage dans l'île de Rhodes*, p. 88.

2. *Mediterranean Pilot*, p. 13, 14.

3. *Ibid.*, p. 13. Hammer, *l. c.*

4. *Mediterranean Pilot*, p. 13. Hammer, Hedenborg, III.

5. *Itinerario alla Sanctissima Città di Jerusalem*. Brasca fut chancelier de Louis Sforce, duc de Milan.

6. Arnolf von Harff : *Pilgerreise*, 71.

7. Bosio, II, 293.

8. Germanus : *Vita Philippi III Burgundiae ducis*. Dans Ludevig : vol. IX, p. 71, sq. Barante : *Histoire des ducs de Bourgogne*, IV, 140, 141.

9. Bosio, II, 293.

10. Rottiers en donne aussi le dessin (Pl. XXXVI). Mais les armoiries d'Assaly ont un lion sur champ semé d'étoiles, lesquelles manquent sur ce dessin, soit qu'elles aient été oubliées par le sculpteur, ou plus probablement rongées et effacées depuis le temps par l'air de la mer.

11. Relation du siège de Rhodes en 1480 : dans l'*Histoire des Chevaliers de Saint-Jean de Jérusalem*, de Vertot, édit. de Paris, 1726, p. 599.

et basses et par la vaste enceinte de murs carrés qui rappelait à Guglielmotti le château de l'Œuf de Naples ; quoique d'un aspect plus majestueux et muni de plus nombreuses meurtrières [1].

Ce fort qui commande le port du Commerce, dit aussi le Grand port, et les tours qui le défendent, était regardé avec raison comme la principale clef de la ville de Rhodes [2] ; aussi la garde en fut-elle toujours confiée à des Chevaliers d'une fidélité à toute épreuve et connus par leur bravoure. C'est contre lui que furent dirigées les principales attaques des Turcs ; pendant le siège de 1480, en particulier, l'armée de Mahomet II [3] vint s'y heurter à plusieurs reprises avec des pertes considérables. Dans la suite, le fort, qui avait beaucoup souffert, fut consolidé par le Grand-Maître Fr. Pierre d'Aubusson ; mais le tremblement de terre du 18 décembre 1481 l'ayant en grande partie renversé, une autre restauration devint nécessaire [4]. Quand l'île fut tombée au pouvoir des Turcs, Sotiman donna l'ordre de réparer les dégâts causés par le second siège, en 1522.

— VUE DU PORT DES GALÈRES. —

Sur ce fort comme sur les murs et aux portes de la ville, on voyait, il y a quelques années, et on y en trouve encore plusieurs aujourd'hui, un grand nombre de canons et autres pièces d'artillerie provenant des Chevaliers. En 1681, le voyageur Corneille Le Bruyen en signale une, entre autres, de douze pieds de long avec une bouche d'une grandeur extraordinaire [5], sans doute celle qui, soixante-cinq ans auparavant, faisait l'admiration de Pierre de la Valle, et qui était assez vaste pour contenir un homme, et qui lançait un boulet du poids de quarante-quatre oches turques [6]. La plupart de ces pièces portaient des inscriptions, presque toutes

---

1. Guglielmotti : *La Guerra dei Pirati e la Marina Pontificia*. Vol. . p. 210. Rottiers, pl. XXI.

2. Le Bâtard de Bourbon : *La grande et merveilleuse expugnation de Rhodes ;* dans Vertot, *ibid.*, p. 633.

3. Bosio, II, 399, 402, 403, 404, 407, 408, 409. J'ai vu, pendant l'été de 1893, de l'assaut donné par les Turcs à la tour de Saint-Nicolas, en 1480, un curieux dessin en couleurs, sans doute une copie d'un ancien tableau, chez un employé de la Poste ottomane, à Rhodes.

4. Bosio, II, 438.

5. *Voyage au Levant*, p. 546.

6. *Viaggio*, I, p. 320, 321.

des écussons et des dates ; il y en avait de 1482 et de 1507, remarquablement longues et grosses, très belles en général. Dernièrement une grande partie a été transportée à Constantinople et transformée en monnaie ; plusieurs canons ont été offerts par le sultan Abdul-Medijd à l'empereur Napoléon III, qui les a donnés lui-même à l'Hôtel des Invalides, en 1862 [1]. Lorsque Rhodes se rendit aux Turcs, en 1522, l'Ordre disposait de trois mille pièces d'artillerie.

C'est dans ce port que s'embarqua le Grand-Maitre Fr. Philippe de Villiers-de-l'Isle-Adam un peu avant la nuit [2], le 1er janvier 1523, et le lendemain, à cinq heures du matin [3], il mettait à la voile pour l'île de Candie. L'embarquement se fit non seulement avec la plus grande confusion, suivant le récit de Vertot [4], mais encore d'une manière qui excitait l'indignation et la pitié tout ensemble, car la plupart des Chevaliers blessés et estropiés étaient le jouet des sarcasmes et de la cruauté des vainqueurs. « C'était une pitié, écrivait le chevalier Puccini à Paul Vettori, de voir embarquer les blessés et les estropiés à coups de bâton [5]. » Suivie de toute la Communauté, excepté de quelques Chevaliers qui la rejoignirent bientôt à Candie [6], et par un grand nombre de Rhodiens qui préférèrent l'exil à la domination musulmane [7], la flotte des Chevaliers s'éloignait de l'île au son de la trompette qui annonçait la mémorable retraite [8]. Le Grand-Maitre avait pris place à bord du vaisseau « Sainte-Marie », aux ordres du Commandeur de Trinquetaille [9], et emportait avec lui les plus insignes reliques, à savoir la main droite de saint Jean-Baptiste, et l'image vénérée de Notre-Dame de Philerme, et les archives et les clefs de la ville de Rhodes. Venaient ensuite trois galères et un galion : la « Sainte-Catherine », le « Saint-Jean » et le « Saint-Bonaventure » ; puis enfin onze navires, quatorze embarcations secondaires et la Grande Caraque [10],

---

1. Guérin, p. 118, Biliotti et Cotteret : *L'Ile de Rhodes*. La description des canons de Rhodes, aujourd'hui à Paris, se trouve dans le *Catalogue des Collections composant le Musée d'Artillerie*, 1889, par L. Robert, vol. IV.

2. Bourbon, p. 683. Bosio, II, p. 706. Rottiers est le seul, que je sache, qui fixe l'embarquement au 31 décembre (l. c., p. 156).

3. Calcondila : *Histoire de l'Empire grec*, I, p. 488. Bosio, II, 707, dit qu'il s'embarqua à 10 heures du soir. Mais l'opinion de Calcondila me parait préférable, car le Grand-Maitre devait avoir hâte de quitter Rhodes.

4. *Op. cit.*, p. 281.

5. Lettre de Paul Vettori, écrite de Messine le 2 mars 1522 : dans les Archives de Florence.

6. Sanuto, dans les *Diari* (vol. XXXIV, p. 10, 11), en compte 200 ; Puccini.

7. Puccini dit que les Rhodiens étaient au nombre de 3.000 ; parmi eux se trouvait Roberto Peruzzi, juge d'appel à Rhodes, qui avait traité la reddition de la place.

8. Cette trompette, conservée religieusement parmi les plus précieux souvenirs de l'Ordre, se trouve aujourd'hui dans la salle d'armes du palais Magistral, à Malte.

9. Et non Trinquetille, comme l'écrit Biliotti, p. 340. Trinquetaille était une des Commanderies de la Langue d'Auvergne au Prieuré de Saint-Gilles. L'église de Saint-Thomas de Trinquetaille fut donnée à l'Ordre dans les premières années du XIIe siècle par Brunipuet, archevêque d'Arles. V. Grasset, *Essai sur le Grand-Prieuré de Saint-Gilles*, p. 201, et Delaville le Roulx, *Cartulaire général*, etc., p. 36.

10. Caraque, et *Caraxca* ou *Caracco* en italien, était aussi le nom que donnaient les Portugais aux vaisseaux qu'ils envoyaient dans les Indes Orientales et au Brésil ; c'étaient des bâtiments presque ronds

sous les ordres du Turcopolier Fr. Guillaume Weston, de la Langue d'Angleterre : en tout trente vaisseaux [1].

Après une traversée orageuse, le Grand-Maître atteignit l'île de Candie le 18 janvier [2], et jeta d'abord l'ancre dans la baie de Sitia [3], où il vit venir au-devant de lui Paul Trevisani, envoyé par le Capitaine général vénitien Dominique Trevisano [4], et ensuite dans le port de Castro [5], où il rencontra les principaux personnages, et Trevisano en personne, qui lui avaient fait disposer un logement convenable à l'hôpital de la ville [6], ou, comme le dit Sanuto [7], à l'archevêché. Trevisano lui présenta ses hommages, cherchant à excuser le Sénat vénitien de l'indifférence avec laquelle il avait assisté au massacre des Chevaliers, dont il loua hautement la valeur malheureuse, et lui offrant immédiatement ses services. Suivant le rapport de Trevisano à la Seigneurie [8], le Grand-Maître lui aurait répondu sur le ton le plus aimable ; mais, selon d'autres, il lui reprocha au contraire la timide politique du Sénat qui, disposant de plus de soixante galères dans le port de Candie, non seulement n'avait pas envoyé le moindre secours aux défenseurs de Rhodes, mais avait encore empêché qu'ils n'en reçussent de Chypre [9].

Quelques jours après son arrivée à Candie, le Grand-Maître y fut rejoint par d'autres vaisseaux de l'Ordre qui avaient essuyé de furieuses tempêtes pendant la traversée. Parmi eux se trouvaient ceux du Bailli et Gouverneur de l'île de Lango [10], Fr. Pierino da Ponte, ensuite Grand-Maître à Malte; ceux qui portaient l'Amiral Fr. Bernardino Piossasco d'Airasca, commandeur du château de Saint-Pierre [11], et les Chevaliers préposés à sa garde et à celle des îles secondaires de l'Ordre, Nissiros, Calymnos, Leros, Piscopia, Simi, Carchi, Limonia et Castellorizzo, et une fuste avec l'Archevêque de Rhodes [12]. Léonard Balestrino, accompagné de quelques gentilshommes rhodiens, et par lequel le Grand-Maître apprit une foule de détails sur la ville abandonnée et notamment le meurtre des fils de Zizim.

Le 7 janvier arrivait encore à Candie le vaisseau dit la *Porta*, avec le capitaine Demetrius Colombardo [13], sur lequel avaient pris place plusieurs des principaux

---

1. D'après Vertot, il y en avait cinquante : III, p. 281.

2. Sanuto, XXXIV, 90. « Après avoir passé en mer plusieurs fortunes, sommes arrivés tous épars en » cette île de Candie. » (Lettre du Grand-Maître de l'Isle-Adam, du 7 février 1523, à son neveu François de Montmorency. V. Charrière, *Négociations de la France dans le Levant*, I, p. 95.)

3. Marulli, *Vite dé Gr. Maestri*, p. 686, 689. Deux navires de l'Ordre, la « Sainte-Croix » et la « Carmagnole », se brisèrent sur les récifs de cette baie. *Ibid.*, 688.

4. Fontana, *Dell' origine della Sacra ed Eminentissima Religione Gerosolimitana*, p. 146.

5. La ville capitale de l'île de Candie ; son nom est Megalo Kastron.

6. *Relazione del Capitano Generale a Candia Domenico Trevisani fatta l' a. 1523.* Mss. de la Biblioth. de Saint-Marc, à Venise, cl. VII, cod. 882.

7. Sanuto, XXXIV, p. 10.

8. *Relazione*, ci-dessus.

9. Vertot, III, p. 286. Marulli, p. 688, 689.

10. L'ancienne Coos, appelée Stanchio par les Turcs.

11. Bosio, II, p. 624 ; III, p. 12. Sur le château de Saint-Pierre, aujourd'hui Boutroum, l'un des principaux boulevards de l'Ordre en Asie-Mineure, voir, entre autres, Bosio, II, *passim*.

12. Bosio, III, p. 2, 3, 4.

13. Sanuto en fait aussi mention, XXXII, p. 139, et le dit originaire de Corfu et établi à Rhodes.

habitants de Rhodes avec leurs familles, qui s'étaient embarqués le lendemain du départ du Grand-Maitre ; parmi eux se trouvaient Costantin des marquis Doria et Pierre Lomellino del Campo. Le même jour survint encore le vaisseau du capitaine Antoine Bonaldi, Vénitien, que sa valeur pendant le siège [1] avait fait élever au rang de Chevalier. Lorsque l'Isle-Adam vit tous ses vaisseaux réunis, il en passa la revue, et il fut constaté que les habitants de Rhodes et des autres îles de la Religion s'étaient réfugiés à Candie au nombre de quatre mille, sans compter ceux qui étaient à la solde de l'Ordre [2]. Peu de temps après, ces vaisseaux prirent des directions diverses, et au mois de mars il n'y avait plus à Candie sous les ordres de l'Isle-Adam que la Grande Caraque, deux navires et trois galères [3].

Au sud-est du port des Galères, se trouve le grand port du Commerce, avec une profondeur actuelle de sept mètres et défendu autrefois à l'entrée par deux tours, dont l'une a été renversée par le tremblement de terre de 1863. Elle était située à l'extrémité d'un môle d'environ cinquante mètres de longueur et tourné vers l'est [4]. Carrée, très élégante, couronnée de quatre tourelles aux quatre angles supérieurs, offrant à son centre une lanterne octogonale, elle s'élevait à environ quarante mètres au-dessus du niveau de la mer. Elle avait été bâtie par le Grand-Maitre Fr. Philibert de Naillac, dont on voyait les armes sur la partie ouest, et non par le Grand-Maitre de Gozon, comme l'affirme Rottiers [5]. Un arc la reliait à la courtine qui, courant le long du môle, rejoint l'enceinte fortifiée de la ville. Fortement endommagée par le tremblement de terre de 1851, elle a été restaurée par les ordres du sultan Abdul-Medijd, comme en témoigne une inscription commémorative ; mais le travail ayant été fait négligemment, un second tremblement de terre, survenu en 1863, la renversa de fond en comble. Cette tour a porté différents noms : elle a été appelée tour des Arabes, parce que Naillac, qui la fonda, employa un grand nombre d'esclaves à sa construction ; de Saint-Michel, de Saint-Ange, et plus souvent de Naillac, du Trabucco [6], et Tour Franque. Plusieurs écrivains modernes la confondent avec celle de Saint-Nicolas en intervertissant les noms.

En face de l'endroit où était située la tour du Trabucco, distante en ligne droite de deux cent trente mètres et qui ferme le port du Commerce vers l'est, s'élève une autre tour à l'extrémité d'un môle qui va du sud au nord et est parallèle à celui de Saint-Nicolas, mesurant deux cent soixante mètres [7] de long sur trente

---

1. Fontanus, *De Bello Rhodio*, I, l'appelle Bouladius. Bosio, III, p. 2. Sanuto cite une lettre de ce Bonaldi à son oncle Bernardino de Florio, écrite de Rhodes le 26 juin 1522. Diarî, XXXIII, p. 386, 387.

2. Bosio, III, p. 2.

3. Puccini, *lett. cit.*

4. *Mediterranean Pilot.*, p. 14.

5. *Op. cit.*, p. 64.

6. Sans doute de *Tribuccum*, sorte de machine de guerre pour lancer des pierres. Peut-être ce mot vient-il du Trabucco (Marulli écrit Tributo) que fit faire, pendant le siège de 1480, le vicomte Antoine d'Aubusson, frère du Grand-Maitre. V. Marulli, p. 534.

7. *Mediterranean Pilot.*, p. 14. Torr, p. 38, le dit long de 300 yards, et Guérin, p. 92, lui donne 250 mètres.

de large. Haute de vingt-trois mètres [1], elle s'appelle tour de Saint-Jean et des Moulins. Hammer l'appelle tour des Anges [2], et les cartes anglaises Kandia-point sans doute de Acandia, qui est le nom de l'ancien port de Rhodes au sud de celui du Commerce, et dont le môle sur lequel est bâtie la tour forme le bras septen-

TOUR DE NAILLAC OU DU « TRABUCCO ».
RENVERSÉE PAR UN TREMBLEMENT DE TERRE EN 1863.

trional. Ce port d'Acandia, employé par les anciens, fut abandonné des Chevaliers, qui ne s'en servirent jamais. C'était à son extrémité sud qu'ils avaient coutume de faire exécuter les condamnés à mort, comme l'indique non seulement une des

1. *Ibid.*, p. 14.
2. *Op. cit.*, VI, p. 391. *Le Mediterranean Pilot.*, p. 14, l'appelle de St-Ange.

miniatures du magnifique manuscrit de Paris déjà cité, mais encore une vue générale de Rhodes qui se trouve dans le voyage de Bernard Breydenbach, de 1482 [1],
lequel, à propos de cet endroit, dans son livre *De Rhodiæ urbis obsidione*, dit : *in
cujus vertice damnati extremo afficiuntur supplicio*.

D'après une tradition, la tour de Saint-Jean aurait été bâtie par saint Louis,
roi de France, durant la Croisade de 1248 [2] ; mais il est certain qu'elle fut recons-
truite ou réparée en grande partie par le Grand-Maître d'Aubusson, dont on voit
encore les armes sur le côté qui regarde l'entrée du port.

A propos de l'écusson de ce Grand-Maître, qui est d'or à la croix ancrée de
gueules, et qu'on retrouve sur presque tous les monuments qu'il bâtit ou restaura
pendant son glorieux magistère, nous ferons observer que Rottiers l'a pris pour
un second blason de l'Ordre ; erreur répétée par Guérin et plus récemment par
Biliotti, suivant lequel, nous le dirons plus loin, les armoiries de ce Grand-Maître
n'auraient été que celles de l'Ordre, qui blasonna toujours de gueules à la croix
d'argent [3].

Cette tour de Saint-Jean, dont la forme rappelle sensiblement celle de Saint-
Nicolas, était aussi appelée, comme nous l'avons dit, tour des Moulins, de treize
moulins à vent qu'on voyait autrefois sur le môle et qui passaient pour avoir
été construits par des Génois faits prisonniers dans une tentative pour s'emparer
de la ville [4]. La plupart de ces moulins faisaient partie de la dotation de certaines
églises : ainsi en 1389 le second et le sixième (à partir de la tour) furent accordés
à la chapelle de la Vierge de l'église de Saint-Jean ; en 1392 le premier, le quatrième et le neuvième à l'église de Sainte-Catherine dans le faubourg ; et en
1489 le troisième fut ajouté à la dotation de plusieurs autres églises de Rhodes [5]. Ces treize moulins figurent encore sur la vue de Rhodes qui orne le voyage
de Breydenbach. Ils furent renversés pendant le siège de 1480, mais reconstruits
ensuite en partie, parce qu'ils étaient nécessaires aux besoins de la ville [6]. Ce
môle à droite et à gauche est flanqué d'un mur, et là, en 1522, a été construite
une nouvelle terrasse en terre et en charpente. On y voit aujourd'hui trois moulins, une batterie et plusieurs tombes turques.

De cette tour d'importance secondaire et commandée par les feux de celles de
Saint-Nicolas et du Trabucco, partait une chaîne qui, au besoin, formait le port [7] ;
et l'on voit encore l'endroit d'où elle sortait du mur. Ce fut en 1476 que d'Aubusson l'y fit placer pour empêcher l'accès des vaisseaux ennemis, en confiant

---

1. *Sanctarum peregrinationum*, etc. Les gravures sur bois qui ornent ce livre sont l'œuvre de Berwich,
compagnon de voyage de Bernard et peintre de talent. Selon quelques-uns, ce voyage aurait été écrit non
par Breydenbach, mais par un Dominicain nommé Martin Roth. V. la *Nouvelle Encyclopédie universelle* de
Didot, Paris, 1854, le *Manuel du libraire* de Brunet et autres.

2. Arnolf von Harff, p. 70.

3. Rottiers, *op. cit.*, *passim.* Guérin, p. 18, 94. Biliotti, p. 122, 124.

4. Arnolf von Harff, p. 70. Fabri, *Evagatorium*, III, p. 257.

5. *Libri Bullarum*, dans les Archives de Malte, nos 9, 11, 75.

6. Fabri, III, p. 260.

7. Bosio, II, p. 127.

le soin au chevalier Fr. Raymond Richard, qui était depuis 1459 Prieur de Saint-
Gilles dans la Langue de Provence [1]. Cette chaîne allait de la tour des Moulins,
ou de Saint-Jean, comme on voudra l'appeler, à celle du Trabucco ; mais plus
tard, à l'époque du siège de 1522, le Grand-Maître de l'Isle-Adam ordonna, outre
celle-ci, d'en placer une autre entre la tour des Moulins et la tour de Saint-
Nicolas [2]. La première, autant qu'on peut en juger par la vue de Breydenbach,
était formée d'anneaux presque carrés, et la seconde d'anneaux ovales, du
moins au dire de Rottiers, qui affirme l'avoir vue dans les magasins de l'Hôpital
(qu'il appelle à tort le Couvent), et qui ensuite, écrit Guérin, fut transportée à
Constantinople en 1843 [3].

Les trois tours de Saint-Nicolas, du Trabucco et des Moulins étaient spécialement confiées à la garde de certains Chevaliers éprouvés qu'on appelait Capitaines
des trois tours du port de Rhodes, qu'on prenait à tour de rôle dans les différentes Langues de l'Ordre et qui restaient en charge pendant trois ans [4]. Et
chose assez singulière, les Chevaliers pouvaient s'exonérer de la garde de ces
tours en envoyant régulièrement une ration donnée de vin à ceux qui demeuraient
à leur poste [5].

On croit que le Grand Port ou du Commerce communiquait autrefois avec
celui des Galères au moyen d'un canal qui, resserré aux deux extrémités, s'élargis-
sait au milieu en forme de bassin, abri sûr pour les embarcations les plus légères.
Quoique cette opinion ne repose sur aucun document, on dit que ce canal exista
jusqu'à l'époque du Grand-Maître d'Aubusson qui le fit combler, et qu'il abou-
tissait dans le Grand Port entre deux tours séparées par un arc, aujourd'hui
muré, sous lequel il passait. Celles-ci sont situées le long des murs qui s'étendent autour du port et précisément près du môle que couronnait la tour du
Trabucco, et portaient des armoiries reproduites par Rottiers et une inscription,
aujourd'hui également disparues [6].

---

1. De cette même famille Richard sortait Fr. Hugues, qui était en 1430 Lieutenant du Grand-Prieur de
Saint-Gilles de Ventayrol, et en 1470 un Fr. Guillaume était Bailli de Manosque. Voici, d'après Grasset,
la liste chronologique des Grands-Prieurs de Saint-Gilles sous la domination de Rhodes : 1338, Fr. Guillaume de Reillane ; 1371, Fr. Sicard de Murviel ; 1422, Fr. Bertrand d'Arpajon ; 1430, Fr. Jean de Ventayrol ; 1459, Fr. Raymond Richard ; 1485, Fr. Soillon Demandolx ; 15.., Fr. Charles Allemand de la Rochechinard ; 1515, Fr. Prejean de Bidoux.

2. Bourbon, p. 635. Marulli, p. 635, dit qu'elle fut faite en trois jours par des esclaves.

3. Rottiers, p. 191. Guérin, p. 127. Biliotti, p. 191. Bourbon les appelle *deux grosses chaynes et bien
matérielles*. D'après Rottiers, cette seconde chaîne avait 750 pieds, et chaque anneau un pied et demi. (*Ibid.*)
Cette chaîne donna son nom à un droit d'entrée de 2 °/₀ sur les marchandises et dont l'Ordre affectait le
produit aux frais énormes des fortifications. Hedenborg, II, p. 523.

4. *Statuimus quod de diversis Linguis et per gradus atque turnum Linguarum pro termino trium annorum
Magister et Consilium ordinarium benevises fratres idoneos et sufficientes in capitanios trium turrium,
fortis videlicet sancti Nicolai, de Naliaco et Molis Molendinorum deputent et eligant.* (Stabilimenta Rhodiorum Militum : De Electionibus.)

5. *Tum qui vinum collectae pro consuetudine mittunt hac sarcina excubiarum exempti sunt ;* (Stabilimenta : De Bajulivis.)

6. La tour à gauche, en regardant la mer, portait deux écussons : celui de l'Ordre et celui du Grand-
Maître d'Aubusson ; l'autre en avait sept, disposées sur deux rangs : cinq en haut et deux en bas. Parmi

Voici cette inscription :

MCCCCLXVIII

REVE͞ . D . PETRVS . DAV

BVSSO͞ . RHODI . MAGR . M .

IIA͞. CO͞DIDIT . MAGRII . AN . II

On voyait au-dessus de cette inscription deux écussons : celui de l'Ordre et celui d'Aubusson, accolés l'un à l'autre et supportés par un ange, et dans la partie supérieure, en petit, la figure du Père Éternel. Il serait difficile de dire si cette inscription a trait à la suppression du canal, ou si elle ne vise pas plutôt les restaurations faites à cette partie des murailles, opinion que je regarde comme beaucoup plus probable [1].

les premiers, on remarquait les armoiries de l'Ordre et celles de l'Isle-Adam ; parmi les seconds, je ne connais que les armoiries des Chantemerle, famille dont nous aurons l'occasion de parler plus loin. Rottiers, pl. IX, XI.

1. Rottiers, Atlas, pl. XI. *Op. cit.*, p. 80, St. Pauli, *Cod. Dipl*, II, 493, rapporte une inscription très semblable à celle qui existe sur les murs du port de Rhodes et que voici :

REVEREND . DOMINUS . FRATER

PETRUS . DE . AUBUSSON

RHODIENSIUM . EQUITUM . MAGISTER

HAS . TURRES . EDIFICAVIT

ANN. MCCCCXXVII.

A part l'erreur de date (où un L a été oublié), nous croyons qu'elle n'est qu'une corruption de celle qu'on lit encore sur la porte de Sainte-Catherine, comme nous le dirons plus loin. Le dessin qu'en donne Rottiers, qui put la copier alors qu'elle était plus lisible qu'aujourd'hui, nous paraît exact.

Chapitre Deuxième.

LA VILLE — LES FORTIFICATIONS. — LES FORTES DE SAINT-PAUL, DE LA MARINE ET DE SAINTE-CATHE-RINE. — LES MURS ET LE POSTE DE LA LANGUE DE CASTILLE. — LES MURS, LES BOULEVARDS ET LA TERRASSE DE LA LANGUE D'ITALIE. — BRAVOURE DES ITALIENS DANS LES DEUX SIÈGES.

 A ville de Rhodes, située à trois quarts de mille du cap Saburra, s'élève en amphithéâtre autour du port principal, ou du Commerce, qui embrasse, dit Bosio [1], comme une lune mesurant une circonférence d'environ quatre kilomètres. Ses murailles, lesquelles représentent un polygone irrégulier qui affecte une forme semi-circulaire et elliptique, sont çà et là flanquées de tours et défendues sur plusieurs points par des travaux avancés qui défendent les courtines et les bastions, et forment aujourd'hui encore comme une seconde enceinte [2].

Intérieurement, la ville, à l'époque des Chevaliers, se divisait en deux : l'une, séparée de l'autre avec murailles, tours et portes, s'appelait le Collachium ; et l'autre, beaucoup plus grande, composait les Bourgs : la première servait de résidence aux Chevaliers, la seconde aux autres habitants. Quoiqu'elles ne soient plus aujourd'hui distinctes, il n'est pas difficile cependant d'en reconnaître les limites, à la partie qui reste encore des murailles et des portes. Aucun plan ou description détaillée de la ville à cette époque n'est parvenu jusqu'à nous, et il faut déplorer la perte du « très beau et très soigné modèle, ou dessin en relief » de toute la ville, œuvre de Mathieu Gioeno, ingénieur de l'Ordre, exécuté à l'instigation du Grand-Maître Fr. Fabrice del Carretto, et envoyé, en 1521, au pape Léon X par le Couvent de Rhodes, par l'entremise du chevalier Fr. Louis d'Andugar [3].

La ville de Rhodes, assurément l'une des places les mieux fortifiées du XVᵉ siècle, était l'un des plus insignes monuments de l'architecture militaire ;

1. Bosio, II, 655.
2. Guérin, 116, 117.
3. Bosio, II, 624.

comme elle en est aujourd'hui l'un des plus curieux. Il existe encore d'anciennes et célèbres forteresses de cette époque, mais aucune d'elles ne peut, au même degré, réveiller tant de glorieux souvenirs, qui en ont pour toujours consacré la belle et puissante enceinte militaire, laquelle, excepté les quelques insignifiantes restaurations faites par Soliman, est restée telle que les Chevaliers la laissèrent en 1522. Toutefois Rhodes était fortifiée avant que l'Ordre de Saint-Jean ne vint s'y fixer, car nous savons que vers 1275 le général byzantin, gouverneur de la ville, obligeait ses prisonniers à creuser un fossé autour de la place, et à transporter des pierres pour la construction des murs [1]. Ces pierres, dont sont faites les fortifications et presque tous les autres édifices de Rhodes, étaient tirées des roches qui se prolongent derrière le mont Saint-Étienne du côté de Trianda : sorte de calcaire oolithique noueux, de couleur grisâtre tendant au jaune pâle, dur et résistant jusqu'à un certain point à l'action de l'air [2].

Parmi les Grands-Maîtres qui s'occupèrent tout spécialement des fortifications, il faut citer en première ligne Fr. Élion de Villeneuve, qui répara les murs renversés dans l'assaut que livrèrent les Chevaliers à l'époque de la prise de la ville sous le magistère de Fr. Foulques de Villaret [3] ; Fr. Adéodat de Gozon, qui entoura les faubourgs d'une enceinte fortifiée ; Fr. Jean de Lastic ; Fr. Baptiste Orsini et enfin Fr. Pierre d'Aubusson, qui, dès 1478, s'était appliqué avec un soin jaloux à mettre la place en état de défense. Nous ignorons toutefois le moyen qu'il employa, parce qu'aucun écrivain n'est entré dans les détails, et que Bosio avec son genre de phrases techniques, comme l'observe, avec raison, Guglielmotti, ne nous apporte aucune lumière [4]. L'œuvre de d'Aubusson fut continuée par le Grand-Maître Fr. Émery d'Amboise et surtout par Fr. Fabrice del Carretto et Fr. Philippe de l'Isle-Adam, qui achevèrent les travaux tels que nous les voyons encore aujourd'hui, et firent de Rhodes l'une des places les plus inexpugnables de leur temps [5].

L'enceinte fortifiée qui entoure et défend toute la ville s'élève en grande partie au-dessus des fossés, généralement creusés dans le roc, dont la largeur varie entre trente et quarante-cinq mètres [6] et la profondeur entre seize et vingt [7]. Pendant le siège de 1480, le fossé ayant été en grande partie comblé par les décombres des tours battues en brèche par l'artillerie des Turcs, il fut de nouveau creusé par les soins du fameux ingénieur vicentin Basilio della Scola, lequel construisit encore la contrescarpe [8] qui, comme l'escarpe, est de même pierre que les murs.

1. Torr, 37.
2. Rottiers, 230.
3. Hammer, VI, 380. Vertot, II, 136.
4. *Storia della Marina Pontificia*, II, 417 sq.
5. Bosio, II, *passim*. Hammer, VI, 38 sq. Vertot, II, 74, 136, 167, 307 ; III, 23, 29, 66, 102, 193, etc. Parmi les architectes que del Carretto appela à Rhodes fut le Vénitien Scarpagnino, auquel le Grand-Maître offrit vingt ducats par mois ; mais le Sénat vénitien, par un décret du 27 mars 1516, lui défendit de se rendre aux services de l'Ordre.
6. Guérin, 117. Biliotti, 528, donne entre 25 et 40.
7. Guérin, *ibid.*, suivant Biliotti, *ibid.*, entre 12 et 18.
8. Guglielmotti, *Guerra dei Pirati*, II, 216.

Le terre-plein des Boulevards a environ quatorze mètres de largeur et est entouré d'un parapet haut de deux mètres avec de nombreux créneaux qui ont le plus souvent la forme d'une croix [1]. Ces fortifications, telles qu'elles subsistent encore aujourd'hui, sont en grande partie l'œuvre de Maître Gioeno, Sicilien, de Girolamo Bartolucci, Florentin, de Gabriele Tadino de Martinengo; mais surtout de Basilio della Scola, ingénieur de l'Empereur Maximilien, invité à Rhodes par le Grand-Maître del Carretto en 1521 [2] et qui, avec l'agrément même de Gioeno, apporta de nombreuses modifications à la défense [3]. Chargé non de démolir l'ancienne, ni de créer une nouvelle enceinte, Basilio laissa debout toutes les tours, les rabaissant à la hauteur des murs et les transformant en cavaliers des nouveaux bastions à sa manière, dit Guglielmotti, c'est-à-dire irrégulières, mixtes, sans proportion déterminée et peu en rapport avec la continuité de la coupe aux longs alignements, reliant le vieux au neuf, présentant par conséquent en certains endroits l'aspect d'une double enceinte. On distingue les vieilles murailles des nouvelles en ce que celles-là tombent à plomb, sans ornement de cordon ou autre, et sont couronnées de merlons à l'antique, en queue d'aronde simple ou double ; tandis que celles-ci descendent en escarpe avec gros cordon à la hauteur des batteries et avec parapets défendus par des merlons de forme rectangulaire et de section triangulaire. Ainsi c'est à un Grand-Maître sorti de la Langue d'Italie, à del Carretto, que revient l'honneur d'avoir introduit à Rhodes le nouveau genre de fortifications inventé par les Italiens [4].

De l'autre côté de la mer étaient, et sont encore actuellement trois portes, à savoir : celle de Saint-Paul, celle de la Marine ou de la Place et celle de Sainte-Catherine.

La première est située à l'extrémité de la courtine qui relie le môle et la tour du Trabucco au Bastion Saint-Paul, d'où lui vient son nom ; cette courtine est terminée par un arc qui la rattachait à la susdite tour et présente une terrasse de 21 pieds de large sur 36 de haut, armée de canons qui commandaient autrefois le port des Galères et celui du Commerce [5]. La porte Saint-Paul est double, parce que, tout en menant à l'ouest par un pont-levis au dehors de la ville et à l'est au port du Commerce, entre l'une et l'autre ouverture se trouvent une tour et un bastion au milieu desquels passe une rue qui mène au dehors de la ville. Ce bastion, tourné avec sa partie avancée vers le port des Galères et vers la mer, Bosio l'appelle de Saint-Pierre ; et Guglielmotti l'attribue à Basilio della Scola [6] ; et la tour défendue par le bastion porte, enchâssé sur le côté qui regarde le nord-est, un bas-relief représentant saint Paul l'épée dans une main et

---

1. Guérin, 117. Biliotti, 528. Merry Dupuis, *Relation du Siège*, 599, dit que les murs de Rhodes avaient 22 pieds de largeur.

2. Guglielmotti, *op. cit.*, I, 199, 200 ; II, 223. Bosio, II, 62. *Scola B. di Basilio della Scola*, etc., 37.

3. Bosio, II, 621. A la mort de son protecteur, le Grand-Maître del Carretto, en 1521, Basilio laissa Rhodes, sur une invitation de Charles V. V. Guglielmotti, *op. cit.*, I, 214, 215.

4. Guglielmotti, *op. cit.*, I, 199 ; II, 212 sq.

5. Biliotti, 190.

6. *Guerra dei Pirati*, II, 214.

l'Évangile dans l'autre ; au-dessous sont trois armoiries : celles de l'Ordre et celles
du Grand-Maitre d'Aubusson, qui sont à droite et à gauche d'un autre écusson
surmonté des clefs pontificales et de la tiare, et représentant un chêne, ou rouvre.
Au-dessous on lit l'inscription suivante : *Divo . Paulo . Conventus . Sti Joannis
Petrus d'Aubusson Rhodi Magister dedicavit.* Ce marbre est demeuré lettre morte
pour Biliotti[1], lequel, reproduisant une erreur de Guérin[2], a vu dans l'écusson timbré des attributs pontificaux celui du pape Jules II. Ne sachant donc comment
expliquer la présence des armoiries de ce Pontife à côté de celles du Grand-Maitre
d'Aubusson, mort avant l'élévation du premier sur la chaire de saint Pierre, il
imagina que les historiens de l'Ordre, unanimes à placer la mort de d'Aubusson
le 3 juillet 1503[3], s'étaient trompés, et qu'il fallait au contraire la reculer jusqu'en
1505. Sans entrer dans aucune autre considération, nous nous bornerons à poser
cette question : Comment Biliotti et Guérin ont-ils pu ne pas comprendre que
cet écusson avait trait, non pas à Jules II, mais à Sixte IV, son oncle, lequel,
étant de la même famille, portait les mêmes armes ? Dévoué à l'Ordre et non
content de lui adresser, ainsi qu'au Grand-Maitre d'Aubusson, des éloges et des
encouragements, il avait, pendant le siège de 1480, envoyé un renfort de troupes,
et au lendemain de ces épreuves il excitait, en accordant de nombreuses indulgences, la chrétienté à réparer la citadelle et les murailles de Rhodes détruites
ou fortement endommagées[4].

Une autre porte, dite de la Place ou de la Marine[5], menait directement du
port du Commerce aux Bourgs. C'est à cette porte que le Clergé et le Prieur de
l'Église allèrent recevoir le 1er septembre 1504 le Grand-Maitre d'Amboise qui
arrivait à Rhodes immédiatement après son élection[6]. On voit sur l'arc du
côté de la ville l'écusson de l'Ordre flanqué à droite de celui du Grand-Maitre
Fr. Hélion de Villeneuve et à gauche de celui du Grand-Maitre Fr. Baptiste
Orsini : écartelés l'un et l'autre avec celui de l'Ordre ; fait d'autant plus remarquable que c'est l'exemple le plus ancien que l'on connaisse de cette écartelure,
laquelle semble avoir été abandonnée par tous les autres Grands-Maitres jusqu'à
d'Aubusson, qui la reprit vers la fin de son magistère, et qui ne fut définitivement
adoptée par les chefs de l'Ordre qu'après leur arrivée à Malte.

La troisième porte est celle que les Turcs nomment porte du Bazar et qui était
au temps de l'Ordre appelée porte de Sainte-Catherine ; elle conduisait comme
la précédente à la place principale du Bourg. La porte s'ouvre entre deux grosses
et pittoresques tours couronnées de merlons. Sur l'arc de la porte, du côté qui
fait face à la mer, on aperçoit les armoiries de l'Ordre d'une part, de l'autre celles
du Grand-Maitre d'Aubusson et au milieu un écusson couronné qui porte un

1. *Op. cit.*, 272, 273.
2. *Op. cit.*, 118.
3. V. tous les auteurs qui ont parlé des Grands-Maitres qui régnèrent à Rhodes.
4. Bosio, II, 421, 430. F. Faber, *op. cit.*, III, 260.
5. Bosio, II, 547.
6. Bosio, II, 579.

lion et qui, d'après Biliotti, serait celui de l'ingénieur Pierre Clouet[1]. On y remarque également un élégant tabernacle qui renferme trois statues, très mutilées, représentant saint Pierre, saint Jean-Baptiste et sainte Catherine au milieu. On y lit encore l'inscription suivante : *Reverendus D. Fr. Petrus Daubus-sonius Rhodi Magnus Magister hanc portam et turres condidit Magisterii anno primo 1477.*

Biliotti rapporte, nous l'avons dit, que sur cette porte se trouvent les armes de l'ingénieur Pierre Clouet, qu'on voit, affirme-t-il, encore ailleurs, comme sur

INTÉRIEUR DE LA PORTE DE SAINTE-CATHERINE

l'Auberge de France[2]. Qu'on nous permette de faire observer que l'écusson de l'Au-berge de France, qu'il attribue à Clouet, porte un lion et deux clous, et celui-ci un lion seul ; et même qu'ils sont tout autres, au moins d'après des armoristes français tel que Magny[3], et qu'on ne trouve dans les auteurs aucune trace d'un Pierre Clouet qui aurait été ingénieur de l'Ordre, si l'on en excepte Rottiers[4], qui toutefois ne

---

1. *Op. cit.*, 505, 517 : suivant Rottiers, 81, 112, 260, 317, pl. VIII, XI.
2. *Op. cit., ibid.*
3. D'après Magny, *La vraie et parfaite science des armoiries*, les Clouet portaient : d'argent au sautoir de gueules accompagné de 4 fers de piques du même (p. 11).
4. Rottiers, *op. cit.*, 81.

produit aucun document à l'appui de son assertion. Bosio parle bien, il est vrai, d'un Pierre Clouet chevalier de Rhodes, et il dit qu'il prit part au siège de 1480 [1], mais sans lui donner en aucune façon le titre d'ingénieur ; et Bosio, qui cite d'autres ingénieurs de l'Ordre, n'aurait pas omis de mentionner un sujet, au dire de Rottiers, si distingué sous d'Aubusson [2]. Évidemment, ici encore, Biliotti suit aveuglément Rottiers. Il existe aux Archives départementales du Calvados, dans les actes du Prieuré de Plessis-Grimould, une procuration de Pierre Clouet, chevalier de Rhodes et commandeur de Baugy et de Courval, en faveur de Pierre Launey, commandeur de Villedieu de Bailleul et de Villedieu Montchevreuil, pour administrer et défendre sa commanderie contre les Religieux de Plessis-Grimould ; mais rien n'indique qu'il fût ingénieur et architecte. Et quand bien même il aurait été ingénieur, il est impossible que ses armes aient eu, dans la place qu'elles occupent ici, la préséance sur celles du Grand-Maître d'Aubusson et de l'Ordre lui-même. Il faut donc voir dans cet écusson celui d'un prince souverain dévoué à l'Ordre et qui avait contribué à la construction de cet édifice, supposition qu'autorise, du reste, la circonstance de la couronne qui le surmonte, car il n'y avait, à cette époque, que les princes qui apposassent sur leurs armoiries cet ornement. Aussi ne croyons-nous pas nous tromper en affirmant que ces armes sont celles de Philippe-le-Bon, duc de Bourgogne, qui avait tant fait pour les fortifications de la tour de Saint-Nicolas et n'avait sans doute pas borné ses largesses à cette seule et unique construction. L'écu qui représente un lion noir sur fond d'or est ce qui forme dans le blason de ce prince ce que les héraldistes appellent le *surtout* ; et ici, au lieu du blason entier qu'on voyait avec ses écarte-lures sur la tour de Saint-Nicolas, on n'en mit qu'une partie, la principale, le lion [3].

Intérieurement sous l'arc de cette porte, à droite en entrant dans la ville, on voit enchâssée dans le mur une plaquette de marbre qui représente un sablier avec ces mots PALITHARO. Rottiers, non content d'avoir écrit dans son livre, et ce qui est pis, d'avoir reproduit sur l'une des planches de son atlas ce bas-relief comme enchâssé dans le mur de cet édifice, qu'il appelle l'Amirauté, n'a garde d'expliquer l'inscription ; tandis que Biliotti, par un point d'interrogation entre deux parenthèses, semble faire remarquer le sens mystérieux de cette sculpture [4]. A mon avis, ce sont des mots grecs écrits en lettres latines par une personne ignorante, à savoir ΠΑΛΙ ΔΑΡΩ ; phrase probablement abrégée et qu'on devrait lire : ΠΑΛΙΝ· ΔΑΡΡΩ, le N de ΠΑΛΙΝ et le second P de ΔΑΡΡΩ ayant été omis ; le sens serait : Je reprends courage, c'est-à-dire, même renversé, je continue de fonctionner ; allusion sans doute à l'immortalité de l'âme.

De la porte de Sainte-Catherine les murs prennent le long du port la direction

---

1. Bosio, II, 424.

2. *Op. cit.*, 81.

3. Voici la description des armoiries de Philippe-le-Bon, duc de Bourgogne, par Gilles Le Bouvier, premier roi d'armes de Charles VII. (*Armorial* 63, n° 34) : « Écartelé : de France, à la bordure composée d'argent et de gueules — et de Bourgogne ancien : bandé d'azur et d'argent, à la bordure de gueules ; — sur le tout : d'or au lion de sable, qui est de Flandre. »

4. *Op. cit.*, 506 ; pl. LVI.

de l'ouest à l'est et vont rejoindre le bas du môle des Moulins, où se trouve une tour à moitié détruite. Sur ces murs couronnés de merlons à l'antique, on aperçoit les armes de l'Ordre accouplées à celles du Grand-Maître Orsini. La garde de ces murs et du port était confiée aux soins de la Langue de Castille et constituait son Poste, lequel toutefois dans le passé avait été fixé entre d'autres sections, à savoir de la partie supérieure de la porte de Sainte-Catherine inclusivement jusqu'au château[1]. Cette Langue, qui était la huitième de l'Ordre, se composait des Chevaliers de Castille, de Léon et de Portugal. Le chevalier Ferdinand de Soler en était capitaine pendant le siège de 1522. Chaque Langue arborait son étendard sur les murs de son Poste respectif, et ici celle de Castille avait déployé le sien : parti; à dextre écartelé au 1er et au 4e de gueules à la tour d'or qui était de Castille, au 2e et au 3e d'argent au lion de gueules qui était de Léon; et à sénestre d'argent à cinq écus d'azur, à la bordure de gueules chargée de sept tours d'or, qui était de Portugal[2].

Avant de procéder à la description des murailles et des remparts, il faut observer que les limites des Postes des différentes Langues n'ont pas toujours été les mêmes. On voit, par exemple, en comparant Bosio et Fontano, qu'en 1522 l'emplacement du Poste d'Allemagne fut échangé contre celui de France, et celui d'Angleterre contre celui d'Aragon. La première répartition des Postes fut réglée le 3 février 1465[3], et elle diffère de celle de 1522 dont nous donnons la description dans cet ouvrage, non sans prévenir le lecteur que les historiens de l'Ordre ne sont pas toujours d'accord entre eux sur ce point et que les contradictions parfois, et plus souvent l'incertitude et l'obscurité, déparent leur récit.

De la tour donc aujourd'hui en ruine qui s'élève à la naissance du môle des Moulins, la muraille de la ville se dirige vers le midi en longeant la baie ou port d'Akandia jusqu'à un bastion double, d'où, inclinant légèrement à l'ouest, elle rejoint celui de Provence. Je pense que le port d'Akandia est le bras de mer que Brasca appelle « lac que forme la mer », et où il dit avoir vu encore « entassés les uns sur les autres comme des anguilles dans un tonneau », une grande partie des Turcs morts pendant le siège de 1480[4]. Ce bout de mur a 274 mètres de longueur et formait le Poste des Chevaliers de la Langue d'Italie, qui y arboraient leur bannière noire avec une bande sur laquelle était écrit en lettres d'or majuscules « Italia ». Dans la répartition de 1465 cette Langue avait son Poste de la tour d'Italie, dit Bosio, inclusivement jusqu'à l'escalier de Sainte-Catherine, excepté la Barbacane, qui commence à la première porte du môle. On ignore aujourd'hui quel était l'emplacement et de cette porte et de cet escalier.

Cette partie de l'enceinte de la ville fut toujours considérée comme la plus faible et par conséquent la plus vigoureusement attaquée dans les deux sièges. En 1471 le Grand-Maître Fr. Baptiste Orsini vint, accompagné de tous les

---

1. Bosio, II, 293, 294.
2. Bosio, II, 646.
3. Bosio, II, 293, 294.
4. *Itinerario*, etc.

Itinéraire d'un Chevalier de S.-Jean.

membres du Conseil, la visiter en personne, et donna l'ordre de procéder à quelques réparations [1]. Après le siège de 1480, le Grand-Maître d'Aubusson y fit des

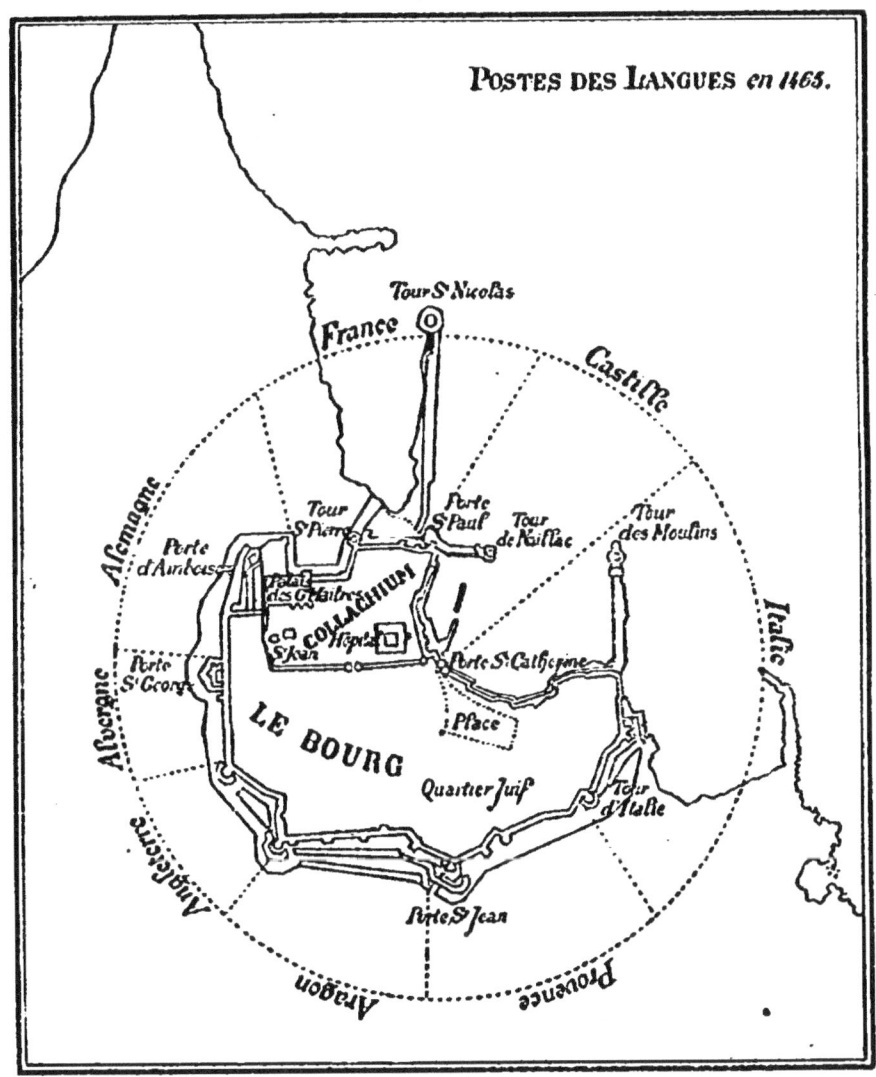

restaurations importantes et notamment à l'endroit où les Turcs avaient été chassés de la ville après avoir ouvert la brèche. On aperçoit encore la partie restaurée, désignée par une plaque de pierre portant, à titre d'inscription, le verset

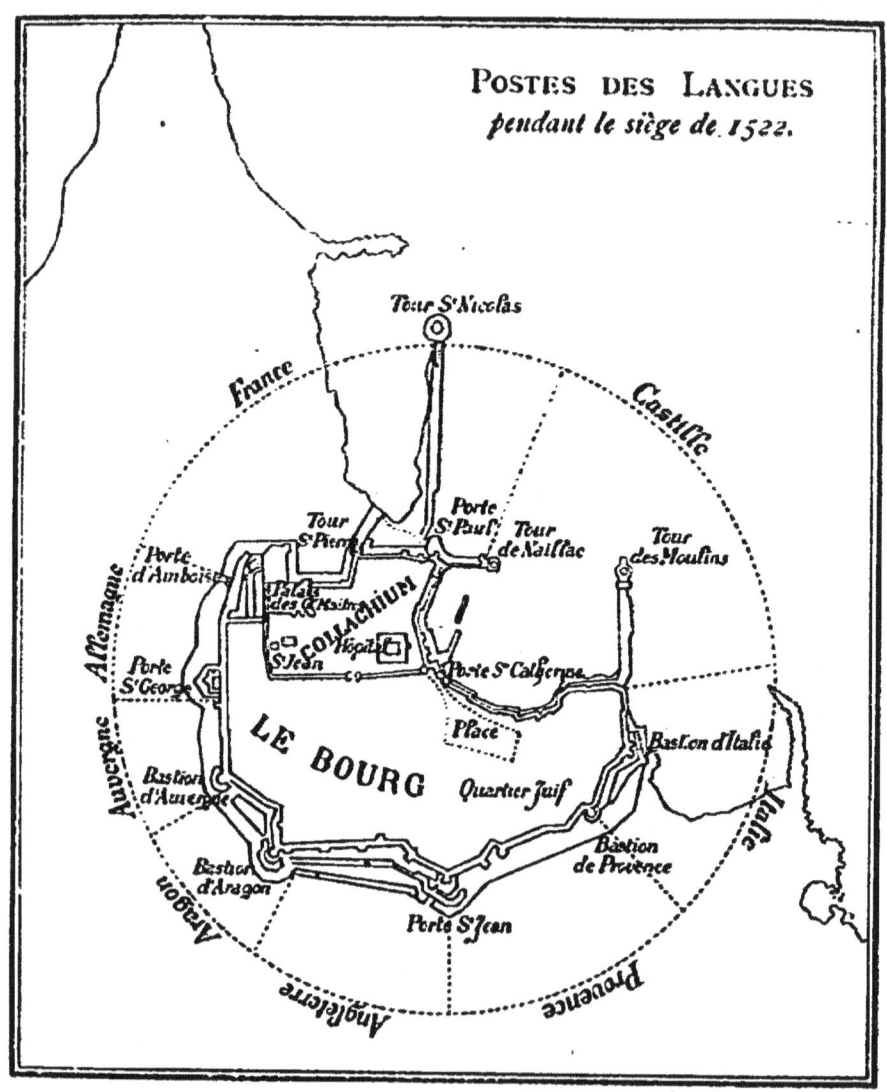

POSTES DES LANGUES
pendant le siège de 1522.

du psaume IX : « *In convertendo inimicum meum retrorsum : infirmabuntur et feribunt a facie tua,* » et un écusson sculpté qui représente les armoiries de l'Ordre écartelées avec celles du Grand-Maître susdit, écusson soutenu par deux

ARMOIRIES DES LANGUES.

lions ou griffons que Rottiers je ne sais pour quelle raison, appelle tenants d'Espagne ou d'Italie [1]. Le Rempart formé de deux tours rondes avait sans doute anciennement une porte au milieu [2]; il fut restauré et probablement refait par Basilio della Scola [3], qui répara également toute cette muraille d'Italie sous le magistère du Grand-Maitre del Carretto, dont ici on aperçoit encore les armes. Toutefois je me demande si la fameuse Tour ou Bastion d'Italie que Santo Brasca appelle des Lombards [4] est bien réellement celle-ci ou celle que Torr appelle Bastion de Provence [5]. Devant ce double rempart s'élevait un terre-plein qui s'étendait entre ce dernier et la mer, et sur sa contrescarpe sont sculptées les armes de l'Ordre et de d'Aubusson, qui en est sans doute le fondateur. Elle fut restaurée par son successeur d'Amboise vers 1510 [6] et en dernier lieu par del Carretto, dont les armoiries s'y trouvent trois fois répétées.

MURS ET PORTE DE SAINTE-CATHERINE DU COTE DU PORT DU COMMERCE.

Les murs de la Langue d'Italie furent le théâtre d'exploits mémorables dans les deux sièges de 1480 et de 1522. Le 27 juillet 1480, fête de saint Pantaléon, les Turcs y livrèrent un assaut tel qu'ils réussirent à arborer leurs drapeaux sur le Rempart; mais la valeur des Chevaliers italiens, encouragés par la présence au milieu d'eux du Grand-Maitre, parvint, au prix d'efforts héroïques, non seulement

1. *Op. cit.*, 109, 110, pl. XX..

2. Bosio, II, 294.

3. Guglielmotti, *Guerra dei Pirati*, II, 210, 211.

4. *Itineraria cit.* — *Lombards* est mis ici pour *Italiens*; à cette époque les marchands italiens étaient souvent appelés à l'étranger *lombardi*; lombard et italien c'était tout un. V. Muratori, *Ant. Med. Aevi*, Diss. XVI, p. 146, et Pignotti, *Storia della Toscana*, IX, 52.

5. Bourbon, *La grande et merveilleuse expugnation*, etc., p. 650, attribue au Grand-Maitre del Carretto le Bastion de la Porte d'Italie.

6. Torr, 39.

à les rejeter dans leur camp, mais à leur arracher l'étendard royal. Il y eut des flots de sang versés de part et d'autre, sans compter les blessés et les soldats mis hors de combat ; 3.500 Turcs environ périrent dans la mêlée, et d'Aubusson lui-même reçut cinq blessures en prenant part à l'action où il combattit comme un lion [1].

Pendant le siège de 1522, ce Poste avait été confié au chevalier Fr. George Aimari, Piémontais [2], qui, ayant été blessé, céda le commandement au chevalier Fr. Pierre Ballai [3], tandis que le capitaine du Rempart était le chevalier génois Fr. Andelotto Gentile [4]. Cette fois encore les Italiens eurent à supporter l'effort des Turcs, et ils eurent occasion de signaler aux yeux de l'ennemi et de leurs confrères leur ancienne valeur ; si bien qu'ils méritèrent d'être mis au premier rang pour leur courage par un historien témoin oculaire de leurs prouesses et qui n'était pas italien, Fontanus [5]. Toutefois, pendant le siège de 1522, le nombre des morts parmi les Chevaliers italiens ne fut pas très considérable ; car les Turcs, auxquels ils inspiraient le plus grand effroi, se tenaient aussi éloignés qu'ils pouvaient de leur Poste, à ce que le chevalier Puccini écrivait à Paul Vettori [6].

Mais cependant, comme nous l'avons indiqué ci-dessus, il est hors de doute que les Turcs, informés par la trahison d'un Grec que cette partie des murs était le point le plus faible de la place, songèrent dès l'ouverture du siège à diriger de ce côté leurs attaques, et se mirent à élever en face des monceaux de sacs remplis de terre qui, augmentant de jour en jour, finirent par dépasser de dix et douze pieds de hauteur en certains endroits les murs eux-mêmes, et ils installèrent dessus de fortes pièces d'artillerie [7]. Les défenseurs, ainsi pleinement à découvert et par conséquent très exposés, s'empressèrent à leur tour de construire sur les murs des travaux de défense au moyen de parapets de terre et de bois [8]. Au mois de septembre, ayant aperçu dans le camp ottoman le jeune gouverneur de Négrepont qui, paré de riches vêtements et d'un turban plus riche encore, chevauchait fièrement au milieu des siens, les Chevaliers l'étendirent mort d'un coup de feu. Atteint dans ses affections les plus chères et profondément irrité de ce tragique événement,

---

1. Bosio, II, 417, 418, 419. Merry Dupuys dit qu'il reçut deux blessures, *Relation du Siège*, IIe vol. de Verto, p. 613.

2. Et non *Emaro*, comme l'écrit Bosio, II, 645, ou *Emar*, comme Biliotti, 318. Les Aimari vinrent du Forez en Piémont, où ils obtinrent le fief de Reano. C'est une famille éteinte. Le chevalier George était de la branche d'Asti, et fut en 1504 Gr. Prieur de Venise. Il portait d'azur au lion d'argent armé de gueules. Fontanus, *De Bello Rhodio*, lib. II, l'appelle *Aimarco*.

3. Et non *Ba'leo*, comme l'écrit Fontanus *(ibid.)*. Il avait été l'un des seize électeurs du Gr. Maître del Carretto. Bosio, II, 611.

4. Bosio, II, 646, 673.

5. « Le dernier (poste) était confié au courage des Italiens, qui, dit Fontanus, Italien lui-même, étaient les premiers de tous pour la valeur. » Ainsi parle Guérin (124) ; mais il se trompe, car Fontanus était Flamand, de Bruges ; son nom, de Fontaines ; et il ne fut jamais chancelier de l'Ordre, comme l'affirme Guglielmotti, *Guerra dei Pirati*, I, 199, 206 ; ni chevalier, comme l'écrit Le Tercier, *Mémoires*, etc., 728 ; mais simplement juge d'appel à Rhodes.

6. Archives de Florence.

7. Hafuz Amhed. Not. ill. et Doc. I.

8. Bosio, II, 662, 663.

Soliman jura d'en tirer une vengeance éclatante ; aussi, ayant réuni en secret l'élite de ses troupes, le 23e jour du même mois, attaqua-t-il à l'improviste, et avec la plus grande furie, le Poste d'Italie, massacrant les sentinelles qui étaient de garde. Mais elles n'avaient pas sitôt donné l'alarme, que les défenseurs étaient accourus, et alors s'engagea entre les deux partis une mêlée épouvantable. Peri l'acha, qui commandait les Turcs, accourut avec les siens vers le Rempart; mais le chevalier Fr. Andelotto Gentile, qui en avait, nous l'avons dit, le commandement, et qui était à la tête d'une poignée de braves citoyens et Chevaliers, donna l'ordre de lancer, du haut de la Terrasse, des bordées de feu, de soufre, de poix et de pierres sur les assaillants qui se trouvaient en bas dans le fossé, obligeant ainsi les Turcs à battre en retraite avec des pertes considérables [1]. Toutefois un très grand nombre de soldats chrétiens et de Chevaliers trouvèrent la mort à ce Poste dans les combats suivants; nous citerons entre autres le chevalier français Fr. François de Fresnay, capitaine du Grand Vaisseau de Rhodes, qui fut tué de deux coups d'arquebuse le 24 septembre, lors du terrible assaut général livré par ordre de Soliman à la ville sur plusieurs points à la fois [2].

1. Bosio, II, 673.
2. Bosio, II, 681.

Chapitre Troisième.

MURS, REMPART ET POSTE DE LA LANGUE DE PRO-
VENCE. — POSTE DE LA LANGUE D'ANGLETERRE.—
MURS, REMPART ET PORTE SAINT-JEAN. — PORTE
SAINT-ATHANASE. — ÉTENDARD DU CRUCIFIX ET
DU GRAND-MAITRE. — FAITS D'ARMES ET VALEUR
DES CHEVALIERS DANS CES DIFFÉRENTS ENDROITS.

PRÈS le Poste de la Langue d'Italie vient celui de Provence, long d'environ 366 mètres, et qui, commençant au Rempart de ce nom (que Biliotti appelle, non sans quelque raison, Tour d'Italie [1]), restauré par Basilio della Scola [2], se dirige vers le sud-ouest, pour se terminer à la Porte de Saint-Jean, dite encore de Cosquino, et comprenant dans cet intervalle deux tours voisines l'une de l'autre, une ronde et l'autre carrée. Le capitaine de ce Poste, pendant le siège de 1522, était le chevalier Fr. Raymond Ricard, le plus ancien de sa Langue, Prieur de Saint-Gilles, un des électeurs du Grand-Maitre d'Aubusson [3], et l'un des membres les plus considérables de l'Ordre tour entier ; et le capitaine du Rempart le chevalier Fr. Bérenger de Lioncel [4], qui fut tué d'un coup d'arquebuse, probablement à ce Rempart même et non à celui d'Angleterre, comme Bosio l'a prétendu, sans doute à tort [5]. La Langue de Provence, la première de toutes pour avoir donné le jour au fondateur de l'Ordre, portait sur sa bannière blanche les cinq croix pattées d'or de Jérusalem. Dans la répartition de 1465 le Poste de cette Langue allait de la Tour d'Italie à la Porte de Saint-Jean inclusivement [6].

Sur la berge du fossé qui est entre ce Poste et la campagne, les Turcs placèrent, pendant le second siège, trois énormes pièces d'artillerie qui lançaient des boulets de onze palmes de grosseur, et qui endommagèrent sérieusement la muraille ; mais les braves Provençaux ne manquèrent pas de faire face au danger par des travaux de défense ajoutés à celle-ci et au Rempart ; aussi ne fut-ce que démolitions

1. *Op. cit.*, V. le Plan de la ville de Rhodes ajouté au livre. V. aussi le chapitre précédent.
2. Guglielmotti, *Guerra dei Pirati*, II, 210, 211.
3. Bosio, II, 646, 246, 361.
4. Le chevalier de Lioncel, du Dauphiné, aurait été, selon Goussancourt (I, 376), le premier chevalier tué dans ce siège, et par un coup de mortier.
5. *Op. cit.*, II, 646, 652.
6. Bosio, II, 293, 294.

et reconstructions jusqu'à la fin du siège [1]. Outre ces pièces d'artillerie, les Turcs avaient, vers la fin du mois de juillet, établi un mantelet [2] sous lequel ils placèrent trois ou quatre passe-volants, sorte d'artillerie moyenne, avec lesquels ils ne cessaient d'inquiéter ce Poste et celui d'Angleterre ; mais nos soldats étant parvenus à abattre cet ouvrage, les Turcs qui en avaient la garde furent tués en partie et en partie blessés [3].

Après le Poste de Provence vient celui de la Langue d'Angleterre, sur une longueur aussi de 366 mètres ; il est situé au midi de la ville, allant de la Porte et du Bastion de Saint-Jean ou de Cosquino, œuvre lui aussi de Basilio [4], au Bastion d'Aragon, appelé encore Tour de Sainte-Marie, près de laquelle immédiatement, à l'est, s'ouvrait autrefois la Porte de Saint-Athanase [5], fermée par le Grand-Maître d'Aubusson, en 1501, avant de se rendre à la flotte de la Ligue [6]. Biliotti se trompe quand il affirme que cette Porte servit à l'entrée triomphale de Soliman [7], et quand il prétend en voir la preuve dans l'inscription qu'on lit encore extérieurement sur la porte, tandis qu'il n'y est nullement question de ce fait [8] ; et Torr [9] se trompe aussi à son tour quand il confond la porte de Cosquino avec celle de Saint-Athanase.

Il faut franchir un pont-levis, puis un second en pierre à deux arches pour entrer dans la porte de Cosquino, dite autrefois de Saint-Jean. A l'extérieur, on aperçoit, dans le haut, la statue en marbre du saint Précurseur ; et à l'intérieur, on voyait encore, quand la visita Rottiers, des lances et des hallebardes dont plusieurs marquées de petites croix, et qui avaient appartenu sans doute aux Chevaliers [10] ou à leurs soldats. En allant vers l'intérieur de la ville, après cette porte, on en rencontre une autre avec les armes de l'Ordre et du Grand-Maître Zacosta, ensuite on aperçoit à gauche une tour avec celles de l'Ordre et du Grand-Maître de Lastic, et enfin une troisième porte qui donne dans la ville et marquée aux armes de l'Ordre et du Grand-Maître de Milly. Cette tour, d'après Rottiers [11] et Biliotti [12], serait celle où, pendant le siège de 1480, les Chevaliers auraient donné les preuves les plus éclatantes de leur intrépidité, et surtout parmi eux le chevalier Louis de Craon ; et ils ajoutent qu'on y voit ses armoiries, que Rottiers reproduit du reste [13],

---

1. Bosio, II, 663.

2. Espèce de rempart mobile en bois, recouvert de fer, et placé sur deux roues basses, réunies entre elles par un gros essieu, qu'on poussait devant les sapeurs pour les mettre à l'abri de la mousqueterie des ennemis. V. Grassi, Diz. mil. ital.

3. Bosio, II, 656.

4. Guglielmotti, Guerra dei Pirati, II, 210, 211.

5. Bosio, II, 293.

6. Bosio, II, 547.

7. Op. cit., 504.

8. Voici l'inscription selon la traduction que M. Albert Biliotti, Rhodien, nous a donnée : « Le Sultan a ordonné avec firman au Miri Liva Abdul Gelil, fils d'Isfendiar, de fermer avec un mur cette porte. Que DIEU garde les jours du sultan Suleyman. »

9. Op. cit., 39.

10. Op. cit., 315, pl. XXIII, XXXVII.

11. Op. cit., 214, 215.

12. Op. cit., 527.

13. Op. cit., pl. LXXII.

mais qui aujourd'hui n'existent plus. Je ne sais si cette famille a fourni des Chevaliers à l'Ordre avant Claude de Craon en 1544 [1]; toutefois j'ai retrouvé la trace
d'un Jacques de Craon qui mourut à Rhodes avant 1440, en se rendant à Jérusalem [2], et d'un Louis de Craon qui vint de France à Rhodes avec le vicomte d'Aubusson, frère du Grand-Maître, et avec plusieurs compagnies d'infanterie italienne [3];
mais je ne vois nulle part qu'il ait été Chevalier et que cette tour ait été le théâtre
de sa gloire.

Au-delà de la Porte de Saint-Jean ou de Cosquino, s'élève dans le fossé un
long terre-plein qui, embrassant la porte même, se prolonge parallèlement aux
murs jusqu'à la Tour Sainte-Marie, ou, si l'on aime mieux, jusqu'au Bastion
d'Aragon [4]. Ce travail fut exécuté en 1520 par Basilio della Scola avec les
conseils de Maitre Gioeno et autres architectes distingués; les surintendants et
commissaires de la construction, comme de tout ce qui concernait les fortifications,
étaient alors quatre Chevaliers désignés par le Grand-Maître : l'Amiral Fr. Paul
d'Acola, le Bailli de Manosque Fr. Jean Gibert, le Bailli de Caspe Fr. Francino de
Monserrat, et le trésorier Fr. Eymer Cumbaut. Pour élever ce terre-plein il fallut
renverser un grand nombre de maisons qu'on fit estimer d'abord, pour offrir aux
divers propriétaires une indemnité qui monta à 4104 florins, payés le 28 septembre
de la même année [5].

Le capitaine du Bastion d'Angleterre, pendant le siège de 1522, était le
chevalier Fr. Nicolas Hussey [6], et le capitaine du Poste le chevalier Fr. Guillaume
Weston [7], tous deux Anglais et courageux comme leurs compatriotes, qui se couvri-
rent de gloire pendant ce second siège où leur Poste fut, plus que tous les autres,
violemment attaqué par les Turcs. En effet, dès le début des opérations, vers la
mi-juillet, les Turcs ayant installé des passe-volants contre ce Poste et contre celui
de Provence, ainsi qu'il a été dit plus haut, les nôtres, impatients de les attaquer
dans leur camp, obtinrent du Grand-Maître la permission d'ouvrir la porte fermée
de Saint-Athanase, et de là fondirent à l'improviste sur l'ennemi en faisant un grand
carnage; puis, se repliant lentement vers la porte d'où ils étaient sortis, attirèrent
les assiégeants derrière eux jusqu'à un point où, se trouvant à couvert, l'artillerie
du Poste d'Angleterre et celle de celui d'Aragon, donnant ensemble, causèrent
d'affreux ravages dans leurs rangs [8]. La sortie des Chevaliers par la porte de Saint-
Athanase (suivant la tradition turque que nous avons recueillie du Cheik Abdullah,
homme instruit et chef de la Mosquée Mourad Reis) aurait été considérée par
Soliman comme la rupture d'un armistice; de là peut-être l'ordre donné par

1. La Roque, *Catalogue des Chevaliers de Malte*, p. 70.

2. Moréri, *Le grand Dictionnaire historique*.

3. Vertot, *op. cit.*, III, 61.

4. « A partir des Moulins et de la maison de Gianatis Mastrorisas, » dit Bosio, II, 621.

5. Bosio, II, 621.

6. Et non Hussi et Husy, comme l'écrivent Bosio, II, 646, et Bourbon, 633.

7. Il mourut en 1540, et fut enterré à Londres dans le tombeau du clergé de l'église de Saint-Jacques
Clerkenwelle. Bosio l'appelle Onascon, II, 646.

8. Bosio, II, 656

celui-ci en vertu d'un firman spécial de la fermer, comme en témoigne l'inscription qu'on voit aujourd'hui sculptée dans le marbre sur la porte elle-même et dont nous venons de parler [1].

Plus tard, vis-à-vis des murs d'Angleterre, les Turcs entreprirent d'établir une batterie, la plus redoutable de toutes; si bien que le Grand-Maître, lequel dès le début du siège avait transporté son habitation à l'église de la Victoire [2], comme étant le point vulnérable de la place, vint ici et voulut s'établir à l'ombre de la muraille en face de l'endroit même où s'établissait cette batterie, décidant qu'en outre des Chevaliers désignés *ad hoc*, quatre des plus anciens Chevaliers de sa suite seraient chargés de veiller avec un soin particulier et sans interruption sur le Bastion d'Angleterre ; ce furent : Fr. Diego de l'Aquila, Fr. Jean de Bonneval, Fr. Baptiste de Villargute et Fr. François de Teiller [3]. Entre autres personnages de sa suite, le Grand-Maître avait avec lui le chevalier Fr. Louis de Tinteville et le chevalier Fr. Henri de Mauselle. Le premier portait l'étendard du Crucifix, qui devait toujours être à côté de la personne du chef de l'Ordre, et qui, après le siège de 1480, avait été envoyé avec de nombreuses indulgences au Grand-Maître d'Aubusson par le pape Innocent VIII [4]. C'était une bannière en forme de flamme bipartie où, sur un fond noir, parsemé d'étoiles d'or et entouré d'une bande d'or, était représenté le Crucifix également en or. Mauselle portait l'étendard particulier du Grand-Maître, qui représentait son écusson personnel avec les armes de l'Ordre [5].

Les assiégeants de 1522 [6], comme ceux de 1480, avaient creusé une prodigieuse quantité de mines, dont la plupart furent rendues inutiles par les contremines qu'imagina le chevalier Fr. Gabriele Tadino de Martinengo [7]. Les mines étaient, comme on le sait, des galeries souterraines que l'on creusait jusqu'à l'endroit qu'il s'agissait de faire sauter, et au fond desquelles était pratiqué un espace capable de contenir la poudre nécessaire à l'explosion ; cet espace était appelé *chambre*. Les mines semblent avoir été employées pour la première fois par les Génois au siège de Sarzanello, en 1487. Les contremines étaient des espèces de voûtes que l'on faisait sous terre le long de toute une muraille, larges d'environ trois pieds et hautes de six avec des ouvertures de place en place pour empêcher l'effet des

---

1. V. page 41, note 8.
2. Bourbon, 641.
3. Bosio, II, 663.
4. Bosio, II, 647.
5. Bosio, II, 646. Même avant l'envoi d Innocent VIII, l'Ordre portait en guerre un étendard avec l'image du Crucifix. On y voyait, dit Merry Dupuys, *le crucifix estandu en l'arbre de la Croix : nostre Dame dung cousté et sainct Jehan Baptiste d'autre cousté*. (Vertot, II, 613) Peut-être Sanuto (*Diari*, XXXIV, 98) parle-t-il de cet étendard, quand il raconte que le Grand-Maître de l'Isle-Adam partit de Candie (1523) avec « voiles noires » qui portaient les images de la Madone et du Crucifix et ces mots : *Afflictis spes unica rostris*. Sur une détrempe que nous possédons, on voit cet étendard au mât de misaine de la Grande Caraque de Rhodes qui transporta en 1530 le Grand-Maître de l'Isle-Adam à Malte.
6. Santo Brasca, *Itinerario*.
7. Bosio, II, 668.

mines, dans la cas où les ennemis en auraient pratiqué dessous. D'après Rocchi [1], le premier essai de contremines aurait été précisément celui du siège de Rhodes, imaginé par Tadino, et il ajoute que les Italiens se distinguèrent de tout temps dans ce genre d'ouvrages. Or, pendant que l'on disposait les contremines, plusieurs mines ne manquèrent pas d'éclater et de causer de grands ravages, comme par exemple celle qui, le 4 septembre, à quatre heures de l'après-midi, fit sauter avec un vacarme effroyable le Bastion d'Angleterre. Toute la ville en fut ébranlée ; six cannes [2] de la muraille environ s'écroulèrent dans le fossé, laissant une brèche ouverte à l'ennemi ; mais les Chevaliers l'eurent bientôt repoussé en faisant des prodiges de valeur [3].

Au moment où éclatait la mine, le Grand-Maître se trouvait avec sa suite dans l'église de Saint-Jean, du Collachium, pour y entendre complies, et le chœur venait d'entonner le verset : « *Deus, in adjutorium meum intende!* » Le vieux soldat bondit sur son siège, vêtu de la cuirasse qu'il ne laissa pas pendant le siège, et voyant là un céleste augure, sortit avec les siens, et s'achemina vers le Bastion d'Angleterre, tenant une pique à la main [4].

La présence du Prince eut bientôt ranimé les défenseurs, et une lutte si furieuse et acharnée s'engagea entre eux et les ennemis qui, à l'instigation de Mustapha Pacha, venaient de retourner à l'assaut et tentaient d'escalader la brèche, que, malgré leurs efforts et des prodiges de valeur extraordinaires, les Turcs furent complétement défaits, laissant environ deux mille morts sur la place, sur une quinzaine seulement de Chevaliers ou citoyens qui avaient succombé dans l'action [5]. De ce nombre, Bosio cite Philippe Lomellino, marchand génois, et Pierre Mela de Savone, capitaine de vaisseau ; et, parmi les blessés, le chevalier Fr. Michel d'Argillemont, de la Langue de France, qui eut un œil crevé par une flèche, et le chevalier Fr. Henri de Mauselle qui portait l'étendard du Grand-Maître. Pendant que celui-ci tombait mort, frappé d'un coup d'arquebuse, le chevalier Fr. Joachim de Cluis, dit Briande, recueillit de ses mains la bannière en danger [6]. Se signalèrent encore dans cette circonstance le chevalier portugais Fr. François Tellez et le chevalier romain Fr. Jean-Baptiste Orsini, qui fut plus tard Grand-Maître [7].

Le 9 septembre, cinq jours après l'explosion de la mine, les ennemis mirent en même temps le feu aux mines au Poste de Provence et à celui d'Angleterre. La première attaque échoua, mais la seconde renversa toute une canne de mur précisément à l'endroit fortement endommagé par la mine précédente ; et tel fut le bruit assourdissant de l'explosion et de la secousse qui l'accompagna, qu'on crut à l'écroulement de tout le Bastion. Les défenseurs, ne doutant plus de la ruine générale et se croyant menacés d'être ensevelis sous les décombres, s'éloignèrent en toute

1. *Le Origini della fortificazione moderna*, p. 160 et 161.
2. Mesure romaine de dix palmes, c'est-à-dire de six pieds onze pouces de France.
3. Bosio, II, 669.
4. Bosio, II, 669.
5. Bosio, II, 669.
6. Mauselle mourut de cette blessure. Bosio, II, 670 ; Goussancourt, II, 57.
7. Bosio, II, 670.

hâte. A cette vue, les Turcs de s'élancer, sans rencontrer aucun obstacle, par la brèche et d'y arborer leurs drapeaux ; mais les nôtres, reconnaissant bientôt leur erreur, reviennent à la charge, encouragés plus que jamais à combattre par la présence de l'étendard de la Religion qu'ils avaient apporté avec eux [1]. Il était de couleur rouge, marqué d'une croix à plat blanche, et étaitp orté par le chevalier Fr. Antoine de Grolée, dit Passim [2], de la Langue d'Auvergne, auquel, dès le début du siège, l'ava confié le Grand-Maître [3]. Si les Chevaliers, en apercevant le glorieux étendard, sentirent redoubler leur ardeur et leur courage, les Musulmans, de leur côté, ne parurent animés que d'une haine plus féroce. Après avoir tout d'abord fait semblant de se retirer, et éprouvé des pertes cruelles sous le feu bien nourri de l'artillerie du Poste de Saint-Jean, on les vit, bientôt après, excités par leurs chefs et appuyés par de nouveaux renforts, revenir avec plus d'acharnement que jamais à l'assaut du Bastion. Mais voici paraître au milieu des défenseurs le Grand-Maître en personne avec la valeureuse escorte de sa suite et avec l'étendard du Crucifix ; voici que s'engage corps à corps une lutte meurtrière à laquelle il prend part lui-même ; elle dure deux heures et se termine par la déroute des ennemis [4]. Trois mille Turcs restèrent sur le champ de bataille, et trente des nôtres seulement, entre autres le chevalier Fr. Guy de Marsillac, commandeur de l'artillerie, et le chevalier Fr. Joachim de Cluis, déjà cité. Celui-ci fut blessé à l'œil d'un coup d'arme à feu et se vit obligé de céder l'étendard dont il avait la garde au chevalier Fr. Emeri de Réaulx, de la Langue d'Auvergne [5].

Ce fait en rappelle un autre arrivé le 27 juillet 1480, lorsque, à l'apparition de l'étendard où était représenté le Crucifix entre la Sainte Vierge et saint Jean, les Turcs affirment avoir vu dans le ciel une croix resplendissante et une vierge armée du bouclier et de la lance, avec un homme pauvrement vêtu, suivis d'une nombreuse escorte de soldats volant au secours de la ville ; attirés par cette vision extraordinaire, ils prirent précipitamment la fuite [6].

Quelques jours après, Mustapha Pacha, désireux de reconquérir, dans l'esprit de Soliman, sa vieille réputation de valeureux capitaine, fortement ébranlée par les deux tentatives infructueuses contre le Bastion d'Angleterre, se décida d'ouvrir un troisième assaut contre le même Bastion ; et le mercredi 17 septembre, à l'heure du midi, se mit en devoir d'exécuter son dessein. Tout à coup, les Turcs sortent de leurs tranchées avec cinq enseignes déployées et vont du même pas les arborer sur la brèche. Cette fois encore, la valeureuse résistance des assiégés

---

1. Bosio, II, 671.

2. Fut envoyé à Charles V pour demander Malte au nom de l'Ordre ; et peu ne s'en fallut qu'il ne fût élu Grand-Maître à la place d'Omedes. Il éleva le monument funéraire du Grand-Maître de l'Isle-Adam dans le fort Saint-Ange à Malte. J'ignore le motif de son surnom *Passim*. V. Pauli, *op. cit.*, II, 191, 473, 474.

3. Bosio, II, 646.

4. Bosio, II, 671.

5. Bosio, II, 671, 672.

6. V. la lettre écrite par le comm. Fr. Christophe Waldener à son père, rapportée par Tercier, *op. cit.*, p. 752, 753. L'original de cette lettre se trouve à la bibliothèque de Bâle. V. aussi Bosio, II, 420.

fut à la hauteur du péril. Parmi les nombreux Chevaliers et soldats qui les secou-
rurent, nous citerons le commandeur Fr. Christophe Waldener [1], de la Langue
d'Allemagne, qui était alors châtelain de Rhodes et capitaine du Poste de sa
Langue. Après avoir fait des prodiges de valeur et arraché une enseigne des
mains de l'ennemi, il trouva la mort en le forçant personnellement à se décider,
comme la première fois, à une honteuse retraite [2]. Il y avait eu dans l'action un
grand nombre de blessés et de morts ; parmi les premiers, il faut citer le Prieur
de Saint-Gilles et Bailli de Lango, Fr. Préjean de Bidoux, qui eut le cou trans-
percé par une arquebuse [3] ; et parmi les seconds le Turcopolier Fr. Jean Boucq [4],
qui avait succédé dans le commandement du Poste d'Angleterre au chevalier
Fr. Guillaume Weston [5].

Ces attaques et ces mines ne furent pas les seules dirigées contre le Bastion
d'Angleterre, qui n'offrit bientôt plus qu'un amas de ruines, surtout après le terrible
assaut que Soliman lui fit livrer en même temps qu'aux Postes d'Italie, de Provence et d'Aragon, le 24 septembre ; assaut vraiment formidable dont il attendait
de pied ferme la capitulation de la place, et auquel il voulut assister en personne
du haut d'une tribune installée sur l'éminence d'une colline voisine des murs.

Frappés de l'état misérable où se trouvait le Bastion, les Chevaliers étaient sur
le point de l'abandonner, et déjà ils se préparaient à entasser dans les fondations
de la poudre et des matières inflammables, décidés à y mettre le feu à l'approche
des Turcs, quand ils comprirent par la réflexion que, le Rempart une fois tombé
au pouvoir des ennemis, celui-ci se rendrait en un clin d'œil maître de la porte de
Saint-Jean ; aussi résolurent-ils de le défendre coûte que coûte, et le chevalier Fr.
Nicolas de Hussey, cité plus haut, et le Bailli de Morée furent remplacés, sur
l'ordre du Grand-Maître, dans le commandement de la place, par le chevalier
Fr. Jean du Bin, dit Malicorne, Français, homme très expérimenté dans l'art de
la guerre et d'une valeur éprouvée, qui demeura chargé de ce Poste jusqu'à la fin
du siège [6].

La Langue d'Angleterre portait sur son étendard les trois lys de France
écartelés avec trois léopards posés l'un sur l'autre.

1. D'une illustre famille d'Alsace, commandeur de Muhlberg, administrateur de la commanderie de
St-Jean de Vienne (Autriche), et investi d'autres commanderies. V. Tercier, op. cit., p. 752, 753.

2. Il reçut trois blessures, à la hanche, à la main droite et au menton. Sa famille fonde en son honneur à
Flaudens (Tyrol) un service anniversaire qui se célébrait le lun li après la Saint-Martin. Tercier, ibid.

3. Préjean de Bidoux. V. aussi sur son compte Guglielmotti dans la Guerre des Pirates, I, 84, 86, 94,
146, 147, 226. Il avait été investi du Prieuré de St-Gilles en 1515 (Archives de Marseille). Il mourut en
1528 dans un combat sur mer. Bosio, III, 667.

4. Peut-être mieux Bucke ou Burke.

5. Bosio, II, 675.

6. Bosio, II, 92, 98. Selon Goussancourt, son nom est Aubin de Malicorne. N° 1, 23.

Chapitre Quatrième.

PRÈS le Poste d'Angleterre, celui de la Langue d'Aragon. Elle était composée de Chevaliers de Catalogne, d'Aragon et de Navarre. C'est à tort que Bosio et autres historiens l'appellent presque toujours d'Espagne [1] ; elle portait sur son étendard rouge à dextre les six pals d'or (Aragon) et à senestre les deux chaines d'or disposées en croix de Saint-André (Navarre). Ce Poste commençait avec le Bastion dit d'Aragon ou Tour de Sainte-Marie, œuvre attribuée par Guglielmotti [2] à Basilio della Scola, lequel transforma certainement la tour suivant les règles des fortifications modernes, mais ne la bâtit pas, car nous avons des traces très antérieures de son existence. Le Poste se dirige du sud au nord, et formant ensuite une sinuosité du sud au nord-ouest de cent quatre-vingt-trois mètres environ, aboutit au Bastion d'Auvergne, dit aussi Tour d'Espagne, qui a beaucoup de ressemblance avec celle de Sainte-Marie. Devant les murailles de ce Poste un terre-plein pentagone isolé s'élève entre les deux susdits Bastions. En face de ce Poste comme de celui d'Italie, les Turcs avaient, dès le début du second siège, échafaudé une grande montagne de terre transportée à la bêche, laquelle surpassa un peu en hauteur les murailles de la ville, et installé sur le haut des pièces d'artillerie qui causèrent de nombreux ravages chez les assiégés [3]. Puis, là encore, comme au Poste de Provence, les ennemis descendirent dans le fossé trois énormes bombardes, dont l'une tirait des boulets de onze palmes de grosseur. Avec elle les Turcs attaquèrent le Bastion qui était sous le commandement du chevalier Fr. François de Escarieres [4],

---

1. Bosio, II. passim; Biliotti, Rottiers, passim.

2. Guerra di i Turati, II, 210, 211. — Le nom de Sainte-Marie lui vient d'une statue de la Vierge. On voit encore la niche où elle était placée.

3. Bosio, II, 662, 663.

4. Bosio, II, 646.

s'ouvrirent une large brèche, et se firent des décombres tombés dans le fossé une sorte d'échelle pour monter sur le terre-plein. Au milieu des escarmouches qui accompagnèrent cette opération, furent tués Rostam, bombardier de l'Ordre, et le chevalier Fr. Jean de Barbaran, capitaine du Poste, lequel fut remplacé dans cette charge par le chevalier Fr. Jean d'Omedes (depuis Grand-Maître à Malte), qui y combattit avec intrépidité jusqu'au moment où, blessé à l'œil par un coup d'arquebuse, il fut obligé de se retirer[1]. Le chevalier Fr. Gabriel Tadino conseilla plusieurs mesures pour débarrasser le fossé des décombres qui servaient de plate-forme aux ennemis ; il ne négligea pas de réparer les dégâts qu'ils avaient causés aux défenses du Bastion ; mais la fureur incessante, obstinée des Turcs, cassant et brisant tout, enleva au Bastion tous ses moyens de résistance, excepté les embrasures[2] qui se trouvaient au pied. Enfin le 17 septembre, Achmed Pacha ayant donné l'ordre de mettre le feu aux mines que ses soldats avaient pratiquées aux Postes d'Auvergne et d'Aragon, une explosion formidable se produisit qui renversa deux cannes de muraille de la barbacane, tandis que les Turcs, se hâtant de mettre à profit le fracas et la confusion, bondirent sur le mur. Toutefois la valeur des Chevaliers Aragonais, Catalans et Navarrais leur opposa une vigoureuse résistance et les rejeta dans leur camp, tandis que Tadino d'un côté et le chevalier Fr. Jean de Mesnil, du Bastion d'Auvergne, de l'autre, les écrasaient sous des décharges de mousqueterie et d'artillerie, en mettant à mort un nombre considérable[3]. Beaucoup des nôtres périrent également, tant chevaliers que soldats, entre autres le chevalier Fr. Philippe Dariliano, chevalier Castillan, au dire de Bosio, d'une grande intrépidité[4].

A la fameuse journée du 24 septembre où Soliman attaqua la ville sur quatre points à la fois, l'un des Postes contre lequel ses soldats vinrent se heurter avec le plus d'impétuosité, fut certainement celui d'Aragon. L'élite de ses troupes et une grande quantité de janissaires donnèrent l'assaut, arborèrent quarante drapeaux et semèrent la destruction dans nos rangs. Combat terrible s'il en fut, mais non perdu pour les Chevaliers, qui firent des prodiges de valeur inouïe encouragés par la présence du Grand-Maître. Celui-ci, voyant le Poste et le Bastion en péril, accourut avec les siens du Bastion d'Angleterre où il se trouvait ; et après une longue série d'engagements meurtriers, il eut la consolation de délivrer encore une fois le Poste et le Bastion d'Aragon[5]. Parmi ceux qui se distinguèrent le plus dans cette action, nous citerons le chevalier Fr. Diègue de Torrès, le chevalier Fr. Ugo de Cappones, Espagnols, et les chevaliers français Meneton et Fr. Jacques de Bourbon[6], l'illustre historien de ce siège et Prieur de France.

---

1. Bosio, II, 665.
2. Bosio, II, 668.
3. Bosio, 675.
4. Bosio, II, 676. Goussancourt, I, 18, l'appelle Arcillan.
5. Bosio, II, 679, 680, 681.
6. Il fut reçu dans la Langue de France en 1503 (Vertot, V.), fut commandeur d'Oisemont (Tercier, p. 728). Fontanus le dit : « *Clarus litteris, natalibus, virtute.* » Il était fils naturel de Louis de Bourbon,

Cependant l'ennemi, ayant exhaussé de plus en plus la montagne de terre qu'il avait faite, et construit en outre une épaisse muraille dans le fossé du bastion, envoya pendant la nuit un grand nombre de sapeurs boucher avec de la terre et des décombres les canonnières d'en bas qui y restaient encore. Ainsi ils se rendirent maîtres de la barbacane et s'approchèrent du pied du mur qu'ils se mirent à démolir pour se ménager une entrée dans la ville. Les nôtres ne négligèrent rien pour repousser les assaillants, mais s'apercevant que tous les efforts étaient inutiles, que le nombre des défenseurs était insuffisant pendant que celui des ennemis ne faisait que s'accroître, Tadino ordonna de construire du côté intérieur des murs (précisément en face de l'endroit où l'ennemi avait ouvert la muraille) une palissade avec ses traverses dans les deux sens, et d'y installer de grosses et petites pièces d'artillerie, et en confia la garde au capitaine Jean-Antoine Bonaldi, Vénitien, avec quelques Rhodiotes et autres soldats, sous les ordres du bailli de Manosque, Fr. Désiré de Sainte-Jaille [1]. Cet ouvrage, qui se prolongeait dans la ville jusqu'à l'église du Saint-Sauveur, reçut des Turcs le nom de Mandria, à cause de sa ressemblance avec l'étable où l'on enferme le bétail. C'était une des dernières espérances de la défense de Rhodes ; aussi vit-on accourir le Grand-Maître lui-même, Fr. Pierre de Cluis [2], le bailli de Morée, Fr. Emeri de Combault [3], et autres Chevaliers résolus, dit Bosio, à vaincre ou à mourir sur la brèche. Pendant ce temps, Tadino, toujours infatigable, s'en allait d'un endroit à l'autre, réparant les postes qui avaient le plus souffert de l'artillerie ennemie. S'étant rendu le 11 octobre au Bastion d'Aragon pour visiter une traverse, au moment où il regardait par le pertuis, il reçut à l'œil un coup d'arquebusade. Le projectile lui sortit derrière l'oreille [4], mais la gravité de la blessure mit ses jours en danger, et l'on considéra presque comme un miracle qu'il ait été guéri au bout d'un mois [5].

Enfin, le 29 novembre dès l'aube, les Turcs se dirigèrent, bannières déployées, vers les murs, et montèrent sur la brèche ; mais cette fois encore, ils furent repoussés, laissant sur le terrain environ trois mille hommes tués par l'artillerie de la Porte de Saint-Jean et du Bastion d'Auvergne en particulier [6]. Toutefois, nullement déconcerté par cet échec, Achmed Pacha résolut d'attaquer le terre-plein d'Aragon, et se mit à l'assaillir avec une fureur désespérée. Le 1er décembre eut lieu une escarmouche dans le fossé, où se trouva encore le susdit capitaine Bonaldi. Celui-ci, après avoir valeureusement combattu, blessé au genou, dut

---

évêque de Liège, tué en 1482 par Guillaume de La Marck. Prieur de France en 1515. V. Goussancourt, II, 302.

1. Bosio, II, 685, 686. — Il fut successeur de Fr. Pierre de Ponte, dans le Grand Magistère à Malte.

2. Il fut depuis Grand Prieur de France. Enterré au Temple à Paris. Goussancourt, II, 302.

3. Il fut aussi ambassadeur du Grand-Maître de l'Isle-Adam auprès de François Ier, roi de France, et de Clément V pendant ce siège. Goussancourt, II, 349.

4. Sanuto, *Diarî*, XXXIII, p. 568.

5. Bourbon, p. 661.

6. Bosio, II, 693.

Itinéraire d'un Chevalier de St-Jean.

se retirer, et peu après, tous les moyens de défendre la terre épuisés, il fallut
se résoudre à l'abandonner entre les mains de l'ennemi [1]. Le 7 du même mois,
les Turcs donnèrent l'assaut à la barbacane d'Aragon, qui fut prise et ensuite
perdue ; mais le lendemain, après une vigoureuse attaque, où les défenseurs firent
tout ce qui était humainement possible pour sauver cette position, ils s'en rendirent définitivement maîtres tandis que les nôtres durent se retirer dans la ville [2]

Il n'est pas hors de propos de remarquer qu'en 1465 le Poste d'Angleterre,
occupait à peu de chose près l'endroit de celui d'Aragon, et celui-ci la place
de celui-là. Bosio rapporte en effet que le Poste d'Aragon s'étendait de la
Porte de Cosquino exclusivement, à la Tour de Sainte-Marie dont il n'occupait
que la partie supérieure, et que celui d'Angleterre allait de la partie inférieure
de cette même tour jusqu'à la Tour d'Espagne inclusivement [3].

Après le Poste d'Aragon, se trouve celui de la Langue d'Auvergne, qui commence au Bastion appelé quelquefois Tour d'Espagne, et finit à la Tour de Saint-
Georges exclusivement, mesurant environ 228 mètres et allant du sud au nord ;
tandis que, dans le partage de 1465, ce Poste s'étendait de la Tour d'Espagne exclusivement jusqu'à la Tour, alors Porte, de Saint-Georges inclusivement [4]. Cette
langue portait sur son étendard d'or un dauphin de sable. Après l'arrivée à Rhodes
du Grand-Maître de l'Isle-Adam, on abattit une grande partie de cette muraille
d'Auvergne pour en refaire le Bastion, d'après les plans qu'en avait laissés Basilio
della Scola [5] ; et plus tard, peu de temps avant l'ouverture du second siège, on
voyait ce Grand-Maître aller jusqu'à deux et trois fois par jour inspecter et activer
les travaux. En 1513, rapporte Bosio, la crainte des Turcs fut cause qu'on mura
la porte de la mine du Bastion d'Auvergne, parce que le *Canlachio* était ouvert
de ce côté [6]. On pourrait, ce semble, conjecturer de ce mot, dont le sens n'est pas
très clair, qu'il y avait en cet endroit un dépôt de poudre. En outre, le Grand-
Maître voulut non seulement élever en toute hâte et achever le Bastion, mais
encore débarrasser et creuser plus profondément le fossé, donnant l'ordre de
mettre tous les esclaves à ce travail [7].

Pendant le siège de 1522, ce Poste avait pour Capitaine le chevalier Fr. Raymond
Rogers, et le Bastion le chevalier Fr. Jean de Mesnil [8]. Vers cette époque, Tadino
fit creuser une tranché qui, d'un côté, se dirigeait au nord vers la muraille d'Allemagne, et, de l'autre, à l'ouest, vers le Bastion d'Angleterre, et par laquelle il attaqua et rompit le cours de la plupart des mines des Turcs [9].

1. Bosio, II, 694.
2. Bosio, II, 701, 702.
3. Bosio, II, 293, 294.
4. Bosio, II, 293, 294.
5 Bosio, II, 629.
6. II, 605. Les dictionnaires ne donnent pas le mot *Canlachio*, mais Ducange a *Canli* qui signifie
vase : peut être que *Canlachio* était l'endroit où l'on mettait les poudres.
7. Bosio, II, 632.
8. Bosio, II, 646.
9. Bosio, II, 668.

Lors de l'assaut général livré par Soliman à la ville le 24 septembre, le Poste d'Auvergne fut vigoureusement attaqué, et l'Ordre eut à enregistrer un grand nombre de blessés et de morts ; entre autres le chevalier Fr. Olivier de Brissac et le chevalier Fr. Pierre Philippe [1], qui était Receveur du Grand-Maître [2].

Sur la partie extérieure de ce Bastion, dit aussi Tour d'Espagne, on aperçoit dans le mur des pierres de marbre blanc ; l'une d'elles, placée horizontalement dans la longueur, porte cette inscription :

HIC . JACET . F. THOMAS
NEWPORT . PODATVS . AGLIÆ . MILES . QV . OBIIT
1502 . XXII . DIE . MESIS . SEP
TEMBRIS . CVIVS . ANIMA . REQVIESCAT . IN . PACE
AMEN
1502.

Dans le haut, au-dessus de l'inscription sont sculptées les armes du Chevalier, entourées d'une guirlande, et au-dessous une tête de mort sur deux ossements disposés en croix de Saint-André.

D'après Biliotti [3] cette pierre aurait été mise en cet endroit par les Chevaliers anglais, pour honorer la mémoire de l'un de leurs frères d'armes ; et il la place sur la Tour de Sainte-Marie, qu'il attribue au Poste d'Angleterre, à laquelle le premier partage de 1465 n'avait assigné que la partie inférieure ; mais il se trompe étrangement puisque la pierre se trouve sur la Tour d'Espagne, laquelle avait fait partie du Poste anglais de 1465 à 1522, époque où il fut donné à celui d'Auvergne. Puis il n'est guère vraisemblable, que pour honorer un confrère, ils aient enlevé la pierre sépulcrale de son tombeau (qui n'aurait pas été sur les murs, mais certainement dans une église de la ville) pour la mettre ici et l'y placer de cette façon, dans le sens horizontal. Je crois plutôt que cette pierre, enlevée par les Turcs, de l'église où elle recouvrait les restes de Newport, fut apportée ici pour obstruer une embrasure ou ouverture quelconque. Quant à ce Chevalier, c'était évidemment l'oncle de son homonyme, Bailli de l'Aigle, qui, venant porter secours à Rhodes en 1522, fut assailli par la tempête et périt dans un naufrage [4].

On voit encore deux autres pierres tombales dans le mur au même endroit : celle du chevalier Fr. Thomas Provana, Piémontais [5], capitaine du Château Saint-Pierre, mort en 1499, et celle du chevalier Fr. Renier Pot, Français, parent du Grand Maître de l'Isle-Adam, chevalier de haute distinction, mort en 1497 [6].

1. Bosio, II, 631.
2. Administrateur des rentes du Grand-Maître.
3. Op. cit., p. 503, 504.
4. Fontanus, Op. cit., III.
5. Frère sans doute de l'Amiral Philippe Provana. Pozzo (Ruolo etc.) fixe à l'année 1490 la réception de Thomas, comme Chevalier de St-Jean. Hedenborg le dit Anglais ! Op. cit., III, 116.
6. D'Hospitalier de l'Ordre, il devint Lieutenant du Grand-Maître d'Aubusson, à la mort du chevalier Fr. Jacques de la Gialtrui, qui en avait la charge. (Bosio, II, 311.) Hedenborg (Op. cit., III, 116) le dit Adjutant-général (!) d'Aubusson.

Toutes les deux portent les armes respectives des défunts avec les inscriptions suivantes :

F. THOMAS . PROVANA . OLIM . CAPIT . CASTRI . SCTI . PETRI.
... ND (*COMMENDATARIUS*) . AC RECEPT. (*OR.*) MOTTE . ET
JANSONIS . OBIIT . D . 29 SEPT . 1499

R⁹. D. F. RAYNERIVS . POT GRA
VIS . CONSILII . ET . STRENVI . ANI
MI MILES. PRECEPTOR . Q. DE CHALON . AD. SERENIS. D. REGES ET
PRINCIPES. LEGATVS. BONAM RELIGIONI. OPERAM . NAVAVIT
AC . SACRI . CONTVS . RHOD . HOSPITALARIVS . RMI . Q . D . CAR
DINALIS ET MAGNI MAGISTRI
D. F. PETRI . DAVBVSSON , LOCV
TENENS XXII . SEPTEMBRIS . M
CCCCLXXXXVII . OBIIT . ET.
HIC . EREGIONE (?) . JACET
D. F. PHILPVS . DE . VILLERS . DICT . LILE . A
DAM . AFFINI · BENEMERENTI . POSVIT.

Le Poste de la Langue d'Allemagne, qui venait après celui d'Auvergne, commence à la Tour de Saint-Georges et finit à la porte d'Amboise inclusivement, s'étendant vers le nord sur une longueur d'environ 229 mètres. Pendant le siège de 1522, le commandement en était confié au chevalier Fr. Christophe Waldener, Châtelain de Rhodes, dont nous avons déjà parlé [1]. L'étendard de cette Langue était blanc avec un aigle noir à deux têtes. Les Chevaliers allemands, à cette époque, étaient non seulement les moins nombreux, mais encore les moins considérés et les plus pauvres. « Inter milites », écrit l'allemand Faber, « præcipue sunt » Catalani.... et demum Francigene et Anglici ; minimi sunt nobiles Alemanni, » semper pauperiores et omnium servi [2]. » Même pour ce Poste d'Allemagne les limites assignées en 1465 étaient différentes, car alors il commençait immédiatement après la porte de Saint-Georges et finissait aux deux tours qui étaient voisines du Palais Magistral [3].

Au Bastion de Saint-Georges se trouvait autrefois une des portes de la ville, fermée vers la fin du XVᵉ siècle ou au commencement du suivant. Avant de partir pour la flotte de la Ligue en 1501, le Grand-Maître prit certaines dispositions relatives au gouvernement et à la défense de la ville : il établit entre autres quatre corps de garde, dont l'un près de la porte et du Bastion de Saint-Georges, et régla que, pendant la nuit, les clefs seraient remises entre les mains du Lieutenant du Châtelain [4]. Et aujourd'hui encore, sur cette espèce d'ouvrage avancé qui entoure

1. Bosio, II, 675, et p. 42 du ch. II de cet ouvrage.
2. *Evagatorium*. III, 255.
3. Bosio, II, 293, 294.
4. Bosio, II, 547.

le Bastion, on aperçoit les armes de ce Grand-Maître écartelées avec celles de

PORTE D'AMBOISE.

l'Ordre et couvertes du chapeau et des houppes cardinalices. Peu de temps avant le dernier siège, raconte Bosio, s'éleva un conflit entre les Chevaliers d'Allemagne et ceux d'Auvergne à propos de ce Bastion ; ceux-là en ayant occupé une partie, ceux-ci voulaient les en faire sortir, sous prétexte qu'il appartenait uniquement à la Langue d'Auvergne, comme il lui appartenait en 1465 ; et si nous devons en croire Fontanus, ils étaient dans leur droit, parce que, d'après cet auteur, le Poste d'Allemagne allait de la porte d'Amboise jusqu'à la Tour de Saint-Georges, où commençait précisément le Poste d'Auvergne. Ce fut le sujet d'une vive contes·tation à Rhodes ; mais devant l'intervention du Grand-Maître, les esprits rentrè·rent dans le calme ; l'arrêt définitif fut réservé au futur Chapitre général, et en attendant ordre fut donné d'arborer sur le Bastion, au lieu de l'étendard d'Alle·magne ou d'Auvergne, ceux du Grand-Maître et de l'Ordre [1].

La porte d'Amboise, devant laquelle on voit un pont-levis qui s'appuie contre un pont de pierre de trois arches, se trouve entre deux tourillons massifs et ronds ; et les Turcs la nomment Egri Capou, ou porte oblique, parce que la rue qui y conduit, en dedans comme en dehors, décrit de nombreuses courbes. Les Grecs, au temps de l'Ordre, l'appelaient Ton Protomastron, parce qu'elle donnait accès dans la partie de la ville où s'élevait le palais des Grands-Maîtres. Cette porte est toutefois très antérieure au Grand·Maître d'Amboise, qui la restaura en 1512 et lui laissa son nom. D'après Dapper [2], elle aurait été dite autrefois porte de Saint-Michel ; et, par une fausse et impardonnable interprétation de l'*Ambo·siana* de Fontanus, Vertot et Hedenborg, d'après lui, l'ont appelée de Saint-Am·broise. Sur cette porte, du côté qui regarde la campagne, se trouve un ange aux ailes déployées qui soutient deux écussons, un dans chaque main : à droite celui de l'Ordre, à gauche celui d'Ambo·se. Cet ange, debout sur un acrotère, est recou·vert d'une longue robe qui lui descend jusqu'aux pieds ; et au-dessus on aperçoit le buste du Sauveur qui porte le globe surmonté de la croix. Sous l'ange, l'ins·cription :

DAMBOISE . MDXII.

Rottiers [3] raconte que, dans la partie intérieure de cette porte, était un canon se chargeant par la culasse, que le Grand-Maître d'Aubusson avait fait venir de France avec plusieurs autres, et une statue de la Sainte Vierge, mutilée par les Turcs et placée au-dessus de l'entrée. Aujourd'hui il n'y a plus ni canon, ni statue. Le même auteur ajoute que la statue avait été apportée d'Italie à Rhodes par ordre du Grand-Maître Villeneuve, qui la transporta en cet endroit, de la porte de Saint-Paul où il l'avait placée tout d'abord. Au temps de l'Ordre, continue encore Rottiers, chaque année, le 15 août, on dressait devant l'image un autel en souvenir de la conquête de Rhodes par les Chevaliers, et une procession solennelle, partie de Philerme avec le Grand·Maître et tous les Chevaliers, s'y arrêtait pour chanter le *Salve Regina*, et se rendait ensuite à l'Église Conventuelle de Saint-Jean C'était

---

1. Bosio, II, 651. Fontanus.
2. *Description exacte*, etc., p. 97. Rottiers, pl. XX.
3. *Op. cit.*, p. 97, sq.

un jour de grande fête. Le Grand-Maître donnait un repas somptueux, et le soir toute la ville était illuminée. Rien que de vraisemblable dans ce récit, moins toutefois la procession de Philerme à Rhodes, qu'une distance d'environ dix milles eût rendue trop pénible à une foule de personnes, dont la plupart d'un âge avancé ; mais ni les documents, ni les chroniqueurs n'ont enregistré le fait ; aussi sommes-nous obligés de le reléguer au rang de tant d'autres légendes dont Rottiers a agrémenté son livre sans grand profit pour sa réputation d'historien [1].

Le Grand-Maître d'Amboise avait fait mettre sur cette porte l'écu des trois fleurs de lys, qui était celui du Royaume et de la Langue de France A la mort de ce Grand-Maître, survenue en 1513, les chefs des différentes Langues élevèrent la voix contre cet acte, qui semblait implicitement reconnaître trop ouvertement la protection de la Couronne de France sur l'Ordre. Le Conseil, après de vives contestations, décida de faire enlever l'écusson, et de le placer sur l'Auberge de la Langue de France. Cet exemple fut encore suivi par les autres Langues. Elles mirent toutes leurs armes sur leurs Auberges respectives, à l'exemple des Postes qui arboraient d'ordinaire l'étendard, où étaient généralement représentées, comme nous l'avons dit ailleurs, les armoiries des États auxquels appartenaient les Chevaliers de chaque Langue [2].

A la porte d'Amboise commençait le Poste de la Langue de France, qui fut placé en 1522, d'après Bourbon et Bosio [3], sous le commandement du chevalier Fr. Joachim de Saint-Simon, et, selon Vertot, sous celui du chevalier Jean d'Aubin, ou de Saint-Aubin. Cette Langue, comme nous l'indiquions tout à l'heure, portait sur l'étendard couleur d'azur les trois lys d'or de France. La muraille de ce Poste, partant de la susdite porte, s'avançait vers le nord, inclinait vers l'est et, décrivant ensuite une sinuosité vers le midi, se continuait dans la direction de l'ouest jusqu'à la Tour de Naillac, ou du Trabucco, où elle finissait en s'appuyant par un arc contre la tour elle-même [4]. Cette muraille embrassait le Palais Magistral, dont la garde toutefois était réservée au Grand-Maître, et qui était comme la Citadelle du Collachium avec ses tours propres et un jardin d'où s'élevait un donjon dont les batteries donnaient vers la Tour de Saint-Nicolas [5] ; et comprenait avec les Tours et les Bastions de Saint-Pierre et de Saint-Paul le donjon de l'ancienne porte de Saint Nicolas, fermée par le Grand-Maître d'Aubusson en 1501, et dont nous ne saurions exactement indiquer la place, mais qui devait être dans la sinuosité que décrit la muraille entre le Rempart de Saint-Pierre et le Palais Magistral. Dans la répartition de 1465 le Poste de la Langue de France commençait au contraire au Palais du Grand-Maître, qui était encore alors à sa disposition et défense; et s'étendait jusqu'à la porte du Château inclusivement, comprenant en outre la Tour du Trabucco [6].

---

1. *Op. cit., l. c.*
2. Moreri, *le grand Dictionnaire historique.*
3. Bourbon, 633. Bosio, II, 646.
4. Fontanus, II.
5. Bosio, II, 646.
6. Bosio, II, 293, 294.

Le Bastion de Saint-Pierre est une tour ronde, qui porte dans la partie antérieure les armes du pape Pie II avec les clefs et la tiare, et celles du Grand-Maître de Milly ou de Zacosta, placées sous les restes d'une statue mutilée de saint Pierre.

A quelque distance de ce Bastion, on aperçoit deux autres tours carrées, sur une desquelles sont les armes de l'Ordre et du Grand-Maître d'Heredia ; restes sans doute du Ravelin qui reliait le Bastion de Saint-Pierre à celui de Saint-Paul, et dans lequel, durant le siège de 1480, le Grand-Maître d'Aubusson fit installer une solide garnison d'infanterie et de cavalerie pour empêcher que l'ennemi, entourant le môle, ne passât au-delà et n'allât attaquer la Tour de Saint-Nicolas, car la mer était si basse en cet endroit qu'on pouvait y aller à gué [1].

1. Caoursin l'appelle *Antemurale*. In antemurale quod a turri S. Petri ad inferiorem partem Manduachi protendit. *(De Rhed. urb. obs.)* V. aussi Bosio, II, 403.

Chapitre Cinquième.

LE COLLACHIUM. — ÉTYMOLOGIE DU NOM. — LE
COUVENT. — L'HOPITAL. — LES AUBERGES. —
ÉGLISE PRÉTENDUE DE SAINTE-CATHERINE. ✦✦✦

 A ville de Rhodes, comme je l'ai indiqué ci-dessus, se divisait
en deux parties : l'une habitée par les Chevaliers, dite le
Collachium, et l'autre par la population grecque, juive et
d'autres pays, appelée le Bourg et les Bourgs Le Collachium,
la cité noble, dont le Palais Magistral représentait le château
ou la citadelle, occupait environ un tiers de la ville vers
le nord. Elle était gardée avec un soin particulier, et, en 1501,
à son départ pour la flotte de la Ligue, le Grand-Maître
p'Aubusson donna l'ordre de remettre tous les soirs les clefs du château et de ses
remparts entre les mains de l'Amiral.

Le mot « Collachium », « Colacium » ou « Colecium » vient, comme chacun le
sait, de « Colligere »[1], et en effet dans le Collachium se trouvaient réunis l'Hôpital,
l'Église Conventuelle, les Auberges des Langues et les habitations des Chevaliers.
De « Colocium » on fit « Colocenses » et, peut-être par corruption et grâce à la
prononciation française qui change le son du c en s, « Colossenses » ; terme déjà
antérieurement employé par les Byzantins pour désigner les Rhodiens, en
souvenir du fameux colosse[2] ; aussi Fontanus[3] écrit-il « Sanctus Johannes Colossensis » pour « Colocensis » ou « Colacensis ». Selon Santo Brasca et Fr. Félix
Faber, anciennement, le nom de l'île était « Rhodes » et celui de la ville « Colos »[4].
· Les limites du Collachium étaient : au nord, les murailles appartenant au Poste

---

1. Ducange, *Dictionarium mediae et infimae latinitatis*, au mot « Collacium ».

2. Κολοσσος. V. Suidas, *Lexicon*.

3. *Op. cit.*, II.

4. Santo Brasca dit que la ville s'appelait *Colophem* (Colosson ?), qui signifie « statue gigantesque ».
*Insula haec duo habet nomina principalia ; dicitur Rhodos et Colos, vel Rhodon et Colon, vel Rhodis et
Cholis, vel Rhodus et Colus, vel Rhodius et Colum... Inde Rhosienses et Colocenses. Volunt tamen aliqui
dicere quod Rhodus sit nomen totius insulae et Cholus sit nomen civitatis principalis in ea, sed unum pro
alio sumitur, etc.* — *Evagatorium*, III, p. 252.

de la Langue de France et celles du Palais Magistral ; à l'ouest, une ligne de fortifications intérieures qui, partant du même Palais, s'étendaient parallèlement à une
partie de celles de la Langue d'Allemagne jusqu'à la hauteur de la Tour moderne
de l'Horloge ; puis de l'ouest à l'est, une grosse muraille qui se dirigeait vers la
porte de Sainte-Catherine, où elle formait un angle presque droit pour aller
ensuite, du sud au nord, jusqu'à la porte de Saint-Paul et s'y rattacher aux murs
ci-dessus du Poste de France. Outre la porte d'Amboise, déjà citée, deux autres
portes dans la ville conduisaient au Collachium : une dite d'Arnald, très rapprochée de celle de Sainte-Catherine, et une autre située entre deux tours à la moitié
environ de la muraille qui séparait au sud le Collachium même du Bourg.

Le nom d'Arnald doit venir de celui que l'on donnait aux Chevaliers qui avaient
récemment fait profession dans l'Ordre ; « Per filios Arnaldos intelliguntur hi qui
post alios Ordinem nostrum sunt professi, quasi tyrones, » disent les anciennes
Constitutions de l'Ordre [1] ; et elles ajoutent que les mots *Arnaldo* ou *Fiernaldo*,
comme on dit aussi, sont des expressions franques généralement employées en
Terre Sainte, où ceux qui étaient nés de parents chrétiens étaient dits *Polani*, et
ceux qui y venaient, nés ailleurs, s'appelaient *Arnaldi*[2]. Mais pour quelle raison la
porte prit-elle ce nom ? Nous ne le saurions dire.

En 1477, les vieilles murailles du Château, ou Collachium, de Rhodes, se trouvaient dans un tel état de délabrement, que le Grand-Maître d'Aubusson jugea
une restauration nécessaire, et avec l'agrément du Pape et du roi de France, on y
consacra les aumônes d'un jubilé envoyées à cet effet [3].

Le Collachium était ce qu'on appelle dans l'Ordre de Saint-Jean de Jérusalem
le « Couvent ». Ce terme de « Couvent », par lequel on désigne la maison où
vivent en communauté les personnes enrôlées dans un Ordre religieux, n'avait
pas du tout, il faut bien le remarquer, la même signification pour les Chevaliers,
qui appelaient, avec ce mot de « Couvent », précisément l'endroit où se tenaient
le Grand-Maître et son Lieutenant, l'Église Conventuelle, l'Hôpital, les Auberges
et les chefs des huit Langues, dit Piliers [4]. Par conséquent, à Rhodes, le Collachium formait ce qu'on appelait le Couvent, tandis que, à Malte, (où aucune partie
de la ville n'avait été réservée à usage de Collachium, malgré le désir des Papes,)
on appelait Couvent toute la ville de La Vallette, parce qu'elle renfermait, quoique
disséminés çà et là sur des points différents, les Auberges, l'Église Conventuelle,
l'Hôpital et le Palais du Grand Maître. Par conséquent, à Rhodes, être dans le
Couvent équivalait à être dans le Collachium, et à Malte, à être dans la ville de
La Vallette. Les assemblées générales tenues à Malte par le Grand Maître
Omedes et, par le Grand-Maître de Paule, avaient décidé l'établissement du
Collachium en choisissant un quartier pour les Chevaliers, séparés des autres

1. Statuta Hospitalis Hierusalem : *De verborum significatione*, p. 203.
2. Codice del S. M. Ordine Gerosolimitano, *Della significazione delle parole*, pp. 451, 452.
3. Bosio, II, 373, 374.
4. Statuta Hospitalis, etc. *De verb. signif.*, p. 201. — Codice del S. M. Ordine, etc. *Della significazione*, etc., p. 451.

habitants, comme cela existait précisément à Rhodes, et comme en avaient formellement exprimé le désir Grégoire XIII, par Bref du 12 février 1582 [1], et Urbain VIII, par Bref du 5 juin 1624 [2]. Mais soit par défaut de ressources ou par suite de l'esprit du temps, on ne mit jamais à exécution le projet dont l'Ordre s'était occupé à plusieurs reprises.

En entrant dans le Collachium par la porte d'Arnald, qui est près de celle de Sainte-Catherine, on a devant soi, sur une petite place, un vaste bâtiment qui sert aujourd'hui de caserne et que les Turcs appellent Kicla. Rottier, Biliotti et autres y voient le Couvent des Chevaliers, ignorant le sens de ce mot dans la langue de l'Ordre, tandis qu'il s'agit tout simplement de l'Infirmerie ou de l'Hôpital, d'où les Chevaliers tirent leur origine et leur nom. Il est de forme carrée et d'aspect sévère. La façade, au rez-de-chaussée, a huit arches, et la porte d'entrée s'ouvre dans la quatrième à gauche du spectateur, et est de style gothique avec ornements byzantins. A l'intérieur, se trouve une vaste cour carrée, où sont, au rez-de-chaussée, des pièces voûtées à usage de magasins, dont quelques unes ont une porte de sortie sur la place, dans les arches de la façade. Ces magasins appartenaient anciennement à divers propriétaires et étaient la dotation du Grand-Prieur et des Chapelains de l'Église de Saint-Jean [3]. A droite, un grand escalier en pierre, à découvert, conduit au premier étage ; là, un corridor règne autour de la cour, mesurant environ 117 mètres, et donne accès aux pièces de l'étage : il y en a quatre, dont la plus belle a vue sur la place ; on y voit précisément au-dessus de la porte d'entrée une espèce d'abside ou petite loge ; les fermetures et tous les plafonds sont en bois de cyprès et merveilleusement conservés, et il y a partout sculptées les fleurs de lis et les armoiries de l'Ordre [4]. Rottiers, qui donne de la cour un dessin des plus arbitraires [5], entre, à son ordinaire, et sans aucune preuve, dans les détails, et parle non seulement de deux oratoires où l'on disait chaque jour la messe, mais indique la salle du Réfectoire et même l'ordre dans lequel étaient rangées les tables, et la cheminée de la cuisine, encore noire (1828) de la fumée du temps des chevaliers [6] ! Nous n'avons aucune donnée positive sur la disposition et l'usage des pièces de cet édifice, excepté ce que nous avons dit relativement aux magasins du rez-de-chaussée. Il est très probable toutefois, pour ne pas dire certain, que les quatre grandes salles du premier étage devaient contenir les lits des malades, et que dans l'espèce d'abside dont j'ai dit un mot, était placé un autel où l'on offrait le Saint-Sacrifice en leur présence.

On prétend qu'un Hôpital fut commencé vers 1335 par le Grand-Maître de Villeneuve ; mais nous savons, par les documents, que le Grand-Maître Fluvian régla, dans ses dispositions testamentaires, la construction d'une nouvelle Infir-

1. Vertot, IV, 26. — Del Pozzo, *Historia della S. Religione*, etc., I, 222.
2. Pauli, II, 288.
3. *Libri Bullarum*, N° 75.
4. Guérin, 137.
5. Atlas, pl. XXXIII.
6. *Op. cit.*, 258, 259.

merie à Rhodes, confiant le soin d'exécuter ses dernières volontés au Grand
Commandeur, Fr. Jean Cavaglione, et au Prieur de l'église, Fr. Jean Morel, qui
devint, en 1446, comme nous le verrons plus loin, archevêque de Rhodes [1]. En
1439, deux ans après la mort de ce Grand-Maitre, son successeur, Fr. Jean de
Lastic, se mit en devoir d'élever le nouvel Hôpital [2]. Il est donc inutile de relever
l'erreur de Rottiers, quand il prétend que cette construction avait été terminée
en 1445 par le Grand-Maitre Fluvian, puisque celui-ci était mort en 1437 [3].

Les battants de la magnifique porte qui donne sur la place furent gracieusement
offerts, en 1836, au Prince de Joinville quand il visita Rhodes, et sont aujourd'hui
conservés au musée de Cluny, à Paris. Ils sont en bois de cyprès et portent, sou-
tenues par un ange, les armoiries du Grand-Maitre d'Amboise, sous lesquelles
sont celles de Fr Philippe Villiers de l'Isle-Adam. Rottiers en conclut que ces
battants furent exécutés en 1519, peu de temps avant la perte de Rhodes [4].
Comment cet auteur a t-il pu ne pas tenir compte des armoiries d'Amboise qui
sont au-dessus de celles de l'Ordre, et ne pas voir que ces battants remontaient au
magistère de ce Grand-Maitre, lequel mourut en 1512, époque où l'Isle-Adam
était déjà, depuis plusieurs années, Grand-Hospitalier de l'Ordre ? Voilà ce qu'on
a peine à comprendre.

Cet édifice a, du côté du nord, une autre porte sur la rue principale du Collachium, dite aujourd'hui des Chevaliers. On aperçoit dans le haut les armoiries du
Grand-Maitre d'Aubusson et de l'Ordre, avec la date 1489. Sur les battants en
bois de cyprès, aujourd'hui disparus et dont Rottiers donne un croquis très soigné,
étaient sculptées les armoiries du même Grand-Maitre avec les insignes cardinalices [5]. Cette porte, d'après Rottiers, aurait été exécutée après le siège de 1480, et
par un Commandeur, Fr. Pierre Clonet, qui aurait dirigé, vers la même époque, la
construction d'un nouvel Hôpital attenant à cet édifice, et dont il ne restait
d'autre trace, au temps de Rottiers, qu'une petite porte sur la rue des Chevaliers,
avec cette inscription en vieux français qui a disparu aujourd'hui et dont le
même auteur nous a transcrit le texte inintelligible et dépourvu de sens : *Diligent
de leure* (?) *sollicite* (?) *enferm. J.-P. Clonet, Command. MCCCCLXXXVIII* [6].

Quant à Clonet, je ne puis que répéter ce que j'ai dit ailleurs ; et du reste nous
n'avons sur ce point aucun renseignement. L'inscription, ou mal lue ou mal copiée,
offre bien des difficultés et demanderait à être mise en regard de l'original s'il
existait encore. Mais, comme preuve de la confusion que Rottiers a faite dans son
livre, je dois dire qu'il y a sur la porte de l'Hôpital qui donne sur la rue des Chevaliers et dont j'ai parlé, une pierre où sont représentés deux anges revêtus d'une

---

1. Bosio, II, 209. Moreri, *Op. cit.*
2. Bosio, II, 213.
3. *Op. cit.*, 234, sq.
4. *Op. cit.*, 256, 263. Atlas, pl. XXXI.
5. Atlas, pl. XXXIII.
6. 260.

tunique qui supportent un écusson où l'on voit une fasce (armes du Grand-Maître de Lastic), et sur cet écusson, une sorte de bannière sans hampe porte la croix de l'Ordre. Or, d'après le récit du même auteur [1], et suivant le dessin de son Atlas, ce marbre serait placé sur la porte principale de l'édifice du côté de la place, tandis qu'il se trouve sur la rue latérale : et il dit qu'on a peine à lire les mots *A nativitate Jesu Christi, 1415*, que nous n'avons pu nous-même déchiffrer, sans doute parce que le marbre est en grande partie recouvert de chaux.

Cet édifice qui, nous l'avons dit, est incontestablement l'Infirmerie de l'Ordre de Saint-Jean de Jérusalem, apparaît aujourd'hui encore dans toute son intégrité ;

PORTE DE L'HOPITAL.

et il faut sans doute en voir la cause dans la solidité de sa construction, qui, comme les autres travaux de défense militaire, fut entourée des soins particuliers de l'Ordre, si dévoué naturellement à l'Institut dont il tirait son nom de *Domus hospitalis*, et que les Statuts recommandent ainsi : « Supellectilibus ornetur et munusculis splendeat : in eo namque Christus habitat, in eo colitur, in eo quoque reficitur [2]. »

On y recueillait des malades de toute condition et de tout pays ; le service était fait dans de la vaisselle d'argent d'une valeur immense qui fut pillée par les Turcs [3].

1. P. 254, 255. Atlas, pl. XXX et LIII.
2. Établissements, *De Hospitalitate*, I.
3. Fontanus, II.

Les médecins visitaient les malades deux fois par jour et avaient deux chirurgiens à leurs ordres ; la pharmacie était pourvue des spécifiques les plus rares ; la nourriture, abondante et recherchée avec volailles ; pain et vin à discrétion : défense de jouer aux échecs et aux dames, de lire des chroniques ou des histoires. Une fois mort, le malade était emporté pour être enseveli par quatre hommes vêtus de longues robes noires faites exprès [1]. Les Chevaliers avaient même personnellement grand soin de l'Infirmerie, dont l'intendance était confiée au Grand Hospitalier, chef et Pilier de la Langue de France, et occupant le troisième rang dans les dignités de l'Ordre. L'Hôpital reçut encore des Chevaliers des legs aussi importants que nombreux, et parmi ses bienfaiteurs les plus insignes il convient de citer, en 1444, le Châtelain d'Emposte, Fr. Jean Villarguto, dont parlent Bosio [2] et les Statuts mêmes de l'Ordre [3].

Du côté sud de la place, où s'élève l'Hôpital, était l'Auberge de la Langue d'Angleterre. Il y a environ cinquante ans, on voyait sculpté sur la porte de celle-ci un ange qui tenait entre les mains l'écusson de l'Ordre, et sous ce dernier celui d'Angleterre écartelé au 1er et au 4e de France et au 2e et au 3e de deux léopards posés l'un sur l'autre, entouré de cinq autres écussons de Chevaliers. Plusieurs de ces armoiries furent emportées en 1845 par le vice-consul anglais, M. Wilkinson, pour le compte du général Fox [4], et je ne sais ce qu'elles sont devenues ; les autres ont disparu depuis et il n'en reste plus trace aujourd'hui. Près des deux tours, là où aurait été l'embouchure du canal qui réunissait les deux ports, sur le parapet du Port du Commerce, dont il a été question ci dessus [5], Rottiers signale un fragment de marbre avec cette inscription : *Ligue Aglie edes ac pdia obsidioe delapsa Dnus Fr. Pet. Daubuso reedificavit a' 1483* [6].

Le marbre appartenait évidemment à cette Auberge. C'est ici le lieu de signaler une erreur souvent répétée par Rottiers, Guérin, Biliotti, Hedenborg et autres écrivains, et qui consiste à donner le nom de Prieurés aux Auberges. Il n'y eut jamais de Prieurés ou Palais pour les Prieurés ni à Rhodes ni à Malte, mais seulement dans les provinces d'Europe, d'où le Prieuré même, en général, tirait son nom ; ainsi le Prieuré de France était à Paris, celui de Provence à Marseille, celui de Rome à Rome, celui de Venise à Venise, etc., et ils étaient la résidence attitrée du Grand-Prieur respectif ou de son Lieutenant. Les Auberges, au contraire, se trouvent toujours dans le Couvent ; c'étaient les maisons où les Chevaliers respectifs de chaque Langue se réunissaient ou prenaient leurs repas et où résidaient les Piliers respectifs [7].

---

1. Établissements, *De Hospitalitate.* XIII.
2. II, 221.
3. Il fut Sénéchal de l'Ordre et Châtelain d'Emposta. V. Pauli, II, 116, 121 et 545.
4. Biliotti, 519.
5. V. le ch. I de cet ouvrage, à la p. 25, 26.
6. P. 81.
7. On donnait le nom de Pilier au chef de chaque Langue, auquel était attaché une dignité particulière : ainsi le Pilier de la Langue de Provence était le *Grand-Commandeur*, celui d'Auvergne le *Maréchal*, celui de

Mais je reviens au palais de l'Hôpital. En allant d'ici vers le nord, on trouve à gauche la rue principale du Collachium, désignée aujourd'hui sous le nom de rue des Chevaliers, et à droite, justement en face d'elle, une mosquée appelée Kantouri. C'était évidemment une église, et la plupart des auteurs après Rottiers, qui en a parlé le premier, lui prêtent le vocable de Sainte-Catherine. Le même auteur ajoute qu'elle était paroisse des Chevaliers anglais, que ce fut la première église catholique achevée à Rhodes sous le magistère de Fr. Hélion de Villeneuve, et que Marie de Baux, femme de Umbert II, dauphin du Viennois, y fut enterrée [1]. Que les Chevaliers anglais ou ceux des autres Langues aient eu des paroisses, c'est chose inconnue jusqu'ici, et les écrivains de l'Ordre n'en ont jamais fait mention ; ils avaient à Malte, et auront eu probablement à Rhodes, des chapelles ou autels de leur patronat dans l'Église Conventuelle ou dans les autres, et ils étaient dédiés aux saints Protecteurs des Langues mêmes ; en ce cas le Patron de la Langue anglaise n'était pas sainte Catherine, qui fut toujours la Patronne de la Langue d'Italie. Ensuite, qui a dit à Rottiers que cette église, aujourd'hui mosquée, était en réalité dédiée à cette Sainte ? Il y avait bien une église placée sous ce vocable, mais au lieu d'être dans le Collachium, elle était située dans le Bourg de la ville de Rhodes, et avait été fondée, comme le dit Bosio [2], par le Grand-Prieur Alemagna, italien, en 1392, dont nous parlerons plus loin ; mais aucun document ne fait foi que cette église, bâtie dans le Collachium, ait été consacrée à sainte Catherine, et il n'y a pas davantage à tenir compte de la proximité de l'Auberge d'Italie que de celle des autres Auberges, parmi lesquelles se trouve celle de France.

L'extérieur de cette vieille église n'offre de remarquable qu'un petit porche qui précède la porte. L'intérieur, de style gothique, avait autrefois quatre fenêtres dont deux en plein-cintre et deux en ogive, aujourd'hui murées en grande partie Rottiers les vit encore ouvertes et ornées de vitraux, où l'on apercevait une dizaine d'écussons dont il copia soigneusement le dessin, représentant des armes, entre autres, celles des Grands-Maîtres Fluvian, de Lastic, Orsini et d'Aubusson, de la Langue d'Angleterre et de plusieurs Chevaliers [3]. A côté de l'église, s'élevait une tour crénelée, sans doute le clocher converti aujourd'hui en minaret.

Près de là, sur la droite, est un dépôt de poudre et un arsenal où étaient conservés, au temps de Guérin [4], de vieilles armures, cuirasses, épées, piques et de nombreux projectiles d'artillerie de marbre et de métal.

France le *Grand Hospitalier*, le Pilier d'Italie était l'*Amiral*, celui d'Aragon le *Drapier* ou *Grand-Conservateur*, celui d'Angleterre le *Turcopolier*, celui d'Allemagne le *Grand-Bailli* et celui de Castille le *Chancelier*.

1. P. 283.
2. II, 145.
3. P. 283 ; Atlas, pl. XXXVII et LXXIII.
4. P. 126.

Chapitre Sixième.

N face de cette église, convertie aujourd'hui en mosquée [1], débouche la fameuse rue des Chevaliers, que Bourbon appelle « la grande rue du Château [2] », et qui se prolonge en ligne droite en montant légèrement jusqu'à l'endroit où s'élevait l'église de Saint-Jean. A droite et à gauche règne un trottoir formé de marbres antiques. En commençant à la parcourir de bas en haut, on rencontre tout d'abord, à gauche, le côté nord de l'Hôpital et vis-à-vis, sur la droite, un édifice qui était autrefois l'Auberge de la Langue d'Italie. Rottiers raconte qu'on voyait sur la façade les armoiries (et il en donne le dessin [3]) du Grand-Maître Fabrice del Carretto, placées sur la poitrine d'un aigle, sculptées dans un bloc de marbre de Leros et avec la date de 1519, entourées d'une corniche gothique qui se termine en haut par une pomme de pin ; et qu'à l'intérieur, au milieu des ruines, on distinguait l'emplacement d'une chapelle qui portait, sculptées en marbre, les armes de la famille Piccolomini. Les armoiries de Carretto ont été enlevées, écrit Biliotti [4], par une main inconnue, et aujourd'hui l'édifice, ou reconstruit, ou modernisé, n'a plus que le vulgaire aspect d'une maison neuve, dont le rez-de-chaussée est devenu le dépôt du sel. C'est dans cette Auberge que le chevalier Fr. Serge Seripando offrit l'hospitalité à Robert Sanseverino qui, se rendant à Jérusalem en 1458, s'était arrêté à Rhodes, et était descendu tout d'abord à l'Hôpital de Sainte-Catherine dans le Bourg [5].

Du même côté que l'Auberge d'Italie, et presque au milieu de la rue, s'élève l'élégante Auberge de la Langue de France. On aperçoit, sur le haut de la porte

1. Mosquée Kantouri.
2. P. 682.
3. P. 325. Atlas, pl. XXXXVII.
4. P. 519.
5. *Viaggio a Gerusalem*, p. 54, 55.

principale, les armoiries du Grand-Maitre d'Amboise et de l'Ordre, et, à la hauteur du premier étage, celles du Grand-Maitre d'Aubusson et de la Langue de France, les mêmes, sans doute, qui avaient été placées sur la porte d'Amboise [1] et que tous les écrivains modernes regardent comme celles de la France ; tandis qu'il faut y voir les armes particulières à cette Langue, qui avait adopté l'écusson et la devise de ce royaume. Ces armoiries sont accompagnées de la devise : « Mont joie Sainct Denis, » et de cette autre : « Voluntas Dei est. » On admire les gracieuses corniches des fenêtres et des portes ornées de l'écusson d'Amboise ; et, dans le haut, les conduites de pierre pour l'écoulement des eaux de pluie, qui représentent des têtes de dragon. On y voit encore les anneaux et les supports destinés à soutenir deux bannières. Malheureusement, les fenêtres sont en partie masquées et défigurées par des grilles à la turque, le palais servant d'habitation à des femmes musulmanes ; au rez-de-chaussée, l'impitoyable badigeon à la chaux a gâté en grande partie le caractère pittoresque de l'élégante façade. A l'époque où Dapper était à Rhodes, l'ancienne porte en bois de cette Auberge était encore en place, toute sculptée en fleurs de lys [2]. L'Auberge eut beaucoup à souffrir du siège de 1480 et des tremblements de terre, et subit de grandes restaurations dans les dernières années du gouvernement de l'Ordre.

Parmi les marbres qui décorent la façade de ce bel édifice, il en est un avec l'inscription : « Pour l'Oratoire, 1511 »; deux avec les armes de Fr. Philippe de l'Isle-Adam, alors Grand-Prieur de France et Hospitalier, et plus tard Grand-Maitre ; un autre avec ces mots : « Pour Philerme, 1511 », et un autre encore avec ces paroles : « Pour la Maison. » A propos de l'inscription « Pour Philerme », Hedenborg [3] et Rottiers [4] ont imaginé qu'un Prieur de l'Ordre résidait toujours à Philerme, et qu'il habitait ce palais quand il descendait à Rhodes ; Biliotti [5] y a vu au contraire une pieuse devise de l'Isle-Adam. Pour nous, nous ne croyons pas nous tromper en affirmant que ces pierres, placées plus bas ou ailleurs, servaient autrefois d'inscription à des espèces de troncs, où les fidèles, Chevaliers et autres habitants, étaient invités à déposer une offrande pour le sanctuaire de Philerme ou pour l'Oratoire, qui était peut-être à l'intérieur de l'Auberge.

Cette construction donne, par l'un de ses côtés, sur une petite ruelle, et l'on y voit une porte qui accède à un escalier conduisant à l'étage supérieur de l'Auberge même. Cette porte, dont le vandalisme a cruellement défiguré les élégants bas-reliefs, ressemble absolument à celle qui appartient encore, dans un parfait état de conservation, à une maison du Bourg, et que nous décrivons en son lieu ; mais ces rapports de similitude, chose étrange, ont complètement échappé à Biliotti [6]. A l'intérieur, au haut de l'escalier, est une autre porte de marbre avec

1. V. Chapitre IV de ce livre.
2. *Description exacte*, p. 99.
3. III, 29.
4. P. 316.
5. P. 516.
6. P. 526.

les armoiries sculptées de la Langue de France, entre deux écussons plus petits, égaux entre eux, et qui portent au 1ᵉʳ et au 4ᵉ un lion passant, au 2ᵉ et au 3ᵉ sept besants placés 1, 2, 1, 2, 1, au chef de l'Ordre, écussons que nous ne connaissons pas, mais qui doivent certainement être ceux de quelques Grands Prieurs de France.

C'est dans cette Auberge que séjourna le fameux Zizim en 1482. Il avait, dans les premiers jours de juillet, envoyé à Rhodes une ambassade composée de certains Agas et de Soliman, demander au Grand-Maître un sauf-conduit et deux vaisseaux pour gagner l'île. Ils arrivèrent le 6 juillet [1]. Le Grand-Maître, de l'avis

RUE PRINCIPALE DU COLLACHIUM.

de son Conseil et par l'intermédiaire du Prieur de Castille, Fr. Alvar de Stuniga, envoya au Prince le sauf-conduit demandé en date du 12 juillet et en même temps un gros vaisseau, une caravelle, une galère et deux fustes, afin de pouvoir, en toute sécurité et commodément, s'embarquer avec ses trésors et avec sa suite . Zizim arriva dans le port de Rhodes le 29 juillet [3] à quatre heures du matin avec

1. Lettre de Matteo Federighi sur la venue de Zizim à Rhodes Dans le Giornale Araldro, 1879.

2. Lettre du chevalier Fr. Merlo Piossasco au marquis de Mantoue. Dans les archives de la maison de Gonzague à Mantoue.

3. Bosio, II, 453, donne le 24 ; mais le 29 est la date indiquée par Piossasco qui, ayant été témoin oculaire et ayant depuis accompagné Zizim lui-même en France, doit être cru de préférence. Du reste Federighi partage le sentiment de Piossasco dans son compte-rendu des événements à Laurent de Médicis. Archiv. de Florence.

ses fils en bas-âge [1] et avec 37 Turcs, « tous hommes de marque », dit le chevalier Fr. Merlo de Piossasco, et y fut reçu avec honneur. Pendant que les salves
d'artillerie lui souhaitaient la bienvenue, il mit pied à terre sur un pont élevé en
son honneur, long de dix pas et large de quatre, recouvert de drap d'or et de soie
et de riches tapis turcs. Puis,
montant sur un cheval fringant,
richement enharnaché, il fit son
entrée dans la ville par la porte
de Sainte Catherine et se rendit
sur la place du Bourg, où l'attendait, devant l'église de Saint-
Sébastien, le Grand-Maitre, entouré des Grands-Prieurs, des
Baillis et des autres Seigneurs
de la Grande Croix et d'une
foule de Chevaliers, tous parés
de riches habits et avec de
grosses chaines d'or au cou, et
suivis de jeunes Chevaliers qui
faisaient l'office de pages [2]. Zizim
avec toute sa suite, en bon ordre,
se dirigea vers l'Auberge de
France, traversant les rues, dont
les maisons et les fenêtres étaient
ornées de tapisseries, de ver-
dures et de fleurs. Quand il fut
arrivé à l'Auberge, qui avait été
somptueusement préparée pour
le recevoir lui et les siens, le
Grand-Maitre, après avoir pris
congé, rentra dans son palais,
tandis que Zizim, descendant de
cheval et montant lestement les
escaliers, se retira dans les appartements qui lui étaient destinés [3].

AUBERGE DE LA LANGUE DE FRANCE.

Ce prince avait alors 26 ans [4] : grand, replet, avec le nez aquilin et aveugle

---

1. Les historiens ne s'accordent pas sur le nombre des membres qui composaient la famille de Zizim.
Caoursin dit qu'il y avait deux enfants : un garçon et une fille *tenellæ ætatis (De casu regis Zizimi)* ; selon
d'autres, il y en aurait eu quatre : deux garçons et deux filles.

2. Rottiers, p. 89 et 373, et Biliotti après lui, p. 267, les appelle, sans aucun fondement, comme nous
le verrons plus tard, *Pages de Jérusalem.*

3. Bosio, II, 452, 453.

4. Ainsi Piossasco dans la lettre ci-dessus. Caoursin, *De casu regis Zizimi,* dit qu'il en avait 28.

de l'œil gauche[1], petite bouche, petites oreilles, grosses lèvres Il ne buvait que du vin aromatisé et de l'eau sucrée, mangeait peu de pain et gloutonnement, faisait chaque jour usage du bain, nageant en public ; homme irascible, mais fervent musulman[2]. Il resta à Rhodes jusqu'au 1er septembre suivant, jour où il s'embarqua, comme on le sait, à destination de la France, accompagné du chevalier Fr. Merlo de Piossasco, Prieur de Lombardie, et des Commandeurs Fr. Guy de Blanchefort, qui devint Grand-Prieur d'Auvergne[3] en 1495, et Grand-Maître en 1512 ; et du chevalier Fr. Charles Aleman de la Rochechinard. Le voyage, la nourriture, le séjour et le départ du Prince avaient coûté au trésor de l'Ordre la somme considérable de cinquante mille écus d'or, que le Chapitre Général, par décret du 10 octobre 1489, fit rembourser au Grand-Maître qui les avait avancés[4].

En montant la rue, on trouve, entre autres constructions, l'Auberge de Provence, qui fut rebâtie aux frais du Grand-Prieur de Saint-Gilles, cité plus haut, Charles Aleman de la Rochechinard, chevalier magnifique qui, nous le dirons dans la suite, donna à l'Ordre plus de quarante mille écus[5]. L'Auberge primitive avait été détruite par le tremblement de terre du 18 décembre 1481, qui renversa un grand nombre d'églises, oratoires et maisons, ensevelit vivantes une foule de personnes, endommagea fortement les palais publics, entre autres celui du Grand-Maître, et les tours de l'entrée du port[6]. Cette année fut, plus que toutes les autres, marquée par de nombreuses et violentes secousses, et notamment par celles des 15 mars et du 3 mai, pendant lesquelles la mer monta à dix pieds au-dessus de son niveau et baissa d'autant, causant des ruines et un effroi indicible, phénomène qui se reproduisit le 3 octobre, et qui prit fin le 19 décembre avec des pluies torrentielles[7].

Après avoir passé sous une sorte d'arcade ou galerie qui traverse la rue, on voit, à gauche, l'ancienne Auberge qui appartenait aux Langues Espagnoles, c'est-à-dire à celles d'Aragon et de Castille. Elles n'avaient autrefois qu'une seule Auberge, lorsqu'en 1530, l'Ordre étant déjà établi à Malte et se trouvant trop

---

1. Piossasco, lettre cit.

2. Caoursin, *De casu*, etc.

3. Livres des Chapitres du Grand-Prieuré de S. Gilles, aux archives de Marseille.

4. *Libri Bullarum*, N° 31. Bosio, II, 461. On trouve à la Bibliothèque de Saint-Marc de Venise à propos de *Zizim* : les instructions d'Innocent VIII ; une lettre du Grand-Maître d'Aubusson au Secrétaire du Pape, de novembre 1492 ; une lettre du roi de France et une autre lettre de la Langue d'Auvergne au même Pape en date du 20 août 1488, signée du chevalier Fr. Jean Kendal, anglais, Turcopolier, et du chevalier Fr. Guy de Blanchefort.

5. Bosio, II, 599.

6. Bosio, II, 438. « Nous avons à Rhodes une malédiction de tremblements de terre ; plus de 500 églises sont en ruines, et plusieurs centaines de personnes, de tout âge, ont péri ; malheurs qui viennent s'ajouter à tous ceux de cet infortuné pays. De ce nombre est Antonio Quaratesi. Mes maisons, grâce à Dieu, ont été épargnées, elles sont ouvertes. Toute la population campe dehors, sur les places, dans des cabanes de bois. Depuis Pâques, cependant, on a commencé à retourner dans les maisons, les secousses sont moins violentes. » Lettre de Matteo Federighi à Charles Federighi, datée de Candie, le 21 mai 1482. (Arch. de l'État de Florence : Cod. Strozziano, 369 à 66.)

7. Caoursin, *De terræ motus labe*, etc. Bosio, II, 432, 433. 435.

nombreuses, elles décidèrent, par un décret du Conseil du 22 décembre, de fonder chacune une Auberge séparée [1]. D'après Rottiers, la galerie ci-dessus appartenait à cette Auberge, car il dit avoir remarqué dans le corridor des armoiries qu'il attribue aux de Luna, et un autre écusson qu'il put voir à travers une fissure [2]. La façade de l'Auberge est aujourd'hui absolument dépouillée de tout ornement ; on y trouvait, il y a quelques années encore, raconte Biliotti [3], des écussons qui ont été enlevés par un aide de camp du Sultan et transportés à Constantinople : on y distinguait entre autres ceux de Castille, de Léon et d'Aragon couronnés et placés sur la poitrine d'un aigle ; ceux de Portugal et de Navarre, tous deux couronnés, en dehors des autres, appartenant certainement à des Dignitaires ou Chevaliers des deux Langues Dapper rapporte qu'il y avait dans cette Auberge un puits d'excellente eau, qu'on appelait encore de son temps le puits des Espagnols [4].

Je ne dois pas oublier de signaler, puisque je parle de ces deux Langues, l'importance qu'elles avaient dans l'Ordre. A l'origine, on pouvait dire que celui-ci était presque français, puisque françaises étaient les trois premières Langues, français presque tous les Grands-Maitres ;· mais peu à peu, l'élément espagnol y devint de plus en plus puissant, et finit par l'emporter en 1377, quand parvint au Magistère souverain de l'Ordre un Aragonais, Fr. Jean Fernandez de Hérédia. Cet homme, cadet d'une illustre famille féodale, naquit vers 1310. Marié deux fois et resté veuf avec quatre enfants, il se rendit à Rhodes, et fut reçu Chevalier par le Grand-Maitre Fr. Hélion de Villeneuve, en 1332. Parvenu rapidement aux charges les plus élevées de l'Ordre et devenu Châtelain d'Emposte [5], où il avait succédé à Fr. Sancio d'Aragon en 1345, il profita de son éloignement du berceau de l'Ordre, pour se rendre tout d'abord indépendant dans sa Châtellenie, puis pour se faire investir, non seulement des Prieurés de Castille, mais encore de celui de Saint-Gilles, malgré l'opposition des Chevaliers de Provence [6]. Dans les Archives de la Châtellenie d'Emposte [7], les actes de l'administration de Hérédia commencent en 1341, et semblent déjà le représenter, avec son autorité extraordinaire, comme le véritable chef de l'Ordre, dont le Magistère suprême lui fut enfin confié en 1377 [8]. L'année suivante, pendant l'expédition de Morée, il donna non seulement des preuves éclatantes de science et de bravoure militaire, mais voulut encore qu'on en écrivit l'histoire [9]. Honoré de l'amitié des papes Innocent VI et

---

1. Bosio, III, 97.
2. P. 321.
3. P. 513.
4. P. 99.
5. Titre particulier au Grand-Prieuré de la Langue d'Aragon.
6. Herquet, *Johan Ferdinand de Heredia.*
7. In Alcalá. V. Delaville le Roulx, *Les Archives de l'Ordre de l'Hôpital dans la péninsule ibérique*, p. 8, 17, 18.
8. *Registres Capitulaires*, 1357-1368. V. Delaville le Roulx, *Cartulaire général*, p. CXLIII.
9. « Libro de los fechos y conquistas del Principato della Morea. » Il fit aussi traduire Plutarque par Demetrio Taloquidi en grec moderne. On conserve à la Bibliothèque Laurentienne de Florence un manuscrit de 1468, qui renferme la traduction du livre de Taloquidi en espagnol, par un évêque dominicain.

Grégoire XI, il conduisit celui-ci à Rome avec l'escadre des galères, et fut, en retour, créé gouverneur d'Avignon. Durant le grand schisme d'Occident, il prit parti pour les antipapes Clément VII et Pierre de Luna, de sorte que, en 1383, Urbain VI le déposa de sa charge de Grand-Maitre, nommant, à sa place, Fr. Riccardo Caracciolo, Prieur de Capoue [1]. Celui-ci, toutefois, ne fut pas reconnu par le Couvent de Rhodes, lequel avait embrassé avec Hérédia la cause de l'Antipape [2], mais seulement par quelques Chevaliers anglais, italiens et allemands. Hérédia, l'un des hommes les plus considérables de son temps, mourut à Avignon, après un gouvernement de vingt ans, laissant le groupe de ses compatriotes puissant dans l'Ordre ; et, grâce à lui, la direction de la politique de l'Ordre fut pendant longtemps presque exclusivement exercée à tour de rôle par des Français et des Espagnols. En effet, à l'époque où Félix Faber fit son voyage à Rhodes, c'étaient les Chevaliers catalans qui jouissaient de la plus haute considération [3]. D'autres maisons de cette même rue portent des armoiries, mais il serait difficile de dire si ces édifices servaient d'offices publics ou d'habitations particulières. Parmi ces écussons, nous remarquons celui des Flotte, qui, sous le chef de l'Ordre, porte un bélier rampant ; on y lit : « R. D. N. S. Fr. Franciscus Flota, Prior Tholosae, construxit anno 1518. » C'est à cette famille illustre, qui donna au Royaume de France deux Chanceliers et un Amiral [4], qu'appartenait le chevalier Boniface Flotte qui se distingua au dernier siège de Rhodes, et, avant lui, le chevalier Fr. Bertrand qui, pendant la captivité du Grand-Maitre d'Hérédia (1377-1381), gouverna l'Ordre [5]. Non loin de l'Auberge des Langues Espagnoles, on aperçoit, sur une maison, d'autres armes représentant un chevron avec trois têtes de lion en haut et en bas, blason des Forbin, illustre famille française [6].

C'est dans cette rue, et devant sa propre Auberge, que chaque Langue se réunit avant le dernier siège, le 3 mai 1522, jour de l'Exaltation de la Croix [7], sur l'ordre du Grand-Maitre de l'Isle-Adam, pour y être passée en revue, au son des trompettes et des tambours [8], par les principaux Chevaliers désignés pour la circonstance, et qui étaient le Grand-Commandeur de l'Ordre, le Bailli de l'Aigle et les chevaliers Veston, Balin, d'Aubin, Ricard, Chalant, Marquet et Iscelin [9]. On passa la revue de tous les autres simples Chevaliers et de tous les Grands-Croix, couverts de leur armure, avec la soubreveste de l'Ordre, c'est-à-dire rouge avec croix

---

1. Il mourut Majordome de Boniface IX, en 1395. et fut enterré avec monument et épitaphe dans l'église du Prieuré de Rome sur l'Aventin.

2. Bosio, II, 135, 136.

3. Evagatorium, III, 255.

4. Moreri, op. cit.

5. Pauli, II, 97.

6. Goussancourt, op. cit., vol. I, p. 303.

7. Bourbon, 631.

8. Bourbon, 631.

9. Vertot. Nous trouvons dans son Vᵉ vol., p. 429. la liste des Chevaliers et des servants présents à la revue. Il y en avait 62 de la Langue de France, 52 de celle d'Aragon, 51 de Provence, 47 d'Italie, 46 de Castille, 26 d'Auvergne, 11 d'Angleterre et 6 d'Allemagne.

pleine blanche, par devant et par derrière [1], et ils durent prêter serment que les armes qu'ils portaient leur appartenaient en propre et n'étaient point des armes d'emprunt [2]. Et à ce propos l'on me permettra de 'rectifier une erreur qui a été faite par quelques écrivains, tels que Rottiers [3], Guérin [4], et en particulier par Biliotti [5], lequel, sur ce point, décèle une ignorance crasse des choses de l'Ordre. Il prétend que les armes de la croix avec les extrémités terminées à ancre (qui étaient, nous l'avons dit, l'écusson du Grand-Maître d'Aubusson), sont une variété des armoiries de l'Ordre, à Rhodes, et que la croix octogone est une invention que les Chevaliers firent à Malte, mais inconnue jusqu'alors. S'il est étrange que cet auteur ne se soit pas aperçu que la croix ancrée était l'insigne non pas de l'Ordre, mais de l'un de ses chefs, il est encore plus étrange qu'il ait oublié ou ignoré ce qu'écrivait Bosio [6], et ce que Caoursin avant lui disait, en 1485, à Innocent VIII de la croix octogone, prescrite par les plus anciens statuts : « Crux hierosolimorum militum, Pontifex Maximus, signum est illibatum, quod quidem octogonum ingestantis pectore conspicitur. Cujus octo anguli obliqui acutiores unionibus perlucidis ornati sunt, qui evangelicas octo beatitudines figurant ; in octagono quoque tetragonum locatum est, cujus quatuor anguli obliqui obtusiores gemmis pretiosis sunt redimiti cardinalesque virtutes denotant. Angulorum quidem obliquitas crucis medio puncto ducentibus lineis cohærens rectificatur ubi pia mente crucifixus descriptus imaginarie videtur, cujus tres clavi lapillis candidissimis sunt insigniti qui theologicas virtutes designant [7]. » Aussi ajouterons-nous, pour rectifier les données de certains auteurs, que l'Ordre s'est toujours servi, et se sert, de deux sortes de croix : l'une droite ou pleine, comme disent les héraldistes, et l'autre octogone. La première, blanche sur fond rouge, forme l'écusson de l'Ordre et se mettait sur les édifices publics et sur la soubreveste ou cotte d'armes [8], où elle était représentée non seulement par devant, comme on la porte aujourd'hui, mais encore par derrière, afin que, même en tournant les épaules, le Chevalier ne pût cacher le signe de sa milice. La soubreveste se portait aussi bien sur mer que sur terre, d'où vient à cette croix pleine le nom qu'elle a conservé de Croix de Caravane, parce que, dans les expéditions de chasses que donnaient les navires de l'Ordre aux vaisseaux musulmans, dites Caravanes, les Chevaliers endossaient cette cotte d'armes. La croix octogone était en toile de lin et s'appelait proprement « l'habit » ; le Chevalier la recevait le jour de sa profession solennelle avec promesse de la porter toujours, cousue sur ses habits du côté du cœur. C'était le vrai signe religieux de l'Ordre, comme la Croix de Caravane en était l'emblème

---

1. Bourbon, 631.
2. Bosio, II, 639, 642.
3. Passim.
4. Passim.
5. Passim, et spécialement p. 122.
6. Bosio, II, 490.
7. *Al Summum Pontificem Innocentium Papam eclatura oratio.*
8. « Statuimus igitur quod fratres in armorum exercitiis supravestes rubei coloris cum recta cruce alba gestare debeant. » Stabilim., *De fratribus*, VIII.

militaire et civil. Voilà pourquoi, à Rhodes, la croix octogone ne se trouvait que sur les vêtements des Chevaliers et sur les objets et lieux consacrés au culte, jamais sur les fortifications publiques, lieux ou ustensiles qui avaient une destination profane.

Outre ce défilé ou revue principale, il y eut, le matin du 18 mai, celle du chevalier François de Fresnay, de la Langue de France [1], capitaine du grand vaisseau de l'Ordre, et de sa troupe, environ 200 hommes ; et l'après-midi du même jour, celle du chevalier Fr. Hugues de Capones, Espagnol, avec plus de cent Chevaliers d'Espagne et d'autres contrées ; le 21 du même mois, celle de 250 hommes de la « Mariette », vaisseau de l'Ordre, et celle du chevalier Fr. Louis de Dinteville [2], neveu du Grand-Maître, avec des Chevaliers de Langues différentes, habitants de la ville et étrangers. D'autres revues suivirent encore. Le 25, celle du navire du capitaine Fornari, Génois, avec ses hommes ; il portait la simarre de drap d'or et velours violet, et les 15 principaux marchands, qui s'étaient embarqués sur son vaisseau, le pourpoint parti d'étoffe des mêmes couleurs ; le 29, celle des Capitaines des quinze bâtiments candiotes, que le chevalier Fr. Antoine Bosio avait amenés de Candie chargés de vin [3], en tout 400 hommes armés les uns d'épées, les autres d'arquebuses, le reste d'arcs. Enfin le 1er juin, eut lieu la revue des 30 Vénitiens du vaisseau du capitaine Giov. Antonio Bonaldi, tous bien armés et vêtus de satin vert et violet [4].

En montant toujours la rue du Château, on trouve dans le haut, à l'extrémité, des ruines ou soubassements d'arches, restes d'un édifice qui passe pour avoir été la Loge de Saint-Jean. Guérin [5], qui à tort, selon nous, en fait la salle du Conseil, tandis que Biliotti la croit celle du Chapitre, la dit contiguë d'un côté au Palais Magistral, et de l'autre à l'église de Saint-Jean, avec laquelle elle aurait communiqué au moyen d'une porte. Dans cette hypothèse, elle eût évidemment fermé et barré la rue, car il n'est pas admissible qu'un édifice destiné à cet usage fût une galerie ouverte ; plutôt dans cette supposition la salle aurait pu être au premier étage, et à travers ce terrain passait la rue sous un arc, car on ne peut pas bien comprendre par le dessin pris avant sa destruction presque complète, lors de l'explosion de 1863, si cet édifice se composait de plusieurs étages, ou d'un unique rez-de-chaussée à voûte gothique, comme l'indique Rottiers, qui reconnaît dans cet édifice la Loge de Saint-Jean [6]. Cet auteur rapporte qu'il fut terminé par le Grand-Maître de Villeneuve, et dans le dessin qu'il en donne, on voit sur un mur voisin deux écussons, ceux des Grands-Maîtres de Villeneuve et des Pins, et celui de

1. Mort le 22 septembre 1522 de deux coups d'arquebuse. Goussancourt, I, 306.
2. Goussancourt, II, 57.
3. Bourbon, 629.
4. Bourbon, 631, 632.
5. P. 133.
6. P. 513.
7. Rottiers, 284 sq. et pl. XXXVIII.

Lastic ou peut-être de Fluvian[1]. Ces vestiges du passé ont été réduits au dernier état par l'explosion ci-dessus. A quel édifice appartenaient-ils, nous ne saurions le dire avec certitude ; toutefois ce qui paraît le plus probable, c'est qu'il y avait en cet endroit une galerie couverte, sous les arches de laquelle passait la rue et qui servait aussi de passage, à l'abri de la pluie et du soleil, entre le Palais

RUINES DE LA LOGE DE SAINT-JEAN.

Magistral et l'Église de Saint-Jean ; impossible de placer ici, dans un espace aussi resserré, la Loge[2] pour les jeux, où tout Chevalier était, sous peine grave, tenu de

<hr>

1. PL. XXXVIII et p. 287. Il est difficile de dire si les armes sont celles de Lastic ou de Fluvian, car tous les deux portaient la fasce, mais avec des émaux différents, et ici les couleurs ou leur signe distinctif font défaut.

2. Appelé dans les *Stabilimenta* « Circus sive Lobia Conventus ». C'était évidemment une galerie. Stabil., *De Recep. frat. XV*.

s'exercer [1], au moins une fois le jour, au maniement de la baliste, et qui était sans doute dans le Palais Magistral, ou entre celui-ci et la porte d'Amboise, et où le 23 juin, jour de la vigile de saint Jean, après vêpres, le Grand-Maître avait l'habitude de convier à un repas général tous les membres de l'Ordre [2].

Derrière l'Auberge de France et non loin du Palais magistral, il existe, à proximité des murailles de la ville, vers le nord, une petite chapelle dont je n'ai pas retrouvé la trace dans les documents ou dans les historiens de l'Ordre, excepté toutefois Bosio, et aucun souvenir chez les auteurs qui se sont occupés de Rhodes, en dehors d'Hedenborg. Ce petit édifice, parfaitem·· it conservé, est l'oratoire de saint Démétrius, situé dans la cour de la maiso.. d'un Turc, et précisément dans l'endroit qu'on m'a dit s'appeler *Eivi-Liman*. Elle fut bâtie et consacrée à saint Démétrius en 1499, et non vers 1510, comme semble l'indiquer Bosio, par le chevalier Fr. Louis de Piossasco, Piémontais, Commandeur de Turin, Candiolo, Racconis, Bottigliera et Pancalieri, Amiral de l'Ordre et Lieutenant du Grand-Maître [3]. Bosio raconte qu'il la dota richement, y établissant un Prieur ou Bénéficier avec revenus, et avec l'obligation de quatre messes par semaine ; réglant que le patronat en serait réservé aux Chevaliers de l'Ordre issus de la famille de Piossasco (qui dès lors furent toujours très nombreux) et, à leur défaut, à l'Amiral de l'Ordre ou à son Lieutenant [4]. Elle présente la forme ordinaire des chapelles de Rhodes, c'est-à-dire un édifice rectangulaire avec voûte à plein-cintre ; une abside et une seule fenêtre sur la porte, ornée extérieurement d'une architrave en marbre blanc, sculptée tout autour d'un cordon entortillé. En la mesurant, nous avons trouvé que la chapelle a intérieurement dix pas et demi en longueur sur quatre de largeur. Sur le côté de l'Évangile, là où commence la courbe de l'abside, est enchâssé dans le mur l'écu des Piossasco [5], et au dehors, sur le mur du côté de l'Épitre, c'est-à-dire au midi, on trouve sculptée sur le marbre l'inscription suivante avec les armoiries du fondateur :

Hoc sacellum divo Demetrio
dicatum R. D. f. Ludovicus ex
Cumitibus (sic) de Poïssasco (sic) Rhodi Admiratus
Taurini Cand. Rec. et Botill. ac Pacalieri (sic)
P. Lombardie Preceptor a fundamentis
erexit perfecit et ornavit anno MCCCC 99.

---

1. « Exercitium namque armorum corporis robur et animi vigorem postulat. » *Sta'i.im.* De fratribus, XLVI.
2. Bosio, II, 526.
3. Pauli, II, 176, 568. Il appartenait à la branche des Piossasco de Scalenghe.
4. Bosio, II, 593.
5. D'argent à 9 merlettes de sable.

Chapitre Septième.

PALAIS DU GRAND-MAITRE. — SES SOUVENIRS ET
SON ÉTAT ACTUEL. — FUNÉRAILLES DU GRAND-
MAITRE D'AUBUSSON. — ZIZIM. — VISITE DE SOLI-
MAN AU GRAND-MAITRE DE L'ISLE-ADAM. — CHA-
PELLE DU PALAIS. — ÉGLISE CONVENTUELLE DE
SAINT-JEAN-BAPTISTE. — SES SOUVENIRS ET SON
HISTOIRE. — TOMBEAUX.

OUS montons toujours et trouvons au bout de la rue du Château, sur la droite, la partie qui reste encore du Palais du
Grand-Maître. C'était le Château du Collachium, comme
nous l'avons dit, et il est entouré d'un triple fossé, œuvre du
Grand-Maître d'Aubusson. La porte, qui est entre deux
tours, est tournée vers le sud et regarde le côté nord de
l'église de Saint-Jean. On voyait au-dessus d'elle, quand
Rottiers était à Rhodes, deux écussons aujourd'hui dispa-
rus, et dont il nous a laissé le dessin [1]. Celui de gauche représentait les armoiries
du Grand-Maître de Villeneuve, et celui de droite portait deux clefs en sautoir.
Autour de la porte régnaient de gracieux ornements, aujourd'hui effacés sous les
nombreuses couches de badigeon appliquées par les Turcs. A bien examiner les
susdites armoiries, il convient de dire qu'elles représentent les fondateurs ou res-
taurateurs du Palais ou, du moins, de la porte ; quant à celles des clefs, aucun des
Grands-Maîtres de Rhodes n'ayant porté cette enseigne, et étant donné que les
armoiries d'un Chevalier ne pouvaient être placées à droite de celles d'un Grand-
Maître, il faut y voir celles du Saint-Siège, souverain protecteur de l'Ordre ou
bienfaiteur insigne de cette restauration ou fondation, et non celles d'un Pontife
en particulier, car le seul Pape qui, au lieu des armes de sa famille, adopta pour son
écusson les clefs symboliques, fut Nicolas V [2], lequel vivait environ un siècle
plus tard que de Villeneuve. Il faut donc admettre que cette porte fut construite ou restaurée entre 1332 et 1346, époque où se trouvait à Rhodes ce Grand-
Maître, lequel voulut, à côté des siennes propres et à la place d'honneur, placer
ici encore les armes papales, en souvenir de la haute bienveillance dont l'hono-
rèrent Jean XXII, Benoît XII et Clément VI. Après avoir passé sous la voûte

---

1. *Op. cit.*, p. 286, pl. LXXIII.
2. Padiglione, *Dell'Ordine del Nodo*, p. 11.

massive de la porte, on arrive dans une vaste cour, où il faut remarquer les
bouches des nombreuses citernes souterraines destinées à renfermer le blé que
l'Ordre avait soin de garder en cas de disette ou de guerre, et dont la quantité
était vérifiée chaque mois par ceux qui avaient l'intendance des blés de la ville :
usage maintenu sous l'administration des Turcs [1]. A droite de la cour, un large
escalier de pierre conduisait à une sorte de galerie ouverte qui donnait accès à une
salle, laquelle, à l'époque où la visita Rottiers, offrait encore sur les murs les traces
d'anciennes peintures représentant des batailles. Rottiers appelle cette salle la
salle du Conseil, et dit qu'elle était divisée en trois nefs par deux rangées de
colonnes, et ornée d'une cheminée sur laquelle on voyait encore les armes de
l'Ordre [2]. Près de là, d'autres pièces qui servaient d'habitation aux Grands-Maîtres
et à ceux de leur maison. Malheureusement nous ne saurions souscrire, sans
preuve, à ces indications qui nous ont l'air d'êtres imaginaires, et que Biliotti a
reproduites dans son livre [3] ; le silence absolu des historiens de l'Ordre, l'absence
de documents et l'état des ruines ne nous permettent pas de regarder comme
positives les assertions des deux auteurs susdits.

De front, on aperçoit du côté gauche de la cour deux grandes tours carrées,
poste des soldats de garde au Palais ; et, au nord, vis-à-vis de la porte d'entrée,
une vaste terrasse défendue par une tour qui était, en 1522, pourvue d'une formidable artillerie [4]. Dans le dessin que donne Rottiers du Palais Magistral, on voit
sur le mur, à côté de l'abside de la chapelle, les armoiries du Grand-Maître d'Aubusson, avec le chapeau cardinalice et l'année 1494 [5]. L'escalier, toujours d'après
ce dessin, ne représente que neuf gradins ; par conséquent très rapproché de terre
aurait été le premier étage du Palais ; et au bas se trouve une espèce de socle sur
lequel reposait, d'après Rottiers, une statue de gladiateur, œuvre de Philippe de
Sicyon. Nous ne savons vraiment où cet auteur a puisé ces indications [6].

Les souterrains de ce grand édifice, les escaliers qui y conduisaient étant en
ruines, sont aujourd'hui impraticables ; ils sont très grands, à trois étages, et servaient de magasins pour les comestibles et les munitions de toute espèce [7].

Les appartements devaient être, au temps de l'Ordre, ornés de meubles précieux et de trophées, enlevés aux Musulmans ou offerts par les princes chrétiens.
On y remarquait, entre autres, l'épée de saint Louis, roi de France, que ce monarque
portait à la Croisade, et que Louis XII avait donnée au Grand-Maître Fr. Émeri
d'Amboise [8]. Elle fut dans la suite portée à Malte, et le Grand-Maître La Valette,
avec une lettre en date du 8 décembre 1559, l'envoya en présent, en même temps

1. Stabilimenta, *De Magistro*, IX ; *De Bajulivis*, XII, XVII. Biliotti, 509, 510.
2. P. 149, pl. XVIII.
3. P. 509, 510, 511.
4. Bosio, II, 626. Biliotti, 509, 510.
5. Pl. XVIII et LXXIV. Sur la seconde planche, au lieu de 1494, on lit 1490.
6. Pl. XVIII, p. 150. Biliotti, 510.
7. Biliotti, 510.
8. Bosio, II, 574.

qu'une relique de la vraie Croix, au vice-roi de Sicile, duc de Medina Cœli[1]. Toutefois ce qui en faisait le principal ornement, c'étaient les tapisseries, dont plusieurs, commandées par d'Aubusson en 1493, par l'entremise du chevalier Pierre de Actis, en Flandre, représentaient divers épisodes militaires du siège de 1480, entre autres l'assaut de la Tour de Saint-Nicolas, et différentes arabesques et les armoiries de ce Grand-Maître[2]. D'autres, représentant d'autres faits d'armes du même siège et de la prise de Rhodes, emportée par le Grand-Maître Fr. Foulques de Villaret, avaient été, s'il faut en croire Rottiers[3], exécutées à grands frais, d'après les dessins de Quintin Messis à Anvers[4], sur l'ordre de d'Aubusson, qui

RUINES DU PALAIS DU GRAND-MAITRE.

en avait donné commission au Commandeur de Chantrain; pendant le siège de 1522 elles tombèrent au pouvoir des Turcs[5]. D'autres tapisseries figuraient encore la fameuse bataille contre Saladin, sultan d'Égypte, près du port de Laiazzo, en Caramanie, où les Égyptiens furent anéantis avec vingt-cinq vaisseaux, et le neveu de Saladin tué. Ces dernières tapisseries, exécutées par ordre du

1. Pauli, II, 211.
2. Bosio, II, 513.
3. P. 61.
4. Peintre célèbre, né à Anvers vers 1450, mort en 1529.
5. Rottiers, p. 61. Quant à Chantrain, ce n'était pas un Prieuré, comme écrit Rottiers, mais une simple Commanderie de la Langue et Prieuré de France, diocèse de Malines. V. Delaville le Roulx : *Cartulaire*, LXII, LXVII, LXXXI, LXXXII.

Grand-Maitre d'Amboise en 1505, furent transportées à Malte, où on les voyait encore au siècle dernier, mais il n'en reste plus trace aujourd'hui [1].

Nous n'avons trouvé chez les historiens de l'Ordre, ou dans les documents qui le concernent, aucun détail relatif à la disposition, quantité et qualité des locaux intérieurs du Palais des Grands-Maitres. Bosio se contente de citer la grande salle, la salle du Conseil, plusieurs pièces situées à l'étage supérieur dites « Marguerites » et la salle à manger .

Dans la première, qui devait être très vaste, le matin de la Fête-Dieu, en 1522, le Grand-Maitre de l'Isle-Adam adressa quelques paroles de paix et d'encouragement à la population de Rhodes qui s'y trouvait en grande partie réunie. Dans la seconde, furent exposés à la vénération publique des Chevaliers et des habitants, les restes du Grand-Maitre d'Aubusson, mort le 3 juillet 1503. Le corps, revêtu du manteau cardinalice en camelot pourpre, reposait dans le cercueil, sur un riche drap d'or ; à la tête, était un Chevalier vêtu de noir, qui tenait à la main le chapeau du cardinal ; un autre portait la croix de la Légation ; à gauche, un troisième présentait le drapeau du Généralat de la Ligue, qui avait été arboré sur la galère du Grand-Maitre, lorsqu'il était allé à Metelin rejoindre la flotte chrétienne. Aux quatre coins de la bière se tenaient quatre Chevaliers avec quatre bannières sur lesquelles on voyait les armes de l'Ordre et du défunt, lequel avait sur la poitrine un Crucifix d'or, aux mains des gants de soie, avec de nombreux et riches anneaux, et les souliers de drap d'or. Dans la même salle, à droite, étaient exposés, sous un baldaquin d'or et de soie, la dalmatique, la mitre et tous les autres ornements du cardinal-diacre ; et à gauche, on voyait la cuirasse et l'armure dorée, et la soubreveste de velours cramoisi, avec la croix blanche qu'il avait portée sur les murs de Rhodes, quand il repoussa le terrible assaut du 27 juillet 1480, laquelle était encore empourprée de son sang et de celui tes ce: mis. A côté étaient encore l' « épieu ou arme à hampe dorée [3] » dont il se servit en cette attaque, teinte également de sang turc, et l'épée. Un grand nombre de torches brûlaient autour du cercueil, et tout autour, appuyés contre les murs de la salle, debout, en habits de deuil, plus de deux cents cinquante personnes, dont beaucoup de Chevaliers [4].

Ce fut dans la salle à manger que, le 31 août 1482, la veille de son départ pour la France, Zizim fut solennellement traité par le Grand-Maitre. Quoique ce prince barbare, raconte Bosio [5], fût émerveillé et ravi de ce festin, il lui semblait étrange de s'asseoir à table à l'européenne, regrettant vivement de ne pouvoir s'asseoir à la turque. Dérangé dans ses habitudes, il mangeait, l'estomac appuyé contre la table, courbé et la tête basse. A mesure que les plats et les mets étaient placés devant lui, il les goûtait du bout du doigt et refusait tout ce qui était sucré, ne faisant honneur qu'aux plats d'une saveur âcre et acide, regardant

1. Moreri, *op. cit.*
2. II, p. 459, 567, 643, 706.
3. Sorte de pique.
4. Bosio, II, 576.
5. Bosio, II, 459.

souvent, à la dérobée et sous cape, le Grand-Maitre, pour étudier sa politesse et ses bonnes manières. Le Grand-Maitre avait fait venir pour la circonstance un grand nombre de musiciens des plus distingués, et il y avait entre autres un Anglais qui jouait et chantait à ravir, en s'accompagnant de quatre flûtes réunies en un seul instrument. Mais le Barbare n'avait guère l'oreille musicale. Le Grand-Maitre, s'en étant aperçu, fit venir un esclave turc qui faisait la cuisine, et celui-ci, jouant de son grossier instrument et chantant à la turque, parvint à l'égayer et à le dérider un peu.

Le 29 décembre 1522 [1], Soliman, ayant fait son entrée solennelle dans la ville par la porte de Cosquino [2], se dirigea vers le Palais Magistral pour y rendre visite à l'Isle-Adam. Après avoir inspecté à cheval le Bastion d'Aragon et la Tour de Saint-Nicolas, accompagné seulement de Amhed-Pacha et d'un jeune esclave, il entra dans la ville, et, arrivant à l'improviste au Palais, descendit de cheval, monta à la salle à manger et demanda le Grand-Maitre, occupé à faire ses préparatifs de départ. A sa vue, en signe de respect, il leva quelque peu le turban, chose extraordinaire, dit Fontana [3], pour ces grands monarques. Amhed-Pacha servait d'interprète, traduisant en grec les paroles de Soliman, lequel, à la demande de l'Isle-Adam, renouvela la promesse d'observer pleinement les conditions stipulées lors de la prise de Rhodes, offrant même de prolonger le délai convenu pour le départ de l'Ordre. Mais de l'Isle-Adam se contenta de demander le respect des clauses du traité [4], et rien d'autre.

Dans l'une de ces salles avait lieu chaque année, le Jeudi-Saint, la Cène, où le Grand-Maitre et les Chevaliers de la Grand' Croix servaient treize pauvres, après leur avoir lavé les pieds et fait une aumône [5].

Nul doute que les pièces de ce Palais ne fussent nombreuses, car outre les logements des gens de maison, parmi lesquels figuraient même des musiciens [6] attachés à la cour du Grand-Maitre, et les Chevaliers de minorité qui servaient de pages, il y avait encore les écuries et les selleries. Nous savons, en effet, que les chefs de l'Ordre possédaient de magnifiques chevaux et de riches harnais, caparaçons et selles ; toutefois, pendant les deux sièges, ils ne manquèrent pas, plusieurs mois durant, de mettre humblement leurs superbes destriers à la disposition des moulins publics qui broyaient la poudre à canon [7].

Le Chapelle privée du Grand-Maitre faisait partie du Palais, et pour y accéder il fallait monter plusieurs marches [8]. L'abside, si l'on s'en tient au dessin de Rottiers [9], donnait dans la cour, à côté de l'escalier, et avait une seule fenêtre placée

1. Bosio, II, 706. Sanuto, XXXIV, 67.
2. Hafuz Amhed.
3. Dell' Origine, etc., p. 145.
4. Bosio, II, 706.
5. Stabilimenta, De hospitalitate.
6. Bosio, II, 485.
7. Fontanus, De bello Rhodio, II.
8. « Magister aedes introivit, gradusque conscendens, oratorium Sanctae Katherinae dicatum adiit, » dit Caoursin, dans sa description de la translation de la Main de saint Jean.
9. PL. XVIII.

derrière l'autel ; à cette fenêtre étaient des vitraux, et l'auteur susdit prétend en avoir retrouvé des fragments, sur lesquels étaient les armes du Grand-Maître Zacosta [1]. La Chapelle était dédiée à sainte Catherine, vierge et martyre, et peut-être encore à sainte Marie-Madeleine [2]; et l'on y conservait de précieuses reliques et objets rares, entre autres, une statue d'argent représentant saint Jean-Baptiste, qui fut plus tard transportée à Malte et, là encore, déposée dans la Chapelle du Palais Magistral [3] ; le bras et la main gauche de sainte Catherine, qu'on exposait à la vénération des fidèles le 25 novembre, jour de sa fête [4] ; et une épine de la Couronne de Notre-Seigneur, dont il y en avait une autre dans l'Église Conventuelle. Mais celle de la Chapelle Magistrale était beaucoup plus célèbre : chaque année, le Vendredi-Saint, elle se mettait à fleurir à Sexte et cessait à None, les fleurs rentrant dans l'épine elle-même [5]. Ce prodige est attesté non seulement par les contemporains, au nombre desquels nous citerons Robert Sanseverino, qui était à Rhodes en 1458 [6], mais encore par les Actes du Chapitre Général de l'Ordre, qui se tint à Rome en 1446, par les Bulles Magistrales, entre autres par celle du Grand-Maître de Milly de 1457 [7], et par les Statuts de l'Ordre. Cette relique insigne, transportée à Malte, a été, par un décret de la Congrégation des Rites en date du 21 janvier 1625, proclamée digne d'un culte spécial ; elle se trouve actuellement à La Vallette, dans la chapelle de Saint-Charles de l'église de Saint-Jean, dans une châsse d'argent revêtue d'ornements en cuivre doré [8].

Quoique délabré à la suite du siège de 1522 et de violents tremblements de terre, le Palais était encore, dans les premières années du siècle dernier, assez bien conservé et de bonne apparence [9], et servait d'habitation aux grands personnages qui, ayant encouru la disgrâce du Gouvernement de Constantinople, étaient relégués à Rhodes [10]. Mais, à une époque récente, il a reçu des destinations vulgaires: la Chapelle a été convertie en écurie et le reste en cellules pour les forçats, qui l'habitent encore aujourd'hui [11]. Triste retour des choses de ce monde. Ensuite, sont venus, de nos jours, d'autres tremblements de terre, et finalement l'explosion de la poudrière, dont nous parlerons plus loin, et qui a fait, en 1856, de ce magnifique édifice un informe amas de ruines.

1. P. 151, sq. .
2. Bosio, II, 485. Le même auteur, II, 363, dit cette Chapelle dédiée à sainte Marie-Madeleine. Caoursin et les autres historiens, avec les *Stabilimenta*, la placent sous le vocable de sainte Catherine. Toutefois, comme plusieurs tapisseries, qui appartenaient à cet oratoire et qui furent transportées à Malte (où elles furent la proie des flammes en 1531, raconte encore Bosio, III, p. 111), représentaient l'histoire des deux saintes, il peut se faire que la chapelle ait eu un double vocable. Dans les Bourgs de Rhodes était une Église avec hospice, dédiée à sainte Catherine, église qu'il ne faut pas confondre avec cette Chapelle privée.
3. Paciaudi, *De Cultu S. J.-Bapt.*, p. 313 ; il en donne le dessin, p. 314.
4. Breydenbach, *Sanctar. peregr.*
5. Santo Brasca.
6. *Viaggio in Terra Santa*, etc., p. 60.
7. Bosio la cite, II, p. 254, et Paciaudi, *De Cultu*, 404. V. encore, à propos de ces reliques, le même Paciaudi, *De Cultu*, 402, 403, qui en donne le dessin.
8. Ferris, *Memorie dell' inclito Ordine Gerosolimitano*, p. 66.
9. Dapper, p. 97.
10. Id. ibid. Biliotti, 355.
11. Rottiers, 149, sq.

Dans la partie la plus élevée de la ville, sur un monticule où conduisait, au dire de Santo Brasca, un long escalier de pierre, s'élevait, au sud du Palais Magistral, la célèbre église de Saint-Jean, dite encore Saint-Jean du Collachium, qui était l'église Conventuelle de l'Ordre. Rottiers rapporte que son emplacement était anciennement occupé par une autre église bâtie en 1200, de la main des Grecs du Bas-Empire, et il ajoute que la pose de la première pierre du nouveau sanctuaire eut lieu le 24 juin 1310, fête du saint Précurseur. Le Grand-Maître Fr. Foulques de Villaret, qui présida cette cérémonie, se conforma pour la construction au plan du Florentin Arnolphe [1]. Sans compter qu'Arnolphe était mort

INTÉRIEUR DE L'ÉGLISE SAINT JEAN-BAPTISTE.

depuis dix ans [2], cette église, en dehors de sa grande importance historique, ne ferait guère honneur, en réalité, à l'architecte. C'est là encore, malheureusement, l'une des nombreuses indications que donne Rottiers avec une excessive légèreté.

L'église était à trois nefs, supportée par huit colonnes et mesurant environ 45 mètres de long sur 16 de large ; elle se terminait au chevet par un chœur divisé en trois absides, longues de 70 pieds environ. Cette partie de l'édifice était surmontée d'une voûte, tandis que les trois nefs avaient un plafond en bois de cyprès parsemé d'étoiles d'or sur fond bleu ; la toiture extérieure était recouverte de

1. P. 286.
2. Arnolphe mourut le 15 mars 1300. Vasari, p. 88.

plaques de plomb [1]. Suivant le récit de Ferris, l'église Conventuelle que l'Ordre construisit à Malte était bâtie sur le plan de celle de Rhodes, où l'architecte maltais Jérôme Cassar se serait transporté tout exprès. Ce détail, que nous sachions, ne se trouve chez aucun autre auteur, et nous semble peu acceptable, car il serait impossible d'établir des points de comparaison entre les proportions, le dessin et le style des deux églises, si absolument différentes.

Pendant le grand assaut général que donna Soliman aux différentes parties de la ville, et dont nous avons déjà parlé, le 24 septembre 1522, on aperçut au grand jour sur le toit de cette église un fantôme qui agitait une bannière comme pour animer au combat les défenseurs de Rhodes. La population voulut y voir en personne saint Jean-Baptiste, protecteur de l'Ordre ; mais ayant appris que l'apparition n'était autre que le cuisinier du Prieur de l'église, monté là-haut pour faire montre de courage à bon marché, elle ne vit plus le Précurseur, mais un traître, un turc, un juif, qui avait des intelligences avec l'ennemi ; et peu s'en fallut qu'il ne fût mis en pièces, si le Prieur lui-même n'avait déclaré qu'il n'y avait ni turc, ni juif, mais son cuisinier, un Français originaire de Fos en Provence [2].

On racontait encore qu'un prisonnier échappé des Turcs avait vu apparaître plusieurs fois le saint Précurseur sur les murs de la ville : et un grand nombre de personnes et de Chevaliers, d'une sainteté éprouvée, assurèrent avoir vu le Saint-Esprit, sous la forme d'une colombe, planer au-dessus des combattants et voler ensuite sur l'église Conventuelle [3].

Les huit colonnes, de $0^m,60$ environ de diamètre, et différentes entre elles, étaient en beau granit oriental ; elles furent enduites de chaux par les Turcs, dont le vandalisme éhonté recouvrit, suivant l'usage, d'un affreux badigeon, l'intérieur et l'extérieur du temple. Toutes ces colonnes, excepté la première à gauche, vers la grande porte, étaient sans piédestal, avec des chapiteaux différant les uns des autres, dont un seul, celui de la première colonne de droite, portait la croix pleine de l'Ordre. Sur les carreaux des fenêtres, encore existants, Rottiers vit reproduites en couleurs les armes de l'Ordre et du Grand-Maître Orsini [4] ; dans l'abside [5] étaient deux niches, où Rottiers place (sans preuve, comme d'ordinaire) les sépultures des Grand-Maîtres d'Aubusson et d'Amboise. C'est là encore une assertion qui aurait besoin d'être prouvée, car Bosio dit qu'ils furent tous les deux enterrés dans la chapelle élevée aux frais et par les soins d'Aubusson, sans doute celle pour laquelle il fit, entre autres, une fondation en 1489 [6]. Peut-être au lieu de chapelle devrait-on dire plus exactement autel, car il n'y avait pas trace de véri-

---

1. Rottiers, 301 ; Biliotti, 511, 512 ; Guérin, 134.
2. *Memorie dell' Ordine Gerosol.*, p 129, 130. En latin : « Fossa Mariana. » V. Fontanus, II.
3. *Relatione del Cav. Fr. Alberigo de Rojan*, aux Arch. d'État de Florence, fonds Strozziani, N° 368.
4. Os de d'Aubusson, d'après Hedenborg, III, 12.
5. Sur la voûte de l'abside, d'après Hedenborg, III, 12, était l'écusson du Grand-Maître de Corneillan.
6. II, 368, 601.

table chapelle dans l'église, et cette chapelle devait être un autel dédié à la Sainte Vierge et à laquelle furent assignés en 1389, à titre de dotation, les moulins du môle de même nom [1]. En tous cas, ce n'est pas dans deux endroits distincts, mais dans un seul que furent inhumés d'Aubusson et d'Amboise.

L'église avait trois portes : l'une sur la façade principale, tournée vers l'ouest, et deux de côté, au nord et au midi, avec les armes du Saint-Siège, du Grand-Maître de Villeneuve et de l'Ordre [2]. Sur la façade, de la dernière simplicité, se trouvait, au-dessus de la porte, un bas-relief représentant Notre-Seigneur, la Sainte Vierge et saint Jean-Baptiste, enfermé dans une niche, avec baldaquin en forme de tabernacle. Il existait encore, quoique très mutilé, au commencement du siècle dernier [3], mais quand Rottiers fut à Rhodes, il n'en restait plus aucune trace.

Cette église, que Vertot, trompé par de fausses relations, dit remarquable par la grandeur de ses proportions [4], et que Moroni appelle la vaste et belle église métropolitaine de Saint-Jean [5], ajoutant ainsi erreur sur erreur, était plutôt petite, comme cela ressort de ce que nous avons dit jusqu'ici, et devait avoir peine à contenir les Chevaliers, quand ils s'y réunissaient tous pour certaines cérémonies extraordinaires, telles que l'élection du Grand-Maître, ou la procession solennelle du jour de l'Assomption [6].

C'est dans cette église que le Grand-Maître d'Aubusson reçut le 29 juin 1489, avec une pompe extraordinaire, l'Envoyé d'Innocent III, qui lui apportait le Chapeau cardinalice. Le Pape lui témoignait la vive satisfaction que lui avait causée, le 9 mars, l'arrivée de Zizim à Civita-Vecchia, et le créait Cardinal-diacre du titre de Saint-Adrien et Légat pontifical en Asie [7]. C'est ici, au pied de ces autels, que les Grand-Maîtres d'Aubusson et de l'Isle-Adam vinrent à différentes reprises, pendant les sièges de 1480 et de 1522, implorer le DIEU des Armées, dans la ferveur de leur foi et de leur reconnaissance ; et il est triste de penser que la dernière fois peut-être que tous les Chevaliers se réunirent dans ce temple, ce fut le 4 novembre 1522 [8], pour enlever solennellement les insignes de Chevalier au Chancelier Fr. André d'Amaral, traître à l'Ordre même.

L'église Conventuelle renfermait les tombeaux d'une foule de Chevaliers et de plusieurs Grand-Maîtres. Au nombre de ces derniers, les historiens citent, entre autres, ceux de Fr. Dieudonné de Gozon, Fr. Jean-Baptiste Orsini, Fr. Pierre d'Aubusson, Fr. Émeri d'Amboise, Fr. Guy de Blanchefort et Fr. Fabrice

---

1. *Libri Bullarum*, N°s 9, 11, 75. V. chap. I, p. 24 de cet ouvrage.
2. Hedenborg, III, 12.
3. Thévenot, 224.
4. III, 207.
5. *Dizionario d'Erudizione ecclesiastica*, LVIII. La cathédrale de Rhodes était une autre église, située dans les Bourgs, comme nous le dirons plus loin.
6. Stabilimenta, *De Ecclesia*, XVI.
7. Bosio, II, 504.
8. Bosio, II, 690. Sanuto, XXIX, 84.

Carretto. Le Grand-Maître de Gozon, mort le 7 décembre 1353,[1] fut enterré près du maître-autel, et au-dessus, sur la muraille, fut représenté le combat contre le le dragon, avec ces mots : *Draconis extinctor*[1]. Une partie du cercueil en marbre qui contenait ses restes, se trouve aujourd'hui à Paris, au Musée de Cluny ; il a 0m,69 de haut, et devait avoir 1m,90 de long. On y voit la statue couchée du défunt et ses armes. L'urne où reposait le Grand-Maître Orsini était d'un seul bloc de granit et avait 2m,50 de long sur 0m,85 de large et 0m,88 de haut. Bosio raconte que dans le pillage qu'ils firent de tant d'objets sacrés et des sépultures de cette église, lors de leur première entrée, après la capitulation de 1522, les Turcs laissèrent cette tombe intacte[2]. Quoi qu'il en soit, elle eut plus tard le sort des autres urnes funéraires qui furent enlevées du temple et dispersées ; elle devint la propriété de simples particuliers et passa enfin, elle aussi, au Musée de Cluny. On y voit sculptée une inscription en vers « male tornatis, dit Paciaudi, asperrime inter se coeuntibus prout ætatis illius ferebat ingenium[3]. »

Comme le tombeau destiné au Grand-Maître d'Amboise, mort le 3 novembre 1512, n'était pas encore prêt, son corps, raconte Bosio[4], fut provisoirement déposé dans la Chapelle du Grand-Maître d'Amboise, comme nous l'avons dit plus haut. Les restes de son successeur, Fr. Guy de Blanchefort, qui était décédé le 24 novembre 1513, à bord de la grande Caraque de l'Ordre, dans le port de

1. Bosio, II, 84.
2. II, 360.
3. *De Cultu*, etc., p. 355. L'inscription rapportée par Bosio, II, 360, est ainsi conçue :

> Anno quo Christus de Virgine natus, ab illo
> Transierant mille, decies semptemq ; sub inde
> Octavas junii quadringenti sex, hora quaterna
> Sablati, quo die scias obiesse jacentem.
> Sanguine clarus erat, Ursinus stirpe Baptista,
> Quae clam praevalet caeteris Italiae.
> Vulgus tantae domus resonat hic inde per orbem,
> Quae multos habet Pontificesq. duces.
> His Reverendus erat Rhodi Patorq. Magister
> Qui partis auctibus fuit hujus Conditor urbis.
> Romanus fuit, dic, die virtutibus altis,
> Nomen cujus erit semper in ore suis.
> Magnanimus, prudens, justus atque modestus,
> Humanus, strenuus, pius, probusq. severus,
> Nec quem Caesarei aequarunt usque triumphi
> Auctum per invictae sic probitatis opus.
> Ut jubar exoriens micuit in solis in Orbe
> Atque refulgenti lustravit lampade terras.
> Qui magnos hostes, qui magna pericula tulit
> Pro Christi cultu, pro religione tuenda,
> Jure Deus voluit certo decernere fato,
> Ut huic praeclaro nomen Magister esset :
> Atque inter divos esset divus ad astra volatus ;
> Sic itaque seculo victo, sine fine triumphat.

4. II 600.

l'île de Prodanos [1], furent apportés à Rhodes et enterrés, également en grande
pompe, dans cette église [2]. C'est là encore, au milieu de la nef principale, que
fut déposée la dépouille mortelle du Grand-Maitre Fr. Fabrice Carretto. Cette
tombe, disent les historiens, fut toujours respectée par les Turcs ; ils en laissèrent intacte la pierre avec l'inscription funéraire, et elle ne disparut qu'au
moment même de la destruction de l'église. Mais, peut-être, ne veulent-ils parler
que de la pierre, car nous savons par la relation du chevalier Puccini que, lors de
la reddition de Rhodes, le tombeau fut profané par les Janissaires, qui en retirèrent
le cadavre et le trainèrent sur le sol [3]. Rottiers nous a donné, de cette pierre, un
dessin très soigné : elle est en marbre de Léros, et mesure environ seize pieds de
long sur six de large ; on y voit reproduite en traits noirs l'image du défunt
enveloppé dans son manteau, et avec la croix du côté du cœur. Un ornement en
marbre de différentes couleurs, et l'écusson sur la poitrine d'un aigle, décorent
cette pierre intéressante, qui porte l'inscription suivante : « R^mos et Ill^mos D. F.
» Fabricius de Carrecto magnus Rhodi Magister urbis instaurator et ad publi-
» cam utilitatem per septennium rector hic jacet anno MDXXI [4]. »

D'autres Grand-Maitres : Fr. Hélion de Villeneuve, Fr. Pierre de Corneillan,
Fr. Roger de Pins, Fr. Raymond Bérenger, Fr. Robert de Julliac, Fr. Philibert
de Naillac, Fr. Antoine Fluvian, Fr. Jean-Baptiste de Lastic et Fr. Jacques de
Milly, moururent et furent enterrés à Rhodes ; mais nous ne savons dans quelle
église. Les urnes funéraires de Julliac et de Milly se trouvent également au
Musée de Cluny, cédées au gouvernement français par un agent consulaire de
Grèce à Rhodes, qui en était devenu propriétaire. Plus anciennement, Rottiers
avait vu l'urne de Julliac appuyée contre le mur extérieur des bains publics,
qui auraient été autrefois l'église de Saint-Bernardin : elle servait pour les ablutions religieuses, et était percée dans le bas de deux trous pour l'écoulement des
eaux. On y voit les armes du défunt et de l'Ordre ; elle a 2^m,10 de long sur
0^m,69 de large et 0^m,50 de haut. On trouve, par derrière, une inscription grecque,
preuve qu'elle avait d'abord servi de sépulture à d'autres personnes : l'épitaphe
de Julliac est ainsi conçue : « Hic jacet in X^to religiosus et pater Ord. Fr. Ro-
» bertus de Julliaco qda mter sacrae dom. hospitalis sai johais hirolitani q. obiit
» die XXIX julii anno Dni MCCCLXXVII cujus a requies. in pace [5]. » Quant
au cercueil qui renfermait les restes du Grand-Maitre de Milly, il n'en reste
que le couvercle, qui se trouve aussi au Musée de Cluny ; il y est représenté
en robe longue, et le marbre mesure 1^m,90 de longueur.

On conserve encore au susdit Musée le couvercle du sarcophage du Grand-
Maitre de Corneillan, qui y est représenté avec une longue barbe et un ample

---

1. Petite lle en face de Navarin.
2. Bosio, II, 609.
3. V. Lettre de P. Vettori, *cit.*
4. Rottiers, 299, 300. Atlas, pl. XLI. Guérin, 135.
5. Rottiers, 299, 300. Atlas, pl. XLI. Cette date n'est pas conforme à celle de 1376, donnée par Bosio,
II, 122.

manteau ; mais l'urne se trouve encore à Rhodes, et nous avons eu le bonheur de la découvrir dans la cour du vieux Conak, pendant l'été de 1893. Elle mesure 1ᵐ,99 de long sur 0ᵐ,68 de haut et 0ᵐ,63 de large ; sur le milieu sont les armes de Corneillan et à droite et à gauche deux vides, qui ont la forme de deux écussons, où étaient sans doute les armes de l'Ordre ; dans le fond deux trous indiquent que cette urne, elle aussi, a servi à contenir de l'eau. Autour on lit cette inscription : « Hic jacet reverendus in Xᵗᵒ pater D. Fr. Petrus Cornilhan » qᵈᵐ Magister sacrae domus hospitalis sanct. Johis ierlimitani qui obiit anno » Dñi MCCCLV, die XXIIII mensis Augusti * cuju⁚ aïa requiescat in pace. » Amen. »

Parmi les tombeaux de l'église de Saint-Jean nous citerons encore celui en métal de Fr. Pierre de Buissons, Prieur de l'église même, et qui fut violé par les Janissaires à la chute de Rhodes [2].

A propos des tombeaux des Grand-Maîtres, nous ne croyons pas inutile de faire observer qu'il ne faut tenir aucun compte des monuments et des inscriptions que renferme l'ouvrage du vicomte de Villeneuve-Bargemont [3], car ils sont tirés d'un manuscrit, soi-disant très précieux, dont le Bailli de Froulay fit l'acquisition au siècle dernier et qu'il offrit au Grand-Maître Pinto de Fonseca, et n'ont, évidemment, aucune valeur historique [4].

---

1. Le chevalier Foxano fixe sa mort en 1363, erreur corrigée avec raison par Bosio, II, 89.
2. V. Lettre de P. Vettori.
3. *Monuments des Grands-Maîtres de l'Ordre de Saint-Jean de Jérusalem.*
4. V. à ce propos le chap. XV de cet ouvrage.

Chapitre Huitième.

A richesse du mobilier et des ornements sacrés contrastait avec les modestes proportions de l'église Conventuelle. Dès l'époque du Grand-Maître de Villeneuve, elle en était largement pourvue, car un décret du Conseil, en date du 18 janvier 1475, considérant l'extrême pénurie des ressources de l'Ordre, autorisait le Trésor à prélever sur les vases sacrés, don de ce Grand-Maître, et qui étaient hors d'usage, une valeur en argent de deux cents marcs, et un calice en or de six marcs, toutes choses marquées aux armes de Villeneuve, pour les convertir en espèces, à la condition toutefois que le Trésor s'engageât à s'acquitter plus tard envers l'église, en lui offrant, à titre de compensation, d'autres objets nécessaires ou utiles [1].

Au nombre des objets précieux que, dans une époque plus récente, l'on conservait dans cette église, nous devons citer les présents dus à la générosité du Chevalier Fr. Charles Alemand de la Rochechinard. C'étaient quinze petits [2] tableaux, chacun de la valeur de mille écus, représentant les quinze mystères du Rosaire ; une croix d'or octogone du poids de trente marcs, qui avait coûté deux mille deux cent soixante-seize écus ; objets offerts en 1511, avec prière de les exposer les jours de grande fête sur le maître-autel, ce qui se pratiquait à Rhodes, et dans la suite à Malte, où furent transportés plus tard ces précieux chefs-d'œuvre. Du vivant encore du Grand-Maître d'Aubusson, le même Chevalier avait donné une statue de la Sainte Vierge et douze statues des Apôtres, toutes en vermeil, du poids de deux cents marcs, portées également à Malte, où on les conserve encore en partie [3].

---

1. Bosio, II, 349.

2. Et non « de grande dimension », comme le prétend Biliotti, p. 512.

3. Ces statues, tombées en 1798 entre les mains des soldats de Bonaparte, allaient être converties en monnaie, quand elles furent rachetées par les Chanoines de la Cité-Notable, où elles sont conservées dans l'église.

Il offrit encore des ornements sacrés brodés en drap d'or ; un missel orné de pierres fines et de miniatures, peut-être celui-là même sur lequel les Chevaliers prêtaient serment, et qui se trouve actuellement dans l'église de Saint-Jean, à Malte ; non content de ces largesses, il voulut y ajouter des revenus sur la Banque de Gênes, pour la valeur de neuf mille trois cent soixante écus, pendant qu'il offrait, à la Langue de Provence, quatre canons (qui lançaient des boulets en pierre), de deux mille cinq cents écus ; consacrant à ces différentes libéralités une somme extraordinaire de plus de quarante mille écus [1].

Ce Chevalier mourut en 1521 [2], ou en 1513 [3], ou plus probablement en 1515, année où le Chevalier Fr. Prejean de Bidoux lui succéda dans le Prieuré de Saint-Gilles [4]. Sorti de l'ancienne et puissante maison des Alemand, à laquelle appartenait, dès le XIVᵉ siècle, le château de la Rochechinard, en Dauphiné, il entra, tout jeune encore, dans l'Ordre de Saint-Jean de Jérusalem et en franchit rapidement les premiers degrés ; après avoir pris part au siège de 1480, il devint Grand-Commandeur de l'Ordre, et, en 1500, Grand-Prieur de Saint-Gilles, dont il réforma, en 1506, la Collégiale de l'église [5] ; il était surnommé *le bon Chevalier*. Ce fut à lui, entre autres, que le Grand-Maître d'Aubusson confia la délicate mission de conduire Zizim en France, et c'est dans le château de la Rochechinard [6] que s'alluma, dit-on, l'amour de ce prince pour Philippe-Hélène [7], fille de Jacques,

Un inventaire des objets ayant autrefois appartenu à l'église Conventuelle de Malte, inventaire dont il existe une copie à la Bibliothèque de la ville, désigne ainsi ces statues : « Les statues en argent de la Sainte » Vierge, de saint Jean-Baptiste, de saint Pierre, de saint Paul, de saint André, de saint Jacques-Majeur, de » saint Jean l'Évangéliste, de saint Thomas, de saint Barthélemy et de saint Mathieu, furent données par le » Prieur de Saint-Gilles, Fr. Charles Alemand de Rochenard (Rochechinard), en 1741 (il serait plus vrai » de dire 1481) ; et celles de saint Jacques-Mineur, saint Philippe, saint Mathias, saint Thaddée et saint » Simon, furent données par le Bailli de Saint-Étienne, Fr. Andrea Fortunato di Giovanni, avec ses armes » sur le socle († 1755) ». Toutefois, M. le chevalier Ferris, érudit Maltais des plus distingués, s'est transporté, sur notre demande, à l'église de la Cité-Valette, et a trouvé que les statues d'argent qu'on y conserve aujourd'hui, sont au nombre de seize : six (cinq Apôtres et saint Paul) ont sur le socle l'écusson du Bailli de Giovanni et les mots : « Ex dono Vea. Prioris Bajulivatus Sancti Stephani fris Don Andreae De Joannis, anno 1743 » ; et huit (sept Apôtres et saint Jean-Baptiste) portent sur le socle une croix dans un écusson et les mots : « Ex dono Caroli Aleman de la Rochechinard, anno 1504 ; nobilius aucti expensis sacrae Religionis, anno 1741. »

1. Bosio, II, 598, 599. Moreri, *op. cit.*

2. Moreri.

3. Goussancourt, I, 9. Paciaudi, *De Cultu*, 308.

4. V. la note 1 de la p. 25 du Iᵉʳ chap. de ce livre.

5. Livres du Grand-Prieuré de Saint-Gilles aux Archives de Marseille. V. Grasset, *Essai*, 181. Le bienheureux cardinal Louis Allemand, mort le 16 septembre 1450, appartenait à la même famille. V. Goussancourt, I, 9.

6. Près de Saint-Jean-en-Royans. Au temps de Zizim, le seigneur était le vertueux et brave Barrachin Alemand, neveu de notre Chevalier, qui mourut plus tard d'un coup de lance à la bataille de Novare, en 1496. Ce château appartenait aux Alemand depuis le XIVᵉ siècle ; sous le règne de François Iᵉʳ, il passa en d'autres mains. À l'époque de la Révolution française, il avait perdu toute importance et ne comptait que vingt-trois seizièmes de fief noble. V. à propos de ce château le *Magasin Pittoresque*, vol. XIII, 1845, p. 350.

7. Philippe-Hélène épousa en premières noces, en 1484, Aimard, seigneur de Bressieux, et en secondes noces, Hugues de Luirieu, seigneur de la Veillière.

baron de Sassenage[1], qui habitait le château voisin de la Bâtie. Peu s'en fallut, du moins à ce que l'on rapporte, que, dans l'ardeur de la passion, Zizim n'abjurât l'islamisme pour pouvoir demander la main de la jeune fille, qui passait pour la plus belle du monde. Mais ce roman ébauché fut vite interrompu, le Chevalier Charles Alemand ayant reçu l'ordre du Grand-Maître de conduire le prince au château de la Commanderie de Bourganeuf, en Limousin[2]. Cette aventure sentimentale avait inspiré à Guy Allard, jurisconsulte et président du Tribunal de Grenoble, en 1673, un roman intitulé : *Zizim, prince ottoman, amoureux de Philippine-Hélène de Sassenage : histoire dauphinoise*, livre aujourd'hui devenu très rare[3].

Rottiers vit dans l'église Conventuelle deux armoires antiques en bois doré et peint, du style de la Renaissance, contenant douze niches destinées, dans sa pensée, à recevoir les statues des douze Apôtres. Le dessin qu'il nous a laissé[4] porte les armes du donateur, qui, quoique assez imparfaitement reproduites[5], militent en faveur de l'opinion de l'écrivain. Ces meubles existaient encore vers 1851, époque où Hedenborg les admira à son tour[6].

L'église possédait encore une foule d'autres objets précieux, et des saintes images avec yeux et dents de perles et de rubis, des colliers d'émeraudes[7], croix, encensoirs, chandeliers et calices d'un travail exquis et du plus riche métal. L'Ordre a emporté plusieurs de ces chefs-d'œuvre à Malte, où il en reste encore une partie[8].

Parmi les objets les plus rares et célèbres nous devons citer certaines Reliques, placées pour la plupart dans de riches et artistiques reliquaires ; entre autres,

1. Premier écuyer de Louis XI ; il prit part à la Ligue du Bien Public, fut Gouverneur de la Principauté d'Orange en 1478, et mourut en 1490. Sa femme, mère de Philippe-Hélène, était Jeanne de Commières, dame d'honneur de la reine Charlotte de Savoie ; elle mourut en 1502. Sassenage se trouve en Dauphiné. Outre cette terre (qui donna son nom à la famille, l'une des principales de la province), les Sassenage possédaient les fiefs de Bâtie, Royans, Pont, Mas, Iseron et Mouteillez. V. Moreri.

2. Bourganeuf, après Lureuil, fut le siège des Grands-Prieurs d'Auvergne, auxquels le château-fort offrait une résidence convenable. Plus tard, vers 1580, le siège de ce Prieuré fut transporté à Lyon, et Bourganeuf ne conserva plus que le titre de Bailliage. V. V. Delaville-le-Roulx, *Cartulaire Général*, n. XLVI, et la Liste de Messieurs les Chevaliers, etc. des trois Langues, etc., imprimée à Malte, en 1787.

3. Moreri, p. 302.

4. Pl. LXXII.

5. Un écusson écartelé, au 1er et au 4e, de gueule à la bande d'argent ; au 2e et au 3e, sur un champ divisé horizontalement blanc et noir, un lion de gueule. Les armes des Alemand au contraire doivent avoir, au 1er et au 4e, le champ de gueule semé de lys d'or traversé par la bande d'argent. On peut expliquer cette divergence ou par le mauvais état des meubles ou par une méprise du dessinateur.

6. *Ms cit.* III, 12, 15.

7. Ramadan, *Mémoire de la prise*, p. 742.

8. L'église de Saint-Jean possède encore un crucifix peint à la détrempe suspendu aux murs de la sacristie, un autre en bronze sur l'autel de Saint-Charles avec miniatures de l'École française. Ce qu'il y a de plus remarquable, c'est une croix d'argent surmontée de saint Jean-Baptiste dans son costume ordinaire de peaux, et qui porte aux quatre extrémités les symboles des quatre évangélistes : l'aigle, l'ange, le lion et le bœuf. L'église de Saint-Laurent conserve un tableau représentant ce saint, avec l'inscription : « Sancti » Laurentii levitæ et martyris effigies ab insulâ Rhodi translata : 1532 » ; une croix avec pierres précieuses ; un ornement de velours vert avec broderies d'or et d'argent. V. Ferris, *Memorie dell'inclito Ordine*, p. 158, 159. Delaville, Archives de Malte, p. 58, 59, sq. Paciaudi, *De Cultu*, etc., p. 161, 162.

l'une des trois croix que fit faire l'Impératrice Hélène avec le cuivre du bassin qui avait servi à Notre-Seigneur pour laver les pieds à ses apôtres, et qui, vraisem-blablement, se trouve aujourd'hui sur l'autel de la Chapelle des Reliques, ou de Saint-Charles, à l'église de Saint-Jean de Malte [1] ; une autre croix faite avec le bois même de celle sur laquelle mourut le Sauveur, placée dans une magnifique croix patriarcale d'argent, de style byzantin, dont parle et que reproduit Paciaudi [2], à laquelle a été ajoutée postérieurement un grossier piédestal et qui se trouve encore à Malte dans la même église ; l'une des trente pièces d'argent pour lesquelles Judas vendit le divin Maître [3]. Un prêtre avait coutume d'en prendre chaque année l'empreinte en cire la semaine Sainte pendant le chant de la Passion, et, selon la tradition, elle passait pour être grandement utile aux marins et aux femmes en couches. Elle portait d'un côté une tête et de l'autre une fleur ; en 1480 Jean Fucher de Nuremberg en prit l'empreinte et en fit différentes reproductions, dont plusieurs en plomb, qu'il distribua à chacun des religieux Dominicains qui en 1485 se trouvaient réunis en Chapitre général de leur Ordre dans la même ville de Nuremberg [4]. Cette monnaie évidemment, comme le fait observer encore Paciaudi, n'est autre chose qu'une ancienne monnaie grecque de Rhodes portant la tête de Phébus Apollon et la rose, ou la fleur du grenadier [5].

Comme reliques précieuses, nous citerons encore une épine de la Couronne de Notre-Seigneur (on en vénérait une autre, nous l'avons déjà dit, dans la Chapelle du Palais Magistral) ; la tête de sainte Philomène vierge ; un bras de saint Blaise martyr, de saint Thomas apôtre, de saint Leodegarius évêque, de saint Étienne premier martyr et de saint Georges martyr ; la tête de sainte Euphémie vierge et martyre, celle de saint Polycarpe évêque, la main de sainte Catherine vierge, et la main de sainte Anne mère de la Sainte Vierge [6].

Mais ce qu'il y avait de plus précieux et de plus cher à l'Ordre, c'étaient les reliques d'une portion de la tête et la main droite de saint Jean-Baptiste, offertes par le sultan Bajazet au Grand-Maître d'Aubusson en 1484. La première, le Grand-Maître Emeri d'Amboise l'avait obtenue de l'évêque d'Amiens, en 1501, quand il n'était encore que Grand-Prieur de France, et l'avait fait placer dans une cavité sur le front de la tête du Précurseur reproduite d'après nature, peinte et placée sur un plat d'argent orné de pierres précieuses. Cette relique était encore à Malte au siècle dernier, et elle portait, avec les armes d'Amboise, cette inscrip-tion : « Hæc capitis effigies ad divi Johannis Baptistæ capitis similitudinem in » sacra æde Ambiensi requiescentis depicta est. Quam quidem Franciæ in Christo » Reverendus Prior Mericus de Amboise depingere curavit : anno Domini mille-

---

1. Ferris, *Memorie*, p. 65.
2. *De cultu*, etc. p. 350, 401.
3. *Stabilimenta*, De Eccles. L.
4. Faber, p. 163.
5. *De cultu*, etc. p. 408. Il a eu soin de la reproduire.
6. *Stabilimenta*, *De Ecclesia*, I. Breydenbach, op. cit.

» simo quingentesimo primo '. » Différentes reproductions ont été faites de cette tête de saint Jean-Baptiste et il y en avait une encore au siècle dernier dans l'église du Grand-Prieuré de Venise ².

Quant à la seconde relique, c'est-à-dire à la main droite de saint Jean, célèbre entre toutes, nutamment par l'opuscule que Guillaume Caoursin, vice-chancelier de l'Ordre, a écrit à propos de sa translation, je ne crois pas inutile d'en retracer brièvement l'histoire et de dire un mot de la cérémonie extraordinaire avec laquelle elle fut déposée dans l'église Conventuelle de Rhodes l'année 1484.

L'Évangéliste saint Luc voulant, suivant la tradition, enlever le corps du saint Précurseur de l'église de Sébaste ³, en Palestine, où l'avaient enterré ses disciples, on ouvrit, avec leur aide, le tombeau ; mais le corps étant trop encombrant pour être transporté secrètement, il se contenta de la main droite, celle qui avait baptisé le CHRIST ; et l'emporta avec lui à Antioche, où il en confia la garde à des mains pieuses. Plus tard, la relique fut portée à Constantinople, dans l'église de Sainte-Sophie, puis revint de nouveau à Antioche, dont la population l'avait réclamée à grands cris en souvenir des miracles insignes qu'elle avait opérés. Chaque année, le jour de la Sainte-Croix, le patriarche la portait processionnellement à travers la ville ; et si la main fermait les doigts, c'était le présage d'une mauvaise année de récolte, si elle les ouvrait, d'une moisson abondante. Plus tard encore, sous le règne de Constantin Porphyrogénète, un diacre nommé Job transporta de nouveau la sainte Relique à Constantinople, où elle resta jusqu'à ce qu'elle tombât (le jour où la capitale du Bas-Empire ouvrit ses portes (1453) aux Turcs victorieux) entre les mains de Mahomet II, qui lui fit place dans son trésor. Elle y demeura jusqu'en 1484 ; alors Bajazet, son fils, voulant donner au Grand-Maître d'Aubusson un gage de ses dispositions pacifiques et de sa bienveillance, la lui envoya comme présent à Rhodes par l'intermédiaire de son ambassadeur, Cariati-Bey, avec une lettre écrite en grec ⁴. Elle arriva à Rhodes le 20 avril de la même année et fut déposée provisoirement dans la Chapelle du Palais Magistral, en attendant qu'une Commission nommée par le Grand-Maître en eût dûment constaté l'authenticité. Aussi le 20 mai, une procession solennelle fut-elle organisée pour la translation de l'insigne relique à l'église de Saint-Jean du Collachium du Palais susdit, où le Prieur de l'église, Fr. Pierre Papefust, suivi du clergé latin et grec, des Chevaliers, des marchands et des dames de la ville,

---

1. Paciaudi, *De Cultu*, etc. p. 331, 332, en reproduit le dessin. Cet écrivain dresse l'inventaire des Reliques que l'Ordre porta de Rhodes à Malte avec l'indication des Grands-Maîtres respectifs qui en firent don : celle de saint Antoine abbé donnée par de Lastic ; celles de saint Barthélemy apôtre et de sainte Catherine V. et M. par de Villeneuve ; celles de saint Sébastien martyr, de saint Pantaléon et la main de sainte Anne par d'Amboise ; et celles de saint Jean Chrysostome et de sainte Marie-Madeleine par Carretto. Ibid. p. 426, 427.

2. Archives du Grand-Prieuré de Venise.

3. Au milieu des ruines de cette église, que nous avons visitées en 1883, on voit encore la crypte où le Saint aurait été enterré ; nous avons retrouvé sur les plaques de marbre qui en recouvrent les murs, les croix de l'Ordre de Saint-Jean de Jérusalem, dont l'église releva pendant quelque temps.

4. Caoursin, *De translatione*, etc. Paciaudi, *De cultu*, etc. 321. Pauli, *Cod. dipl.* 554.

se rendit sous un dais magnifique et au chant de l'hymne de saint Jean [1]. Là, sur l'autel, était la sainte Relique, renfermée dans un reliquaire de cristal et d'ivoire, artistement sculpté et orné de statues de saints, d'or et de pierres étincelantes; sur la base, étaient gravées, au burin, l'image de saint Jean-Baptiste qui admoneste et reprend Hérode, l'horrible scène de sa décollation et les armes d'Aubusson avec l'inscription qui suit : « *Hanc dexteram S. Johannis Baptistæ Reli-*
» *gionis Rhodiorum protectoris qui Redemptorem humani generis ostendit et*
» *baptizavit, ex Constantinopoli Turcorum tyrannus Bagiazit Rhodum misit una*
» *cum pacto tributo annuo coactus industria Rmi Card. et Card, et Magni Magistri*
» *Fr. Petri d'Aubusson qui eamdem a Sancta Sede Apostolica approbatam his*
» *gemmis et auro obrizo ornavit anno Salutis MCCCCLXXXIIII* [2]. » Le Grand-
Maître, après avoir fait une courte prière, remit la précieuse relique au Prieur qui, suivi à son tour du Grand-Maître ainsi que des Prieurs, Baillis, Chevaliers et de tout le peuple, sortit du Palais Magistral. La procession se dirigea vers le dehors de la ville, passant sous la porte de Saint-Georges, prit à droite, suivant les murs vers la porte de Saint-Antoine, par laquelle elle rentra dans la ville dans la direction de la Place. Là, sous une tente, dressée pour la préserver des ardeurs du soleil, avait été préparé un trône. surmonté d'un riche baldaquin de brocart d'or et de soie. Le Prieur, en montant les degrés, y déposa la sainte relique sur un coussin de brocart de manière à ce que tous pussent l'apercevoir ; puis, étant descendu, il alla s'asseoir à la place qui lui était destinée ; et le Grand-Maître et les autres personnages d'imiter son exemple. Tout à coup le silence s'établit ; un religieux Augustin monte en chaire et prononce un éloquent discours en latin. Après le sermon, le Prieur monte de nouveau au trône, prend la sainte main, et bénit par trois fois l'assistance humblement prosternée. Puis, dans le même ordre qu'il était venu, mais en entrant par la porte de l'Arnald, le cortège pénètre de nouveau dans le Collachium et se dirige vers l'église Conventuelle. La relique y est déposée sur le Maître-autel et la messe commence, entremêlée d'excellente musique et de chant, et des mélodies de l'orgue. Cet instrument, des plus somptueux et des plus riches, dit Bosio [3], avait été, vers la fin de 1476, de Venise, où il avait été construit, apporté à Rhodes sur un vaisseau qui contenait encore quatre cents cuirasses pour les marins de l'Ordre. Enfin, après avoir été donnée à baiser au Grand-Maître, à tous les Chevaliers et au peuple, la Sainte Main fut déposée dans la sacristie à l'endroit où l'on gardait les Reliques [4]. Cette relique fut dans la suite ornée par le Grand-Maître d'Aubusson d'un baldaquin d'or fin, enrichi de perles sans nombre et de pierreries. Lors de la prise de Rhodes, en 1522, Soliman n'en tint aucun compte et ne l'emporta pas à Constantinople ; mais le Grand-Maître de l'Isle-Adam l'ayant gardée avec lui, l'emporta à Malte, où elle resta jusqu'en 1798. L'inepte Grand-Maître Hompesch, en abandonnant

---

[1]. Bosio, II, 478 sq. Paciaudi, ibid. p. 321, 323 sq.

[2]. Paciaudi, ibid., p. 323 sq. ; il a soin de nous donner le dessin du reliquaire. Bosio, II, 486.

[3]. II, 367.

[4]. Caoursin, *De translatione*, etc.

Malte aux Français, l'emporta, à l'exemple de son prédécesseur, avec lui ; mais il l'offrit ensuite en présent à Paul Iᵉʳ, empereur de Russie.L'anneau si précieux qui ornait un doigt de la sainte main fut enlevé par Bonaparte [1]. Actuellement ce célèbre et vénérable objet artistique se trouve dans l'église de Gatschina, près de Saint-Pétersbourg.

L'église Conventuelle avait à sa tête un prêtre avec le titre de Prieur de l'Église. Il était tantôt d'une Langue, tantôt d'une autre ; il jouissait des honneurs de la Grande Croix et était l'Ordinaire de tous les Chevaliers ; il faisait en outre partie du Conseil de l'Ordre et avait le pas sur l'Archevêque de Rhodes dans toutes les églises de la Religion.

Le premier Prieur de l'église de Rhodes fut Fr. Simon Ciraxeni, grec d'origine, précédemment élevé à cette dignité par le Grand-Maître Fr. Foulques de Villaret à Limaçol de Chypre en 1309. Quand celui-ci fut déposé du Siège Magistral, Ciraxeni fut envoyé avec d'autres députés au pape Jean XXII pour l'informer de l'état des choses de l'Ordre ; il mourut à Rhodes en 1330 [2].

Il eut pour successeur Fr. Pierre de Plancy, du Dauphiné, nommé par le Chapitre Général de Montpellier, le 1ᵉʳ septembre 1327 : du moins d'après Goussancourt [3]. Il faut donc admettre que Ciraxeni se démit de son emploi trois ans avant sa mort. En 1350 Plancy était encore en charge [4].

A sa mort, il fut remplacé par Fr. Pierre Blantier, qui alla à Rome en 1351 pour défendre l'Ordre contre certaines accusations, et qui en 1314 avait été député avec le chevalier Fr. Odon de Monteacuto et avec le Prieur de Capoue Fr. Isnard d'Albarno pour proposer différentes réformes [5].

Blantier eut pour successeur en 1364 le belge Fr. Nicolas Soler, déjà envoyé en 1369 à Urbain V. Son nom figure à Gênes dans une inscription de la chapelle de Saint-Jean, voisine de la Cathédrale [6]. Revenu à Rhodes en 1370, le Conseil le récompensa de ses services en portant à vingt-cinq florins annuels le traitement des Prieurs de l'église. Il était heureusement arrivé à mettre fin à certaines difficultés graves survenues entre la Langue de Provence et celle d'Italie [7].

Après lui vint Fr. Pierre de Buisson, en 1380 selon Goussancourt [8] et Paciaudi [9], et en 1382 suivant Bosio [10]. Avec le Grand-Maître de Heredia et le Couvent de Rhodes, il embrassa le parti de l'anti-pape Clément VII et refusa de reconnaître, dans Fr. Richard Caracciolo, le Grand-Maître nommé par Urbain VI. Il mourut en 1407 [11] et fut enterré dans l'église Conventuelle où son tombeau, qui était en

1. Ferris, Chiese di Malta, p. 114.
2. Pauli, op. cit., II, p. 62, 536 ; Paciaudi, op. cit., 356 sq. ; Ferris, Chiese di Malta, 149.
3. Vol. II, 290. Paciaudi, De cultu, p. 357, dit qu'il fut nommé en 1330.
4. Bosio, II, 59.
5. Pauli, Cod. dip. II, 537.
6. Paciaudi. op. cit., 359.
7. Bosio, II, 116.
8. Op. cit., vol. II, p. 290.
9. De cultu, etc., p. 359.
10. II, 132, 133.
11. Paciaudi, De cultu, etc., p. 360.

métal, fut, à la chute de Rhodes, violé et fondu par les Janissaires [1], comme il a été dit.

Buisson vivait encore, quand il fut remplacé dans le Gouvernement de l'église de Saint-Jean en 1400 par Fr. Gualterio de Grassi, qui accompagna en 1409 le Grand-Maitre de Naillac au Concile de Pise, fut en 1417 l'un des six prélats non cardinaux qui prirent part à l'élection de Martin V, et remplit en 1421 la lieute-nance du Magistère, depuis la mort de Naillac jusqu'à la nomination du Grand-Maitre Fluvian [2].

Après Grassi, la dignité de Grand-Prieur de l'église échut à Fr. Bernard d'Avelly, bourguignon, élu en 1429 et mort en 1434 [3]; à Fr. Jean Morel, français, élu en 1436 d'après Goussancourt [4], et en 1434 d'après Paciaudi [5] et Ferris [6]. Ce prélat construisit à Rhodes, vers 1437, près de l'église de Sant-Jiean du Collachium un hôtel pour les Prieurs, sous-Prieurs et Prêtres de l'Ordre [7], et l'année suivante fut envoyé à la tête d'une ambassade à Amurat [8]. En 1446 il fut élevé sur le siège archiépiscopal de Rhodes [9], dont les titulaires étaient généralement pris dans le clergé de l'Ordre.

Il eut pour successeur Fr. Michel de Castellaccio, italien, en 1460 [10]. Ancien juge à la cour d'Appel de Rhodes, puis procureur général de l'Ordre à Rome, il quitta cette charge pour prendre possession de l'église Conventuelle en qualité de Prieur. Il fut encore évêque de Paphos de Chypre, en 1480, après, ambassadeur au Sénat Venitien [11], et finalement délégué à l'administration des revenus du Magistère pendant l'absence du Grand-Maitre Zacosta, en 1462 [12].

Après Castellaccio vint en 1464 Fr. Giovanni Ranucci, également italien, qui, étant très avancé en âge, ne remplit les fonctions de Prieur que vingt mois. A cette époque, le Saint-Siège accorda aux Grands-Prieurs de l'église Conventuelle les insignes pontificaux, à savoir la mitre, la crosse, l'anneau, etc. [13]

Ranucci fut remplacé par Jean Pugallo, italien lui aussi, au dire de Paciaudi [14], resté célèbre dans l'Ordre pour avoir contesté au Grand-Commandeur le privilège de cacheter le premier le sachet où étaient renfermés les poinçons de la Bulle

---

1. Lettre de P. Vettori.
2. Goussancourt, II, p. 290. Paciaudi, *De cultu*, etc. 360. Bosio, II, 170, 187, 192.
3. Paciaudi, *De cultu*, etc. p. 360.
4. Goussancourt, III, 290.
5. *De cultu*, etc., p. 360.
6. Op. cit.
7. Bosio, II, 208.
8. Bosio, II, 212.
9. Bosio, II, 228. Paciaudi, *De cultu*, etc. 361.
10. Paciaudi, *ibid.* 362.
11. Bosio, II, 269.
12. Bosio, II, 281.
13. Paciaudi, *De cultu*, etc. p. 363.
14. P. 363.

Conventuelle et le droit d'organiser une ambassade qui devait s'occuper d'un accord entre le roi de Chypre et Jacques Lusignan [1].

Son successeur, Fr. Pierre Papefust, grec d'origine [2], dont nous avons parlé un peu plus haut, méritait par la dignité de sa vie, son talent et sa modestie, les hautes fonctions [3] dont il fut investi dans les premiers jours de juin 1477 [4]. Il assista au siège de 1480, et mourut en 1488 [5].

Papefust étant mort le 3 juillet de la même année, on élut à sa place le français Fr. Antoine d'Abencourt [6], alors absent de Rhodes et qui, étant mort en 1495 [7], eut pour successeur Fr. Jean Farsati, italien, sous-Prieur [8], qui avait pris part au Chapitre Général tenu par le Grand-Maitre d'Aubusson en août 1501 [9].

Le successeur de Farsati et dernier Prieur de l'église à Rhodes fut Fr. Raymond de Riol, français, qui, suivant Paciaudi et Ferris, fut élu en 1510 et mourut en 1519 [10]. Il avait pris part à l'Assemblée générale du 14 décembre 1513 pour l'élection du Grand-Maitre Fr. Fabrice Carretto [11]. A sa mort, le Conseil, dans l'imminence de la guerre contre les Turcs, jugea à propos de surseoir à la nomination du successeur, et choisit provisoirement un vicaire pour remplir les fonctions inhérentes à cette dignité [12].

Le 26 décembre 1522, après la capitulation de la ville, Soliman, après avoir visité dans son Palais, comme nous l'avons dit, le Grand-Maitre de l'Isle-Adam, se rendit à l'église de Saint-Jean de Collachium ; puis, descendant la grande rue du Collachium, sortit par la porte de l'Arnald, vint sur la place et, passant sous la porte de Saint-Jean, ou du Cosquino, ragagna sa tente [13] dressée sur la colline des Saints Cosme et Damien. Il voulait s'approprier le trésor de l'église de Saint-Jean, prétendant que tout ce qui se trouvait dans ce temple devait appartenir au vainqueur ; mais telles furent la douceur et l'onction des remontrances du Grand-Maitre, raconte Sanuto, que Soliman se contenta de prendre une image en or représentant le mystère de l'Annonciation de la Sainte Vierge avec la devise : « Ave, Maria, gratia plena » [14].

Le 2 janvier 1523, le même Sultan entra de nouveau dans Saint-Jean, qu'il avait déjà vraisemblablement convertie en mosquée, car il y fit ses dévotions ; et l'après-midi du même jour, il s'embarqua pour Flisco [15], ou Marmaris

---

1. Bosio, II, 292, 296.
2. Caoursin, (*De translatione,*) est le seul qui le dise originaire de la Garonne, « Gallia Aquitara natus. »
3. Caoursin, *Ibid.*
4. Ferris, *Chiese di Malta*, 150.
5. Bosio, II, 501. C'est à tort que Ferris place sa mort en 1495.
6. Bosio, II, 501.
7. Bosio, II, 521.
8. Bosio, II, 521.
9. Bosio, II, 541.
10. Paciaudi, *De cultu*, etc., p. 370. Ferris.
11. Bosio, II, 610.
12. Paciaudi, *De cultu*, p. 370.
13. Bosio, II, 706.
14. *Diari*, XXXIV, 13.
15. Sanuto, *Diari*, XXXIV, 90. Torr. op. cit. p. 35.

Dès lors cette église, et toutes les autres appartenant au rite latin, devinrent autant de mosquées, et l'entrée en fut interdite aux chrétiens sous peine de mort ; même à une époque assez récente, en 1824, un abbé Desmazures, ayant voulu pénétrer dans Saint-Jean, faillit être victime de sa curiosité [1]. Rottiers, de son côté, raconte les subterfuges qu'il dut employer pour y pénétrer [2]. Toutefois Guérin et plusieurs autres purent visiter cette ancienne église, quelque temps avant sa destruction, en achetant à vil prix la complaisance des gardiens [3].

Une fois réduite en mosquée, les peintures qui ornaient les murailles de l'église Conventuelle furent recouvertes de chaux, et les sculptures religieuses et les pierres tombales profanées, brisées, emportées dehors et appropriées à des usages profanes [4], à l'exception de la pierre du tombeau du Grand-Maître del Carretto, dont nous avons déjà parlé. On essaya, à plusieurs reprises, d'élever sur l'église un minaret, mais jusqu'à la fin du XVIIe siècle, s'il faut en croire Dapper [5], chaque construction était à peine achevée que la foudre la renversait. Toutefois il en existait un dans les derniers temps, du moins selon Biliotti [6] ; et ce fut là précisément la cause de la destruction de l'édifice. En effet, le 6 novembre 1856, la foudre, étant tombé sur le minaret [7], descendit jusque dans les souterrains de l'église et mit le feu à une grande quantité de poudre qui y était entassée à l'insu de tous. Plus de huit cents personnes périrent victimes de cette explosion, dans laquelle Biliotti et Hedenborg veulent voir la conséquence de la trahison du Chancelier d'Amaral [8] ; mais aucun historien, que je sache, ne dit que ce misérable ait caché de la poudre dans les souterrains de Saint-Jean. De plus, ce qui avait trait aux munitions de guerre, ne relevait pas de sa charge, mais de celle du Grand-Commandeur, chef de la Langue de Provence. En supposant que ce fait ait été même autrefois soupçonné, nous en retrouverions quelque trace, et il y a, par conséquent, lieu de s'étonner que, sans apporter aucune preuve, des écrivains sérieux tels que Hedenborg et Biliotti en aient chargé la mémoire d'Amaral. Ce dépôt de poudre est donc ou l'œuvre des Turcs, après la prise de Rhodes, ou des Chevaliers eux-mêmes, mais à une époque très antérieure à 1522. En effet, on en ignorait l'existence pendant le dernier siège. Dans une lettre à son neveu de Montmorency, datée de Candie le 7 février 1523, le Grand-Maître de l'Isle-Adam, exposant les raisons qui l'ont obligé de se rendre, cite non seulement celle d'avoir perdu l'espoir de tout secours, d'avoir eu plus de huit mille hommes tués ou mis hors de combat par la maladie ou les blessures, mais encore le manque de poudre [9]. En tout cas, s'il est certain que personne, de

---

1. Rottiers, p. 15.
2. Ibid.
3. Rottiers, 15. Guérin, 136.
4. Hammer, *Histoire de l'Empire ottoman*, IX. Bourbon, op. cit.
5. P. 99.
6. P. 511.
7. Biliotti, 511.
8. Biliotti, 329, 330, 511. Hedenborg, III, 13.
9. Charrière, *Négociations de la France*, etc., I, 94.

nos jours, ne connaissait l'existence du dépôt. Il n'y a donc qu'une imagination délirante qui puisse se croire autorisée, même après plus de trois siècles, à évoquer, à ce propos et en cette circonstance, le lugubre souvenir de ce traître.

Voici une remarque que, à propos de cette explosion, nous avons faite. D'après le récit de Fontanus, pendant le siège de 1522, les Turcs se mirent en devoir de creuser une route souterraine qui devait aboutir à l'église de Saint-Jean du Collachium [1]. Or, à notre avis, il ne s'agissait que d'une mine, laquelle devait avoir sa chambre, ou dépôt de poudre sous cette église, car rien ne semble plus naturel, si l'on songe au fanatisme des Musulmans, que le désir de faire sauter précisément le point le plus cher aux Chevaliers, et sacré entre tous. Peut-être la ville se rendit-elle aussitôt la mine achevée et pas encore éclatée ; et quelque éboulement étant venu après interrompre les communications avec l'extérieur, la chambre sera restée remplie de poudre et oubliée d'abord peu à peu des vainqueurs et ensuite de leurs descendants. On sait du reste que, dans certaines conditions, la poudre conserve ses propriétés pendant de très longues années, et nous en aurions là un exemple des plus frappants.

1. In septo equitum ad Phanum divi Johannis Colossensis, II.

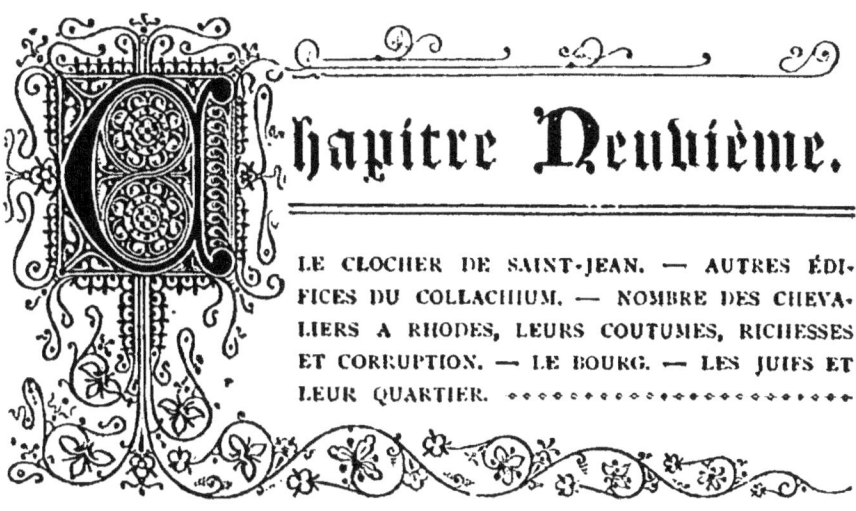

Chapitre Neuvième.

LE CLOCHER DE SAINT-JEAN. — AUTRES ÉDI-
FICES DU COLLACHIUM. — NOMBRE DES CHEVA-
LIERS A RHODES, LEURS COUTUMES, RICHESSES
ET CORRUPTION. — LE BOURG. — LES JUIFS ET
LEUR QUARTIER. ✦✦✦✦✦✦✦✦✦✦✦✦✦✦✦✦✦✦

E clocher, ou plutôt la tour carrée, que Bosio appelle une
très belle construction [1], s'élevait isolée à quelque distance
de l'église de Saint-Jean, devant la façade, mais vers le côté
sud [2]. Dans le haut étaient les cloches, et comme il pouvait,
grâce à sa position sur le point culminant de la ville, servir
d'observatoire militaire, on en avait armé la plate-forme
supérieure de fauconneaux [3]. Pris comme point de mire par
l'artillerie ennemie, il souffrit beaucoup pendant le siège
de 1480, et d'Aubusson d'abord, et d'Amboise ensuite, en 1509, le restaurèrent,
comme on le voyait par les armoiries de ces deux Grands Maîtres, placées en bas
sur le mur extérieur, au nord et à l'ouest [4]. L'un des premiers ordres que donna Soliman dans le commencement d'août 1522, à son arrivée à Rhodes, fut d'abattre
le clocher de Saint-Jean ; il ne pouvait souffrir d'entendre sonner les heures, chose
désagréable aux pieux musulmans, et encore moins de voir les sentinelles qui, du
haut de la tour, chaque fois que les Turcs chargeaient l'un des trois fameux
mortiers, avertissaient au son des cloches les habitants de se mettre à l'abri des
énormes boulets de pierre qui allaient être projetés dans la place [5]. C'est là encore,
pendant le siège, que Tadino venait reconnaître le camp ottoman [6]. Les Turcs
ouvrirent un feu nourri le 10 août, et bientôt leurs projectiles eurent endommagé
la partie supérieure du clocher, qui s'écroula avec un fracas épouvantable [7]. Plus

---

1. Bosio, II, 664.
2. Rottiers, Atl., pl. XL. Fontanus, 11.
3. Guérin, 136.
4. Rottiers, Atl., pl. XL.
5. Hauz Ahmed. Biliotti, p. 312.
6. Bosio, II, 659.
7. Hauz Ahmed. Sanuto, *Diarî*, XXXIII, 567.

tard, sur la partie restée debout, les Turcs élevèrent un minaret. D'après Biliotti ,
on y voyait encore, il y a quelques années, une plaque de marbre avec l'année 1523
gravée dessus, disparue avec les restes du clocher et le minaret, lors de l'explosion
de 1856. Il ne peut s'expliquer ce fait, car ce fut le 1er janvier 1523 que les Chevaliers abandonnèrent l'île, et il lui semble étrange, pour ne pas dire impossible
que, dans la nuit du 31 décembre 1522 au 1er janvier 1523, quelqu'un ait eu l'idée,
dans les conditions où la ville se trouvait, d'enchâsser ce marbre dans le mur.
En supposant pourtant l'existence sur cette pierre de la date ci-dessus, il ne
pourrait s'agir tout au plus, selon nous, que d'un souvenir placé là, le premier jour
ou au commencement de janvier 1523, par un Chevalier, par un Chapelain ou
simplement par un chrétien quelconque resté à Rhodes après le départ du Grand-
Maître de l'Isle-Adam, car celui-ci, du moins au dire de Sanuto [2], avait laissé
dans l'île deux cents Chevaliers, et une foule d'autres personnes qui allèrent le
rejoindre ensuite à Candie.

Les historiens et la tradition mentionnent encore d'autres édifices situés dans
le Collachium, mais, ou ils n'existent plus, ou ils ont subi une transformation telle
qu'il est impossible de dire quels ils sont. Je citerai, entre autres, un « hôtel
commode », pour parler avec Bosio [3], que le Grand-Prieur de l'église, Fr. Jean
Morel, fit construire en 1436 près de l'église Conventuelle pour lui et ses
successeurs, en même temps que pour les Sous-Prieurs et les Chapelains de
l'Ordre ; et le palais, dit du « Pino », où le Grand-Maître de Milly tint les
Chapitres Généraux de 1454 et de 1459 [4].

Biliotti [5] parle encore d'une église, dite de Saint-Jean du Colosse, et qui aurait
été située à gauche du bassin intérieur, entre le Port des Galères et celui du
Commerce, dans un endroit où la tradition veut qu'on ait conservé pendant longtemps les restes du fameux Colosse [6]. Aucun document ne vient confirmer l'assertion de Biliotti, lequel, il ne faut pas l'oublier, aurait appuyé son dire sur un passage de Fontanus où celui-ci, parlant de la mine creusée par les Turcs, dont il a
été question tout à l'heure, ajoute qu'elle allait aboutir *ad Phanum divi Johannis
Colossensis* ; et sans plus de preuves, il affirme que cette église était sous le
vocable de Saint-Jean du Colosse, tandis que Fontanus, évidemment, n'a voulu
parler que de l'église Conventuelle de Saint-Jean du Collachium. En effet, dans
plusieurs endroits de son livre, cet auteur, par les mots *ad Phanum Sancti
Johannis Colossensis* ou *Coloscensis*, et par ces autres *Antistes Sacræ Militiæ Phani
Coloscencis* [7], a toujours voulu désigner l'église Conventuelle de Saint-Jean et le
Prieur de cette même église ; ce que prouve clairement le langage de Bosio

---

1. 342.
2. *Diarî*, XXXIV, 10, 11.
3. Bosio, II, 208. Paciaudi, *De cultu*, 361.
4. Bosio, II, 247, 259.
5. 32.
6. V. le chap. Ier de ce livre.
7. Liv. II. Voir aussi ce que nous avons dit au chap. V sur le mot *Colossensis*.

lui-même, puisque, à propos de cette mine, il dit qu'elle allait aboutir à l'église de Saint-Jean du Collachium [1].

Près de l'emplacement où s'élevaient autrefois l'église et le campanile de Saint-Jean, se trouve actuellement la Tour de l'horloge, construction très récente, mais assise toutefois sur les ruines d'une ancienne tour. Quoique les documents fassent complètement défaut, il est permis de se demander si ces ruines ne proviennent pas du vieux clocher dont parlent Sanuto [2] et Bosio [3], et en face duquel était la Croix de la Padella où fut décapité le chevalier Fr. André d'Amaral, Grand-Prieur de Castille [4] et Chancelier de l'Ordre, dans la matinée du 8 novembre 1522 [5]. Ce misérable, dont nous avons déjà parlé, était âgé de soixante-dix ans. C'était, dit Sanuto, l'homme le mieux considéré de Rhodes, et il avait été sur le point d'être élu Grand-Maître à la place de l'Isle-Adam ; dévoré alors par la haine et le dépit, il conspira la perte de l'Ordre ; mais découvert et dénoncé par une femme candiote [6], comme traître en même temps que son serviteur, Blaise Diaz, il fut arrêté le 30 octobre [7] et enfermé dans la Tour de Saint-Nicolas [8]. Traduit devant deux Chevaliers de la Grand-Croix et les Juges de la Châtellenie, et condamné à mort, il fut dégradé dans l'église de Saint-Jean le 4 novembre [9], livré ensuite au bras séculier et conduit à la prison de la Châtellenie, d'où il fut porté le lendemain sur une chaise à la Croix de la Padella [10]. Là, repoussant l'image de la Sainte Vierge qui avait été placée devant lui [11], il fut décapité, sans donner aucun signe de repentir ; sa tête fut portée à la Tour Saint-Georges et exposée aux yeux de tous au bout d'une perche avec un écriteau, pendant que son corps était partagé en quatre tronçons destinés au terre-plein d'Auvergne, aux portes d'Espagne et d'Angleterre et à la terrasse d'Italie [12].

Nous n'avons aucune trace dans les documents de l'Ordre du procès d'Amaral, auquel très probablement prit part Jacques Fontanus, l'historien de ce siège, alors Juge d'appel à Rhodes : ce qui pourrait, jusqu'à un certain point, expliquer la réserve avec laquelle il écrit de d'Amaral, réserve déjà remarquée par Bosio [13].

Les Chevaliers, nous l'avons vu, habitaient exclusivement le Collachium, et plusieurs des châteaux de l'île. A Rhodes, leur nombre fut toujours très consi-

---

1. II, 671.
2. *Diar*, XXXIV, 10, 11.
3. II, 690.
4. Goussincourt, *op. cit.*, II, 231. C'était l'usage de placer des croix au milieu des places ; il faut croire qu'il y avait une place dite de la *Padella*.
5. Bourbon, p. 665.
6. Sanuto, *Diar*, XXXIII, 568.
7. Bourbon, 664, 665. Sanuto, *Diar*, XXXIV, 83.
8. Sanuto, *Diar*, XXXIII, 368. Les dates de Bourbon ne s'accordent pas avec celles de Sanuto et de Bosio. Sanuto rapporte que Diaz fut décapité à la Châtellenie (XXXIV, 83) e. écartelé le 3 novembre ; Bourbon le 6 (p. 668). Diaz était un juif converti (Bourbon, *ibid.*).
9. Sanuto, *Diar*, XXXIV, 84.
10. Id., *ibid.*
11. Torr, 62.
12. Bosio, II, 690.
13. Bosio, II, 16.

dérable. En effet, en 1437, à la mort du Grand-Maître Fluvian, les administrateurs des revenus du Magistère durent faire un emprunt de douze mille florins d'or pour payer à chaque Chevalier les trois écus d'or que recevait d'ordinaire tout membre de l'Ordre à la mort du Grand-Maître [1], preuve qu'ils étaient fort nombreux ; et de même en 1445, étant donné le grand nombre des Chevaliers, le Chapitre Général prescrivit à tous les Prieurés de n'en plus recevoir à l'avenir [2]. Nous apprenons de Sudheim qu'il y en avait 500 en 1348 [3] ; Bosio raconte qu'en 1459 le Chapitre Général vota la résidence continue à Rhodes de 180 Chevaliers

✣ ─── FAÇADE ET CLOCHER DE L'ÉGLISE DE S.-JEAN DU COLLACHIUM ─── ✣
ANTÉRIEUREMENT A 1856.

et de 30 Chapelains pour le service de l'Église [4]. En 1478, il y avait ordinairement 450 Chevaliers [5] pour la défense de la ville et des châteaux. Au siècle suivant ils augmentèrent encore, car en 1514, à l'époque du Grand-Maître del Carretto les Chevaliers et les autres membres de l'Ordre s'élevaient à 550 [6], et avant le siège

1. Bosio, II, 24.
2. Bosio, II, 223.
3. De itinere, etc. (Vol. II de l'*Orient latin*, p. 333.)
4. Bosio, II, 264.
5. Bosio, II, 384.
6. Bosio, II, 612.

de 1522 Grands-Croix, Chevaliers et Servants d'armes atteignaient le nombre de 600 [1].

Il est hors de doute que pour être reçu dans l'Ordre on ne demandait, dans les premiers temps de son institution, aucune preuve de noblesse [2] : le Grand-Maître de Revel (1259-1268) fut le premier qui demanda aux candidats la preuve de la noblesse du père et de la mère [3]. Après, dans le XVIᵉ siècle, quand les idées espagnoles, au sujet de la noblesse, envahirent toute l'Europe, on exigea des preuves plus compliquées, et il fallut donner des preuves de noblesse aussi des aïeuls, des bisaïeuls, des trisaïeuls, etc., des deux côtés, paternel et maternel. Ça n'empêcha pas, naturellement, les dispenses et les exceptions, même les plus extraordinaires, comme dans le cas de Gabriel Tadino, et d'autres reçus pendant le siège de 1522, où un procès nobiliaire aurait été tout à fait impossible ; dans celui de Jean-Baptiste Orsini (Grand-Maître en 1467), qui était fils naturel de François Orsini et d'une femme nommée Passarella, et qui fut légitimé par la reine Jeanne II et par Alphonse d'Aragon ; et dans l'autre, encore plus étrange, de Cencio Orsini, fils naturel du dit Jean-Baptiste et mort Grand-Prieur de Rome [4].

Les Chevaliers devaient revêtir ordinairement la robe longue ou soutane mona-cale, comme en témoignent les vignettes des ouvrages de Caoursin [5] ; le tableau [6] de Gentile Bellini, qui représente une procession sur la Place de Saint-Marc de Venise où figure un Chevalier (peut-être le Prieur de Venise) ; les peintures de la cathédrale de Sienne où le Pinturicchio a mis le portrait du chevalier Fr. Alberto Arringhieri [7], et plusieurs autres tableaux et portraits du temps. Toutefois ils en étaient dispensés quand ils allaient en voyage, ou s'embarquaient sur les galères, ou étaient de garde dans les châteaux ; et alors ils endossaient des habits courts. Il leur était interdit de porter des draps de couleur, excepté le noir, le gris-violet et le bleu-foncé [8] ; la barrette et les souliers devaient être noirs [9] ; sur l'habit du côté du cœur la croix de toile blanche à huit pointes, signe distinctif de l'Ordre. Ils avaient en outre l'obligation de plusieurs jeûnes rigoureux ; ils ne pouvaient boire après souper ; ils devaient garder le silence à table et au lit, et ne pouvaient dormir sans lumière. Il leur était défendu de sortir du Collachium sans la per-

1. Bosio, II, 644.

2. V. les anciens Statuts.

3. « Nulli fratrum Ordinis nostri liceat quemplam in fratrem militem admittere atque recipere nisi a parentibus nomine et armis gentilhominibus originem traxerit. » (Stabilimenta, édition d'Ulm, 1496. De Receptione fratrum, IV.)—Sous le Grand-Maître d'Omedes (1536-1553), on exigea la preuve de la noblesse des aïeuls paternels et maternels (Statuta Hospitalis : de Verborum significatione, XXVII, édition de Rome, 1588). — Sous le Grand-Maître Garzes, mort en 1601, les preuves augmentèrent tellement qu'on trouva la chose extraordinaire, même alors. V. les Storie Memorabili de Zilioli, ouvrage loué par Foscarini.

4. Litta Fam. Orsini, pl. XXII.

5. Edit. d'Ulm, 1496.

6. Dans la Galerie de l'Académie des Beaux-Arts à Venise, salle XV, numéro 567.

7. Ces peintures existent dans la sacristie et dans la chapelle de Saint-Jean, où l'on voit les deux portraits que nous donnons ici.

8. Dans les portraits du chevalier Arringhieri à la cathédrale de Sienne, la robe longue est toujours d'une couleur bleu-noir.

9. Stabilimenta : De fratribus, LI.

mission du Grand-Maitre ou du Maréchal, et encore fallait-il une raison grave ; mais ils pouvaient se promener entre le diner et le souper à travers le Collachium en allant s'exercer au maniement de la baliste dans la Loge réservée à cet effet. Après le diner, ils pouvaient encore sortir du Collachium pour se promener sur les murailles de la ville, et même au dehors, mais toujours à deux et à cheval, à la condition que les Chevaliers novices, ou aspirants, fussent en compagnie d'un autre Chevalier qui eût au moins une ancienneté de trois ans [1]. Ils étaient encore obligés d'avoir chacun leur cheval ; et il leur était sévèrement interdit de sortir de Rhodes . De temps à autre avait lieu la revue des chevaux ; et s'ils étaient reconnus impropres au service, on suspendait le fourrage [2]. Il était défendu aux

PORTRAITS DU CHEVALIER ALBERT ARRINGHIERI
ET D'UN JEUNE CHEVALIER INCONNU.
PEINTURE DU PINTURICCHIO DANS LA CHAPELLE DE SAINT-JEAN, A LA CATHÉDRLE DE SIENNE. (SEC. XV.)

Chevaliers de monter des mulets, sauf à ceux qui étaient malades et aux Grands-Croix [4].

En temps de guerre, ils revêtaient l'armure sur laquelle ils endossaient une soubreveste, ou cotte d'armes, rouge, laquelle, nous l'avons dit plus haut [5], portait par devant et par derrière une croix blanche pleine comme l'indiquent le portrait du jeune chevalier qu'on voit à côté de celui d'Albert Arringhieri, peint par le Pinturicchio dans la chapelle de Saint-Jean, à la cathédrale de Sienne ; la fresque de Jérôme de Trévise dans l'église de la Commanderie de Faenza, où l'on voit le

1. Ibid., LII.
2. Ibid., LII.
3. Ibid., LVIII.
4. Ibid., LVIII.
5. V. ci-dessus, chap. VI.

portrait du Commandeur Sabba Castiglione; et autres peintures. La soubreveste était de soie, et plus spécialement de velours cramoisi. Les Grands-Maitres, du moins plusieurs d'entre eux, portaient la soubreveste en velours et l'armure dorée[1].

Malgré la sévérité de la Règle, les Chevaliers se laissèrent aller au luxe, s'écartant de l'austérité de leurs prédécesseurs ; l'héritage des biens des Templiers, l'exemple du Grand-Maitre Fr. Foulques de Villaret et d'autres membres considérables de l'Ordre ouvrirent une ère de corruption parmi eux. Ainsi l'Ordre, qui n'avait d'autre raison d'être que le service des pauvres malades, des pèlerins et la défense de la religion, n'était devenu que trop célèbre par la possession d'immenses et incalculables richesses.

Dans une lettre, 1343, au Grand-Maitre de Villeneuve, Clément VI gémissait de voir les Chevaliers monter de superbes coursiers, s'habiller avec recherche, s'adonner aux distractions de la chasse et à la bonne chère, amasser des trésors et restreindre leurs aumônes[2]. Innocent VI en 1355 se plaignait au Grand-Maitre de Corneillan des mœurs relâchées des Chevaliers et le menaçait de fonder un autre Ordre[3]. Les Grands-Maitres et les Chapitres Généraux portaient des lois contre le luxe et l'inconduite ; mais tous les efforts demeuraient inutiles. Les richesses amassées par le Grand-Maitre de Hérédia pour sa propre famille, l'audace éhontée dont avait fait preuve le Grand-Maitre Orsini en venant à Rhodes, au lendemain de son élection, accompagné de son fils naturel Cencio Orsini, pour ne pas en citer d'autres, sont une nouvelle preuve du relâchement qui s'était malheureusement introduit dans l'Ordre, et en général dans toute la société laïque et ecclésiastique de cette époque.

Les papes Clément VI en 1351, Pie II en 1462 et Sixte IV en 1479[4], dégagèrent les Chevaliers d'une foule d'obligations que leur imposaient les Statuts de l'Ordre, reconnaissant que, en dépit des abus introduits, ils étaient toujours les glorieux champions de la foi. Il ne faudrait pas croire qu'au sein même du luxe et des richesses, leur vie fût douce et oisive ; car les fatigues endurées au service de la Croix, et sur terre et sur mer, étaient telles qu'il n'y avait pas un Chevalier sur vingt qui arrivât à la cinquantaine[5] ; et leur courage fut toujours à la hauteur de leur nom, témoin le siège de 1522, qui dura de si longs mois, et pendant lequel six cents Chevaliers et une poignée de soldats tinrent tête à la flotte de Soliman, forte de deux cent mille soldats, de cinquante mille sapeurs et de quatre cents voiles[6].

---

1. Bosio, II, 567, 576, 615.
2. « Equos magnos et pulchros equitant, cibis vacant delectabilibus, pomposis vestibus, vasis aureis et argenteis et pretiosis aliis ornamentis utuntur ; aves et canes tenent et nutriunt venaticos, pecunias congregant et conservant innumeras, et raras vel modicas elemosynas largiunt. » — V. Pauli, II, 85.
3. Bosio, II, 91.
4. Diverses faveurs ou dispenses d'usages et de règles, etc. (Dans le *Trattato della Potestà*, par le Prieur Cavavita). Bosio, II, 265.
5. Montanus, *Oratio ad Alexandrum VI*.
6. Amaseo, *diarii udinesi*, 270. — Robertson, *Vie de Charles V*, et tous les historiens de l'Ordre. V. aussi la lettre citée du chevalier Puccini, et l'autre de Bernard Carli.

Les richesses de l'Ordre ne provenaient pas seulement de ses possessions de vieille date, des dons, des responsions [1] et autres redevances, *statuta res*, et des biens des Templiers ; mais encore du commerce de la canne à sucre que l'on cultivait dans les Commanderies de Colosses à Chypre [2] et d'autres revenus, tels que ceux de la piraterie qui créait au trésor de remarquables ressources, comme nous aurons l'occasion de le dire en parlant de la marine de l'Ordre. Si tels étaient les revenus ordinaires et extraordinaires, nous ne devons pas oublier toutefois que l'Ordre dépensait chaque année, dans les derniers temps qu'il était à Rhodes, 97.977 ducats d'or. L'entretien du Collachium avec ses églises et avec l'Hôpital, et du Château de Saint-Pierre en Asie-Mineure, absorbait 29,545 ducats ; les autres châteaux de l'île étaient entretenus avec le produit des terres environnantes ; et les constructions et réparations des fortifications de la ville en coûtaient 12,500 [3].

En sortant du Collachium par la porte dite de l'Arnald, on entrait dans le Bourg et l'on avait à gauche la porte de Sainte-Catherine et en face, comme une vaste place, occupée aujourd'hui en grande partie par le Bazar, mais alors coupée en deux par une file de boutiques, qui lui donnaient au nord le nom de marché et au sud celui de place de Saint-Sébastien, ou plus communément de place. C'est là que Zizim fut reçu par le Grand-Maître d'Aubusson en 1482, et que, à l'époque du siège de 1522, le Métropolitain grec harangua la population de Rhodes, l'excitant à combattre vaillamment en présence de l'Image vénérée de N.-D. de Philerme. Le Bourg avait deux autres portes : à l'est celle de Sainte-Catherine et au midi celle du Cosquino ou de Saint-Jean. Au fond de la place, vers le sud-est, s'étendait le quartier juif, compris entre les murailles du port et celles d'Italie et de Provence. Le reste du Bourg était habité par une population variée, où dominait toutefois l'élément grec : ainsi nous avons, par exemple, un contrat de vente d'une maison située sur la place, en 1459, où il est dit que le propriétaire était cypriote, et que les constructions attenantes appartenaient à un Vénitien, à un Florentin et à un juif [4]. Les rues de la ville, généralement très étroites, pavées de cailloux blancs et rougeâtres, passent souvent sous des voûtes plus ou moins longues. Les maisons, la plupart sans fenêtres au rez-de-chaussée, sont fréquemment unies entre elles par de légères arcades, appui réciproque dans les nombreux tremblements de terre. Aux fenêtres et aux portes terminées en ogive, un ornement de cordes entrelacées ; à l'intérieur, souvent, une cour où s'élève un vieux palmier ; devant la porte et sur la rue, un gracieux petit autel grec, en général de forme cylindrique, placé en cet endroit pour servir d'escabeau et permettre de monter à cheval. La plus grande partie des maisons du quartier juif sont assurément de l'époque des Chevaliers, et l'on en voit encore beaucoup d'autres de la même

---

1. Impôt de l'Ordre sur chaque Commanderie, que l'on paie annuellement.
2. Mas-Latrie, *Documents nouveaux servant de preuves à l'histoire de l'île de Chypre*, etc., p. 377, 379. Sur la culture de la canne à sucre et la manière de fabriquer celui-ci, V. Heid, *Histoire du Commerce*, etc., II, 689, sq.
3. Otto Heinrich, 372, 375, 392.
4. *Libri Bullarum*, 55.

époque dans le reste du Bourg. Les maisons de Rhodes, raconte Ramadan [1], médecin de Soliman et auteur d'une chronique du siège de 1522, avaient plu-sieurs étages, comme celles de Galata, et les habitations des riches ressemblaient à celles des princes, car les plus belles peintures en faisaient l'ornement ; l'air était embaumé d'eau de senteur, d'ambre et de musc, et l'on jetait de l'eau de rose sur le pavé pour parfumer les appartements.

On retrouve encore dans les rues une quantité de boulets de pierre lancés en 1480 et 1522 par Mahomet et Soliman. Pendant le siège qu'y fit celui-ci, son artillerie vomit sur la place, du 29 juillet à la fin d'août, c'est-à-dire dans l'espace d'un mois, mille sept cent treize boulets de pierre et ses mortiers mille sept cent vint et un ; plus de huit bombes incendiaires [2], c'est-à-dire trois mille quatre cent quarante-deux projectiles. Dans les conditions de la reddition de Rhodes, données par Charrière [3], il est dit que les boulets, tant de fer que de métal, lancés contre la ville pendant le siège, avaient dépassé le nombre de huit cent cinq mille. Les boulets sont énormes, les uns ont plus de 0^{m}50 de diamètre [4], les autres pèsent 500 kilogr., [5] d'autres 50 livres [6]. Plusieurs de ces énormes boulets avaient été lancés dès l'époque de Mahomet II, pendant le siège de 1480, par de gigantesques bombardes qu'il avait apportées à Rhodes. Ce sultan est resté célèbre par les dimensions extraordinaires de son artillerie ; il avait pour fondeur le fameux Orban, Hongrois, qui, mal payé, s'enfuit de la cour de Byzance. On lui doit plu-sieurs canons se chargeant par la culasse, mais comme alors on ne connaissait pas encore l'alliage du bronze ou airain, les canons étaient en cuivre ; aussi, la plupart éclataient-ils, et l'on cite entre autres sa célèbre pièce qui, partant d'Andri-nople traînée par cinquante paires de bœufs, mit deux mois pour arriver à Cons-tantinople, où elle parvint le 2 avril 1453, mais ne rendit pas les services qu'on attendait. Il fallait deux heures pour la charger ; elle éclata et tua son inventeur lui-même [7].

Le quartier juif, le plus spacieux et le plus beau de la ville actuelle, renfermait une population adonnée au commerce et une synagogue que l'artillerie turque détruisit en 1480, mais que, l'automne suivant, l'Ordre permit de reconstruire à nouveau avec la pleine adhésion du pape Sixte IV, en reconnaissance de la fidélité dont les juifs avaient fait preuve pendant le siège [8].

Ce fut en 1501 qu'un parti commença à se dessiner à Rhodes contre les juifs. Accusés d'une foule de méfaits et de crimes, le Grand-Maître d'Aubusson prononça leur bannissement par un décret du 9 janvier 1502. Cet acte, l'un des plus odieux qu'ait enregistrés l'histoire de l'intolérance religieuse, réglait que tout

1. P. 741 dans le tome XXVI des *Mémoires de l'Académie des Inscriptions.*
2. V. les principaux historiens du siège.
3. V. le chapitre XV de cet ouvrage.
4. Guérin, 118.
5. Biliotti, 314.
6. *Magasin pittoresque,* VIII, 16.
7. *Ibid.*
8. F. Fabri, III, 260.

juif adulte, homme ou femme, qui refuserait le baptême, devait être embarqué
pour Nice en Provence, avec un délai de quarante jours pour vendre ses biens ;
sinon ces biens seraient confisqués au profit du Trésor et eux-mêmes vendus
comme esclaves ; puis les enfants seraient baptisés, même malgré l'opposition de
leurs parents[1]. C'est sans doute de ces juifs baptisés que veut parler Biliotti[2],
quand il dit qu'ils firent des prodiges de valeur au bastion d'Italie, pendant le
siège de 1522, et qui formaient, suivant le même auteur, une légion de 250 volon-
taires. Toutefois, d'après une lettre du Florentin Bernard Carli, qui fut témoin
de ce siège, c'étaient les juifs (au nombre de deux ou trois mille) qui, sous les
ordres des Turcs comblaient, avec des sacs de sable, les fossés devant le poste
d'Italie. Rhodes, une fois tombée au pouvoir des Turcs, ils furent obligés
d'abjurer la religion chrétienne (ceux qui étaient baptisés), et de retourner à leur
ancienne croyance[3] ; c'est sans doute de ces derniers que descendent les Israélites
qui habitent encore aujourd'hui ce quartier.

1. Bosio, II, 564. *Libri Conciliorum*, ann. 1501-1502.
2. P. 330.
3. Fontanus, II.

Chapitre Dixième.

L y avait à Rhodes plusieurs églises dont il ne reste plus aujourd'hui que le souvenir ; la plupart d'entre elles ont été détruites, les autres converties en mosquées ; et tel a été le sort de toutes celles de rite latin.

Nous avons trace dans l'histoire de l'Ordre d'une église de rite grec dédiée au Saint Sauveur, laquelle se trouvait près du rempart d'Auvergne, où Martinengo éleva la défense dite la Mandra [1] ; d'une autre dédiée à saint Sébastien, qui était située sur la place et devant laquelle, nous l'avons dit, le Grand-Maître d'Aubusson attendit Zizim à son arrivée à Rhodes [2], le 24 juillet 1482 ; et de celle de Sainte-Catherine, bâtie, dit Bosio, dans les bourgs de Rhodes en 1392 par le chevalier Fr. Dominique d'Alemagna, Napolitain, Amiral de l'Ordre, en 1385, feudataire de Nissiros et en 1404 Procureur de l'Ordre en Serbie [3]. A cette église était joint un hospice, ou hôpital, doté de trois moulins situés sur le môle du port, à savoir le premier, le quatrième et le neuvième ; le Juspatronat appartenait à l'Amiral, Pilier de la Langue d'Italie [4], laquelle avait précisément pour patronne sainte Catherine vierge et martyre [5]. C'est là, ne l'oublions pas, que fut portée la Madone de Philerme pendant le siège de 1522 [6], et non dans la chapelle du Palais Magistral, comme le rapporte Torr [7]. Dans cet Hôpital, appelé encore

---

1. Bosio, II, 685. V. ce que nous avons dit de la Mandra au chap. IV.
2. Bosio, II, 452, 453.
3. Pauli, II, 98, 110, 502.
4. Bosio, II, 145. V. le chap. I de cet ouvrage, p. 24.
5. Bosio, II, 145.
6. Bosio, II, 647.
7. Torr, à l'appui de son opinion, cite Bourbon, qui toutefois ne parle aucunement de la chapelle du Palais Magistral ; il dit tout simplement que la sainte image fut transportée de l'église de Saint-Marc « en » l'église de Saincte Katerine, lieu plus alescart » (p. 634, 635).

Maison de sainte Catherine, étaient logés les voyageurs qui passaient par Rhodes allant en Terre Sainte. Nous citerons, au nombre de ses hôtes, Nicolas d'Este en 1443, qui le proclame de toute beauté [1] ; et, en 1458, Robert Sanseverino qui y arriva le 10 juin, par un samedi, et qui, le lendemain, dimanche, entendit la messe dans la dite église de Sainte-Catherine, après quoi il visita le Grand-Maître de Milly que la goutte retenait au lit [2]. De plus, d'après la tradition, une église dédiée aux saints Apôtres s'élevait à l'endroit où les Turcs ont construit la mosquée de Soliman. Il est certain que les colonnes du portique sont anciennes, tirées probablement de quelque église, et c'est assurément à une église des Chevaliers qu'appartenaient les élégantes colonnettes en marbre de la porte. Elles sont finement sculptées, et portent plusieurs emblèmes militaires, entre autres un labarum avec la croix octogone de l'Ordre. Toutefois on ne trouve aucune trace d'une église dédiée aux saints Apôtres dans l'histoire de l'Ordre.

Là où s'élève la mosquée (de fer), ainsi appelée des grosses grilles qui en protègent les fenêtres [3], était, dit-on, l'église de Saint-Augustin, connue dans les souvenirs de l'Ordre par la fondation pieuse qu'y fit en 1489 le Grand-Maître d'Aubusson. C'est sans doute au monastère qui lui était contigu qu'appartenait le religieux génois augustin qui, unissant l'éloquence au savoir, écrit Bosio, prononça dans l'Église Conventuelle l'oraison funèbre de ce Grand-Maître, le 6 juillet 1503, jour de ses obsèques solennelles, célébrées encore dans d'autres églises de la ville [4]. Là se trouvait le tombeau de la famille Cybo, dont une branche était venue s'établir à Rhodes, et à laquelle appartenait Arano Cybo, né à Rhodes du mariage de Maurice avec Saracina Marocelli en 1377 et père de Jean-Baptiste, né à Gênes, en 1422, et Pape en 1484, sous le nom d'Innocent VIII. Guillaume Caoursin, envoyé à Rome l'année suivante comme ambassadeur de l'Ordre, le félicitant de son élévation sur la chaire de saint Pierre, lui rappelait son origine rhodienne [5]. A cette occasion, Nicolas de Rhodes, Provincial des Ermites de Saint-Augustin de Terre Sainte, qui se trouvait à Rhodes, avait remis à Caoursin, dont il connaissait l'habileté comme Procureur des mêmes religieux, [6] une lettre pour le Pape en date du 30 septembre ; il lui exprimait la joie de tout son Ordre pour un si heureux événement, mais surtout des Augustins de Rhodes qui, dans leur église, avaient l'honneur de garder le tombeau des ancêtres d'Innocent, tombeau qui avait souffert des injures du temps et qu'ils se proposaient de restaurer. Aussi, demandaient-ils au nouveau Pontife l'autorisation de le faire, et sa bénédiction [7].

---

1. *Viaggio a Gerusalemme*, I, 115.

2. *Viaggio in Terra Santa di Rob. Sanseverino*, 53, 54, 55, 56.

3. Guérin, 139.

4. Bosio, II, 5c6, 568.

5. « *Aridas cineres reconditas possidet* (Rhodus) *genitori quod ortum dedit,* » — Ad Summum Pontificem Innocentium PP. VIII, oratio Guilelmi Caoursini.

6. *Optimus et religiosissimus monasterii nostri Procurator solertissimus.* — Ainsi on lit dans cette lettre de Nicolas de Rhodes, qui existe à la Bibliothèque de Saint-Marc de Venise, Cod. 178, Cl. II.

7. Lett. cit.

Une autre église était celle de Saint-Marc, « près du Château », écrit Merry Dupuys [1], c'est-à-dire située près du Collachium, et selon Guérin [2] et Biliotti [3] en face de l'édifice qu'ils croient, et d'autres avec eux, avoir été l'Amirauté. Elle dut être bâtie, d'après Torr, par les Vénitiens à la suite du traité du 11 avril 1234, et dédiée au saint Évangéliste, patron de leur République. Cette église non grande, comme semble le supposer Guérin [4], mais plutôt petite, à ce que prétendent Bourbon [5] et Bosio [6], appartenait d'abord aux Grecs [7] et ensuite aux Frères Mineurs de saint François, dits Récollets et Observantins, auxquels la confia, avec celle de Saint-Bernardin et avec tous les accessoires et revenus, vergers et jardins, plantés de safran, le Grand-Maître de Milly, par décret du 12 juin 1457. Ce fut à l'instigation du Piémontais P. Ange de Santia et à la condition que les religieux y bâtiraient un monastère [8]. Ce qu'on lit dans les annales des Pères Franciscains de la mission de Rhodes n'est donc pas absolument exact, à savoir que les Mineurs vinrent s'établir à Rhodes aussitôt après l'occupation de l'île par les Chevaliers, et qu'ils eurent, dès cette époque, l'église de Saint-Marc, tandis qu'ils ne la possédèrent qu'un siècle plus tard. Ces religieux se distinguèrent beaucoup par leur courage pendant le siège de 1522, mais il est juste d'ajouter que les autres Congrégations religieuses de la ville imitèrent aussi leur exemple [9]. Guérin [10] déclare avoir vu dans les ruines de cette église des traces de peintures et de blasons, dont Rottiers donne le dessin. Ces derniers sont au nombre de trois, et ressembleraient aux armes des Grands-Maitres Gozon, Corneillan et Milly ; je dis ressembleraient, parce que le défaut d'exactitude ordinaire de Rottiers permet souvent de douter de ses assertions et de ses croquis [11]. C'était dans cette église que l'on déposait d'ordinaire la sainte image de Notre-Dame de l'hilerme, quand par crainte des Turcs on la descendait de la montagne dans la ville [12].

Près de la mosquée Mustapha se trouvent des bains publics ; très probablement ancienne chapelle d'après Guérin [13], et qui pourrait bien être l'église de Saint-Bernardin, concédée, comme nous l'avons dit, à ces religieux par le Grand-Maître de Milly. On voyait autrefois, adossée à la partie extérieure de cet édifice, une vasque en marbre servant aux ablutions, qui renferma jadis les restes du Grand-Maitre de Julliac, et dont il a déjà été question dans cet ouvrage. A l'intérieur de l'établissement, on lisait, il n'y a pas longtemps encore, sur une pierre du pavé

---

1. 604.
2. 140.
3. 526.
4. 140.
5. « Petite église nommée Saint-Marc », p. 634, 635.
6. II, 647.
7. « Une petite église des Grecs » (Merry Dupuys).
8. Bosio, II, 257.
9. Fontanus, II. Bosio, II, 678.
10. 140.
11. P. 345. Atl., pl. LXXII.
12. Merry Dupuys, 604. Bosio, II, 647.
13. 138.

cette inscription : « Soror Agnes Massiliæ, religiosa Ordinis sancti Augustini, qui
» obiit in hoc Xenodochio IV Martii anno MCCCLXXXXIII, hic jacet ; pro ejus
» anima ora ut per merita Christi gaudeat in cielo. Amen [1]. » Si nous rapportons
cette inscription, ce n'est pas que nous croyions qu'elle ait été placée là à l'origine,
car il ne ressort d'aucun document qu'il y eût en cet endroit aucun hospice ou
hôpital (Xenodochium), qui, du reste, pouvait n'être pas très éloigné ; mais pour
relever une assertion de Biliotti. A ce propos, il semble admettre que, après avoir
quitté la Terre Sainte, l'Ordre de Saint-Jean de Jérusalem n'avait plus de religieuses propres, de sorte que, pendant les deux sièges, les femmes de Rhodes
organisèrent elles-mêmes un service régulier de secours aux malades et aux blessés [2]. Malheureusement, à l'appui de cette indication, qui ajouterait à la gloire des
femmes de Rhodes, déjà si célèbres par leur courage durant le dernier siège,
l'illustre écrivain ne nous apporte aucun document ; et ici encore, relativement à
la première assertion, nous avons le regret de constater une nouvelle preuve de la
connaissance superficielle, vague et même erronée que Biliotti avait de l'histoire
de notre Ordre ; ignorant jusqu'à l'existence des Hospitalières de Saint-Jean de
Jérusalem, qui eurent des maisons en France, en Espagne, en Italie [3], et qui
comptent entre autres, parmi leurs supérieures, Jourdaine de Villaret, sœur du
Grand-Maitre Guillaume [4]. Quant à la pierre qui a été le point de départ de
cette digression, nous la croyons empruntée à quelque Hôpital et apportée ici
comme matériel de construction.

Dans le quartier juif, à l'est et près des murailles, nous voyons les ruines
de l'église de la Victoire. Après le glorieux siège de 1480, le Grand-Maitre
d'Aubusson voulut, à l'endroit même où avait été si acharné l'assaut des Turcs,
élever un temple sous le vocable de N.-D. de la Victoire, et en fonder un autre,
de rite grec, sous l'invocation de saint Pantaléon [5], dont la fête coïncidait avec la
date de cette mémorable journée. L'église de la Victoire fut bâtie sur l'emplacement d'un jardin et de maisons habitées par des Juifs [6], qui avaient été à moitié
renversées pendant le siège, et que le Grand-Maitre acheta de ses propres deniers ;
et, non loin de là, près des murs d'Italie, celle de Saint-Pantaléon [7]. Au dire de
Bosio, l'église de la Victoire était de toute beauté. Imitant le généreux exemple
du Grand-Maitre, nombre de Chevaliers contribuèrent, par de larges offrandes,

1. Biliotti, 123.

2. Biliotti, 122, 123.

3. Beaulieu en France, Xixena en Espagne, San Giovannino à Florence, etc. V. le superbe costume de
celles d'Espagne sur une pierre tombale, reproduite par Carderera dans son *Iconografia española*.

4. Supérieure des Hospitalières de Saint-Jean de Fieux en Quercy. V. Pauli, II, 461.

5. Magister notificat se propriis sumptibus ædificasse duo sacella, sive oratoria Rhodi, unum sub
invocatione S. Mariæ de Victoria, alterum S. Pantaleonis in perpetuum monumentum liberationis civitatis
Rhodi ab obsidione Thurcarum qui ipsam oppugnaverunt anno 1480. (*Libri Bullarum*, N, 31.) Paciaudi (*De
cultu, etc.*, p. 416, 417, 418) regarde comme ayant appartenu à l'église de Saint-Pantaléon, une croix
stationnaire en argent, conservée à Malte, qui porte sur le devant une statue du Saint qui a près de lui un
lion, et qui, du bras gauche, soutient une église avec deux campaniles.

6. In pomerio mœnium hebreorum. Stabilimenta, *De Ecclesia*, XXXIX.

7. Bosio, II, 691.

aux frais de la construction et, entre tous, Fr. Bar de Melchingen et Fr. Georges Owen. qui s'étaient distingués par leur héroïsme pendant le siège [1]. Le Grand-Maitre pourvut les deux églises de revenus convenables, de vases sacrés et d'ornements précieux et obtint encore pour elles, d'Innocent VIII, diverses indulgences [2]. Dans l'une et dans l'autre, comme dans toutes les églises de la ville et de l'ile, furent célébrées, le 6 juillet 1503, les obsèques de l'illustre fondateur [3]. Ce fut dans l'église de la Victoire que, dès le début du siège de 1522, le Grand-Maitre de l'Isle-Adam, abandonnant son propre palais, se transporta, pour encourager plus efficacement de sa présence ceux qui défendaient le point le plus faible de la place [4]; mais, vers la fin des hostilités, les Turcs s'étant rendus maitres du terre-plein d'Italie, et des travaux de défense étant devenus nécessaires en dedans des murs, il fut obligé d'ordonner la démolition de ces deux églises [5]. Toutefois, à notre avis, ce fut moins une démolition qu'un abandon et une profanation, car il ne semble pas que le temple de la Victoire ait été réellement démoli. En effet, nous lisons dans les annales des Franciscains Réformés de Rhodes [6], qu'en 1743, l'un d'eux, frère Philippe de Montevarchi, avec un capitaine français, nommé Étienne Minuto, vit, dans le quartier des juifs, une église encore debout, mais cependant avec les portes murées, et, y étant entré, il admira la beauté de l'intérieur, quoique dépouillé de tout ornement. Sur l'une des portes était une inscription grecque et sur l'autre celle-ci : « *Ob insignem victoriam de Turcis a cœlo Rhodiis demissam Ecclesiam Sanctæ Mariæ de Victoria Petrus Daubusson Magister erexit 1480 ab. Inc. Xti... Augusti.* » Je laisse, à qui de droit, la responsabilité de ce récit et de l'inscription, et me borne à remarquer que Guérin dit avoir vu dans le quartier juif, près des murailles, dans un jardin, trois ou quatre ogives, restes de Sainte-Marie de la Victoire [7]. En tout cas, il dut être bien pénible à l'Isle-Adam de détruire deux monuments qui rappelaient l'issue glorieuse du premier siège, et peut-être alors fit-il vœu, si le ciel bénissait ses armes, d'ériger une église à Rhodes sous le vocable de l'Immaculée-Conception de la Sainte Vierge [8].

C'est dans cette église que, dans la matinée du 1er août 1522 [9], le susdit Grand-Maitre donna l'habit de l'Ordre au célèbre Gabriel Tadini de Martinengo [10], et lui remit le bâton de Capitaine-général du siège, bâton ou canne de bambou que le Grand-Maitre Carretto avait coutume de porter [11]. On le fit tout de suite Grand-Croix en lui assurant la première Dignité qui serait vacante dans la Langue

1. Bosio, II, 426.
2. Bosio, II, 505. Cod. de la Bibliothèque de Saint-Marc, à Venise, 178. Cl. X.
3. Bosio, II, 568.
4. Bourbon, 641. Bosio, II, 655.
5. Bosio, II, 691.
6. Manuscrit dans le Couvent latin de Rhodes au Néomaras.
7. 141.
8. Bosio, II, 695.
9. Bourbon, 644. Gallizioli, 32.
10. Bosio, II, 650. Sanuto, *Diarî*, XXXIII, 488. V. la lettre de Martinengo qui y est rapportée.
11. Sanuto, *Diarî*, XXXIV, 75.

d'Italie, avec un traitement annuel de 1200 écus d'or[1], jusqu'à ce qu'il fût pourvu d'un Prieuré ou Bailliage[2].

Gabriel était fils de Clément Tadini, d'une famille originaire de la terre de Martinengo, près Bergame, d'où elle était allée, en 1448, s'établir à Crema. Gabriel était né accidentellement à Martinengo, en 1480, où son père possédait des propriétés[3], tandis que sa famille, fixée à Crema, où elle continua de subsister jusqu'à une époque très récente, y jouissait des privilèges du patriciat. Entré au service de Venise, il se trouvait, en 1522, à Candie[4] comme colonel et ingénieur militaire, et, comme il désirait se mettre au service de l'Ordre pendant ce siège mémorable, le Grand-Maître le demanda, mais vainement, au gouverneur vénitien Trévisani.

Alors, Tadini, n'écoutant que son intrépidité chevaleresque, s'échappa de l'île[5], *insalutato hospite*, dit Sanuto[6] avec le chevalier Fr. Antonio Bosio. La République, s'étant inutilement acharnée à sa poursuite, le traita comme rebelle et confisqua tous ses biens. Arrivé à Rhodes, il prit part au siège, dont il fut presque l'âme, dirigeant, réparant les travaux de défense et combattant même en personne, quand, le 11 octobre, un coup d'arquebuse lui creva l'œil droit au rempart d'Aragon, et mit ses jours en danger[7]. Tant de dévouement lui valut, coup sur coup, le Prieuré de Pise, le Bailliage de Saint-Étienne, et ensuite celui de Barletta qui était le plus riche de la Langue d'Italie[8]. Tadini rendit à l'Ordre d'inappréciables services, si l'on songe que, la capitulation à peine signée, Soliman réclama se tête[9], sachant que la longue durée du siège et les pertes cruelles qu'avait essuyées son armée, ne devaient être imputées principalement qu'à l'habileté et à la science de Tadini[10] ; mais, dans sa prudence, le Grand-Maître, après lui avoir conféré le Bailliage de Saint-Étienne, vacant par la mort du Bailli Fr. Charles Gesualdo[11], l'avait fait partir de Rhodes avec un brigantin[12]. Il fut ensuite environ

---

1. Gallizioli, 31, 32. Sanuto, au contraire, dit 1200 ducats d'or. (*Diarî*; XXXIII, 490.)

2. Bosio, II. 658.

3. Vignati et Benvenuti, *Prov. de Lodi et Crema.*

4. Gallizioli, 19.

5. *Diarî*, XXXIII, 419.

6. Sanuto, XXXIII, 417, 419, 421. Gallizioli, 21 sq.

7. Bosio, II, 654, 657, 686. Gallizioli, 46, 47, et le chap. IV, p. 49 de cet ouvrage.

8. Bosio, III, 14, 21.

9. Lettre de Jean Vitturi, provéditeur de la flotte vénitienne, du 11 février 1523. Sanuto dans *Diarî*, XXXIV, 61.

10. « Le Turc voulait l'Ingénieur. » Lettre de Puccini à Paul Vettori.

11. Gallizioli, 57.

12. Tadino partit de Rhodes le 20 décembre pour Messine, où il devait attendre le Grand-Maître. Il alla d'abord dans l'île de Lango, appartenant à l'Ordre, mais l'ayant trouvée déjà aux mains des Turcs, il se dirigea vers Zante, où il arriva le 5 janvier ; de là, il envoya à Daniele Renier des nouvelles de Rhodes et mit ensuite à la voile pour Gallipoli. V. Sanuto, *Diarî*, XXXIII, 584, 585, 601, 603; Gallizioli, 57; Bosio, III, 154.

pendant dix ans[1] général d'artillerie[2] au service de l'empereur Charles-Quint[3], auprès duquel il fut encore délégué avec le Prieur de Castille pour obtenir la cession de l'île de Malte à l'Ordre[4]. Il fit son testament le 30 mai 1543[5], après en avoir obtenu l'autorisation par Bref Pontifical de la même année. Par conséquent, l'on ne saurait admettre, avec Moreri, qu'il mourut en 1530, ni qu'il termina ses jours à Rome en 1544, comme le prétend Guglielmotti[6] ; car, s'étant retiré à Venise, c'est là qu'il mourut, le 4 juin 1543, comme nous le voyons par une ancienne note à son testament[7]. On voit à Lovere, sur le lac d'Isée, dans la galerie Tadini, son portrait peint, dit-on, par Le Titien, mais gâté par des retouches[8].

Les principales églises du Bourg devaient être l'Église Cathédrale de rite latin et l'Église Métropolitaine de rite grec. Quelques auteurs, et parmi eux Moroni[9], ont confondu à tort, comme nous l'avons déjà remarqué, l'Église cathédrale

---

1. Preuves nobiliaires de Lelio Vimercati Sanseverino, reçu Chevalier de Saint-Jean de Jérusalem, en 1680, aux Archives du Grand-Prieuré de Venise. C'est de là qu'on a tiré l'arbre généalogique qui suit :

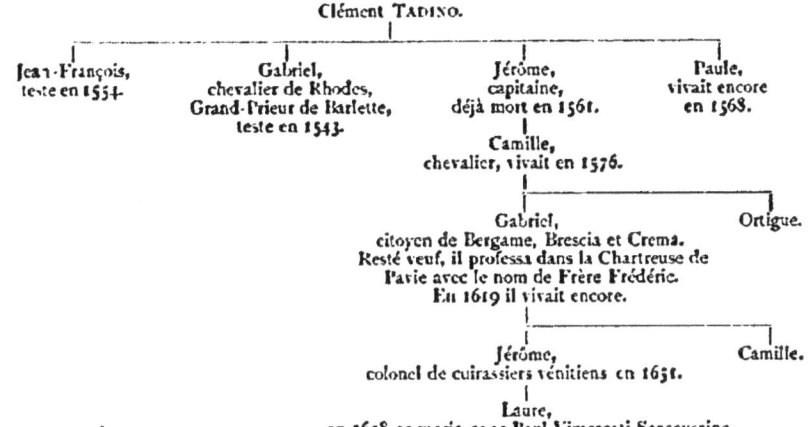

2. Par diplôme impérial daté de Burgos, le 3 juillet 1524, rapporté par Gallizioli, p. 69.

3. Gallizioli, p. 76 et seq. Vignati et Benvenuti, 758. Le Musée du Palais ducal de Venise possède une médaille de cuivre qui représente Tadino de profil (sans doute à cause de l'œil crevé), avec une longue barbe et avec la croix octogone au cou, suspendue au chapelet, et ces mots : *Gabriel . a Ilin, Berg. Eq. hier. Caes. torment. praf. gen. ;* et sur le revers, quatre canons sur leurs affûts et les mots : *Ubi ratio, ibi fortuna prafuga. MCCCCCXXXVIII.* Gallizioli, qui possédait un exemplaire de cette médaille, l'a reproduite en tête de son livre.

4. Moreri, Vignari et Benvenuti.

5. Le testament a été rédigé par le notaire vénitien Marco Antonio de Cavanis. Il existe dans les susdites preuves nobiliaires de Vimercati Sanseverino.

6. *Guerra di Pirati,* I, 221.

7. Benvenuti dit au contraire qu'il mourut en 1544, mais à Venise, où il fut enterré à l'église des SS. Jean-et-Paul. (*Dizionario Biografico Cremasco*). Gallizioli écrit que son tombeau disparut lors de la restauration de la susdite église.

8. Vignati et Benvenuti.

9. *Dizionario di erudizione,* etc., vol. LVIII.

de Rhodes avec l'Église conventuelle de Saint-Jean du Collachium. La première était placée sous le vocable de sainte Marie du Château ou du Bourg,
comme nous l'apprennent Bosio, à proximité des remparts de la ville [1], et
Sanuto qui, enregistrant la mort du Grand-Commandeur Fr. Gabriel Pom-
merol, survenue le 4 septembre 1522, par suite d'une chute dans le fossé de
la porte du Cosquino, lorsqu'il se rendait à la barbacane voisine, ajoute que ses
restes furent inhumés à Sainte-Marie du Bourg dans la chapelle de Saint-
Bernardin [2]. Nous savons qu'avant le siège de 1522, par ordre du Grand-Maître
de l'Isle-Adam, tous les Chevaliers se rendirent solennellement en procession à
cette église [3]. Près de là, se trouvait le Palais Archiépiscopal [4]. L'église et le
palais n'étaient autres que l'ancienne église métropolitaine et le palais avec bains
de l'Évêque grec, auquel ils furent enlevés à l'arrivée de l'Ordre à Rhodes, pour
en faire la Cathédrale latine et le palais des Archevêques latins [5]. On la pourvut
de tout ce qui était nécessaire au culte en apportant à Rhodes de Nicosie de
Chypre, où ils étaient conservés, les ornements, livres, calices, croix, encensoirs,
etc., qui avaient été enlevés de Beyrouth, quand cette ville tomba au pouvoir des
Sarrasins ; objets sacrés dont l'usage avait été accordé aux Archevêques de
Rhodes, jusqu'au jour où Beyrouth serait reprise aux Infidèles. Il semble que
l'Archevêché, en outre, fut doté de la moitié de tous les revenus ecclésiastiques
de Rhodes, à l'exception de ceux qui provenaient des églises de l'Ordre, et que
cette moitié s'élevait à un revenu annuel d'environ huit mille byzantins ou
1231 florins d'or [6]. Non seulement les ruines de cette Église cathédrale des Latins
ont complètement disparu, mais on ne sait même pas l'emplacement qu'elle occupait dans la ville, comme on ignore également l'endroit où se trouvait l'Église
métropolitaine des Grecs et la résidence du Métropolitain ; et il n'y a pas à
tenir compte de l'assertion de Rottiers, qui, dans une maison aux armes du
Grand-Maître d'Aubusson et de l'Ordre, croit voir, sans aucune raison, l'habitation
de l'Évêque grec [7].

C'est ici le cas de dire un mot des choses religieuses de Rhodes, sous la
domination des Chevaliers. A peine y étaient-ils arrivés, qu'un Archevêché latin
fut érigé à Rhodes avec Évêques suffragants dans les iles voisines, sur le modèle
de la province ecclésiastique latine de Chypre. L'Archevêque était à la nomination
de l'Ordre, qui, avec tous les droits de souveraineté, avait reçu ce privilège du

---

1. II, 365.
2. Goussancourt, II, 293. Sanuto, *Diarî*, XXXIV, 76. Bosio, II, 670.
3. Fontanus, I. Bosio, II, 365.
4. Fontanus, I.
5. Convention approuvée par le Pape Jean XXII dans la bulle du 1ᵉʳ mars 1322, où il est dit que :
« Habeant (les Archevêques latins) ecclesiam cathedralem positam in civitate, seu castro Rhodi, et domum
» archiepiscopalem, in qua Archiepiscopus græcus consueverat habitare, superius et inferius cum clibano et
» balneo existentibus in eadem, etc. » (Suarez, *Orbis Christianus*, ms. de la Bibl. Nation. de Paris. V. Arch.
de l'Orient latin, I, 269.)
6. Archives de l'Orient latin, I, 269. Torr, 71.
7. P. 430.

pape Clément V, par Bref adressé au Grand-Maître Fr. Foulques de Villaret, même avant la conquête de l'ile[1]. Le titre officiel de l'Archevêque latin était celui d'*Archiepiscopus Colossensis*[2] tandis que celui du grec était *Archiepiscopus Rhodiensis*[3]. Le nom de *Colossenses*, Κολοσσεύς, que les Grecs byzantins donnaient aux Rhodiens à cause du fameux colosse[4], a fait admettre assez communément que ce fut à eux, et non aux habitants de Colosse en Phrygie, que l'Apôtre saint Paul adressa son épitre célèbre ; et Barthélemy de' Sonetti s'écriait à propos de Rhodes :

> Il vas d'elecione a questa scrive
> E suoi abitanti detti colocensi
> Che alle terrene cose lor non pensi
> Ma che ami le superne sante e dive[5].

Assertion qui a eu l'honneur d'être combattue par Érasme, qui en a fait l'objet de l'une de ses remarques sur la susdite épitre[6].

Le premier des Archevêques latins de Rhodes que l'histoire nous offre, est un certain Balianos, qui, en 1384, fut transféré de ce siège à Spalato, et qui eut pour successeur Bernard de Coos. En 1361, l'Évêque Hugues, qui avait succédé au précédent, était transféré à Raguse et remplacé par Emmanuel de Famagosta, de l'Ordre de Saint-Dominique, mort en 1364, et qui eut pour successeur, en 1365, Guillaume, évêque de Nissiros[7]. Après celui-ci vinrent Jean Fardina, Dominicain, et Mathieu de Empoli, du même Ordre, nommé vers 1395 par Boniface IX, et ensuite André de Petra[8], Dominicain, qui prit une grande part à l'union des deux Églises Grecque et Latine en 1439, étant, quoique Grec d'origine, très porté pour les Latins, et ayant toujours eu, comme point de mire, la soumission de l'Église d'Orient à l'autorité du Pontife Romain. Dès l'année 1416, il avait été député par l'empereur Sigismond au concile de Constance, et joua un rôle prépondérant dans les importantes négociations qui préparèrent les conciles de Ferrare et de Florence ; en 1432, il avait encore assisté au concile de Bâle, en qualité de Légat du Saint-Siège ; en 1438, à Ferrare, il fut désigné pour répondre au nom des Latins au discours par lequel le cardinal Bessarion ouvrit l'Assemblée, et, aux premières séances, il retorqua les arguments de Bessarion lui-même et de Marc d'Éphèse, sur le mot *Filioque*[9] ; mais sa parole, exubérante à l'excès, s'égarait dans des digressions superflues. Le Chapitre Général de 1446 choisit pour

---

1. Furse, 27.
2. Le Quien, *Oriens Christianus*, I, 294.
3. Pauli, II, 184.
4. V. ce qui a été dit à ce sujet au chap. V de ce livre, p. 57.
5. Dans sa description en sonnets des iles de l'archipel avec le titre d'*Isolario*, manuscrit de la Bibliothèque de Saint-Marc à Venise, ouvrage composé entre 1478 et 1485 par un capitaine de navire vénitien appelé, à cause de son livre, Barthélemy des Sonnets. (On croit que son nom de famille était Zamberti.) — V. Not. III. et Doc. II.
6. Erasmi Roterodami *in Novum Testamentum, Annotationes*, p. 633.
7. Archives de l'Orient latin, I, 285. Le Quien, I, 924 ; III, 1051.
8. Le Quien, III, 1051.
9. Sguropulos, *Vera historia*, etc., II, 5, 14 ; VI, 13, 17 sq.; X, 14.

Archevêque Fr. Jean Morel, qui, jusqu'alors, avait été Prieur de l'Église Conventuelle [1], comme nous l'avons dit plus haut, et, en 1474, nous trouvons, à la place de celui-ci, Julien Ubaldini [2]. Sous le Pontificat de ce dernier, un étrange événement fit grand bruit en Orient. Le 1er décembre 1477, naquit en Chaldée, dans un lieu appelé Sardan, d'une femme avancée en âge, un enfant avec une figure effrayante, des yeux étincelants, qui, à deux mois, parlait, à ce qu'on racontait, comme un homme mûr. Le Grand-Maître d'Aubusson, informé de ce phénomène par plusieurs de ses agents, ne douta pas un instant que cet enfant ne fût l'Antéchrist. Aussi, de concert avec le Conseil, donna-t-il communication du fait à tous les membres de l'Ordre, les priant de se convertir avant l'arrivée de la fin du monde [3]. En 1494, le siège archiépiscopal était occupé par Marc Montanus, qui avait fait ses études à Paris [4] et avait rempli, en 1493, le rôle d'ambassadeur auprès d'Alexandre VI [5]. Enfin, le dernier des Archevêques Latins de Rhodes fut Léonard Balestrino, Génois [6], de l'Ordre des Mineurs de Saint-François, théologien, orateur, et doué d'une mémoire prodigieuse [7]. Il avait été nommé par Jules II, le 7 septembre 1506 [8]. A l'heure où l'on attendait d'un moment à l'autre la flotte turque, il prononça, à l'instigation du Grand-Maître, dans l'église de Saint-Jean, le jour de la Trinité de l'année 1522, un discours des plus éloquents pour encourager le peuple de Rhodes à la résistance. Après la reddition de la place, il resta encore sur son siège, mais, quelques jours après, chassé par Soliman, il rejoignit de l'Isle-Adam à Candie, suivi des religieux franciscains de son Ordre [9]. Ensuite, en 1523, il fut nommé Grand-Prieur de l'Église et mourut l'année suivante à Rome [10].

Nous avons également retrouvé la trace de plusieurs Archevêques grecs de Rhodes, dits plus généralement Métropolites, dans les mémoires de l'Ordre, savoir : de Nilo, originaire de Chios, auteur du livre intitulé *De sanctis et œcumenicis Conciliis*, qui vivait vers 1360, et dont parle Allacio [11] ; de Nataliel, son successeur, qui assista en 1438 au Concile de Florence et y signa le Décret d'union des deux

---

1. Bosio, II, 228.

2. Bosio, II, 315.

3. Nous, avons trouvé une copie synchrone de cette lettre dans les Archives de Florence. Une autre copie était chez Smitmer (*Bibliot.*, p. 30), qui lui donne faussement la date de 1451.

4. Torr, 99.

5. Marci Montani Rhodii Archiepiscopi *Ad Alexandrum VI. P. O. M. oratio per Rhodiorum obedientia, anno 1493*. Lettre du Grand-Maître d'Aubusson au pape Alexandre VI, datée de Rhodes, le 19 décembre 1493, par laquelle il charge Marc Montanus, archevêque de Colosse, et les Chevaliers F. Pierre Stolt, Grand-Bailli, et Fr. Béranger Sancio Debarospe, Prieur de Navarre, de le féliciter de son exaltation. Cod. Marc. N. 74. CL X.

6. C'est peut-être à la même famille qu'appartenait Philippe Balestrino, médecin et mathématicien célèbre qui vivait au commencement du XVIIIe siècle.

7. *Memoria prope monstruosa*, dit Fontanus, I. Bosio, II, 648.

8. Le Quien, III, 1052, 1054.

9. Annales de l'Église latine moderne de Rhodes mises à notre disposition par le R. P. de Jenne, préfet apostolique de Constantinople, et par le R. P. Gabriel de Senigallia, curé latin de Rhodes.

10. Fontanus, II. Bosio, III, 25. Le Quien, III, 1054.

11. Leonis Allatii, *De Nilis*, etc., (Biblioth. Gr. de Fabric. V. 339).

églises Grecque et Latine [1] ; de Métrophane qui, en 1474, s'entendit avec l'archevêque Ubaldini sur différents points relatifs à la juridiction ecclésiastique [2] ; de
Macaire, qui vivait vers l'année 1450 ; d'Elymès, moine hiéronymite, Caloyer [3] du
Mont-Sinaï, élu en 1511 [4] ; et de Clément qui, nommé en 1521 [5], se montra, pendant le siège de 1522, austère, intrépide, excellent, [6] ce qui était en réalité, prêchant
aux Grecs sur la place publique la concorde avec les Latins [7], et qui porta au
Pape la triste nouvelle de la capitulation de Rhodes [8]. Comme le Métropolitanat
était sous le patronage du Grand-Maître, vingt-sept électeurs, dont quatorze
prêtres grecs et treize bourgeois de Rhodes, lui présentaient trois candidats parmi
lesquels il choisissait celui qu'il jugeait le plus digne, et l'élu était ensuite confirmé dans sa charge par l'archevêque en sa qualité de Délégué du Saint-Siège [9].

Les Rhodiens avaient embrassé le schisme d'Orient, et furent, au commencement du XIVe siècle, infestés par l'hérésie des Palamites. Ces hérétiques, on les
appelait ainsi de Grégoire Palamas, moine du Mont-Athos, qui s'était fait, à cette
époque, l'apôtre des doctrines de Siméon le Jeune, abbé de Xerocerse et supérieur
des Ésicarts, moines grecs qui, dans le but de se soustraire aux impressions des
sens, s'adonnaient non seulement à la vie contemplative, mais encore à des
exercices violents, dans lesquels ils prétendaient voir une lumière céleste en se
regardant le nombril ; des Rhodiens restèrent dans le schisme jusqu'à l'époque du
Concile de Florence, à la suite duquel ils s'unirent à l'Église de Rome. Plus tard
cependant, tandis que André de Petra, cet archevêque même qui, nous l'avons
dit, avait signé le Décret d'union au Concile de Florence, était absent de Rhodes,
délégué vers les Arméniens et les Coptes pour traiter de leur union avec les Latins,
les Grecs de Rhodes rejetèrent les Décrets du Concile de Florence, invoquant des
doutes sur leur authenticité et les jugeant contraires à leur orthodoxie. Mais les
Latins étaient plus puissants qu'eux, et, en 1477, le Légat Pontifical en Orient
reçut l'ordre de procéder contre les Grecs récalcitrants, et de recourir même au
bras séculier, comme contre des hérétiques [10]. En 1474, eut lieu un accommode-
ment entre le Métropolite Métrophane [11] et l'Archevêque Ubaldini pour régler
certains points de juridiction : les Latins renonçaient à tous les privilèges qu'ils
avaient obtenus précédemment des Papes, et le Métropolite s'engageait à prêter
serment de fidélité à saint Pierre, à l'Église Romaine et à l'Archevêque.

1. Libri Bullarum, n° 67. Le Quien, I, 927.
2. Bosio, II, 228. Le Quien, I, 928.
3. Le Quien, I, 927. Caloyers ou Calogers : c'étaient des religieux de l'Ordre de Saint-Basile, ou de Saint-
Élie, ou de Saint-Marcel. V. Moreri, le *Grand Dictionnaire historique*.
4. Bosio, II, 597. Le Quien, I, 928.
5. Le Quien, I, 929.
6. Fontanus, I, l'appelle *clarus abstinentia et ingenio*.
7. Fontanus, I. Bosio, II, 649. Le Quien, I, 929. Ce dernier écrivain raconte que Clément fut tué d'un
coup d'arquebuse pendant qu'il se tenait à la fenêtre.
8. Pauli, II, 184.
9. Bosio, II, 697, 698.
10. Rinaldi, *Annal. Eccl.* 1441, n° 6. — 1445, n° 21, et 1447, n° 27.
11. Mort de la peste en 1498. Torr, 164.

Dès cette époque, raconte Bosio [1], la juridiction spirituelle était des plus troublées dans l'île de Rhodes. De là, une foule de contestations et de difficultés entre l'Ordre, l'Archevêque Latin et le Métropolitain Grec. Finalement, entre Julien Ubaldini et Métrophane on en vint à un accord perpétuel et stable. D'abord, Ubaldini, Archevêque de Rhodes, serait tenu, en sa qualité de Délégué apostolique du Saint-Siège, de reconnaître le dit Métrophane comme son suffragant avec le titre de Métropolitain des Grecs de Rhodes ; celui-ci prêterait serment dans la forme indiquée ci-dessous. Dans le cas de la vacance du Métropolitanat, l'élection du successeur devait se faire par les Grecs suivant la forme qu'on avait conservée jusque-là. Les Grecs présenteraient deux ou trois prêtres, capables de remplir cette charge, au Grand-Maître, lequel devait accepter, à son gré, l'un des candidats, et le présenter à son tour au Révérendissime Archevêque de Rhodes ou à son Vicaire comme Métropolitain des Grecs. Le dit Archevêque, ou son Vicaire, était tenu de confirmer l'élection en vertu de son autorité Apostolique. Et l'Archevêque ou son Vicaire agissant autrement, le tout serait nul et d'aucun effet. Quand le dit Métropolitain aurait obtenu les Bulles de sa confirmation, l'Archevêque, ou son Vicaire, devait avoir soin qu'il fût consacré par des Evêques Grecs, et recevoir son serment, comme nous l'avons dit, sans aucune redevance ou salaire. La forme du serment devait être ainsi conçue :

« Je N. N., élu Métropolitain des Grecs de Rhodes, serai désormais fidèle et soumis à saint Pierre, à la sainte Église Romaine et à Mgr l'Archevêque de Colosse, Délégué Apostolique du Saint-Siège, et à ses successeurs. Je ne ferai rien pour attenter à sa vie et à son honneur, ni pour le trahir. Je ne donnerai ni aide, ni conseil, ni faveur à ses envieux et ennemis. Je serai soumis au Pape de Rome et au Pontife de Colosse. Je les aiderai et défendrai de toutes mes forces, docile aux règles des Saints Pères. Appelé au Synode Provincial, je m'y rendrai, à moins d'empêchement légitime ; et, en cas de besoin, je lui porterai secours. Que Dieu me soit en aide et que les saints Évangiles sur lesquels je jure, etc. » Les causes criminelles des Prêtres et des Clercs Grecs, et les causes matrimoniales des Fidèles Grecs de la Ville et de l'Ile de Rhodes, devraient être exclusivement portées et conjointement appartenir à l'Archevêque Latin de Rhodes et au Métropolitain Grec, ou à leurs Vicaires, qui se prononceraient en même temps et rendraient une sentence unique, s'interdisant de juger l'un sans l'autre. L'Archevêque et le Métropolitain ne pouvant, vu la pauvreté de leurs Églises, entretenir des Juges comme Ministres de la Justice et avoir des Prisons, seraient tenus de se servir, comme Juges, des Ministres de la Justice et des Prisons de la Châtellenie de Rhodes, lesquels feraient, en leur nom, les exécutions nécessaires. Ils reconnaissaient encore que, dans les causes civiles, il serait procédé suivant les statuts de la Ville et de l'Ile, attendu que les Prêtres et les Clercs Grecs avaient en mains toutes les affaires temporelles. En cas de vacance des églises et des cures des Grecs, la présentation reviendrait au Grand-Maître et à ses successeurs, que

1. II, 345, 346.

l'usage avait investis du Juspatronat ; et les titulaires pourvus ou institués par eux seraient confirmés par les dits Archevêque et Métropolitain, sans aucuns frais. Et ainsi fut supprimé tont ce qui pouvait être la matière ou l'occasion de difficultés ultérieures, en ce qui concerne la juridiction spirituelle.

Cet accord relatif à la juridiction spirituelle fut stipulé le 1er juin 1474.

Toutefois, malgré l'union des deux Églises, il y avait à Rhodes des prêtres grecs qui, ne tenant aucun compte du Décret du Concile de Florence, ne faisaient mémoire à la messe ni du Souverain Pontife, ni du Métropolite ; et déjà, en 1471, avec le plein assentiment du Grand-Maitre et du Conseil, le Métropolitain prit le parti de les frapper de suspens, de leur interdire la célébration de la messe et de les exiler, recourant, à l'occasion, même au bras séculier [1]. Mais ces mesures ne furent guère efficaces, car, dans les derniers temps du Magistère de Fr. Jean-Baptiste Orsini, celui-ci fut obligé de chasser de Rhodes tous les Caloyers comme schismatiques et fauteurs d'erreurs parmi le peuple [2]. L'Ordre étant parti de Rhodes et les Latins avec lui, les Grecs de l'ile revinrent au schisme dans lequel ils se trouvent encore, et c'est là sans doute la raison pour laquelle Soliman se montra si inflexible pour les Latins, dont toutes les églises furent converties en mosquées, alors qu'il laissa aux Grecs la libre disposition des leurs.

1. Bosio, II, 326.
2. Bosio, II, 361.

Chapitre Onzième.

LA CHATELLENIE. — L'AMIRAUTÉ. — LES RHODIENS
ET LE GOUVERNEMENT DE L'ORDRE. — LES FEMMES.
— LES HOMMES ILLUSTRES.

UR la Place, à gauche en venant du Collachium ou de la porte de Sainte-Catherine [1], se trouve l'édifice qu'on prétend avoir été la Châtellenie aux temps de l'Ordre, où les Juges désignés dans ce but rendaient leurs arrêts ; tribunal dépendant du Bailli de Rhodes auquel incombait le soin et l'administration de la justice. Au nombre des Chevaliers qui occupèrent cette charge importante, nous trouvons Fr. Jean Ange de Pérouse (1383), Fr. Gratien de la Tour (1428) et Fr. Constance Operti (1304) [2] ; en 1514, elle était conférée au Châtelain de Pheraclos, Fr. Pierre De Ponte [3], qui fut depuis Grand-Maître de Malte.

Parmi les juges de ce tribunal, où les habitants de Rhodes étaient aussi représentés, plusieurs sont restés célèbres, et nous citerons entre autres Jacques Fontaine [4], d'origine flamande et natif de Bruges, qui écrivit l'histoire du dernier siège, l'une des sources les plus importantes et les plus exactes relatives à cet événement mémorable.

Rottiers et, après lui, Biliotti [5] attribuent la fondation de cet édifice au Grand-Maître de Julliac en 1375, mais n'apportent aucune preuve à l'appui de leur assertion. De même, s'il est probable que le Chancelier d'Amaral, livré au pouvoir du bras séculier, y fut amené pour entendre l'arrêt de mort, on ne saurait admettre que la pierre et l'anneau que Rottiers vit dans cette demeure, fussent la pierre sur laquelle il s'assit et l'anneau qui servit à enchaîner ce misérable [6].

1. Bosio, II, 367.
2. Dal Pozzo, Ruolo, etc. 56, 57. La date que nous plaçons entre parenthèses et que Dal Pozzo donne comme celle de la réception dans l'Ordre de ces trois Chevaliers, nous la regardons plutôt comme celle des documents où il les a trouvés désignés, ou comme celle de l'année où ils entrèrent en charge.
3. Bosio, II, 613.
4. Plus connu sous le nom de Fontanus.
5. Rottiers, 225 sq. Biliotti, 524.
6. Rottiers, ibid.

Un large escalier conduit du rez-de-chaussée, servant, il y a quelques années encore, de marché au poisson, à une terrasse où se trouve le premier étage, dont la façade se distingue par une belle fenêtre d'architecture élégante, divisée en quatre parties ou croisées par une croix de marbre, avec le monogramme du CHRIST à l'intersection centrale ; et par un tabernacle de style gothique qui renferme les armoiries d'Amboise. Au niveau de cette terrasse, à gauche en montant, on aperçoit une porte élégante qui donnait dans les appartements de l'intérieur, et dont la frise porte sculpté, au milieu, un ange qui soutient les deux écussons de l'Ordre et d'Amboise, et sur les deux côtés une plante qui parait être un palmier, auquel est suspendu, par un ruban, l'écusson de l'Isle-Adam.

Or, on peut, ce semble, conclure de ces armoiries que le tabernacle et la fenêtre furent exécutés par d'Amboise, lorsqu'il était Prieur de France, puisque son écusson n'est ni accouplé, ni écartelé avec celui de l'Ordre, selon l'usage des Grands-Maitres ; c'est-à-dire avant 1503, année où il fut investi de la suprème dignité de l'Ordre ; tandis que la porte doit avoir été faite sous son Magistère, à savoir de 1503 à 1512, puisque son écusson s'y trouve accolé à celui de l'Ordre. Quant au second, c'est-à-dire à celui de l'Isle-Adam, il est à remarquer qu'il est écartelé avec celui de la famille Nesle, à laquelle appartenait sa mère[1]. A bien considérer ces armoiries, je me demande si cet édifice était réellement la Châtel-lenie, ou s'il ne servait pas à quelque autre institution placée sous la dépendance de la Langue de France.

La partie supérieure se termine par une autre terrasse sans aucun ornement, sauf trois acrotères avec anneaux de pierre, destinés à soutenir la hampe de trois bannières, absolument identiques à ceux que l'on voit sur la façade de l'Auberge de France dans la rue principale du Collachium[2].

En continuant à s'avancer vers le quartier juif, après cet édifice, soi-disant la Châtellenie, à l'endroit où la rue, s'élargissant, présente la forme d'une place, est un petit palais habité aujourd'hui par une foule d'Israélites pauvres. Il y a de remar-cable la porte, les corniches des quatre fenêtres, une plaque de marbre avec cette inscription : *Pax huic domui et omnibus habitantibus in ea*[3], et sur la porte un gracieux écusson représentant trois banderoles, ou guidons, qui a pour cimier une colombe (ou un aigle) aux ailes déployées. On y voyait encore autrefois un crucifix avec deux statues sur les côtés, agenouillées, et les armes de l'Ordre et du Grand-Maitre d'Aubusson et celles d'Amboise avec ces mots : *Fr. E. d'Amboise G. P.* (c'est-à-dire Grand-Prieur.) A l'intérieur, il y a une cour et un escalier qui conduit à l'étage supérieur. Le dessin de cet édifice, dans l'atlas de Rottiers[4], représente, encastré sur le mur de la cour, ce marbre avec clepsydre[5], dont nous avons parlé ci-dessus[6], et qui a été ici placée à tort par le dessinateur Aspro Madilli.

1. Berg, *Insel Rhodus*, 184, donne cet écusson pour celui du Comm. Waldener !
2. V. le chap. V.
3. Cette plaque a 0,75 de long sur 0,25 de large.
4. Atl. LVI.
5. Sur un marbre de 0,45 de large sur 0,50 de long.
6. V. chap. II, p 32.

Rottiers [1] et Biliotti [2] veulent voir ici l'Amirauté, mais, comme toujours, aucun document ne vient corroborer leur opinion. Dapper [3] appelle cet édifice la Maison du Grand-Commandeur. Mais de toute · manière, je ne saurais admettre que ce fut la résidence de l'Amiral ou du Grand-Commandeur, parce que l'un comme l'autre habitaient dans le Collachium, et précisément dans les Auberges respectives d'Italie et de Provence [4] ; car les édifices assignés aux Chevaliers et aux institutions de l'Ordre n'étaient pas dans le Bourg, mais dans le Collachium. Et ensuite, s'il avait appartenu à l'Amirauté, on y verrait les armes d'un Italien quelconque, et non celles d'un Grand-Prieur de France. Ceci n'éclaircit guère le problème de la destination de cet édifice, tout en permettant de supposer qu'il pouvait être la résidence des Archevêques ou de quelque autre dignitaire ecclésiastique, assertion qui a pour elle la présence de l'image du Crucifix, que nous ne retrouvons dans aucun autre endroit de la ville.

La population de l'île de Rhodes s'élève aujourd'hui à environ vingt-six mille deux cents âmes suivant les uns, à trente mille selon les autres. Presque la moitié habite la campagne et les villages, et l'autre la ville et les faubourgs. La majorité est grecque, mais il y a environ six mille Turcs et mille Juifs ; les uns et les autres, pour la plupart, habitent la ville ; les Latins, en petit nombre, et tous Européens de naissance ou d'origine, demeurent dans l'un des faubourgs. Nous n'avons aucune indication sur le chiffre auquel s'élevait la population du temps des Chevaliers ; mais même sans compter les membres de l'Ordre, elle devait être incontestablement plus considérable qu'aujourd'hui. Quand l'île fut tombée au pouvoir des Turcs, un grand nombre, les uns disent quatre, les autres disent cinq mille, abandonnèrent leur patrie [5] ; et ce ne furent pas seulement les Latins, mais aussi beaucoup de Grecs. Ceux qui émigrèrent à Candie, y furent réduits à la plus affreuse misère, et l'Ordre leur accorda, le 14 mars 1523, un subside d'un demi-ducat par tête et d'autres secours [6] ; d'autres allèrent en Italie, d'autres se réfugièrent en Angleterre, où l'on conserve le souvenir de l'un d'entre eux, un certain François Galyardes qui, ayant perdu, comme ses compatriotes, tout son avoir à la chute de Rhodes, obtint quelques privilèges commerciaux de ce gouvernement [7]. D'autres, enfin, suivirent les destinées de l'Ordre, allèrent s'établir à Malte, et y formèrent trois paroisses, l'église de la Damascène, et celles de Saint-Jérôme et de Saint-Nicolas. Ce fut dans la première, fondée en 1575 par Jean Calamia, que furent placées les deux Madones miraculeuses, dites la Damascène et l'Elémonitre, apportées de Rhodes [8]. Par bref de Clément VII, en date du

1. P. 346.
2. P. 526.
3. P. 97.
4. Le Grand-Commandeur était le chef ou l'ilier de la Langue de Provence, et l'Amiral, de celle d'Italie. V. le chap. V, p. 62, 63, (note) de cet ouvrage.
5. Guérin, 82. Biliotti, 341.
6. *Libri Conciliorum*, 1522-1526.
7. Torr, 55.
8. Ferris, *Memorie*, etc., 144 sq.

1ᵉʳ octobre 1530, les Rhodiens de Malte avaient été soustraits à la juridiction de l'Ordinaire et soumis à celle du Grand-Prieur de l'Eglise Conventuelle.

Lorsque, le 15 août 1310 [1], fête de l'Assomption, le Grand-Maître Foulques de Villaret eut achevé la conquête de l'île, « partim bello et partim empcione, » suivant l'expression de Südheim [2], les Rhodiens furent d'abord saisis d'étonne-ment en comparant leurs anciens maitres avec les nouveau-venus, et en voyant le caractère spécial des institutions de l'Ordre ; et ils donnèrent le nom d'Archi-prêtre [3] au Grand-Maitre, de Nazaréens et de Frières [4] aux Chevaliers [5]. Ils ne tardèrent pas à s'apercevoir des avantages que leur réservait la prise de possession des Chevaliers. Un ami de Nicéphore Grégoras, étant allé à Rhodes vers cette époque, s'entretint avec des vieillards qui étaient nés et avaient grandi sous le régime des Byzantins, et il apprit d'eux qu'aucun ennemi n'osait désormais mo-lester les habitants de Rhodes et que la justice régnait sur la place du marché, tandis que, par le passé, elle était presque inconnue dans les tribunaux [6].

Nous n'avons que de rares indications sur les rapports du Gouvernement de l'Ordre avec les Rhodiens, mais si l'on tient compte du temps et des attaques incessantes auxquelles la Religion était en butte, on ne peut dire qu'ils aient été mauvais. Si des différends s'élevèrent encore entre les citoyens grecs et latins, comme, par exemple, dans les troubles du 8 janvier 1477 [7], la voix du Grand-Maitre et l'intervention des prélats respectifs n'eut aucune peine à en venir à bout ; et certaines prescriptions destinées à réprimer les abus, n'occasionnèrent parmi les habitants aucun trouble. Les sympathies que difficilement inspire un gouver-nement tyrannique et ombrageux, ne manquèrent pas de se faire jour, car si les Rhodiens comptèrent quelques traitres parmi eux (et malheureusement les Che-valiers ne furent pas sans reproche à ce sujet) pendant les sièges de 1480 et 1522, il est juste d'ajouter qu'ils s'y comportèrent avec la dernière intrépidité, que tous, vieillards, femmes et enfants, rivalisèrent de dévouement [8], et que tant d'actes héroïques laissent loin derrière eux les marques de légèreté données par quelques-uns au moment de la capitulation [9], et le reproche adressé à plusieurs autres d'avoir voulu, en cette circonstance, attenter à la vie du Grand-Maitre.

Le peuple, raconte Bosio [10], était très attaché à l'Ordre de Saint-Jean, s'estimant

---

1. Les historiens ne sont pas d'accord sur   date de la conquête de Rhodes par les Chevaliers ; les uns la placent en 1306, d'autres en 1309, et, .   plus grand nombre en 1310. Il serait plus exact de dire qu'elle fut commencée en 1306 et se termina en 1310.

2. P. 333.

3. 'Αρχιερεύς.

4. Ναζαραῖοι ; Φρέρα. On appelait *Frères* (Φρέρα) au moyen âge tous ceux, même mariés, qui, n'étant pas clercs, prirent part aux Croisades, comme on appelait *Adelphes* (ἀδελφ) ceux qui étaient clercs. Voilà pourquoi on donna et on donne le nom de *Frères* aux Chevaliers de Saint-Jean.

5. Torr, 69.

6. Grégoras Nicéphore, *Byzantina historia*, III, 11, 13.

7. Bosio, II, 366.

8. Bosio, II, 678.

9. Bosio, II, 699, 700.

10. II, 413.

heureux et content de vivre sous ses lois, se montrant fidèle et dévoué, pouvant dire que les Rhodiens étaient traités et gouvernés plutôt com·~e des fils et des frères que comme des sujets et des vassaux, par la bonté et les égards des Grands· Maîtres et des Gouverneurs.

La population de Rhodes était grecque, et l'anti¸athie naturelle des Grecs pour les Latins, antipathie qui dégénère souvent en aversion, ne pouvait pas disparaître entièrement, d'autant plus que quelquefois le clergé et les Caloyers, en particulier, ne manquaient pas de raviver ces haines. Si les Rhodiens, en contractant mariage, devaient, selon les lois, prêter serment de fidélité au Grand-Maître [1], ils étaient loin de regarder l'Ordre comme un tyran ; au contraire, ils auraient volontiers contracté avec lui une alliance plus étroite encore, s'ils avaient pu obtenir que leurs fils fussent admis parmi ses membres. Ils en avaient, du reste, fait la demande, mais le Chapitre général, réuni en 1478, resta sourd à leurs prières en ce qui regardait les Grecs originaires de Rhodes, tout en accordant le privilège de faire partie de l'Ordre, à ceux qui, nés à Rhodes de familles occidentales, auraient obtenu des lettres de naturalisation de leurs pays d'origine [2].

Les femmes de Rhodes firent preuve de courage dans les deux sièges [3], et Bosio, comme les autres historiens, ne leur marchande pas les éloges. Nous ne voulons pas omettre de raconter un touchant épisode d'une jeune Rhodienne, que Fontanus nous a gardé. Une jeune fille d'une beauté ravissante, éprise d'un Chevalier, chef du poste ou bastion d'Angleterre, ayant su qu'il avait succombé les armes à la main, prit entre ses bras deux petits enfants qu'elle en avait eus, leur donna sa bénédiction maternelle, les tua de sa propre main et les jeta dans les flammes : après quoi, vêtue de l'armure même du Chevalier son ami, et son épée à la main, elle se jeta au milieu des ennemis, où elle trouva la mort, heureuse de ne pas survivre à l'objet de son dévouement [4].

Ces qualités de l'esprit et du cœur n'allaient pas toutefois, chez les femmes de Rhodes, sans le goût du luxe et du plaisir.

Les jeunes filles Rhodiennes, écrit Ramadan [5], aimaient à paraître couvertes de pierres précieuses ; les parfums dont elles faisaient usage étaient d'une suavité à rendre la jeunesse aux vieillards et la vie aux morts ; rien n'égalait leur beauté et leur élégance, et, pour elles, les jours de fête étaient ceux qu'elles passaient dans la société des hommes. Mais si je voulais parler, continue cet auteur, de leur coquetterie, je n'aurais plus de temps à écrire l'histoire de ce pays.

De nos jours, Lamartine parla avec enthousiasme des femmes Rhodiennes : « Ravissantes figures de femmes, dit-il, c'est l'œil des femmes d'Italie, mais plus doux, mais plus timide, plus penché de tendresse et d'amour ; c'est la taille des

1. Stabilimenta, *De Magistro*, X.
2. Bosio, II, 385.
3. Ib. II, 678.
4. Fontanus, II. Vertot, 244.
5. *Op. cit.*, 745.

femmes grecques, mais plus arrondie, plus assouplie, avec des mouvements plus suaves, plus gracieux [1]. »

La population de Rhodes, nous l'avons dit, se composait surtout de Grecs, naturels de l'ile, et de Latins originaires des pays d'Occident. Les uns et les autres comptaient dans leurs rangs plusieurs familles considérables et celles-ci produisirent, d'un côté comme de l'autre, des individualités marquantes dont nous retrouvons la trace dans les souvenirs de l'Ordre. Nous citerons, en première ligne, Jean Philos, gentilhomme Rhodien, ambassadeur de l'Ordre, en 1476, auprès du roi de Tunis [2] ; Georges Yaxi [3], qui accompagna Zizim à Rome en qualité d'interprète [4], et qui, ensuite, secrétaire à bord de la Capitane de Rhodes, fut pris par les Turcs, lors d'une exploration que tenta, sur une fuste, le chevalier Maneton dans le port de Flisco, en mai 1522, et emmené prisonnier à Constantinople [5] ; Jean Exarque, homme discret et prudent, en 1495 ambassadeur auprès de Melerbey d'Anatolie [6], probablement de la même famille que Georges Exarque qui, à la veille du siège de 1522, fut chargé, avec plusieurs autres, de pourvoir au logement des habitants des environs qui venaient chercher un abri dans la ville [7] ; Cyriaque Curi, en 1502 ambassadeur du Grand-Maitre d'Aubusson auprès de Corcut, fils de Bajazet [8] ; Georges Simiaque, qui, sous les débuts du Grand-Maitre Carretto, rendit à l'Ordre les plus grands services par ses informations sur les Turcs [9] ; et Basile Carpathos, homme d'un audace extraordinaire et dont il nous faut citer le vigoureux coup de main pendant le siège de 1522 [10].

Le Grand-Maitre, voulant savoir ce que les ennemis se proposaient de faire, résolut d'envoyer à la découverte, sur un brigantin bien armé, un Rhodien nommé Basile Carpathos, homme très rusé et hardi, avec mission de placer clandestinement des gens en embuscade sur un point de l'ile, pour prendre un Turc et l'amener vivant dans la place. Celui-ci, choisissant quelques soldats déterminés et d'intrépides marins, les fit habiller à la turque. Puis, sortant adroitement du port, il parvint à se dissimuler jusqu'à un endroit dit la Fosse, situé aux environs de la ville, où était apparue la flotte turque, dès le commencement des hostilités dirigées contre Rhodes. Comme il se proposait de débarquer des soldats et de les embusquer pour s'emparer d'un Turc, il aperçoit plusieurs Turcs qui, assis tranquillement sur le rivage, s'abritaient sous des arbustes pour y prendre le frais et se défendre contre les ardeurs brûlantes du soleil d'août ; mais, se voyant découvert

---

1. *Souvenir*, ch. I, 167.
2. Bosio, II, 376.
3. Fontanus l'appelle Jacques Xaicus.
4. Bosio, II, 505.
5. Bosio, II, 644. 645. Sanuto (*Diarî*, XXXIII, 361, 362) l'appelle Antoine et non Georges. V. Bourbon, p. 635, qui le qualifie *ung escriptein de galères nommé Jacquery*.
6. Bosio, II, 522.
7. Bosio, II, 632.
8. Bosio, II, 558.
9. Bosio, II, 605.
10. Bourbon, p. 648, 649. Bosio, II, 377.

et ne pouvant embusquer ses gens comme il le désirait, et, d'un autre côté, ne voulant pas s'en retourner sans faire quelque chose, avec une astuce et une audace dignes d'un Grec il se met à appeler les Turcs de toutes ses forces, leur disant, dans leur langue, que le Pacha les demandait. A ces mots, les Turcs, trompés, se lèvent aussitôt, prennent place sur le brigantin au nombre de douze, ne se doutant aucunement du stratagème. Ils ne reconnurent leur méprise qu'en entrant dans le port de Rhodes. Alors, l'un d'entre eux, n'ayant d'autre arme que son couteau, se précipite sur Carpathos pour le tuer et le blesse à la hanche. Mais celui-ci, saisissant le cimeterre qu'il portait au côté, lui coupe la tête et la porte au Grand-Maitre en lui présentant les onze autre prisonniers. Ce hardi coup de main reçut les éloges de tous, et du Grand-Maitre la récompense qu'il méritait[1].

Ces Grecs et autres figurent avec honneur dans les Histoires de l'Ordre ; mais celles-ci mentionnent aussi des traitres ou des suspects, comme le perfide Antoine Meligalo[2], issu d'une bonne famille, mais doué d'un fort mauvais naturel. Après avoir abandonné sa patrie, où il avait dissipé son patrimoine dans le vice, il passa à Constantinople et, pour gagner les faveurs du Sultan, il mit Missah Paléologue au courant de la situation des fortifications de Rhodes, renseignements qui lui furent des plus utiles dans le siège de 1480 ; et comme Lucius Castrophilaca, un citoyen des plus connus à Rhodes, que des flèches lancées du camp turc firent soupçonner d'avoir noué des intelligences avec l'ennemi pendant le siège de 1522, et qui, arrêté par les Candiotes venus au secours de la place sous la conduite du chevalier Fr. Antoine Bosio, ne parvint pas à se disculper, il fut retenu prisonnier[3].

Les Belles-Lettres comptèrent aussi d'illu-'res représentants parmi les Grecs de Rhodes ; nous citerons Antoine Colesina et Georges Kalibas, dont le premier assista au siège de 1522, et qui nous ont laissé la description de ce mémorable événement[4] ; et, en particulier, Georges Falconetti, auteur du « Lachrimoso Lamento del Gran Maestro di Rodi », petit poème en huitains, qui était très répandu et très populaire au XVI⁰ siècle et qui a été réimprimé plusieurs fois[5] ; Emmanuel Georgillas, d'origine stradiote, qui écrivit en vers le siège de 1480[6], un poème sur Bélisaire et Justinien[7], et un autre sur la peste qui désola Rhodes depuis le mois d'octobre 1498 jusqu'à l'été de l'année suivante[8].

Généralement, les chants des Rhodiens sont courts et roulent la plupart sur l'amour, avec des réminiscences de l'Ordre, comme des Turcopoles[9] de la bannière

1. « Luy donna son breuvage. » Bourbon, 648, 649.
2. Il n'est pas vrai, comme le prétend Pantaleone, *Militaris Ordinis* etc., p. 129, qu'il fut chevalier de l'Ordre.
3. Bosio, II, 688.
4. Fabrici, *Bibliotheca graeca*, XI, 629, et XII, 134. Kalibas est aussi loué par Sathas dans son livre Νεοελληνικὴ φιλολογια, p. 175.
5. Lamenti Storici dei Secoli XIV, XV et XVI ; III, note de la page 199.
6. Georgillas est encore cité par Sathas, *op. cit.* 101, 102. Son poème sur le siège de Rhodes a été publié par Wagner dans les *Carmina Medii ævi*, p. 32.
7. V. Wagner, *op. cit.*, 322 sq.
8. Bosio, II, 533. Wagner, *ibid.*
9. Les Turcopoles étaient des soldats de cavalerie légère pour la défense de l'île de Rhodes.

des Chevaliers ou des ennemis de la Religion abondent en comparaisons, dont quelques-unes fort étranges, comme celles-ci : « Vous êtes la colonne de porphyre qui se dresse dans le palais où l'Empereur est assis sur le trône ; vous êtes comme l'image de la Vierge que le monarque porte sur la poitrine ; vous êtes comme la rosée de la nuit et le givre de l'hiver ; vous êtes comme la lampe du palais impé-rial ; » et cette admiration pour la cour de Byzance, fait comparer, dans un chant, l'amour fidèle à la Bulle d'or, dont les effets sont irrévocables. En général, ces chants ne diffèrent guère l'un de l'autre [1].

Parmi les Latins de Rhodes, nous en citerons quelques-uns qui descendaient évidemment de familles génoises et que des raisons de commerce y avaient sans doute établis, tels que Ferrante Vignolo, qui obtint de l'Ordre le fief de Lardos [2]; Loffredo Calvi qui, en 1457, emprunta au Trésor deux mille florins d'or ; Azo Gentile, ambassadeur en 1462, du Grand-Maître Zacosta, auprès de Mahomet II [3]; Georges Imperiale qui remit, en 1480, au Grand-Maître d'Aubusson, le château de Salakos, qu'il tenait en fief [4]; Pierre Lomellino del Campo qui, présent au siège de 1522, en écrivit une histoire consultée et hautement approuvée par Bosio [5], qui s'en est servi pour son travail. C'est le même qui abandonna Rhodes avec Constantin Doria et autres habitants de l'ile, le lendemain du départ de l'Isle-Adam, et qui arriva à Candie, le 7 janvier 1523, sur le bateau dit « La Porte », de Demetrio Colombardo [6]. Ligurienne était encore la famille Cybo, et natif de Rhodes Arano, père du pape Innocent VIII, comme nous l'avons raconté plus haut. Originaire d'Ischia, Barello Assanti obtint de l'Ordre, en 1366, les îles de Piscopia et de Halkis, à titre de fief [7]. Jérôme Barbo, peut-être de Venise, était, en 1470, marchand et consul de l'Ordre à Tunis [8], et Giannetto Quérini, de la même ville, fut l'un des mandataires désignés, à la veille du siège de 1522, pour organiser le ravitaillement de la place [9]. J'ignore de quels pays étaient originaires Niccolino de Lippo, qui reçut en fief, en 1391, le château de Lardos [10]; Bernard, Edouard et Raymond Saint-Maurice, consuls en 1411, le premier à Alexandrie d'Égypte et le second à Satalia [11]. Nous trouvons, en outre, parmi les Notaires de Rhodes, un Mathieu Arnolfi de Crémone, qui, le 17 novembre 1462, rédigeait une procuration donnée par Fr. Diomède de Villarguto et autres Chevaliers en faveur du chevalier Fr. Serge Seripando [12]. Mais les Rhodiens les plus célèbres sont

---

1. Torr, 103.
2. Bosio, II, 143.
3. Bosio, II, 286.
4. Bosio, II, 431.
5. Bosio, II, 690. Citée par Goussancourt et par Smitmer ; mais je la crois perdue.
6. Bosio, III, 2. V. le chap. I de cet ouvrage, p. 21, 22.
7. Bosio, II, 105.
8. Bosio, II, 376.
9. Bosio, II, 362.
10. Bosio, II, 143.
11. Bosio, II, 182.
12. Archives de l'Ordre de Saint-Jean-de-Jérusalem à Venise.

Guillaume Caoursin et Thomas Guichard, et, comme tels, ont droit à une mention spéciale de notre part.

Caoursin naquit à Douai, dans les Flandres, vers 1430. Sa famille était origi-naire de Rhodes, où son père était né [1]. Il est question de lui à Rhodes, pour la première fois, en 1459, (...) il est nommé à substituer le chevalier Fr. Melchior Bandini, vice-chancelier de la Religion [2], et envoyé à Rome, par le Grand-Maitre Zacosta, en 1466 [3]. De retour en 1470, le Grand-Maitre Orsini le députa de nouveau vers le Pape, afin d'implorer son secours [4]. Il assista, l'année suivante, au premier Chapitre Général de ce Grand-Maitre et y fut, quoique laïc, confirmé dans la charge de vice-chancelier [5], puis, au second Chapitre du même Grand-Maitre, en 1475 [6], et à ceux que tint le Grand-Maitre d'Aubusson jusqu'à sa mort, arrivée vers le milieu de l'année 1503 [7]. Il eut pour successeur, dans l'emploi de vice-chancelier, Barthélemy Policien, qui avait été, pendant neuf ans, secrétaire du Grand-Maitre d'Aubusson et fut, ensuite, reçu dans l'Ordre. C'était, toutefois, une âme vile. Quand il vit, en 1522, l'Ordre aux prises avec Soliman, et par là même moins en état de lui prodiguer ses faveurs, Politien demanda une augmentation de traitement et des récompenses, et, ne les ayant pas obtenues, il quitta l'Ordre à son départ de Rhodes, où il demeura jusqu'à ce qu'il en fût banni, peu de temps après, par Soliman, avec les autres Latins. Sa charge fut donnée, le 29 janvier 1523, au docteur Thomas Guichard [8], dont nous parlerons ci-après.

Caoursin montra le plus grand attachement à l'Ordre, ne négligeant rien pour lui être utile et mettant à son service son esprit cultivé par d'excellentes études, son habileté et sa prudence à traiter les affaires publiques, et un dévouement qui ne connaissait pas de bornes. Aussi, son nom revient-il avec honneur dans les événements les plus considérables de la Religion, et sa plume ne traitait-elle que des sujets qui la concernaient. Il jouit surtout de l'affection du Grand-Maitre d'Aubusson qui, non seulement le chargea, en 1488, de négocier avec le Pape le transfert de Zizim de France en Italie [9], et lui avait, quatre ans auparavant, donné mission d'accompagner Fr. Edouard de Caramandin, bailli de Lango, et le Turco-polier Fr. Jean de Quendal [10], procureur de l'Ordre, auprès de la Curie Romaine, pour faire acte solennel d'obéissance, au nom de la Religion, au Pape Inno-

---

1. Moreri. V. aussi Zeno, *Dissertazioni Vossiane*, II, 221, sq. Pauli, II, 551.
2. Bosio, II, 266. V. aussi Tommassetti, p. 7.
3. Bosio, II, 300.
4. Bosio, II, 319.
5. Bosio, II, 331.
6. Bosio, II, 354.
7. Bosio, II, 540.
8. Bosio, III, 4.
9. Bosio, II, 503.
10. Sur Quendal ou Kendal, v. Pauli, II, 146, 162, 163, 165, 561. Il y a de lui une médaille au Musée Britannique et aux Musées de Florence et de Venise. D'un côté on voit le profil de Kendal et les mots : *Jo : Ken-Jal Rhodi Turcupllerius;* de l'autre, l'écusson de sa famille et les mots : *Tempore Obsidionis Turcorum, MCCCCLXXX.* V. Furse, p. 379.

cent VIII [1] (qui le créa comte palatin en 1483) [2], mais voulut encore le charger d'une tâche non moins importante que délicate, à savoir de coordonner et de réunir en volume les *Stabilimenta* ou statuts de l'Ordre [3]. Par décret du 5 août 1493, le Grand-Maître prescrivit aussi de faire une traduction française de ce travail, décret qui, conjointement avec la Bulle d'approbation accordée par Alexandre VI, fut imprimé en tête de l'édition publiée alors [4]. Tant de zèle méritait sa récompense. Aussi, à l'occasion de son mariage, qui eut lieu à Rhodes en 1480, l'Ordre lui offrit-il mille florins d'or, pour lui permettre de faire l'acquisition d'une maison dans la ville [5].

Quant à Thomas Guichard, il était docteur en droit et religieux, mais nous ignorons à quel Ordre il appartenait, et l'on ne voit pas sur quoi repose l'assertion de Torr [6], qui le veut membre de l'Ordre. Il fut envoyé comme ambassadeur pour féliciter le Pape Clément VII, et le discours qu'il prononça en cette circonstance est un document important pour l'histoire de l'Ordre. Quand Rhodes fut tombée au pouvoir des Turcs, il suivit les Chevaliers à Candie, où, comme nous l'avons dit, il succéda à Politien, en qualité de vice-chancelier, et il accompagna l'Ordre dans sa course errante en Italie. Il mourut à l'âge de vingt-cinq ou vingt-six ans, victime de la peste, à Viterbe, où les Chevaliers s'étaient provisoirement établis [7]. Nous ignorons la nation à laquelle il appartenait.

1. Bosio, II, 489.

2. Bosio, II, 491.

3. Bosio, II, 431. *Stabilimenta Rhodiorum militum.*

4. Elle fut imprimée sans date. Le sommaire et le titre sont en latin : *Stabilimenta Rhodiorum militum.* Les œuvres de Caoursin, comme les *Stabilimenta*, ont été imprimées à Ulm, en 1496, en un volume « précieux pour sa rareté et son ancienneté, dit Apostolo Zeno (*Dissert.*, Voss., II, 221), et orné d'une foule de gravures sur bois, dont le prix est dans leur grossièreté primitive. »

5. Bosio, II, 431.

6. P. 100.

7. Bosio, III, 46. Torr, 100.

Chapitre Douzième.

COMMERCE. — LES BANQUIERS FLORENTINS. — LES PÉRUZZI. — LES MARCHANDS DE MONTPELLIER ET DE NARBONNE. — LES VÉNITIENS ; RAPPORTS DIFFICILES ET REPRÉSAILLES. ✦✦✦✦✦✦✦

ÈS les premiers temps où l'Ordre fut établi à Rhodes, les principales nations commerçantes d'Europe étaient représentées dans le Bourg, comme les nations militaires l'étaient dans le Collachium ; et à ce mélange bizarre de costumes répondait la variété des langues. La majeure partie de la population parlait le grec, mais sans exclure l'emploi d'une foule d'autres idiomes d'Occident qui tendaient à s'altérer l'un l'autre[1]. Les principaux articles de commerce à Rhodes étaient les drogues, l'encens, le safran, la cire, le poivre, le caviar, les étoffes de lin et de soie, l'huile, le vin, le sucre et autres denrées. Le blé venait d'Éphèse, de Milet et autres lieux de l'Asie-Mineure, de Chypre, de Famagoste et des provinces du midi de l'Italie, Rhodes n'en produisant que la moitié de ce qui lui était nécessaire[2] ; le vin, de Candie, et aussi, comme l'huile et les noix, de l'Italie ; les tissus, de Florence, et de Rhodes on les transportait à Famagoste ; le savon se faisait à Rhodes, dans les fabriques de l'Ordre, pour le compte des marchands, qui payaient au Trésor un impôt sur chaque récolte[3].

Si des difficultés venaient à s'élever en matière commerciale, elles ressortissaient au tribunal du Bailli du Commerce, l'une des charges les plus importantes de l'Ordre ; et s'il s'agissait d'affaires correctionnelles, elles étaient déférées au Juge de la Châtellenie, dépendarte, comme il a été dit[4], du Bailli de Rhodes. On le choisissait à tour de rôle dans les différentes Langues et il devait avoir au

---

1. Otto Heinrich, 370. La langue italienne était extrêmement répandue à Rhodes, au point qu'avec le français on peut dire qu'elle était la langue officielle de l'Ordre à Rhodes et ensuite à Malte. Le dernier Code de l'Ordre, imprimé du temps du Grand-Maître de Rohan, en 1782, est rédigé en italien.

2. Bosio, III, 87.

3. Pegolotti, 80, 92, sq., et 199.

4. V. le chap. XI, page 121.

moins huit années d'ancienneté[1]. Les autres membres du Tribunal ne faisaient pas toujours, nécessairement, partie de l'Ordre. Puis, quand le Bailli du Commerce et celui de Rhodes sortaient de charge, un comité se réunissait pendant quinze jours pour prendre connaissance des griefs éventuellement dirigés contre eux : preuve irrécusable de la justice du gouvernement. Pour la protection de la marine marchande, la Religion entretenait trois galères à cet effet[2]. Les Florentins, dans leurs voyages à Constantinople, en Syrie et en Égypte, faisaient escale à Rhodes, où ils trouvaient des compatriotes établis à titre de marchands et de banquiers. En effet des maisons de commerce y étaient entre les mains des Peruzzi, des Bardi, des Altoviti, des Capponi, des Federighi, des Quaratesi et des Acciaioli[3]; les premières jouissaient surtout d'une grande considération et, d'après les documents, avaient même avant 1333 un représentant à Rhodes dans la personne de Filicaja di Simone Spigliati[4]. Les rapports des Peruzzi avec l'Ordre remontaient à une date reculée. En effet, dans le traité conclu entre le Grand-Maître Foulques de Villaret et Vignolo de Vignoli, le 27 mai 1306, dans le but d'enlever aux Byzantins plusieurs îles, entre autres Leros, Coos, appelée depuis Lango, et Rhodes, nous voyons intervenir un Peruzzi comme témoin[5]. Cette illustre famille et celle des Bardi, à la prière du Pape Jean XXII, prêtèrent à l'Ordre en 1321, la première cent quatre-vingt-dix mille florins d'or et la seconde cent trente-trois mille, soit en tout trois cent vingt-trois mille florins (environ 500.000 liv. sterlings), que l'Ordre s'engageait à rembourser par des acomptes annuels de quatre-vingt-treize mille florins, avec un intérêt de six pour cent. Le document relatif à cet acte se trouve aujourd'hui à la bibliothèque Riccardi de Florence, avec d'autres papiers importants de cette famille[6]. Les Peruzzi et les Bardi tombèrent en 1339 avec un passif de 1.363.000 florins d'or chacun. Les premiers possédaient des maisons et des magasins à Rhodes, et nous trouvons trace des dépenses occasionnées par les réparations ou constructions[7], ce qui prouve qu'une branche de la famille[8] était

---

1. C'est-à-dire qu'il devait avoir été reçu dans l'Ordre depuis huit années au moins.

2. Otto Heinrich, p. 373.

3. Federighi, *Lett. cit.* Archives de Florence. Litta : *famille Acciajoli*, pl. II.

4. Peruzzi, *Storia del Commercio*, p. 282, 284, 337, 338. *Commemoriali della Republica di Venezia*, I, 535.

5. *Libri Bullarum*, n° 11, f. 535. L'île de Coos, dite Lango par les Chevaliers et Stanchio par les Turcs, est à environ 70 milles de Rhodes. On prétend qu'elle tomba entre les mains des Chevaliers en 1315 et que le Grand-Maître Foulques de Villaret y construisit un château. Les principaux endroits de l'île s'appelaient Narangia, Landimanchio, Pilli et Cefalo. C'était un Bailliage de l'Ordre dont furent investis Fr. Fantino Querini et Fr. Jean de Châteauneuf. Elle subit en 1457 une violente attaque des Turcs, et en 1492 et 93 un affreux tremblement de terre. V. sur cette île les divers historiens de l'Ordre, Bosio et Coronelli dans l'ouvrage cité. — L'île de Leros est pierreuse, aride et a environ 35 kilom. de tour, d'après Coronelli. Elle renferme des carrières de marbre semblable à celui du Pentelik et de Paros. On y trouve les ruines de deux forts, l'un près de la mer, et l'autre sur la montagne, célèbre par le stratagème qu'employa le chevalier piémontais Fr. Paolo Simeoni, à l'âge de 18 ans, pour repousser un assaut des Turcs. V. Bosio, II, 277.

6. V. Peruzzi, *Op. cit.*, p. 203, 204, 254, 255. — Pauli, II, 74, 79, 536. — Libri Bullarum, n. 16.

7. V. *Della decima difiorentini*, etc., II, p. 66.

8. D'après les documents, en avril 1339, 85 florins étaient payés pour réparations à la maison Peruzzi et aux magasins de Rhodes ; et dans la suite, 25 florins pour la construction de citernes à huile dans l'un des entrepôts de la dite famille. V. Peruzzi, 282, 284, 337, 338.

établie à Rhodes ; en effet quelques-uns d'entre eux y avaient élu domicile, comme ce Robert Peruzzi que nous trouvons en 1520 juge à la Cour d'Appel [1]. Rhodes ne cessa d'entretenir avec les marchands florentins les meilleures relations. Le trafic entre Rhodes et Florence se faisait au moyen des vaisseaux de Pise. En 1467, l'Ordre reçut publiquement des félicitations pour les encouragements qu'il donnait au négoce [2] et qu'il protégeait si efficacement, qu'en 1478 les marchandises des Florentins impliqués dans la conjuration des Pazzi, qui se trouvaient à Rhodes, furent, en dépit des réclamations, soustraites à la confiscation des autorités de Florence [3]. Leur commerce prit de telles proportions dans l'île, que la République y envoya en 1483 Jean Gaétani, pour obtenir du Grand-Maître de nouveaux privilèges d'exemption [4].

La Religion entretenait encore des relations commerciales avec les Turcs pour les tapis et les étoffes de soie qu'ils importaient à Rhodes, et échangeaient contre les draps de laine et les cuirs pour chaussures ; industrie dans laquelle excellent encore les Rhodiens de nos jours. Parmi les objets d'importation turque, nous citerons aussi, à titre de curiosité, certains ustensiles employés en Égypte pour couver artificiellement les œufs [5].

Pour les affaires d'argent et pour le trafic entre ses biens de Chypre et du Midi de la France, l'Ordre se servait des marchands de Montpellier et de Narbonne. L'histoire a surtout gardé le souvenir d'un certain Raymond Serraler, de Narbonne, qui faisait un grand commerce à Chypre, à Rhodes et à Montpellier. En 1356, le Grand-Maître Roger de Pins accordait divers privilèges à ces marchands, entre autres celui de nommer un consul en résidence à Rhodes, l'exemption de tout impôt, à l'exception de celui qui concernait les travaux du port (encore dans ce cas le consul avait-il le droit d'intervention et de discussion dans le Conseil des citoyens), les esclaves qui n'étaient pas leurs serviteurs, et le savon. Toutefois, il leur était interdit d'exporter le vin, l'huile, le blé, les viandes salées et toutes espèces de vivres, à moins qu'il ne fût établi qu'elles avaient été tout d'abord importées dans l'île par les mêmes marchands. Mais en échange de ces faveurs, l'Ordre avait le droit, en cas de nécessité, d'appeler tous ceux qui, originaires de Montpellier ou de Narbonne, demeuraient à Rhodes, à la défense des forteresses et des postes, quelle que fût la nation à laquelle appartenait l'ennemi [6].

Au point de vue commercial et politique, les rapports de Rhodes avec les Vénitiens furent presque toujours difficultueux. La République, dans une foule de circonstances, manifestait son mauvais vouloir envers l'Ordre et s'en montrait jalouse,

---

1. Lettre de Robert Peruzzi à Paul Vettori, datée de Rhodes le 13 octobre 1522.
2. Müller, *Documenti*, etc., passim. — Pauli, II, 151, 152.
3. *Ibid.*
4. Heyd, *Histoire du Commerce du Levant*, II, 345.
5. Breydenbach, 13. — Otto Heinrich, 387.
6. Germain, *Histoire du Commerce de Montpellier*, II, 536. — Port, *Histoire du Commerce de Narbonne*, 118. V. encore Heyd, *Histoire*, etc., I, 526, 527.

malgré la disproportion des forces. Elle avait peine à supporter la présence des galères des Chevaliers sur les mers, dont elle ambitionnait l'empire absolu, et ne pouvait se consoler de voir l'île de Rhodes au pouvoir de l'Ordre ; c'était pour elle, suivant l'expression de Fr. Félix Faber, une épine dans les yeux et un poignard dans le cœur [1]. La vérité, c'est qu'avant d'être la propriété des Chevaliers, Rhodes avait été jadis offerte aux Vénitiens, et ceux-ci n'avaient pas, ce semble, jugé utile de l'accepter. La chose avait été portée devant le Sénat, et le troisième livre des *Misti*, aujourd'hui perdu, contenait le décret : *Tractetur per Ducham* (le gouverneur vénitien à Candie), *et per Gabrielem Dandulo capitaneum de accipiendo Rhodum*. Raymond Serraler, qui faisait un grand commerce à Rhodes et dont nous avons parlé ci-dessus, pendant les hostilités entre les Génois et les Vénitiens, se vit capturer ses deux derniers vaisseaux, l'un de Rhodes en 1353. avec un chargement d'une valeur de mille florins d'or, et l'autre de Messine en 1354, avec un chargement d'une valeur de cinquante mille florins. Serraler cita devant la Châtellenie de Rhodes le capitaine de la galère vénitienne comme pirate, mais, n'arrivant pas à obtenir l'exécution de la sentence portée contre lui ni à Rhodes ni ailleurs, il obtint du roi de France des Lettres patentes contre les Vénitiens. Cet acte fit grand bruit, et amena de longues négociations qui ne se terminèrent qu'avec le siècle [2].

Dans la suite, l'Ordre ayant donné asile à Rhodes à Charlotte Lusignan, reine de Chypre et épouse malheureuse de Louis de Savoie, les Vénitiens, qui avaient entouré de tant de magnificence les noces de Catherine Cornaro avec Jacques Lusignan, usurpateur de Chypre [3], blessés de l'hospitalité que donnaient les Chevaliers à l'infortunée Charlotte, commencèrent dès lors, contre l'Ordre, d'une manière tantôt ouverte, tantôt cachée, une lutte qui ne devait plus finir. Non contents d'envoyer en 1460, sous prétexte de mauvais traitements infligés à deux de leurs galères dans le port de Rhodes, Alvise Lorédan, capitaine de leur flotte, tenter un débarquement dans l'île, cause de désastres incalculables, dit Bosio, qui rappelaient ceux des Sarrasins ou des Turcs [4], ils ne laissèrent échapper aucune occasion de laisser libre cours à leur ressentiment, témoin entre autres le susdit fait dont nous avons deux versions, l'une de Dominique Malipiero, et l'autre de Bosio.

Les Chevaliers, selon le récit vénitien, capturèrent au mois d'octobre 1464 trois galères marchandes vénitiennes qui avaient à bord des marchands maures allant d'Alexandrie à Tunis. Deux d'entre elles, à l'ancre en dehors du port de Rhodes, envoyèrent à terre, pour s'approvisionner et demander un sauf-conduit, plusieurs hommes qui furent arrêtés par ordre du Grand-Maître. Or, pendant que l'équipage

---

1. « Est enim insula illa eis spina in oculis et lancea in lateribus, » III, 255.

2. Bosio, II, 290, 291.

3. Jacques Lusignan, dit « Apostoles », après avoir fait mettre à mort Thomas, se retira à Rhodes en 1457, et y resta cinq mois avant de retourner à Chypre. V. Mas-Latrie, *Histoire des Archevêques*, etc., dans les *Archives de l'Orient latin*, II, p. 390.

4. II, 269, 270.

des galères attendait vainement une réponse, des Chevaliers qui se trouvaient au port leur firent signe d'entrer : l'Ordre étant en paix avec la République de Venise, le sauf-conduit n'était pas nécessaire. Mais, aussitôt que les galères eurent pénétré dans le port, le Grand-Maître donna l'ordre de confisquer la cargaison et de jeter en prison les marchands maures, au nombre de 220. La nouvelle, portée à Venise, y causa une animation extraordinaire, comme si ces sortes de procédés eussent été rares à cette époque. Nicolo Tron, Chef du Conseil des Dix, craignant des représailles contre les Vénitiens en Égypte et en Barbarie, car, d'après les conditions des marchands, les galères n'auraient pas dû toucher Rhodes, et vu qu'il s'agissait d'une perte énorme, la cargaison consistant en vingt-quatre mille ducats de toile, sans compter d'autres marchandises, proposa au Sénat de charger Lorédan, alors capitaine général à Candie, de se rendre à Rhodes. Il exigerait, avec la restitution des marchandises, marins et galères, une indemnité, n'accordant au Grand-Maître pour se décider « que le temps que dure une chandelle d'un sou » ; autrement il saccagerait l'Ile[1]. Ce fut pour exécuter ce mandat inexorable, dont il avait reçu communication le 5 novembre, que Lorédan se présenta, le 8 du même mois, devant Rhodes, à la tête de trente-six galères. Il envoya aussitôt au Grand - Maître trois de ses premiers officiers et Dominique Stella, son secrétaire, pour le sommer d'avoir à s'exécuter dans les trois heures. Le Grand-Maître demanda six heures de réflexion, et quand les officiers se furent retirés, il dépêcha immédiatement un exprès à bord du vaisseau de Lorédan pour solliciter un délai jusqu'au lendemain matin, disant qu'il lui fallait réunir le Conseil, et que la convocation ne pouvait se faire en si peu de temps. Lorédan accorda comme dernier délai la prorogation demandée ; mais l'heure étant arrivée, et n'ayant aucune nouvelle du Grand-Maître, parce que les avis disparates des membres du Conseil faisaient trainer la discussion en longueur, les Vénitiens débarquèrent le 13, et, en vrais barbares, saccagèrent le pays avec la dernière cruauté du côté de Villeneuve[2]. Bosio ne raconte pas les choses de la même façon[3], car il écrit que l'on vit arriver dans les eaux de Rhodes deux grosses galères vénitiennes chargées de marchandises, de négociants et de Sarrasins, qui venaient de Syrie, amenant un grand nombre de Maures ; l'une jeta l'ancre près Parambolino, et l'autre, se dirigeant vers la Turquie, passa devant l'entrée du port du Rhodes, examinant avec le plus grand soin les défenses et la garnison dudit fort. Enfin, elle alla jeter l'ancre à proximité de la première. Il n'en fallut pas davantage pour mettre l'île entière sous les armes ; on craignait que les galères ne voulussent débarquer les Sarrasins dans un but hostile et pour saccager les villages, car l'Ordre était alors au plus mal avec Soliman. Celui-ci, reprochant surtout à la Religion d'avoir secouru et aidé le roi de Chypre, avait repris les armes et retenait, non seulement Fr. Jean Dauphin, ambassadeur du Grand-Maître, qui alla mourir en Égypte, mais encore tous les marchands et vassaux de l'Ordre qui se trouvaient sur son territoire.

1. Malipiero, Annali Veneti, 615.
2. Malipiero, 617.
3. II, 290, 291, 292.

C'est pourquoi le Grand-Maître, ayant fait armer incontinent les galères avec l'agrément du Conseil, les envoya au-devant des grosses galères, avec ordre de s'en emparer et de les amener dans le port. Elles devaient s'abstenir de moles-ter tant dans leurs biens que dans leurs personnes les Vénitiens, mais seulement s'en prendre aux Maures infidèles et ennemis de l'Ordre. Un combat s'engagea alors, et les galères furent prises. Elles étaient remplies de marchands et de marchandises de grande valeur. Les marchandises furent placées en lieu sûr, enfer-mées à double clef, dont l'une fut exigée par le Grand-Maître et l'autre remise aux Procureurs du Trésor. Quant aux Maures qui se trouvaient à bord, ils furent tous réduits en esclavage ; après quoi les galères, avec tous les Vénitiens, furent libres de continuer leur route.

Cependant les capitaines des deux galères vénitiennes, une fois arrivés dans les États de la Seigneurie de Venise, se plaignirent hautement et se lamentèrent de ce qui leur était arrivé. Aussi, le 2 septembre de la même année, un ambas-sadeur du Gouverneur de Candie se présentait-il à Rhodes, réclamant la mise en liberté des captifs et la restitution du butin fait sur les galères, avec réparation de tous les dommages-intérêts supportés par les Maures. Le Grand-Maître, ayant réuni aussitôt le Conseil, donna l'ordre au Grand-Comman-deur de Chypre, au Lieutenant du Maréchal et au vice-chancelier Guillaume Caoursin, de répondre au susdit envoyé en lui représentant que l'état de guerre rendait juste et légitime la prise des personnes et des biens des Maures, attendu que le Sultan, leur maître, manquant à ses serments et obligations de maintenir la paix, avait retenu et fait prisonniers une foule de chrétiens, sujets et vassaux de l'Ordre, l'avertissant que le Grand-Maître et le Conseil ne consentiraient pour rien au monde à rendre ce qui avait été enlevé à bord des galères, et qu'ils regardaient, du reste, comme une prise légitime.

L'ambassadeur s'en étant donc allé sans aucune espérance, on en vit arriver un second le 9 du même mois, envoyé par le Pro; éditeur de Morée avec la même requête ; il obtint pour toute réponse la même fin de non-recevoir que celui de Candie. Quelques mois s'étaient écoulés quand parurent devant Rhodes quarante-deux galères vénitiennes : ayant jeté l'ancre à très peu de distance de la ville, le 9 novembre, elles débarquèrent plusieurs milliers d'hommes armés qui, formant un escadron, se rangèrent immédiatement comme des ennemis, en ordre de combat. Puis leur général dépécha des envoyés au Grand-Maître, qui insistèrent pour qu'il restituât les captifs et les biens des Sarrasins confisqués sur les deux galères. En cas de refus, la guerre allait lui être déclarée au nom de la Seigneurie de Venise. Le Grand-Maître, après avoir reçu l'ambassade, envoya le grand-commandeur Fr. Pierre Raffini et le bailli de Venouse Fr. Cencius Orsini au dit général, pour s'informer de ses desseins et essayer de lui donner raisonnablement satisfaction. Mais ils revinrent sans avoir rien conclu. Ils rapportèrent au Grand-Maître et au Conseil que le général était venu, leur avait-il dit, avec la mission expresse d'emporter d'assaut la ville de Rhodes, dans le cas où le Grand-Maître et l'Ordre s'obstineraient à ne pas rendre les Maures et leurs biens, et qu'il s'était présenté avec 42 vaisseaux pour empêcher l'Ordre de se procurer des vivres et des soldats, en attendant que le reste de l'immense flotte réunie en toute hâte à Venise à cet effet eût eu le temps d'achever ses préparatifs et d'arriver.

Le Conseil ayant pris connaissance de ce rapport et le Grand-Maître ayant mis aux voix la conduite à tenir en pareille circonstance, les avis furent partagés. Plusieurs envisageaient les dommages, les scandales, les inconvénients et les périls que pouvait entraîner un refus, et le peu de profit pour le Trésor de retenir les personnes et les biens des Maures ; ils étaient donc d'avis de restituer le tout sans s'exposer aux horreurs de la guerre, mais de faire toutefois la restitution de manière à ce que l'Ordre restât en paix, et dans les meilleurs termes avec la Seigneurie de Venise. Tel était le sentiment du Grand-Commandeur, du Bailli de Venouse, du Prieur de Catalogne, du Prieur de l'Église, du Bailli de Morée et de beaucoup d'autres. Toutefois, le drapier Fr. Esbert de Villamarin, de son côté, et au nom de toute la Langue d'Espagne, s'opposait vivement à la restitution, objectant qu'on ne devait la faire à aucun prix, parce que le butin était régulier et de bonne prise. Un grand nombre embrassèrent cette manière de voir et se rangèrent à son avis. D'autres consentaient à relâcher les personnes, mais voulaient garder les biens. D'autres enfin conseillaient de retenir le butin et de ne rendre que les Maures. Cependant la majeure partie du Conseil émit l'opinion qu'on devait faire la restitution.

Le Grand-Maître, ayant mis la chose aux voix et pris l'avis de chacun, conclut avec la plus grande et la plus sage partie du Conseil que, si la prise était juste, conforme au droit des gens et à la raison, il savait de source certaine que le général vénitien avait reçu l'ordre spécial et formel, en cas de refus, de s'emparer de tous les habitants des îles relevant de l'Ordre, et de les emmener esclaves en Barbarie et en Syrie [1], et que, par conséquent, il fallait se soumettre coûte que coûte. Pendant que les débats se poursuivaient à Rhodes, le général vénitien avait mis le siège devant la ville. Toutefois, le Grand-Maître avait enjoint aux Chevaliers de se borner à garder soigneusement les bastions et les remparts, de ne tirer ni artillerie, ni arquebuses ou arbalètes contre les Vénitiens, de n'engager aucune hostilité jusqu'à la pleine et entière conclusion des négociations, se souciant moins des menaces du siège que des malheurs qui pourraient fondre sur les pauvres vassaux de l'Ordre. Enfin, le 12, le Conseil ayant accordé toute latitude au Grand-Maître pour traiter avec l'avis du Prieur de l'Église et du Grand-Commandeur le mieux qu'il pourrait, grâce aux ambassadeurs de la reine de Chypre qui s'interposèrent entre les parties, l'accord se fit, et les soldats vénitiens, s'étant de nouveau embarqués sur les galères, s'en retournèrent dans leur pays.

1. Bosio, II, 292.

Chapitre Treizième.

HODES a trois faubourgs : Neo-Maras, Cato-Maras et Apano-
Maras ; le premier au nord, les deux autres au midi.

En sortant de la ville par la porte Saint-Paul, à gauche,
vers le nord-ouest, s'étend un large espace de terrain à partir de l'espèce de retrait qu'on aperçoit dans les murs de la
ville à côté du Bastion de Saint-Pierre, jusqu'à la Mosquée
de Mourad Reis, espace dont une partie se trouve occupée
par le jardin de Soliman bey [1]. C'est en cet endroit que les
Chevaliers, au commencement du siège de 1480, installèrent trois pièces d'artillerie pour prendre en flanc les Turcs qui, suivant le conseil que leur donna un
traitre, certain maitre Georges [2], le lendemain de leur débarquement, avaient placé
sur les ruines de l'Oratoire de Saint-Antoine [3] trois énormes bombardes avec
lesquelles ils tiraient sur le fort de Saint-Nicolas. Dupuys appelle cet endroit
Jardin de Loberge d'Auvergne [4] et Caoursin écrit *in hortulo palacii militum Averniorum* [5], ce qui ferait croire qu'au jardin était encore annexé un édifice appartenant à cette Langue : chose très probable, à moins qu'on ne veuille dire que
cet espace de terrain était une dépendance, comme on dit aujourd'hui, de l'Auberge de la Langue d'Auvergne. Toutefois, comme cet écrivain se sert, pour en
parler, d'un diminutif, *hortulo*, il est permis de croire que l'emplacement, d'une
certaine dimension, qualifié de *Jardin d'Auvergne* par Rottiers et Biliotti,
comprenait non seulement celui dont nous parlons, mais d'autres portions de
terrain à usage de jardins et autre. Il faut croire en effet que là étaient les jardins

1. Biliotti, 257. Torr, 18.
2. Vertot, III, 63. l'appelle Frapann ; mais Hammer semble en douter, et insinue que, comme le
fameux Orlan, ce pourrait bien être un Hongrois.
3. Breydenbach, *De Rhodie urbis obs.*
4. *Relation.* V. Vertot, II, 601.
5. Caoursin, *Rhod. urb. obs.* Breydenbach écrit aussi : *in hortulo militum Averniorum.*

de plusieurs particuliers, et notamment celui du Grand-Maitre, qui s'étendaient probablement jusqu'à l'église de Saint-Antoine, un peu plus au midi de la Mosquée Mourad Reis ; et que la partie de ce terrain la plus rapprochée du palais, dit aujourd'hui le vieux Conach, et le palais même, étaient compris dans l'espace où s'élevait l'Arsenal de l'Ordre, qui, suivant la tradition, devait certainement se trouver ici, à proximité du port militaire des galères. Sur cet Arsenal, nous n'avons que des indications, peu importantes : un différend survenu en 1462 entre les Langues de Provence et d'Italie [1], une délibération, en date du 27 mars 1475, pour en faire les murs de dix-huit palmes de largeur [2], et un arrêté de 1476 pour la continuation des mêmes murs ; travail dont prit soin le Grand-Maitre lui-même, assignant neuf florins et demi par canne [3] ; mais il n'est jamais question de l'endroit précis où était situé l'Arsenal.

S'il faut donc admettre qu'il s'élevait plutôt dans cet endroit que dans un autre, non pas tant parce qu'il était voisin du port des galères que parce qu'il était défendu par la tour de Saint-Nicolas, par les fortifications du Palais Magistral et par la porte de Saint-Paul, il n'en est pas moins étrange qu'un bâtiment de cette importance n'ait pas été même cité par les historiens de l'Ordre. La tradition toutefois confirme notre hypothèse bien plus que quelque ancienne pierre et un écusson du Grand-Maitre des Pins fixés dans les murs du vieux Conach et de ses dépendances. Pendant notre séjour à Rhodes en 1893, dans la cour de cet édifice, au milieu de plusieurs pierres tombales de Chevaliers nous avons eu le bonheur de trouver le cercueil qui renfermait les restes du Grand-Maitre Fr. Pierre de Corneillan, dont nous avons parlé plus haut [4], à propos de l'Église de Saint-Jean du Collachium où il se trouvait à l'origine, et dont le couvercle est aujourd'hui au Musée de Cluny. Les pierres, appuyées contre les parois de la cour avec d'autres fragments de marbre, portent, non seulement les traces du temps, mais encore les marques de cassures violentes ; aussi, au lieu de provenir du lieu où était autrefois l'oratoire de Saint-Antoine, comme on l'a supposé, on dirait que ces inscriptions ont dû être retirées des ruines de l'Église Conventuelle. L'une d'elles, peut-être la plus intéressante, représente un Chevalier armé de pied en cap avec la croix octogonale sur la cuirasse du côté du cœur ; elle n'a pas d'inscription, et l'écusson, qui aurait pu au moins nous dire à quelle famille appartenait le défunt, est tellement effacé qu'il est impossible d'en distinguer et préciser les traits. Une autre pierre, de forme rectangulaire, porte l'écusson des Romagnan [5], illustre famille du Piémont, et les mots *A. F. M. De Marchis de Romagnan*. Frère François de Romagnano, Prieur de Pise en 1511, assista, selon Bosio, au siège de 1522 [6] ; mais l'inscription appartient à la tombe de l'un de ses parents enterré à Rhodes, car je ne crois pas

1. Bosio, II, 283, 284.
2. Bosio, II, 357.
3. Bosio, II, 364.
4. V. chap. VII, p. 85-86.
5. D'azur à une bande d'argent bordée de deux liserons d'or.
6. II, 641.

·qu'il y soit mort ; et si même il y mourut, ce fut pendant le siège, et l'on ne son·
geait guère alors aux monuments ou inscriptions. Deux autres fragments de pierres
funéraires laissent voir la figure d'un Chevalier en manteau avec la croix octogone
au côté gauche, ce qui nous rappelle l'erreur de Biliotti ' ; les inscriptions en sont
mutilées et illisibles. Un autre marbre de grandes dimensions porte un écusson qui,
sous le Chef de la Religion ², offre une bande avec une scie entre ; en haut, l'écus·
·son est timbré du monogramme du Christ *I. H. S.*, et plus haut est un ruban avec
les mots *Domine in te confido ;* de ce ruban retombent perpendiculairement à
l'écusson, des deux côtés, deux cordons avec les grains enfilés du patenôtre et avec
des houppes au fond. Ces ornements héraldiques nous fournissent l'occasion de
remarquer que l'usage de mettre la croix octogone derrière l'écusson, suivi à Malte
et actuellement encore, était inconnu à Rhodes, où les Chevaliers portaient unique·
ment sur leurs écussons respectifs le susdit Chef de la Religion, et rarement quel·
·quefois, comme dans les armes en question, le *patenôtre* ³, sous une forme toutefois
des plus simples et différente de celle dont on se sert aujourd'hui, comme on peut
encore le voir dans les armoiries du Grand-Maître de l'Isle-Adam, sculptées sur sa
tombe dans la crypte de l'église de Saint-Jean à Malte. Pour en revenir à notre
pierre, nous ajouterons que sous le blason ci-dessus on lit ces mots sculptés en
·caractères majuscules :

HIC JACET R. D. F.
NICOLAUS DE
MONMIREL DIG. HOSPITALERIUS DE S. VAUBOURC QUI
OBIIT 20 FEBR. 1511.
REQUIESCAT IN PACE
AMEN.

Fr. Nicolas Montmirel, de la Langue de France, reçu dans l'Ordre en 1470, prit
part au siège de 1480 et assista comme Trésorier général au premier Chapitre du
Grand-Maître d'Amboise, charge qu'il échangea en 1507 contre le Bailliage de
Morée ⁴. Les mots *hospitalerius de S. Vaubourc* ne sont pas faciles à expliquer, à
moins qu'on ne veuille donner au mot *hospitalerius* le sens de commandeur et
traduire Commandeur de Saint-Vaubourg, qui était une Commanderie de la Lan·
gue et Prieuré de France ⁵. Enfin une autre grande pierre porte l'inscription sui·

---

1. p. 122. V. encore le chap. VI de ce livre, p. 71.

2. En style de blason on appelle « Chef de la Religion », la croix plate blanche sur fond de gueule
placée à l'extrémité supérieure de l'écusson.

3. Nom héraldique du chapelet.

4. Bosio, II, 424, 581, 590.

5. V. Delaville le Roux : *Cartulaire*, etc., P. LXXVIII, et Tougard : *Quelques notes sur la chapelle et
Commanderie de Saint-Vaubourg*.

vante en beaux caractères majuscules sous un écusson représentant sept châteaux [1] :

R. D. F. FERDINA
NDUS DE HEREDIA
EQUES CHRISTIA
NÆ MILICIÆ RHODI
ORUM CLARA VIRTUTE ORNATUS
EMPOSTE CASTEL
LANUS MORTEM
OBIIT
ANNO CHRISTI M.
CCCCLXXXIII
AUGUSTI XV
VIXIT ANNOS LX
SIT FŒLIX.

Comme nous l'apprend Bosio [2], ce Chevalier, appartenant à la famille qui avait donné à l'Ordre l'un de ses Chefs les plus illustres, Jean Fernandez de Heredia, était un personnage de haute importance ; il assista au Chapitre général tenu à Rome par le Grand-Maître Zacosta en 1466, et plus tard, en 1478, déjà Bailli de Cantavieja, au premier Chapitre du Grand-Maître d'Aubusson ; dans la même année il était envoyé avec pleins pouvoirs comme Procureur général de l'Ordre en Espagne pour en faire appliquer les commandements dans cette province. Enfin, renonçant à son Bailliage, en 1485 il fut nommé Châtelain d'Emposta, première dignité de la Langue d'Aragon.

En cet endroit était donc évidemment l'emplacement de l'Arsenal, où l'on construisait, équipait et radoubait les vaisseaux de l'Ordre ; mais on ne les y construisait pas tous. Nous savons en effet, par exemple, que la Caraque *Sainte-Anne*, commandée dans les derniers temps de la domination des Chevaliers à Rhodes, fut construite à Nice, et l'on prétend qu'elle fut lancée le jour même où les Turcs entrèrent à Rhodes [3].

Nous ne croyons pas sans intérêt de faire remarquer ici que les grands vaisseaux coûtaient chacun au Trésor de l'Ordre huit mille ducats pour leur entretien, et les plus petits six, quatre et deux mille. La Grande-Caraque sept mille ; elle avait 132 pieds de long sur 44 de large ; la hauteur du mât principal était de 132 pieds,

---

1. Placés, comme on dit en style de blason, 1. 2. 1. 2. 1.
2. II, 302, 383, 385, 494.
3. Bosio, II, 14.

et elle pesait le double d'un navire marchand ordinaire [1]. Peu de temps avant le commencement du dernier siège, il y avait en chantier un nouveau bâtiment encore plus pesant que la Grande-Caraque, et qui devait avoir 10 canons de gros calibre et 100 plus petits, avec 466 fusils pour l'équipage, et la place suffisante pour embarquer 600 combattants à cheval [2]. Le capitaine Windus, officier anglais de l'escadre des Indes, a fait remarquer récemment que c'est aux Chevaliers de Saint-Jean de Jérusalem que revient l'honneur d'avoir construit le premier vaisseau de guerre

LA GRANDE-CARAQUE « SAINTE-ANNE ».

cuirassé dont on ait gardé le souvenir, et que ce fut précisément la *Sainte-Anne*, la merveille de son temps, parce qu'il avait six ponts avec couleuvrines une formidable artillerie, 300 hommes d'équipage, une élégante chapelle, une salle de parade, un magasin pour armer 500 hommes et des fours pour avoir tous les

---

1. Sur le mur de la chapelle de Saint-Charles dans l'église conventuelle de Malte, se trouve un bas-relief en bois qui représente saint Jean-Baptiste, et qui servait, dit-on, autrefois, d'ornement à la poupe de la Grande-Caraque de Rhodes. Nous devons cette indication à M. le chevalier maltais Achille Ferris. La statue de saint Jean, qui ornait la poupe du même vaisseau, était, au siècle passé, dans la chapelle du Palais Magistral de Malte. (Paciaudi, *De cultu*, etc., p. 314, sq.) Une autre statue représentant le Précurseur, et qu'on prétend avoir été apportée de Rhodes, se trouve encore à Malte au village Dingli, où elle a été transportée de la ville ; peut-être ornait-elle aussi la poupe de quelque vaisseau.

2. Otto Heinrich, *Pilgern*, p. 372, 375, 392.

jours le pain frais ; la cuirasse était de plomb, solidement attachée avec des clous de cuivre [1].

L'équipage de l'escadre de l'Ordre se composait de Rhodiotes ; beaucoup d'entre eux étaient obligés de servir sur les vaisseaux qu'armaient les Chevaliers et pouvaient être contraints à ramer sur les galères, sorte d'obligation et service appelé la *Marinara*, qui passait de père en fils. Mais comme cette institution ne laissait pas d'être odieuse aux habitants, que parfois elle était cause d'émigration ou de répugnance pour le mariage chez le plus grand nombre, de sorte que la population tendait sans cesse à décroître, elle fut, en 1462, abolie par une excellente

GALÈRE DE L'ORDRE.

mesure du Grand-Maître Zacosta, qui la remplaça, du consentement des insulaires eux-mêmes, par une taxe de deux deniers par boisseau de blé broyé dans les

1. V. Not., Add. et Doc., III. Dans le *Archeological Journal*, vol. 19, 1862, on a ce compte-rendu de la séance de l'Institut archéologique de Londres du 7 février :

PROFESSOR DONALDSON IN THE CHAIR.

Captain Windus of the Indian Navy, read a memoir on a carrack or war-galley, fitted out by the Knights of St John as related by Bosio, the historian of the Order, and remarkable not less on account of its great size and equipment, than as having been sheathed with lead for defence against artillery.

The vessel was built at Nice, in 1530, and formed part of the great squadron dispatched by the Emperor Charles V, in 1535, against Tunis, to aid the dethroned Muley Hassan, against Barbarossa. The fleet consisted of about 500 vessels, chiefly Genoese, under the command of the celebrated Andrea Doria. The carrack, named the *Santa Anna*, took a prominent part in the conflict, and in a few days Tunis was captured. The huge ship was the wonder of the age, she had six decks, with couleuvrines and numerous heavy artillery ; the crew consisted of 300 men : she had a spacious chapel, hall of reception, and an armoury for equipping 500 men ; on the poop were planted trees ; it is recorded that she was provided with ovens and a

moulins. Ceux-ci furent, à cette occasion, placés sous le contrôle de l'Amiral, dont relevait la *Marinara*, et les revenus destinés à la construction et à l'armement des galères et à la solde des équipages [1].

La piraterie, l'une des plaies de cette époque, était, jusqu'à un certain point, placée sous la protection de l'Ordre, qui lui octroyait des saufs-conduits et en retirait des avantages assez grands pour subvenir à ses nombreuses dépenses, de beaucoup supérieures aux revenus dont il pouvait disposer. L'Ordre gagnait assez sur les prisonniers musulmans que les pirates lui apportaient à Rhodes : il en prenait de droit un sur dix, et pour les neuf autres, quand il en voulait faire l'achat, il en payait le prix aux particuliers. Naturellement, il choisissait toujours ceux qu'il croyait les plus riches, parce qu'ils pouvaient ensuite se racheter à prix d'or, échappant ainsi à la dure condition imposée à tous les prisonniers de travailler aux fortifications et de recevoir une nourriture insuffisante.

Les navires des Chevaliers, quand ils avaient le dessus sur ceux des infidèles, en prenaient le chargement, mais non l'équipage. Dès les premiers temps qu'ils étaient à Rhodes, il n'était pas rare de voir leurs vaisseaux revenir regorgeant de l'or, de l'argent et des marchandises enlevés aux Turcs, et non des prisonniers. Les infidèles qui tombaient entre leurs mains étaient, sans égard pour l'âge ou le sexe, passés au fil de l'épée, ou encore empalés, comme les Turcs faisaient, du reste, des Chevaliers [2] ; et cela même quand ils en avaient reçu, à titre de rançon,

---

laker, who supplied fresh bread daily in abundance. But the singular feature of her construction was the leaden sheathing attached with brass bolts, a precaution to which Bosio attributes perfect security against shot, so that although often engaged she had never been pierced below the bulwarks. Captain Windus, having pointed out various points of advancement in technical skill shown in the construction of this remarkable carrack, observed how remarkable in the fact, that whilst the merits of plated ships and invulnerable rams are so keenly canvassed in this and other countries, and the question of iron *versus* wood is the grand topic of interest in connexion with naval warfare, a vessel of huge dimensions should have existed more than three centuries ago, not only provided with appliances usually regarded as inventions of much later times, but have been actually in advance of modern ingenuity, in being secured against cannon-shot by a metal sheathing, as effectual probably against the projectiles of the period as it is believed that « La Gloire », or the « Warrior » may prove against more powerful artillery. The use of brass bolts, Captain Windus remarked, shows a singular advance in technical details. When metal sheathing was introduced in this country 230 years later, it was affixed by iron bolts, and the advantage of using copper fastenings was only recognised at a comparatively recent time. The « Santa Anna » probably resembled the celebretated « Henri Grâce de Dieu », of 1000 tons, built at Erith perhaps on an Italian model in the reign of Henri VIII.

There exists, however, it is believed, in the Refectory of the palace of the Order of St John at Rome a painting of the carrack, which may supply a precise notion of its curious details and proportions. Captain Windus concluded by observing that to the knights of St John the merit must be given of having constructed the first metal-plated vessel of war upon record. Captain Windus alluded to some experiments which he had recently made in regard to the value of lead as a protection against rifle-shot ; the results have shown however, that it is of no avail against modern artillery.

Mr Waterton has subsequently informed us that there is a model of the *Santa Anna*, as he believes, in a gallery at the Palazzo di Malta at Rome ; and also a painting in the house of the Priory on the Aventine.

1. Bosio, II, 285, 286.
2. Roberto Sanseverino, *Viaggio a Gerusalemme*, p. 58.

l'offre de la somme de six mille ducats. En 1320, six mille deux cents prisonniers musulmans ayant été amenés à Rhodes y furent mis à mort, et leurs cadavres
jetés à la mer. On vit prendre part à cette boucherie une dame anglaise qui, en
route pour les Lieux Saints, se trouvait à Rhodes et tua de sa propre main plus
d'un mille de ces malheureux [1].

La flotte de la Religion ne servait pas seulement à la guerre permanente contre
les infidèles, mais encore au commerce du sucre et des autres produits de ses
propriétés, que l'Ordre pratiquait sur une large échelle. Cependant, toute espèce
de négoce était interdite personnellement aux Chevaliers, et s'il était prouvé que
l'un d'eux eût enfreint le règlement, la moitié de la marchandise revenait de
droit au Trésor et l'autre au dénonciateur. Il était aussi sévèrement défendu aux
membres de l'Ordre de trafiquer de leur argent, et si l'on venait à découvrir un
prêt usuraire, la punition du coupable était des plus graves et l'argent était
confisqué ; le capital allait au Trésor, et les intérêts au débiteur. Il était encore
interdit aux Chevaliers d'armer des vaisseaux pour leur propre compte ; cependant, cette faveur était quelquefois accordée, à titre gracieux, par le Grand-
Maître à certains membres de l'Ordre qui, établis depuis cinq années à Rhodes,
faisaient un dépôt d'argent en garantie et pour satisfaire, le cas échéant, les
exigences éventuelles des marchands chrétiens. Tout vaisseau armé sans remplir
cette condition était, sans autre formalité, confisqué au profit du Trésor. Naturellement les abus ne manquèrent pas, et la nature aventurière et batailleuse des
Chevaliers ne se fit pas faute d'éluder ces lois restrictives et de se donner même au
métier de corsaire ; poussés à cela (dans des occasions heureusement rares) par la
honteuse soif du lucre, jointe à l'oubli de la dignité personnelle et de l'Ordre. On
raconte, en effet, certains épisodes qui n'ont rien d'honorable pour quelques-uns
d'entre eux. Ainsi, en 1517, quelques vaisseaux de la République de Raguse donnant la chasse à un corsaire espagnol nommé Don Pietro de Casculla, qui capturait
uniquement les bâtiments de cette ville, celui-ci gagna Rhodes, pendant que l'un
de ses navires était capturé par ceux de Raguse ; mais les passagers qui étaient
à bord, sautant dans une chaloupe, ayant essayé de prendre le large, celle-ci fut
poursuivie, prise, et tous les fugitifs, cousus dans une voile, jetés à la mer. Parmi
ces derniers se trouvait Fr. Jagnazo ou Jaquar, Français, chevalier de l'Ordre, qui
en était le capitaine [2]. Il arriva une autre fois que des Chevaliers, pour s'emparer
plus facilement, par une honteuse trahison, d'un riche bâtiment turc, quand ils
furent au large et hors de la vue de Rhodes, se dépouillant ignominieusement de
leurs nobles habits et les cachant, revêtirent le costume des infidèles, leur donnant
ainsi à croire qu'ils étaient des leurs, et les dévalisant lâchement de leurs biens [3].

L'Arsenal devait renfermer de belles et nombreuses pièces d'artillerie et
d'abondantes munitions. Pourtant ce n'était point à Rhodes que se fondaient les
canons, les bombes et les mortiers, mais on y fabriquait, du moins d'après

1. Sudheim R. (dans l'*Orient latin*, II, p. 333, 334.)
2. Ragnina, *Annali di Ragusa*, p. 276.
3. Tschudi, *Reise*, etc., p. 83, 84.

Biliotti [1], qui a puisé cette indication je ne sais où, les armes blanches, lesquelles, toujours suivant le même auteur, étaient travaillées par les Juifs. Toutefois il est certain que les fabriques de Milan, renommées à cette époque, fournissaient des armes à l'Ordre. En effet un document du XVᵉ siècle nous apprend que, outre des cuirasses, des boucliers et cent arquebuses, offerts aux Chevaliers par le Duc de Milan, l'Ordre commanda à ces fabriques milanaises plus de trois cents cuirasses et boucliers et cinq cents épées [2].

Les pièces d'artillerie venaient certainement du dehors. Le Grand-Maître del Carretto en fit apporter, en 1514, un grand nombre de France par l'intermédiaire de Claude Laurentin, Dépositaire de l'Ordre à Lyon [3], et le Grand-Maître d'Amboise en fit aussi venir de la même ville, tandis que, à une époque antérieure, le Grand-Maître d'Aubusson avait fait exécuter à Venise plusieurs bombardes qu'il offrit à l'Ordre [4]. Nous lisons, en effet, dans Sanuto, qu'on éprouva, le 7 juillet 1498, au Lido près de Venise, deux bombardes, œuvres du célèbre fondeur Alberghetti, en présence de plusieurs personnes, entre autres de l'ambassadeur d'Espagne, du chevalier Fr. Marco Malipiero et du chevalier Fr. André Martini [5], Prieur de Hongrie et Commandeur de Vérone. Ce dernier avait été particulièrement chargé par l'Ordre de les faire fondre avec l'agrément de la Seigneurie Vénitienne. Le 26 novembre suivant, Malipiero et Martini remerciaient la République d'avoir autorisé la fabrication des deux pièces, et en sollicitaient en même temps la faveur de faire fondre encore quatre passe-volants, quatre cents balles et cinquante rouleaux de fer pour une caravelle sur laquelle le Grand-Maître envoyait, à titre de présent, quatre-vingts faucons au Roi de France, au Duc de Savoie et à celui de Milan [6]. Je ne sais si sur ces bombardes et autres pièces d'artillerie fondues à Venise furent jamais gravés ces mauvais vers italiens composés par Georges Summaripa, à la requête du fondeur, et où il suppose que le canon ou la bombarde dit à Rhodes :

> Siccome el da Busson te ha conservata.
> Et ben munita da infedeli genti,
> Rhodo excellente, cosi deffensata
> Sarai da gli suoi bellici istrumenti [7].

---

1. P. 563.

2. Arch. d'État à Milan. *Puissances étrangères. — Rhodes.* C'est un document sans date, mais certainement de 1480.

3. Bosio, II, 612. Sur les fondeurs de canons français, V. Mensart, *Les canons, Note historique.*

4. Paciaudi, *Mémoires des Gr.-Maîtres.*

5. Reçu dans l'Ordre, du moins d'après dal Pozzo (*Ruolo*, etc., p. 47), en 1477. C'était un amateur passionné d'antiquités, comme cela ressort d'une lettre du chevailler Fr. Sabba de Castiglione, publiée par Luzio (*Lettres inédites*, p. 99, 100, 105).

6. *Diarî*, I, 1016.

7. Musée Civique de Venise, Cod. 1610, sans date. Georges Summaripa naquit en 1435, et mourut vers la fin du siècle.

Voici les pièces d'artillerie que l'Ordre laissa à Rhodes en 1523, celles qui y étaient jusqu'à ces derniers temps, avant leur transport à Paris, et celles qui s'y trouvent encore en partie :

A la tour et batterie de Saint-Nicolas :

Canon qui porte sur la volée un demi-lion de Saint-Marc et un écusson parti avec les chiffres F. A.

Canon de 18 cent. de calibre qui a sur la volée la salamandre de François Ier avec la devise : *Nutrisco et extinguo.* Il se trouve aujourd'hui au Musée d'Artillerie à Paris.

Canon aux armes du Grand-Maître d'Aubusson écartelées avec celles de la Religion et le mot *Dabusson*...

Canon qui porte sur le renfort l'écusson du Grand-Maître d'Amboise et de l'Ordre et plus bas les mots *fait à lyon*, et plus bas encore *bon* ...

A la tour et batterie de Naillac, ou du Trabucco :

Canon ayant sur la volée un demi lion de Saint-Marc, et d'un côté le mot *Albergetti* [1].

Canon portant sur la volée les armoiries du Grand-Maître Carretto et une cartouche avec les mots *Manoli Lambardis.*

Canon semé de fleurs de lis sur la volée et avec la devise du porc épic de Louis XII sur le renfort.

Canon aux armes du Grand-Maître d'Amboise et de la Religion écartelées, et en bas écrit : *fait à lyon ;* et au dessous : *horrible bus.*

Canon avec deux écussons sur le renfort, placés au-dessous d'une couronne fermée: celui de droite a un aigle et celui de gauche une fasce ; sur la volée deux cartouches rectangulaires avec des mots en lettres gothiques dont on lit à peine *Sigism. herz herzog hoesterreich ;* ainsi d'autres mots se trouvent sur le bourrelet de la bouche de la même pièce.

Canon qui porte sur la volée une quantité de petits carreaux avec des têtes au-dedans, peut-être de Saints ou de Grands-Maîtres. Sur le renfort saint Jean debout, et au-dessous un écusson avec trois chevrons. Sur la culasse encore saint Jean.

A la tour des Moulins ou de Saint-Jean :

Canon à l'écusson de France.

Canon avec les armoiries écartelées de la Religion et du Grand-Maître d'Amboise.

Canon avec le lion de Saint-Marc passant.

Aux divers boulevard et sur les murs :

Canon semé de fleurs de lis sur la volée et avec le porc épic de Louis XII sur

---

1. Famille vénitienne de fondeurs célèbres. Depuis la fin du siècle XVe jusqu'à la chute de la République de Venise elle fut toujours au service de ce gouvernement. Le premier fut Alberghetto Alberghetti en 1487.

le renfort. Sa longueur est de 4. m. et 5 cent. avec 17 cent. de calibre ; il se trouve au Musée d'Artillerie à Paris.

Canon de 3 mètres, calibre 23, portant au renfort de la culasse : *faict à lyon, 1507. Saint-Gilles.* Il y a deux écussons : celui de l'Ordre et celui du chevalier Allemand de la Rochechinard, Grand Prieur de Saint-Gilles. Il se trouve au Musée de Paris.

Canon aux armes de la Religion avec l'année MDXVI sur la volée et les mots *Marci de Comitibus f.* sur le renfort.

Canon de 3 m. 15 cent. de longueur, semé de fleurs de lis et de F. avec la salamandre de François Ier entre deux cornucopes. Au Musée de Paris.

Canon de 1 m. 90 de longueur et 26 cent. de calibre. Sur la culasse un mascaron ; sur le renfort l'écusson du Grand-Maître d'Amboise écartelé avec l'écu de l'Ordre et les mots *fait à lyon* 1507 *le hardi.* Il est à Paris.

Canon pareil au précédent avec la même date et les mots : *la frayeure.*

Canon de 2 m. 50 cent. de longueur et de 23 de calibre. Sur la volée 3 écussons, deux en haut, un en bas : en haut celui de droite est de la Religion, et celui de gauche du Grand-Maître d'Amboise ; en bas celui, peut-être, du Grand-Maître Carretto ; on lit sur le côté : *Turris Sancti Nicolai pro defensor...* Il se trouve au Musée de Paris.

Canon avec les mots : *Granmonshong.*

Canon avec un G et un R entrelacés et timbrés d'une couronne.

Canon avec un aigle à deux têtes avec une couronne fermée sur la volée.

Grande bouche à feu longue de 3 m. 76 cent. et de 14 cent. de calibre ; elle porte sur la volée l'écusson du Grand-Maître de l'Isle Adam écartelé avec celui de l'Ordre, encadré par deux Dauphins qui portent une bannière. Au Musée de Paris.

Canon qui a sur la volée un écusson à la fasce timbré du lion de Saint-Marc.

Canon avec le porc épic de Louis XII sur le renfort, et un semé de fleurs de lis sur la volée. Longueur 4 m., le calibre de 17 cent. A Paris.

Canon aux armes du Grand-Maître d'Amboise écartelées avec celles de la Religion.

Canon sans inscription, mais avec le renfort semé de fleurs de lis, long. 2 m. 56 cent. et 18 cent. de calibre. — Se trouve à Paris.

Couleuvrine aux armoiries écartelées de l'Ordre et du Grand-Maître d'Amboise : longueur 5 m. 40 cent., calibre 16 cent. Travail remarquable ; la culasse a un appendice, l'origine, peut-être, du bouton de culasse. Se trouve à Paris.

Canon portant sur le bourrelet de la bouche l'inscription : *Au commandement de Loys par la grâce de Dieu Roi de france onzième de ce nom me fit foudre à Chartres Jehan Chollet Chevalier Maître de l'artillerie du dit Seigneur.* Il a 2 m. 24 cent. de long, et le calibre de 24 cent. Sur la volée les armoiries de France. Il a les tourillons, mais sans anses et bouton de culasse. — Il se trouve au Musée de Paris.

Grosse bombarde qui, à l'extrémité de la volée, porte l'inscription : *Petrus Dabusson M. hospitalis Jer...* Sur la volée même l'écusson d'Aubusson écartelé avec celui de la Religion. Longueur 1 m. 95 cent. Le calibre est de 58 cent. — Se trouve au Musée de Paris ; et devant elle on voit son projectile en pierre du poids de 261 kil.

Les canons de Rhodes donnés par Abdul-Azis à l'Empereur Napoléon III furent placés aux Invalides, au Musée d'Artillerie, en 1862. Il y en a treize et on les voit dans la cour intérieure. Presque tous ont sur la lumière le croissant turc et portent des inscriptions arabes, gravées, naturellement, après la prise de Rhodes.

Pour revenir au vaste espace de terrain qui reste entre les murailles de la ville au nord et la Mosquée Mourad-Reis, nous dirons qu'on y voyait anciennement de superbes jardins, où croissaient à l'envi, raconte Caoursin [1], toute espèce de fruits, et qui étaient arrosés par des pompes qu'alimentaient les moulins à vent, usage qui s'est conservé en cet endroit jusqu'à nos jours [2]. On y remarquait, entre autres, le jardin des Grands-Maîtres, célèbre par plusieurs curiosités : on y voyait, en 1496, deux autruches, une vieille et une jeune, qui déposaient régulièrement, en raison de leur instinct, leurs œufs dans le sable ; une brebis des Indes et autres animaux rares de lointaines régions. Il y avait, disait-on, encore un chien de chasse, présent du sultan Bajazet, qui n'avait de poil que sur la gueule, et dont les pattes ressemblaient à celles d'un oiseau ; sans doute un produit du fameux oiseau merveilleux que possédait le dit sultan, et qui, s'il faut en croire la renommée, pondait chaque année trois œufs, dont deux donnaient des oiseaux et l'autre un chien qu'il fallait éloigner aussitôt né, parce qu'il aurait été tué par les oiseaux [3]. Outre ces curiosités naturelles et étranges, ce jardin renfermait des fragments précieux de sculptures anciennes, recueillies dans l'île [4].

Parmi ces jardins se trouvait encore celui du « Dragone », où fut somptueusement traité Nicolas d'Este, qui était de passage à Rhodes en 1443, se rendant à Jérusalem. Ce « Dracon », qui était un si grand personnage que d'Este jugea convenable de lui notifier son arrivée en même temps qu'au Lieutenant du Grand-Maître, à peine débarqué dans l'île, était seigneur de Nissiros, important et riche citoyen et presque « seigneur de Rhodes ». Evidemment ce devait être Dragonetto Clavelli, qui était en effet feudataire de l'île de Nissiros, ou l'un de ses neveux. En partant, le même Nicolas reçut de lui en cadeau une barrique d'excellent vin dit Maroa [5].

Ces jardins n'étaient pas les seuls ; il y en avait encore, aux environs de la ville, une infinité d'autres [6], dont la beauté faisait les délices des habitants de Rhodes.

1. *De Rhod. urb. obsid.*

2. « Per circuitum urbis, in locis ubi mare muros non tangit, sunt horti et viridaria et pomeria quæ irrigantur ex cisternis ibi fossis. » Felix Faber, *Evagator*, III, p. 254.

3. Torr, 43.

4. Lettre citée de Fr. Sabba Castiglione publiée par Luzio, p. 98.

5. Viaggio a Gerusalemme di Nicolò d'Este descritto de Luchino del Campo, I, 114, 115.

6. Ibid., I, 115.

Chapitre Quatorzième.

N laissant le vieux Conach à gauche et en continuant du sud au nord le long du port des Galères, on trouve, après l'entrée de ce dernier, le bassin, dit du Lazaret, d'un édifice qui sert à cet usage, situé à l'extrémité d'un môle de 140 m. de longueur [1] et avançant vers la mer dans la direction de l'ouest à l'est.

A l'époque du siège de 1480, Missah Pacha Paléologue construisit, à l'extrémité de ce môle, un pont de bateaux qui lui permit de transporter plus facilement ses troupes sous la tour de Saint-Nicolas. Il était de ce côté attaché au moyen d'un câble aux rochers du Lazaret, et de l'autre, au moyen d'une seconde corde, à une ancre immergée sous les récifs de la tour. De cette manière, quand le moment serait venu de se servir du pont, il suffirait de tirer cette corde pour qu'il vînt accoster la tour. Mais le stratagème, conçu et préparé secrètement à la faveur de la nuit, fut découvert par un marin qui, se jetant à l'eau, coupa la corde ; et quand ils voulurent exécuter la manœuvre projetée, les Turcs comprirent qu'ils avaient été joués [2]. Ce marin était un Anglais du nom de Gervais Rodgers [3]. Bosio ajoute qu'il fut hautement félicité de son intrépidité et que le Grand-Maître d'Aubusson lui donna en récompense une bonne quantité de ducats [4].

A l'est, derrière le Lazaret, était l'église ou oratoire de Saint-Antoine, qui faisait face à la tour de Saint-Nicolas, à environ deux cents pas de distance [5]. Cette

---

1. Guérin, 87.

2. Bosio, III, 406. Merry Dupuys (607) dit que celui qui coupa la corde était un marronier, c'est-à-dire un esclave. Peut-être Merry, en écrivant *marronier*, a voulu dire *marron*, esclave qui vit en liberté (V. *Dictionnaire de l'Académie française*). Par *marrano* en italien on appelle ce chrétien dont les parents sont mahométans.

3. Hammer, *Histoire de l'Empire*, etc., VI.

4. Bosio, II, 407.

5. « Ad occidentem (turris S. Nicolai) oratorium sancti Antonii situm est fere C. C. passibus a turri distans mare interjecto. — Lettre du Grand-Maître d'Aubusson à l'empereur Frédéric. V. Pauli, II, 150.

église figure dans les *Stabilimenta* au nombre de celles qui relevaient de la juridiction de l'Ordre [1]. On y enterrait en dedans et en dehors la plupart des Chevaliers et les pèlerins qui mouraient à Rhodes [2]. Les Turcs la renversèrent pendant le siège de 1480 ; et ses ruines leur furent d'une grande utilité lorsque, à l'instigation du traître maître Georges [3], ils firent installer, au mois de mai de la même année, une batterie composée de pièces de gros calibre, qui ouvrirent les premières le feu contre la tour de Saint-Nicolas [4]. Aussi, après le départ de l'ennemi, le Grand-Maître d'Aubusson, préoccupé de réparer les dégâts du siège, ordonna-t-il la démolition des restes de cette église et celle du moulin qui en était proche [5], n'en conservant qu'une chapelle du côté sud, afin qu'on pût célébrer l'office des morts sur la tombe des nombreux Chevaliers qui y étaient enterrés, comme nous l'avons dit ; mais à la condition expresse, que si une armée turque venait à paraître de nouveau, la chapelle elle-même serait rasée [6]. Toutefois, en 1481, on décidait de la reconstruire plus magnifique et d'agrandir le cimetière [7], et en 1489 le Chapitre général autorisait le Grand-Maître à la doter avec plusieurs autres églises et oratoires [8]. C'est peut-être de cette église que proviennent les deux tableaux représentant saint Antoine, abbé, et saint Antoine, confesseur, que l'Ordre emporta de Rhodes à Malte, où ils ont pris place dans l'église de la Victoire [9]. En face de l'emplacement où était notre église, dont il ne reste plus trace aujourd'hui, s'élève la mosquée Mourad-Reis qui, s'il faut en croire Dapper, tire son nom d'un célèbre corsaire qui y est enterré [10]. D'après Rottiers [11] et Biliotti [12], cette mosquée occuperait la place de la susdite église de Saint-Antoine, mais des témoignages autorisés me font rejeter cette opinion comme erronée ; sans compter qu'il y a une dizaine d'années, on découvrit des ossements dans l'espace de terrain où, selon nous, devait se trouver l'église, c'est-à-dire à l'endroit où est le terrain vague qui dépend du nouveau Conach, et précisément à l'angle où la rue de Neo-Maras aboutit à celle qui longe le port des Galères. Ces ossements allaient être la proie des chiens, quand M. Casilli, vice-consul d'Autriche, intervint auprès du Gouverneur et obtint qu'ils fussent mis en terre.

A l'ouest de la Mosquée Mourad-Reis se trouve le faubourg de Neo-Maras, ou Neohori, qui compte huit cents âmes, dont cent vingt catholiques latins [13]. Rien ne prouve, d'après nous, que, comme l'écrit Guérin [14], ce faubourg n'existât pas à

1. Stabilimenta, XXXVI, *de Ecclesii.*
2. Torr, 42.
3. V. ce que nous en avons dit au ch. XIII, p. 138 de cet ouvrage.
4. Biliotti, 257.
5. Bosio, II, 432.
6. Bosio, II, 429.
7. Bosio, 435.
8. Bosio, II, 506.
9. Ferris, *Memorie*, etc., 103.
10. Dupper, 101.
11. 158.
12. 588.
13. 148.
14. 148.

l'époque des Chevaliers. Nous soupçonnons, au contraire, que ce doit être celui que Bosio désigne sous le nom de Nicorio [1]. — Ce faubourg, à une époque très reculée, raconte Biliotti [2], portait le nom de Keratohori, ou village cornu. Suivant le même auteur, ce nom lui fut donné par l'ancienne tradition, qu'au temps des Chevaliers, les femmes de mauvaise vie se tenaient là ; et il cite une carte de Rhodes, publiée en Espagne au XVIIe siècle, sur laquelle la place de ce faubourg est désignée par ces mots : *Hasa cornuda*. Sans compter que cette épithète pouvait lui venir aussi par sa forme ou par d'autres raisons, il n'est pas établi par un document que le quartier de ces femmes était celui-là. Nous savons au contraire que le Grand-Maître de Milly et le Conseil, frappés du nombre excessif de cette sorte de personnes et du scandale qu'elles donnaient, auraient voulu les chasser de l'île : mais, pour éviter des désordres encore plus criminels, ils établirent, par décret du 3 mars 1456, que ces femmes devaient se tenir dans un certain coin de la ville désigné pour leur habitation et absolument pas ailleurs. — Le Prieur de l'Église et le Turcopolier, Fr. Guillaume Dawnay [3], furent chargés de l'exécution du décret [4]. Il paraît pourtant qu'il ne fut pas très longtemps respecté, car, en 1478, le Chapitre général, sur les remontrances du peuple, fit de nouvelles lois à ce propos, et défendit qu'aucune de ces femmes pût habiter près des maisons où se tenaient les femmes honnêtes, et même, dans ce cas, on devait les chasser ; mais si la maison où elles demeuraient était leur propriété, celui qui les chassait devait leur en payer le prix [5]. Tout cela montre que le quartier dont parle Biliotti était situé dans la ville même et pas dans les faubourgs. Les mœurs dans ces temps-là étaient extrêmement corrompues, même dans Rhodes, et nous en avons des preuves dans les ordonnances très sévères, qu'après le siège de 1480, le Grand-Maître d'Aubusson fit publier contre une quantité de crimes de ce genre [6]. En 1483, l'Ordre étant en paix avec les Turcs, et plusieurs infidèles étant venus à Rhodes pour raison de commerce, il arrivait très souvent des rapports intimes entre eux et les femmes chrétiennes de l'île : une loi très sévère fut alors publiée par l'Ordre, menaçant de la prison tout chrétien, homme ou femme, qui entretiendrait des relations avec les Turcs ou avec les Juifs, et déclarant passibles de la même peine les entremetteurs qui auraient favorisé ces désordres [7].

Dans ce faubourg de Néo-Maras s'élève l'église catholique latine, dédiée à la Sainte Vierge sous le vocable de Notre-Dame de la Victoire, dont la fête se célèbre le 15 août ; elle sert actuellement de paroisse aux catholiques habitant l'île. Quand Rhodes fut abandonnée en 1522 après la capitulation, presque tous les Latins suivirent l'Isle-Adam à Candie, et cherchèrent ensuite, nous l'avons vu [8], un

1. II, 387.
2. 499.
3. Ou Dannenoy, selon ce que M. Torr nous dit.
4. Libri Bullarum, n° 51 ; Bosio, II, 253.
5. Bosio, II, 285.
6. Bosio, II, 438.
7. Bosio, II, 472.
8. V. le ch. XI de cet ouvrage, p. 123.

refuge dans diverses contrées, pendant qu'ici leurs églises abandonnées étaient converties en mosquées. Le culte catholique, toutefois, ne disparut que pendant quelques années, car il n'était pas rare que des Latins, faits prisonniers par les navires ottomans, fussent amenés à Rhodes pour y être condamnés aux galères ou autres travaux forcés. En 1660, le commissaire de la Custodie des Mineurs Réformés de Constantinople envoyait de Smyrne l'un de ses Pères, qui revenait deux fois l'an administrer les sacrements aux pauvres esclaves catholiques, jusqu'au jour où s'y installa définitivement le P. Pierre de Matera [1]. Il fut nommé chapelain du vice-consul de France, Balthazar Massé, qui lui assigna douze pains la semaine, et la moitié du loyer d'une maison au pied du mont Saint-Étienne [2].

Plus tard, le 14 octobre 1719, un rescrit de la Propagande adressé au P. Pierre François de Turin, alors préfet apostolique de la mission des Mineurs Réformés à Constantinople, rattachait à cette dernière la mission de Rhodes, et la mettait sous la juridiction du même chef. Celui-ci envoya alors l'année suivante le P. Benoit Seyller [3], qui connaissait la langue grecque, comme son vicaire et curé de Rhodes, et le P. Basile de Popoli [4], tous deux élèves de la Mission, qui prirent possession de la nouvelle paroisse le 31 juillet 1720. Depuis lors cette mission, avec les iles adjacentes de Symis, Nissiros, Kasos, Carpathos, Castellorizzo, Coos, ou Stankio, Halkis, Leros, Kalymnos, etc., releva directement du préfet apostolique des Mineurs Réformés de Constantinople, qui y exerçait pleine et entière juridiction, dépendant immédiatement de la Propagande. Récemment, un décret du Souverain-Pontife Léon XIII, en date du 14 août 1897, a érigé la mission de Rhodes en Préfecture apostolique indépendante, avec juridiction sur les îles susdites. Un second décret du 31 août de la même année a placé à la tête de ce nouveau poste le P. André Félici de Jenne, lui accordant même le pouvoir d'administrer le sacrement de Confirmation [5].

Biliotti [6] déplore le peu de succès de l'École tenue par les Pères, mais il faut reconnaitre à leur honneur que leur zèle n'a cessé d'être au-dessus de tout éloge, car quand ils s'aperçurent, en 1875, que leur école peut-être n'était pas en rapport avec les besoins de la colonie, ils firent appel, pour l'éducation des jeunes filles, aux Sœurs Missionnaires franciscaines de la Congrégation de Gemona, s'imposant ainsi des charges bien supérieures aux ressources dont ils pouvaient disposer.

Le nombre des catholiques, Dieu merci, va toujours croissant ; en 1856 il était de cent vingt [7], en 1881 de deux cents [8], et il est aujourd'hui de deux cent cinquante-deux répartis en soixante-deux familles [9].

---

1. Et non Molena, comme l'écrit Biliotti, p. 592.
2. Biliotti, 392.
3. Et non Saylor, comme le dit Biliotti, p. 592.
4. Et non Perpoli, comme le prétend Biliotti, p. 592.
5. Il y a actuellement (1898) quatre missionnaires italiens qui résident à Rhodes ; deux prêtres et deux frères convers.
6. P. 594, 595.
7. Guérin, 81.
8. Biliotti, 593.
9. Suivant le recensement fait par le Curé latin de Rhodes, le 3 avril 1894.

L'église, construite en 1849, a 20 m. de long sur 7 m. de large, avec cinq autels. Le clocher, qui mesure 32 m. de haut, a été construit en 1853, en grande partie avec des matériaux provenant des démolitions de l'ancienne église de Saint-Etienne, sur la montagne de ce nom, comme nous le dirons bientôt. La sacristie n'est autre que l'ancienne église bâtie en 1743 [1].

Ce qu'il y a de plus intéressant dans cette église, c'est un bas-relief de la Sainte Vierge, peint et sculpté en marbre, et non peint sur bois, comme l'a écrit Chateaubriand [2]. Voici ce que l'on raconte à propos de cette image :

Le 12 novembre 1693, un esclave catholique, appelé Simon, et Esclavon d'origine, travaillait avec plusieurs autres de ses compagnons d'infortune dans le quartier juif de la ville, quand il s'entendit appeler par son nom, et aperçut ce marbre sculpté. Il le prit et l'emporta dans le bagne où il vivait relégué avec ses compagnons, et eut la dévotion d'allumer une lampe devant elle. Les Grecs n'eurent pas sitôt connaissance de cette découverte, que leur Métropolite se rendit auprès du gouverneur pour l'obtenir, mais ses démarches furent inutiles. Le Musulman, se rendant aux prières et aux explications du pieux forçat catholique, lui confirma la possession de ce marbre. Il fut donc placé dans l'église latine, au pied du mont Saint-Etienne, du côté de l'épître ; il y resta jusqu'à la construction de la nouvelle église, au faubourg de Neo-Maras, où il fut transporté, en 1743, par le P. Michel de Bergame. On raconte plusieurs miracles opérés par cette sainte Image. Ainsi un Grec, qui avait eu l'impudence de la tourner en ridicule, sentit, au milieu de douleurs effroyables, sa langue paralysée sur-le-champ. On l'invoquait avec succès contre la peste, les tremblements de terre, les fièvres, dans les naufrages et autres calamités. Les registres de l'église et les ex-voto en argent suspendus à l'autel, rendent témoignage des grâces obtenues par l'invocation de cette Image miraculeuse vénérée à Rhodes sous le nom de Phaneromeni ou « La retrouvée ».

Elle est enchâssée dans le mur, derrière le maître-autel, et mesure o m. 51 de de haut sur o m. 47 de large. Le marbre se divise en deux parties presque égales : celle à droite du spectateur porte un écusson avec la figure d'un ange et une inscription ; celle de gauche, l'Image vénérée. La Sainte Vierge y est représentée tenant le divin Enfant sur le bras gauche. En haut, à gauche, on voit les deux lettres Θ. V., et un peu plus bas que celles-ci, sur le nimbe de l'Enfant-Jésus, un autre monogramme ICXC [3]. L'autre côté du marbre offre dans le haut, au-dessus de l'écusson, un espace divisé en deux parties presque égales : à gauche du tableau, un ange, et à droite, l'inscription suivante en grec très vulgaire : Eϊπε

---

1. Je dois la plus grande partie de ces renseignements sur l'église latine de Rhodes et son histoire, à l'extrême obligeance du R. P. André Félici de Jenne, préfet apost. des Mineurs Réformés à Constantinople, et au P. Gabriel de Senigallia, le zélé curé de Rhodes, qui les ont puisés eux-mêmes en partie dans les Archives paroissiales, et auxquels je rends les plus sincères actions de grâces.

2. Itinéraire, etc., II, 84.

3. Sur le dessin, peu exact du reste, qu'en donne Rottiers, Atl., pl. XX, on voit entre les mains de l'Enfant une verge terminée en fleur de lys, tandis que l'original semble porter une espèce de fouet.

1693 εσκεφώ ὅτε ή παρσόνα εἰκόν τὴς θεστόκεο εν τη εσρεκάλ παρα τινς; Σεμον. ενν. τον Ἀλεπατσγλον ἰκακλῶτε κὰτε δὲ τω 1753 ἰσπηρί ὅτε δι ἰξόλου τον πατρη φελεπίον Νπκέανεε βτηρι, θετεένω. εν μηνὶς οιττε βεση.

En voici le sens : « La présente image est apparue dans le quartier juif, en 1693, » à un nommé Simon, l'un des esclaves de Ali Pacha Onglou ; en 1753, elle » a été peinte aux frais du P. Philippe de Montevarchi, Toscan, dans le mois » d'octobre. »

BAS-RELIEF EN MARBRE DE LA SAINTE VIERGE
DANS L'ÉGLISE LATINE MODERNE.

L'écusson représente des armoiries d'un caractère absolument français ; mais ce ne sont pas du tout celles du Grand-Maître d'Aubusson, comme l'ont prétendu Chateaubriand [1], Rottiers [2], Guérin [3], et comme on le voit consigné dans les archives des Pères Réformés eux-mêmes. Les armoiries de ce Grand-Maître, reproduites à chaque pas dans toute la ville et l'île de Rhodes, se composent, nous

1. *Itinéraire*, II, 84.
· 2. 142.
3. 82.

l'avons dit, d'une croix ancrée de gueule sur fond d'or, tandis que celles qui sont à côté de la Madone représentent un écu traversé horizontalement par deux fasces, et avec neuf merles disposés circulairement comme en bordure de l'écu. Il n'y a aucune trace qui indique les émaux ou les couleurs, et il faut voir dans les lignes qui ornaient les deux bandes, non pas une indication des couleurs et des émaux, mais simplement la diaprure, sorte d'enjolivement souvent usité à cette époque, et qui est encore aujourd'hui de mode en Allemagne. Les couleurs qu'on remarque actuellement, tant sur l'écusson que sur les vêtements de la Madone et de l'Enfant-JÉSUS, sont l'œuvre, nous l'avons vu, du P. Philippe de Montevarchi, qui vivait au commencement du XVIIIe siècle. Le peintre n'avait sans doute aucune idée de l'art héraldique et ne suivit que les inspirations de son caprice ; aussi les couleurs actuelles de l'écusson n'ont-elles aucune valeur.

Ce marbre provenait, selon quelques-uns, de l'église de la Victoire [1], située dans le quartier juif et démolie par le Grand-Maître de l'Isle-Adam, et aurait été même l'image principale de ce temple, opinion accréditée surtout par l'attribution erronée des armoiries à d'Aubusson, fondateur de l'église elle-même.

Malheureusement, cette assertion ne repose sur aucun fondement ; nous n'avons pas, en effet, de document qui indique d'une manière précise l'endroit où l'esclave Simon retrouva cette Image, laquelle pouvait appartenir à quelqu'autre église. Il est très probable qu'il manque à ce marbre une troisième partie, à droite de la figure de la Sainte Vierge, partie qui devait, assurément, porter un écusson égal à celui de gauche, et lui faire pendant. Pour moi ce marbre, représentant, quand il était entier, la Sainte Vierge entre deux écussons, et mesurant par conséquent 0 m. 90, en dehors de la corniche aujourd'hui disparue, devait servir à orner le dessus de porte de quelque maison particulière, ou peut-être aussi décorer le côté de quelque monument funéraire, ou un hôtel.

A qui donc appartient l'écusson sculpté à côté de la Madone? Elles sont nombreuses les familles qui ont porté des armoiries semblables à celles-ci [2], mais, de toutes celles qui ont donné des Chevaliers à Rhodes, je n'en connais qu'une, celle des Chantemerle, qui avait l'écu d'or à deux bandes et à neuf merles de gueule disposés comme nous les voyons ici [3]. C'était une vieille famille de Bourgogne, dont un membre, nommé Guillaume, prit part aux croisades [4]. Un autre, Hubert de Chantemerle, seigneur de la Clayette au XVe siècle, eut, de son mariage avec Anne de Bellanare, un fils, nommé Pierre, qui entra dans l'Ordre des Chevaliers de St-Jean de Jérusalem et qui, étant parti de Rhodes pour combattre les Infidèles, mourut en

1. Biliotti, 267.
2. Les familles Parc, Betz, Mello, Chartrey, Paisnel.
3. Goussancourt, I, 231.
4. « Petrus Radefaus dedit... factum fuit hoc donum in capitulo eo die quo Willelmus de Chantemerle, volens ire Jerusalem, petiit a Monachis esse in beneficiis suis, etc. » V. Marchegay, *Cartulaire du Bas-Poitou*, etc., p. 244.

Sicile en 1500, à l'époque du Grand-Maître d'Aubusson [1]. C'est tout ce que nous savons de ce Chevalier ; mais il dut cependant occuper une des premières charges de l'Ordre, car son écusson figurait au nombre de ceux qu'on admirait autrefois sur les murs du port et précisément sur l'une des deux tours entre lesquelles passait, dit-on, comme je l'ai fait remarquer, le canal qui mettait le port du Commerce en communication avec un bassin intérieur par lequel on pénétrait de l'autre côté dans le port des Galères [2].

Entre le faubourg Neo-Maras et le mont Saint-Etienne, on aperçoit, au milieu de terrains cultivés, une petite chapelle abandonnée qui rappelle en petit celle de Saint-Demetrius, dont nous avons parlé. Elle est dédiée à saint Callinicus, que Buondelmonte [3] appelle Gallinicio. L'intérieur est vide avec quelques traces de peinture ; et au dehors, à côté de la porte, une petite pierre porte un écusson avec ces mots au-dessous : *Geronimo de Canelli, 1410 ;* en haut de l'écusson, au chef édenté, sous le chef de la Religion, la devise : *tot per lo milior.* Cette famille de Canelli donna plusieurs Chevaliers à l'Ordre ; mais il n'a pas été possible de savoir à quelle ville d'Italie elle appartenait [4].

Au sud de Neo-Maras et à l'ouest de la ville, s'élève entre celle-ci et la mer la montagne, ou colline, de Saint-Etienne. Les Turcs l'appellent Merdjan Tepè, à cause du tombeau d'un santon ou derviche qui y est enterré ; d'autres, au contraire, l'appellent Mont Smith, parce que, à l'époque de l'expédition de Bonaparte en Egypte, Sir Sidney Smith y habitait une maison sur la crête d'où il surveillait les opérations de l'escadre française dans ces parages. Cette colline, de 90 m. d'altitude, présente du côté de la mer un amas confus, inaccessible de rochers entassés les uns sur les autres, tombés évidemment de la colline elle-même et contre lesquels les vagues viennent se briser ; sur les côtés nord et est, ce sont au contraire des coteaux à pente légèrement inclinée avec une quantité de jardins d'où émergent quelques maisons évidemment de l'époque des Chevaliers.

Sur le sommet de la colline s'élevait l'acropole de l'ancienne ville, qu'il dominait complètement comme la ville actuelle. Aussi fut-il, le 9 juillet 1522 lors du dernier siège, occupé militairement par les Turcs avec le faubourg de Saint-Georges. C'était, du reste, ce qui avait eu lieu précédemment pendant le siège de 1480 [5]. C'est de la vedette (dont le dessin de Rottiers reproduit, soi-disant, les ruines authentiques) qui était sur cette colline que, en mai 1480 comme en juin 1522, la sentinelle découvrit la flotte turque et en signala la présence au Grand-

---

1. Goussancourt, I, 231.
2. V. le chapitre I de cet ouvrage, p. 25.
3. *Op.cit.*
4. Frère Boniface, en 1283, Commandeur de Saint-Jean de Pré, à Gènes ; Frère Pierre qui, en 1310, avait la même Commanderie ; Frère Jacques, en 1311, Prieur de Lombardie ; et un autre Frère Pierre, en 1353, était Commandeur de la Miséricorde de Plaisance, et en 1364, du Castellazzo d'Alexandrie. V. Persoglio, *S. Ugo Cavaliere*, p. 153, et Peirano, *Fr. Guglielmo da Voltaggio*, p. 12.
5. Bosio, II, 399. Biliotti, 307.

Maître [1]. Ce guetteur voyait les signaux qui lui étaient faits de l'île de Symis, distante d'environ 23 milles, où sur une montagne se dressait un château élevé par le Grand-Maitre de Villaret, et dont on aperçoit encore aujourd'hui les restes [2]. On a peine à comprendre comment l'Ordre n'avait pas bâti une forteresse sur le sommet du mont Saint-Étienne, ce point culminant de la place, et comment, si préoccupé de construire partout des travaux de défense, il n'avait pas imaginé un système de forts détachés, non seulement pour s'opposer au débarquement des ennemis, mais encore pour couvrir la ville d'une position aussi importante que celle de cette colline. Soliman le comprit et se montra en cela supérieur aux Chevaliers.

La montagne de Saint-Étienne s'appelait ainsi à cause d'une ancienne église byzantine (nullement élevée par les Chevaliers, comme le croit Biliotti [3]), dédiée au premier Martyr, laquelle était située sur le versant septentrional et qui existait encore quand Rottiers visita Rhodes [4]. D'après lui, elle avait été restaurée par le Grand-Maitre de Villeneuve, et avait ensuite servi d'hôpital aux officiers turcs blessés dans les sièges. L'on y voyait encore des traces de peintures représentant les Évangélistes et l'Assomption de la Sainte Vierge. Tout en laissant à Rottiers la responsabilité de ses informations, nous dirons que l'église, déjà complètement en ruine, a été rasée il y a environ cinquante ans, et qu'on en voit à peine aujourd'hui la trace dans un jardin dépendant de la mosquée de Soliman [5]. Les matériaux provenant des ruines ont été achetés par les PP. Mineurs Réformés, qui en ont tiré parti pour la construction de leur église actuelle à Neo-Maras, dont nous avons parlé ci-dessus. Le Père Joseph de Lucques, en démolissant cette vieille église, a pris toutes les pierres susceptibles d'être employées dans la maçonnerie de la nouvelle, et a mis de côté toutes celles qui étaient inutiles [6]. Parmi ces dernières, on a retrouvé des fragments de sculptures de l'époque classique ; preuve que ceux qui construisirent l'église primitive en utilisant les restes d'un édifice plus ancien, probablement d'un temple de Minerve Poliade, s'étaient rendus coupables du même acte de vandalisme que le P. Joseph.

L'église de Saint-Etienne, de petites dimensions, avait la forme d'une croix grecque et était orientée vers le levant ; elle était surmontée d'une coupole octogone ornée à l'intérieur de petites colonnettes [7].

---

1. Fontanus, II. Bosio, II, 399, 651. Pauli, II, 495. Cette montagne est aussi appelée « le petit Atabyros ». V. Guérin, 169.

2. Symis était l'une des îles de l'Ordre dont les revenus étaient assignés aux Grands-Maitres, et pour cela dites « Magistrales ». Elle avait un château sur le rivage et un autre sur la montagne, gardés par trois Chevaliers. L'un de ces châteaux, et peut-être aussi l'autre, repoussèrent héroïquement en 1457 un assaut des Turcs ; il fut ensuite restauré par le Grand-Maitre de Milly. V. Coronelli et Parisotti, *Isola di Rhodi*, p. 254, 257, 260, 333, et Biliotti, 223.

3. 488.

4. Rottiers, 341.

5. Biliotti, 486.

6. Biliotti, 486, 487.

7. Rottiers, 341. Guérin, 152, 153.

Rottiers[1] place dans cette église le tombeau du Grand-Maitre de Gozon et raconte avoir trouvé un reste de pierre funéraire dans un fragment de marbre portant ces mots :

ITAMI
T DIE XV X BRIS
ANNO DMI MCCCLII
DME JHU. SUSPE SPR. EI

RUINES DE L'ÉGLISE DE SAINT-ÉTIENNE.

Il en conclut, sans autre preuve, que c'était justement un fragment de la pierre qui recouvrait les restes de ce Grand-Maitre; et, à l'appui de son assertion, il cite un passage d'un manuscrit inédit d'un moine Basilien, nommé Eleuthère, témoin du dernier siège et mort, d'après lui, à Rhodes en 1545 : manuscrit conservé par un prêtre nommé Euphemius qu'il dit avoir connu à Triandia, où il vivait avec sa fille nommée Hélène[2].

Ici Rottiers dépasse les limites permises à l'imagination la plus fantastique,

---

1. Rottiers, 340, 341.
2. *Op. cit.*, 358 sq., 393, 394.

sans compter qu'on ne voit pas comment peuvent découler de cette inscription, dépourvue de sens, les conséquences qu'il en tire. D'abord le Grand-Maitre de Gozon, mort le 7 décembre 1353, fut enterré, au dire de Bosio [1], dans l'église de St-Jean du Collachium, réservée, ce semble, pour sépulture à tous les Grands-Maitres. En second lieu, Biliotti, Rhodien, après avoir fait des recherches spéciales, déclare que non seulement le manuscrit n'existe pas, mais que les plus anciens de Rhodes et de Triandia n'ont jamais entendu parler du moine Euphemius et de sa fille, dont se sert Rottiers pour appuyer son dire et broder une idylle [2].

Au bas du Mont Saint-Etienne, du côté du nord, on découvre une élévation de terrain sur laquelle se dressent deux moulins à vent. Ce fut là que, pendant les sièges de 1480 et de 1522, les Turcs installèrent une batterie pour attaquer le palais du Grand-Maitre [3] ; et c'est encore près de cet endroit que plusieurs catholiques qui étaient esclaves à Rhodes, construisirent une petite église avec deux autels. Sur l'un de ces derniers, un tableau représentait la Sainte Vierge, ayant agenouillés à ses pieds, à droite saint Jean de Matha, fondateur de l'Ordre des Trinitaires, voué au rachat des esclaves, et à gauche saint Roch, patron des pestiférés. Sur le second était placée l'Image trouvée par l'esclave Simon dont nous avons parlé [4]. Abandonnée depuis 1743 par les Latins pour le nouveau sanctuaire de Neo-Maras, elle est encore néanmoins visitée quelquefois par les Grecs, qui viennent y offrir de l'encens et y allumer des cierges en l'honneur de l'image qui y était jadis. A côté, se trouve un cimetière aujourd'hui totalement abandonné.

Le flanc de la colline tourné vers l'est est occupé par des cimetières turcs, vaste champ funèbre qui fait tout le tour de la ville, depuis la porte de Saint-Paul jusque passé celle du Cosquino, où commence celui des Juifs qui va jusqu'à la baie d'Akandia. C'est là que reposent les quarante mille hommes que Soliman immola à la conquête de Rhodes, et dans les deux cimetières se dressent d'innombrables stèles de pierre et des cippes avec inscriptions tirées de la Bible et du Coran, restes pour la plupart de monuments de l'antiquité et du moyen-âge. On reconnait çà et là les vestiges de mouvements de terrain et de monticules artificiels où Soliman dressa ses batteries, et l'imagination reconstitue aisément le terrible aspect du dernier siège.

Le vaste espace qui entoure la ville tout entière était, aux temps de l'Ordre, entièrement planté de potagers et de jardins : il y avait autour de la ville, dit Merry Dupuys, beaucoup de jardins et tout plein de petites maisons, églises et chapelles des Grecs, qui étaient arrosés par l'eau des citernes creusées à cet effet [5].

---

1. Bosio, II.
2. Op. cit., 165.
3. Bosio, II, . . .
4. V. plus haut, p. 154 et seq.
5. Vertot, II, 599.

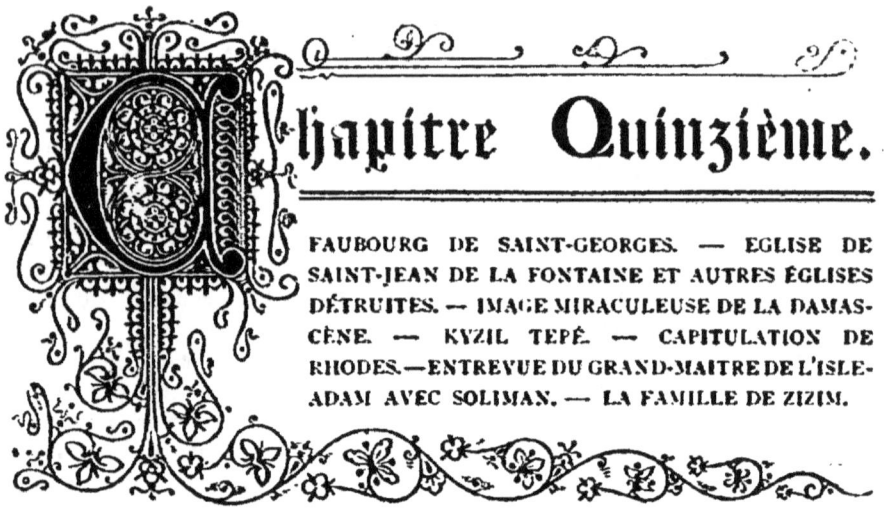

Chapitre Quinzième.

L'OUEST de la ville, près de la baie d'Akandia, se trouve le faubourg de Saint-Georges, appelé encore Cato Maras ou bas faubourg [1]. Là s'élevait l'église de Saint-Jean de la Fontaine, comprise par les Statuts de l'Ordre parmi celles qui étaient sous la juridiction de la Religion [2]. Ce fut dans le voisinage que les Turcs, pendant le dernier siège, pratiquèrent une mine qui allait jusqu'au fossé du Poste de Provence ; mais elle fut encore découverte et éventée par l'habileté de Tadino [3]. Le surnom de la Fontaine (de fonte) avait été donné à l'église, disait-on, parce qu'on avait trouvé en cet endroit la tête de saint Jean-Baptiste, en creusant un puits. Cette tradition est pourtant d'une date antérieure à l'établissement de l'Ordre dans l'île, et il n'est pas inutile de rapporter ici ce que dans les Chroniques de Benoît de Péterborough [4] (qui pendant la troisième croisade de Philippe de France s'arrêta quelques jours à Rhodes) il est dit : que Rhodes avait été fondée par Hérode et que celui-ci, après avoir fait décapiter le Précurseur, s'en était allé à Ninive, lieu également situé dans l'île de Rhodes.

Le naïf chroniqueur n'avait pas lu, sans doute, dans Josèphe les trois visites faites par Hérode à Rhodes [5] ; mais, en tout cas, il est curieux de voir, observe Torr, cette île en relation avec saint Jean-Baptiste plus d'un siècle avant que les Chevaliers ne s'en emparassent. De même il n'est pas moins étrange que le château de Rhodes en Allemagne ait été cédé à l'Ordre en 1272, bien longtemps avant l'époque de l'occupation de Rhodes par les Chevaliers. Toutefois, quoiqu'on

---

1. Biliotti, 256.
2. Stabilimenta, De Ecclesia, XXXVI.
3. Bourbon, 619. Bosio, II, 668.
4. Torr, 70.
5. Torr, 70.

en ait perdu la trace, il existait jadis dans l'île un endroit dit Ninive, comme il en existe un autre à Céphalonie qui porte le nom de Jérusalem [1].

L'église grecque de Saint-Georges que l'on voit aujourd'hui dans ce faubourg, occupe vraisemblablement la place de celle de Saint-Georges, démolie en 1480 avec plusieurs autres des faubourgs, du consentement du Métropolite grec, des Papas et des Franciscains, parce qu'elles constituaient un danger sérieux pour la ville en cas de siège : et il faut en dire autant de l'église de Sainte-Anastasie qui s'élève également dans ce faubourg [2].

Sur le versant du Mont Saint-Étienne, du côté est, et précisément en face du faubourg de Saint-Georges, on rencontre le quartier d'Apano Maras, ou haut faubourg. Anciennement il portait le nom des SS. Cosme et Damien, à cause de l'église qui y était dédiée à ces deux Saints et qui s'élevait sur une sorte de terre-plein au-dessus du faubourg même. Près de là, plus bas, était encore l'autre église de Sainte-Marie Elemonitre, qui se trouvait en face du boulevard d'Angleterre [3]. L'emplacement de l'église des SS. Cosme et Damien, dont le souvenir nous a été conservé par l'église actuelle de Saint-Anargirius, se trouvant vis-à-vis des Postes d'Aragon et d'Angleterre, fut choisi en 1522 par les Turcs pour battre ces derniers en brèche, et ils y construisirent dès le commencement du siège les fameux mantelets dont il a déjà été question [4]. Quant à l'église de l'Elemonitre, où fut ménagée pendant le siège de 1480 une entrevue entre l'envoyé de Missah Pacha, qui demandait la reddition de la place, et celui d'Aubusson, qui la refusa [5], nous savons qu'elle fut par deux fois, en 1480, à peine achevée, et en 1491, comprise au nombre de celles dont les besoins stratégiques commandaient la suppression [6] ; mais rien ne dit qu'on ait suivi ce parti, car nous avons, au contraire, une preuve de son existence en 1522. Les Turcs, ayant voulu, dans les premiers jours de décembre, s'aboucher avec les assiégés, arborèrent au sommet de l'édifice un drapeau, et la ville répondit en hissant un autre drapeau sur le haut des moulins qui étaient à la porte de Cosquino [7]. Cet échange de signaux

---

1. Ibid.

2. « Comme on trouvait, après le siège de 1480, qu'un grand nombre d'édifices, églises et monastères
» des faubourgs étaient gênants et dangereux, le Conseil, ayant pris l'avis du Métropolite grec, des Papas,
» du Gardien des Franciscains et des habitants, prit le parti de les raser et de consacrer les pierres à la cons-
» truction d'une église en l'honneur de la Sainte Vierge, de tous les Saints et Saintes des églises détruites.
» La délibération est du 3 février 1481, et les édifices et églises qu'elle visait furent : l'église de Saint-
» Antoine avec le moulin voisin ; Saint-Michel dit Mastro Stefano ; Saint-Michel devant le boulevard ;
» trois moulins de la petite garde ; l'église Catifreni ; l'église du jardin du papas Nequita Sonti ; l'église
» de Scaros ; l'église de Sainte-Catherine ; l'église d'Alitemi ; celle de Saint-Onuphre ; celle d'Elemonitre ;
» une autre de Saint-Georges de Proventura ; les églises de Sainte-Anastasie ; et celles de Paximède, de
» Saint-Menne, de Saint-Maur, de Saint-Nicolas Tusmo tu choris, du Jésus et de Saint-Georges, le moulin
» de la Candie et l'église d'Ipopanti. » Bosio, op. cit., II, 431, 432.

3. Fontanus, II.

4. V. chap. III, p. 41 de cet ouvrage. Bosio, II, 656.

5. Bosio, II, 413. Breydenbach, De Rhodis urbis, etc.

6. Bosio, II, 393, 432.

7. Bosio, II, 697.

fait, on vit se rendre au camp des Turcs pour parlementer le chevalier Fr. Antoine de Grolé, dit Passim [1], et Robert Peruzzi, juge à la Cour d'Appel de Rhodes, l'un des personnages les plus considérables et les plus influents de Rhodes. Cette entrevue eut lieu le 11 décembre 1522, d'après Bosio [2], et le 10, d'après le chevalier Puccini [3].

On vénérait dans cette église de l'Elemonitre, aux temps de l'Ordre, deux images miraculeuses recouvertes en grande partie de plaques d'argent appelées l'Elemonitre et la Damascène. Elles ont été depuis transportées à Malte et placées tout d'abord dans l'église de Saint-Antoine du Bourg et ensuite dans celle dite de la Damascène, où en 1587 la transporta solennellement en procession le Prieur de l'église Conventuelle, Mgr de Dominicis, suivi du clergé, du Grand-Maître Hugues de Verdalle en personne et du sacré Conseil [4].

Les mémoires de l'Ordre citent encore d'autres églises dans les faubourgs de Rhodes, entre autres celle d'Ipopanti ou de la Visitation, et celle de Saint-Michel Archange, bâtie et dotée par le maitre-maçon de l'Arsenal l'an 1455, après la cessation de la peste, avec aide et privilège du Grand-Maître de Milly. Mais quel était l'emplacement de cette église comme de celle d'Ipopanti, de celle de Saint-Michel, dit Mastro Stefano, et de celle de Saint-Michel sur le boulevard, dont parle, entre autres, Bosio, nous n'avons pu le découvrir [5].

Pour revenir aux deux Images, nous dirons que la Damascène, attribuée à saint Luc, était jadis honorée à Damas, où elle demeura jusqu'à la prise de cette ville par les Sarrasins. Alors, raconte la légende, n'ayant pour tout cortège qu'une lampe allumée d'une main invisible, elle quitta Damas et se dirigea vers la mer. Des marins, éblouis, pendant la nuit, par l'apparition soudaine d'une lumière extraordinaire qui parcourait les eaux, se mirent à la suivre et arrivèrent ainsi le lendemain matin, à la suite de leur précieux trésor, dans le port de Rhodes. Au milieu de l'étonnement général et des pieuses démonstrations du peuple, certains Chevaliers reconnurent immédiatement la Madone vénérée à Damas, et lui donnèrent place dans leur Église Conventuelle de Saint-Jean. Mais l'Image miraculeuse, loin de rester en cet endroit, s'en alla se poser dans une autre église, d'où personne n'osa plus l'enlever. Vers 1480, une autre église plus belle, l'Elemonitre, fut élevée au même endroit, et elle y demeura jusqu'au départ de l'Ordre. Transportée à Malte, elle fut déposée pendant quelque temps dans l'église de Sainte-Catherine du Bourg, et on lui érigea ensuite une église dite la Damascène, où elle est encore vénérée de nos jours [6] et où on déposa aussi l'autre image dite l'Elemonitre.

---

1. Il était de la Langue d'Auvergne, et il appartenait peut-être aux Grollier ou Groslier de Lyon, famille très distinguée, à laquelle a appartenu Jean Grollier, Trésorier de France dans le siècle XVIe. J'ignore la raison du sobriquet *Passim*.

2. II, 698.

3. Lettre citée.

4. Ferris, *Chiese di Malta*, 183. *Memorie*, etc., p. 145, 146.

5. Bosio, II, 251, 252, 431, 432.

6. Ferris, *l. c.*, 182.

Entre les susdites églises des SS. Cosme et Damien et de l'Elemonitre, au-dessous du faubourg [1], se trouvait la villa de Jacques Gualtiero, parent de l'historien Jacques Fontanus [2], appelée Megalandra [3], sur l'emplacement du Kyzil Tepé actuel des Turcs [4]. En débarquant à Rhodes, le 28 juillet 1522 [5], Soliman monta à cheval et vint en cet endroit planter sa tente. Evidemment Bourbon se trompe quand il place cet endroit à quatre ou cinq milles de la ville ; il en est très rapproché au contraire et même à la portée de l'artillerie d'alors [6].

Ce fut en cet endroit et sous cette tente que fut conclue la capitulation de Rhodes, et qu'eurent lieu les deux mémorables entrevues de l'Isle-Adam avec Soliman.

Au bout de tant de mois de siège, le manque de munitions, la perte de plus de 80 [mille hommes [7] et les malheureux événements dont parlent les historiens, rendaient désormais toute résistance impossible. Quoique fermement résolu à lutter jusqu'à la dernière extrémité, le Grand-Maître, cependant touché de compassion pour les Rhodiens et déférant surtout à leurs prières, consentit à se rendre, tandis que plusieurs d'entre eux, hypocrites et légers, s'en allaient répandant partout le bruit qu'il avait capitulé à leur insu, et que d'autres, forts de ce prétexte mensonger, n'avaient pas honte, raconte Sanuto, d'attenter à sa vie [8]. D'un autre côté, les princes chrétiens avaient lâchement abandonné les Chevaliers à eux-mêmes. Pas un d'entre eux ne fit un pas pour les secourir, occupés tous à se déchirer entre eux, écrit Muratori [9] ; Adrien VI lui-même, qui avait pris le parti d'envoyer des renforts à Rhodes, revint sur sa décision, à l'instigation des ministres de Charles-Quint, son ancien élève ; et ce prince, comme François Ier, son rival, eut à rougir d'avoir été la cause, par leurs querelles, d'un si grand désastre pour la chrétienté, et s'en rejetèrent réciproquement la faute, tandis que l'Europe les accusait tous deux avec raison. Toutefois, quant à Charles-Quint, ce furent moins ses rivalités avec le roi de France qui l'empêchèrent de voler au secours des Chevaliers, que le secret et perfide espoir de voir les Chevaliers chassés de Rhodes pour les établir dans quelque autre endroit plus avantageux à la réalisation de ses rêves et de ses ambitions [10].

Ainsi finit ce glorieux siège, célèbre dans l'histoire des temps modernes et dans l'art militaire par l'emploi des bombes dont les Turcs se servirent pour la première

---

1. Biliotti, 91.
2. Il l'appelle « Galterius », II. Bosio, II, 661.
3. Fontanus, II. Bosio, 661.
4. Bourbon, p. 615.
5. Bosio, II, 661. Hammer, *Histoire*, IX.
6. Bosio, II, 661.
7. Lettre citée du Grand-Maître de l'Isle-Adam à Montmorency. Sur six cent cinquante Chevaliers, il n'en restait, dit Paccini, à la fin du siège, que cent quatre-vingts, entre estropiés, blessés et valides.
8. Sanuto, *Diari*, XXXIV, 7. Bourbon rapporte que les instances des Rhodiens pour obtenir la capitulation parurent au Grand-Maître « de mauvaise digestion », p. 670.
9. Annales d'Italie, a. 1522.
10. Bosio, II, 11. Robertson, *Vie de Charles-Quint*, III.

fois, et par l'invention des contre-mines et des tambours relatifs due à Tadino de Martinengo. Les Chevaliers, écrit Domenico Trevisani, dans son rapport au Sénat vénitien [1], n'étaient pas habitués à soutenir des sièges ; trois mille fantassins italiens, endurcis au métier des armes, auraient supporté le même choc, car les Turcs furent loin de justifier la réputation dont ils jouissaient, et ce fut le nombre, et non l'habileté, qui leur donna la victoire.

La perte de Rhodes fut prédite par l'astrologue ferrarais Marc-Antoine Torquato, dans son *Prognosticon de eversione Europæ* adressé à Mathias, roi de Hongrie, en 1480 [2], et regardée par la chrétienté tout entière comme un malheur irréparable. Soliman fit part officiellement de sa conquête à toutes les puissances catholiques, mais aucune d'elles n'eut le cœur de lui répondre, à l'exception de la République de Venise, qui lui envoya des protestations d'amitié. La lettre de Soliman au doge Antoine Grimani est datée de Rhodes le 29 décembre 1522, et fut apportée à Venise par un esclave nommé Chasan-Bech, « à l'air excessivement fier, » dit Sanuto. La Seigneurie lui accorda audience solennelle le 27 mars, et le Doge lui fit l'honneur de le faire asseoir auprès de lui [3].

Les articles du traité de capitulation apporté à Soliman, le 20 décembre 1522, par le chevalier Fr. Antoine de Grolé, dit Passim, et par les deux Rhodiens Nicolas Vergonti et Pierre Sangriticol [4], furent signés sous sa tente ; ils portaient que Soliman accorderait à la Religion la permission de retarder son départ ; que les Grecs et les Latins seraient tous libres d'emmener leur famille, leur argent et leurs objets sacrés et profanes ; que l'Ordre aurait le droit d'emporter ses armes, flèches, canons, et toutes les munitions de guerre qui se trouvaient dans les forts [5] ; que ceux qui voudraient rester à Rhodes seraient exonérés pendant cinq ans de toute espèce de tribut ou impôt ; que la religion chrétienne serait respectée et qu'on pourrait élever partout où l'on voudrait de nouvelles églises et restaurer les anciennes ; que personne ne serait obligé de quitter Rhodes ; que les Grecs et Latins qui ne suivraient pas immédiatement les Chevaliers dans leur retraite, auraient trois ans pour s'en aller avec leur famille et leurs biens ; que l'Ordre et ceux qui le suivraient obtiendraient des vaisseaux et des saufs-conduits pour Candie ; et enfin Soliman s'engageait sous la foi du serment à observer ces clauses sans fraude ni dol, suivant l'usage de ses ancêtres et les lois de son pays, et à fournir des otages. Que ce fussent les conditions essentielles de la capitulation, je ne fais aucune difficulté de le croire : quant au texte officiel de la capitulation, il n'est point venu jusqu'à nous ; celui qui figure dans le manuscrit dont le bailli de

---

1. Relat. de Dominique Trévisan.

2. Cité par Treher, III, 387.

3. Sanuto, *Diarî*, XXXIV, 47, 48. « La cause de tout ce mal, écrit Puccini (lettre citée), retombe sur la République vénitienne, qui n'avait qu'à envoyer de Candie trois ou quatre galères chargées de troupes, et Rhodes pouvait encore résister. »

4. Bosio, II, 702.

5. D'après Puccini (lettre citée), on ne put charger les pièces d'artillerie à bord des vaisseaux qui emmenèrent les Chevaliers, parce que les Janissaires et les Pachas frappaient à coups de bâton ceux qui voulaient les emporter.

Froulay fit hommage au Grand-Maitre Pinto, que Texier publia dans le *Journal de l'Académie des Inscriptions*, et que nous voyons avec étonnement inséré par Char-rière dans ses *Négociations de la France dans le Levant*, est évidemment un exercice littéraire dont la forme n'a rien à voir avec la vérité historique [1] ; et on ne comprend pas comment un savant si distingué n'a pas connu ce que Paciaudi [2], il y a plus qu'un siècle, avait écrit à ce propos.

Telles étaient les propositions que fit l'Isle-Adam en vue de la reddition de la place ; mais Soliman, préoccupé de s'assurer sans autre difficulté ou délai ultérieur la possession de la ville, prit des engagements qu'il n'avait pas l'intention de tenir. En effet, cinq jours ne s'étaient pas écoulés depuis la signature du traité que, malgré la promesse d'immobiliser pendant quelque temps les troupes loin de la ville, les Janissaires, sous le prétexte d'aller à la rencontre de 15.000 d'entre eux qui arrivaient de Perse sous la conduite de Ferhad-Pacha, s'approchèrent de la place sans autres armes, il est vrai, que des bâtons ; mais, forçant la porte de Cosquino, ils saccagèrent les maisons des principaux habitants et se livrèrent à toutes sortes d'excès. Leur fureur se déchaina surtout contre l'Église Conventuelle.

---

1. Voici le texte de ce traité :

P   POUR LA FOI   V
P   V

Postquam anno a partu Virginis MDXXII Adrian. VI. Pont. Max. Solimanus Turcor. Tyrannus cum classe trecentarum navium et ducentis armator. millibus pro festo S. J. Bapt. Rhodum appulisset et ad Natalem usque christianum urbem obsedisset terra et mari, atque ad eam cuniculos LII duxisset iniecissetque perdiu et pernox pylarum aerearum saxearumque stupendae magnitudinis amplius LXXXV millia oppugnasset autem vicies : P vero Villerius Liladamus nullo comeatu auxiliove externo adiutus eam contra cum paucis equitibus constantissime fortissimeque defendisset, tandem tempore et necessitate superatus caesis hostibus centies vicies mille cum Solimano moenium eversore urbisque solum centum et quinquaginta passibus longe lateque per dies XL occupanti victoria pertinaciter cupido et pacem ultro offerenti summa prudentia et magnanimitate usus in hunc modum de deditione convenit :

SOLIMANUS

latinus militarisque Ordo urbe et insula Rhodo ante diem decimum decedito, praesidia ubique deducito, decessus liber et securus esto.

P. VILLERIUS LILADAMUS

de communi Consilii equitum latinorum militumque et civium Rhodiorum sententia, prorogatio decessus arbitrio latini militarisque Ordinis esto. Decessus latino militarique Ordini et cuilibet alteri latino graecoque cum omni pecunia reque sacra et profana ac familia sua liber et securus esto. Latino militarique Ordini arma, tela, tormenta omnemque apparatum bellicum ex arcibus secum asportandi potestas esto. Mansuri in Rhodo quinquennium ab omni tributi solutione immunes sunto.

Christi perpetuo sacrificanto : templa si lubet, nova extruunto, vetera reficiunto : liberos semper in potestate habento.

Nemo invitus e Rhodo decedito ; infra triennium autem cuique latino et graeco nunc latinum militaremque Ordinem non sequenti potestas abeundi cum omni re et familia libera securaque esto.

Latino militarique Ordini illumque sequentibus naves et commeatum in Cretam dato.

Solimanus pactis fraudem et dolum malum perpetuo abfuturum more majorum et legibus patriis solemniter jurato.

Obsides dato.

2. *De cultu*, etc.

en effaçant les fresques, ouvrant les sépultures, renversant les autels, trainant les Crucifix dans la boue, pillant les ornements, ne respectant pas même ni le tombeau du Grand-Maitre Carretto, dont le cadavre fut trainé à terre, ni celui du Prieur de l'Église, Pierre de Buisson, dont le bronze fut jeté au creuset [1]. Ils se ruèrent ensuite contre l'Hôpital, dont les malades furent maltraités, les femmes violées ; ils bâtonnèrent les citoyens, entre autres, l'historien Fontanus, donnant ainsi la mesure de l'exactitude avec laquelle leur maitre avait rempli ses promesses [2].

Cependant, à la vue d'un si grand courage vainqueur de la fortune (comme le dit l'inscription du tombeau de l'Isle-Adam à Malte [3]), et de tant de perfidie, on a peine à croire comment l'esprit de parti et l'animosité des Vénitiens, amis de Soliman et ennemis des Chevaliers, ont pu aveugler l'historien Sanuto au point de lui faire écrire (mensonge inouï !) que les Turcs avaient respecté les termes de la capitulation *à la lettre* [4]. De son côté, Dominique Trévisan, capitaine général de la République à Candie, osait écrire qu'ils étaient entrés si tranquillement et au milieu d'un tel silence, qu'on eût dit une procession de Frères Observantins, et que Soliman, « guidé par la religion, fit entourer l'église de Saint-Jean d'un grand respect, ce qu'on eût peut-être demandé en vain à nos soldats [5]. » Voilà les historiens !

Ce jour-là, qui était la veille de Noël, à l'heure même où les Infidèles mettaient pour la première fois le pied dans la ville de Rhodes, le pape Adrien entrait en sa Chapelle pour les premières vépres solennelles de la fête du lendemain. Au même instant une grosse pierre, qui eût pu le tuer, lui et les assistants, se détachant de la porte, venait écraser sous ses yeux un suisse de la garde pontificale [6]. Tous virent dans cet événement comme un prodige du ciel, comme un avertissement indiquant qu'avec la déplorable reddition de Rhodes était tombé le plus puissant boulevard de la chrétienté [7]. En Espagne, est-il dit ailleurs, les architraves des portes de toutes les églises de l'Ordre se fendirent, fait constaté encore au temps de Bosio dans l'église de Saint-Jean de Barcelone [8].

Soliman entra en simple particulier à Rhodes le matin du jour de Noël [9], pendant qu'on arborait sur les murs la bannière abhorrée du Croissant [10] ; et le lendemain le Grand-Maitre de l'Isle-Adam vint lui rendre visite sous sa tente [11]. Quelques

---

1. V. la lettre citée du chevalier Puccini à Paul Vettori.
2. Fontanus, II. Bosio, II, 704, 705.
3. « Victrix fortunæ virtus. » On lit encore cette inscription dans la chapelle du fort S. Ange à Malte, où reposaient les restes de l'Isle-Adam avant d'être transportés dans la nouvelle église de S'-Jean (V. Ferris, *Memorie*, 48).
4. « *Ad unguem* », *Diarî*, XXXIV, 10.
5. V. cette relation déjà citée.
6. Spanduginus, *De l'origine de l'Empire ottoman* (dans le tome IX de Sathas, *Doc. inédits*, etc., p. 186)
7. Bosio, III, 12.
8. Bosio, ibid.
9. « Ce jour de Noël le Grand Turc entra dans la ville. » (Lettre de l'Isle-Adam à Montmorency).
10. Sanuto, *Diarî*, XXXIV, 67.'
11. Bosio, II, 705, sq. Sanuto, XXXIV, 67.

jours après la capitulation, Ahmed-Pacha, s'étant rendu à la brèche d'Espagne pour faire quelques communications au Grand-Maitre, lui avait exposé le vif désir qu'avait Soliman de le voir. Triomphant de ses répugnances, le Grand-Maitre se rendit à ce qu'il demandait de lui et se résigna à une entrevue. Il se présenta devant la tente impériale le 26 au matin, accompagné de plusieurs Chevaliers. Mais comme à cette heure le Sultan avait réuni son Conseil, il dut attendre dehors, exposé à une pluie battante mêlée de grêle, comme le rapporte Fontanus [1], et non sous la neige, comme d'autres l'ont prétendu. Enfin, après avoir été, au préalable, revêtu d'un kaftan d'honneur, il fut introduit près de Soliman [2], dont il baisa la main et qui l'accueillit avec bonté. Le monarque l'exhorta à supporter avec résignation son malheur, lui disant que la perte ou la conquête d'une province était chose inhérente au sort d'ici-bas [3] ; puis, se tournant vers ses deux courtisans : « Ce pauvre vieux, dit-il, me fait pitié ; mais telle est la destinée humaine [4]. » Le Grand-Maitre fit présent à Soliman de vingt-huit vases d'or d'une valeur de quinze mille ducats [5], et le Grand-Turc ordonna de remettre à tous les Chevaliers qui formaient la suite du Crand-Maitre un habit de pourpre [6] ; puis, congédiant l'Isle-Adam et les siens, il commanda à sa garde de les reconduire jusqu'à la ville [7]. Biliotti attache une si grande importance au baisement de la main de Soliman par le Grand-Maitre, qu'il essaye presque de le révoquer en doute [8]. Je ne partage ni son étonnement, ni ses scrupules, car Fontanus, Ramadan et Sanuto rapportent le fait, et je ne vois rien d'humiliant dans cet acte. D'abord le Turc, en ce moment, était après tout le vainqueur et l'Isle-Adam le vaincu. Ensuite c'était alors un usage universellement reçu de baiser la main des supérieurs, et je ne crois pas que le Grand-Maitre, quoique ennemi de l'Etat et de la religion de Soliman, n'ait pas considéré le vainqueur comme son supérieur. En tout cas, cet acte n'avait rien de bas ou de servile dans les mœurs du temps, et s'il en eût été ainsi, un homme de la trempe de l'Isle-Adam ne s'y serait certainement pas prêté.

Le Grand-Maitre vint une seconde et dernière fois [9] à la tente du Grand-Turc le 1er janvier 1523 [10], avant de s'embarquer pour Candie. Il s'y rendit à cheval dans l'après-midi pour prendre congé de Soliman, qui lui avait rendu sa visite trois ou quatre jours auparavant au Palais Magistral [11], et lui offrit un second

---

1. II.
2. Hammer, *Histoire*, IX.
3. Bourbon, 682.
4. Domenico da Mula, lettre de Candie rapportée par Sanuto, XXXIV, 13.
5. Sanuto, XXXIV, 67. Ramadan, 767.
6. Fontanus, II.
7. Ibid.
8. 340.
9. Sanuto, *Diari*, XXXIV, 16, raconte que l'Isle-Adam alla par trois fois baiser la main de Soliman, mais il est le seul qui le dise.
10. Et non le 31 décembre (12 Sefer), comme l'écrit Hafouz Ahmed. V. Biliotti, 340.
11. Bosio, II, 706. Bourbon, 682, 683.

présent de quatre vases d'or [1]. Voyant le visage abattu de l'Isle-Adam : « Ce n'est pas sans peine que je force ce chrétien à abandonner sa maison et ses biens, » s'écria Soliman en s'adressant à son favori Ibrahim qui se tenait à ses côtés [2]. Puis il le renvoya en lui offrant des verges d'or, des bijoux et autres objets précieux [3].

C'était devant cette même tente que, trois jours auparavant, le 29 décembre, le jour même où il était allé en grand apparat visiter à Rhodes le Grand-Maître dans son palais, Soliman avait fait exécuter Amurat [4], fils de Zizim, et sa famille, qui habitait le château de Pheraclos. Soliman n'ignorait pas tout ce que l'Isle-Adam et son prédécesseur del Carretto avaient fait avec Léon X et le roi de Hongrie pour jeter le trouble dans ses Etats. Il savait aussi qu'ils s'étaient servis d'Amurat qui, en qualité de successeur légitime des droits de Zizim, pouvait compter encore jusqu'à un certain point sur le dévouement des Turcs et des Janissaires. Aussi désirait-il voir cette famille s'éteindre [5]. Dès son entrée à Rhodes, Peri-Pacha, qui ne respirait que le meurtre et la vengeance, demanda, sur l'ordre exprès de Soliman, qu'on lui livrât immédiatement Amurat et ses fils. En vain le Grand-Maître essaya-t-il d'opposer un refus et de sauver la vie de ces malheureux, Peri, s'emportant, déclara que Soliman voulait absolument les avoir entre ses mains. Alors le Grand-Maître feignit de les faire rechercher, avec le secret espoir qu'ils parviendraient à s'échapper de l'île ; mais on les trouva au moment même où, sous des habits d'emprunt, ils allaient, mais trop tard, s'embarquer avec les Chevaliers [6] ; et ils furent pris. Le Grand-Maître eut beau s'interposer pour qu'on leur fît au moins grâce de la vie ; on lui répondit que c'était impossible. Lorsque Léonard Balestrino, archevêque de Rhodes, dont nous avons parlé ailleurs, eut gagné Candie, il donna au Grand-Maître les détails du supplice d'Amurat. Il lui raconta que Soliman, se l'ayant fait amener en présence de toute l'armée, lui demanda s'il s'était fait réellement chrétien [7] ; et sur sa réponse qu'il l'était et voulait le rester, il le fit cruellement étrangler [8] avec ses deux fils, envoyant ses deux filles au sérail de Constantinople.

---

1. Hammer, *Histoire*, IX.
2. Hafouz Ahmed.
3. Sanuto, XXXIV, 67.
4. Sanuto, XXXIV, 67, l'appelle Giengiemi ; de même Puccini.
5. Bosio, III, 4. Il voulait, raconte Sanuto, se tirer cette épine de l'œil en la faisant mourir.
6. *Diari*, XXXIV.
7. Hammer, IX, 48, 49.
8. Spandugins (dans Sathas, *Doc. inéd.*, IX, p. 186) dit qu'il les fit égorger secrètement. Sanuto, *Diari*, XXXIV, 11, dit que ce fils de Zizim, appelé Zelabin, fut scié par le milieu du corps.

Chapitre Seizième.

N décret du Conseil prescrivait en 1474 de faire le recensement de toute la population de l'ile partagée en trois Châtellenies, à chacune desquelles était assignée l'une des des trois places les plus fortes, où les habitants des différents villages devaient se retirer devant l'invasion éventuelle des Turcs. Ces forteresses étaient Rhodes, Lindos et Pheraclos. D'autres cependant furent établies dans la suite.

Ce décret offre un intérêt tout particulier [1], parce qu'il est l'unique document officiel connu où l'on trouve les noms des villages, dont la plu-

---

1. Voici le texte original de ce décret. très important, tel qu'il existe aujourd'hui aux Archives de Malte (et que M. Achille Ferris nous a procuré), dans les *Libri Concilior.* 1473-1478, fol. 62. L'état très mauvais de l'écriture explique les lacunes et l'incertitude de quelques mots.

Die iij mensis Martii mccccxxiiij ab incarnacione fuit con.... (convocatum ?) concilium ordinarium ubi multis et divs (diversis ?) colloquiis habitis super provisionem.... populi insule propter.... turcorum, qui cotidie (quotidie) impetum faciunt in insulam, fuit deliberatum quod salvam (?) et tutam (?) dictam populi femine et.... ac debiles perducantur ad castella munita ad rem.... et viri qui possint laborare remaneant ab casalibus ad.... viam et custodiam suam.... qui.... retirent ad montes tamen de nocte accedant ad castella.... infirm.... est ordinet.... ordinario intelligant.... fuissent sed admod.... quod Deus auferat, alius ordo dabitur.

Ad Castellum de Lindo reducantur hec Casalia : Calatho, Pilona, Lardo, Sclepio, Janadi.
Ad Castellum de Lacanea reducantur hec Casalia : Tha, Dephania, Efgales.
Ad Castellum de Catavia reducantur hec Casalia : Messenagro, Vathy.
Ad Castellum de Polaquia reducantur hec Casalia : Stridio, Profilia, Arnitha.
Ad Castellum Polone reducitur hoc Casale : Laderma.
Ad Castellum de Salaco reducantur hec Casalia : Capi, Quitala.
Ad Castellum de Fanes reducantur hec Casalia : Diascorio, Nicocrio, Dimilia.
Ad Castellum Villenove reducantur hec Casalia : Chimides, Altologo, Dimitra, Kremy.
Ad Castellum Ferraclo reducantur hec Casalia : Salia, Janodoto, Malona, Catagro, Caminari.
Castellum Archangeli tutabitur solum.
Cosquino tutabitur solum.
Casalia de Fando, Psito, Archepoli, Armia, Calathies et Demalhia reducantur in civitatem Rhodi.
Insuper fuit deliberatum quod ad dicta Castella quod tutari debet commorantur Fratres pro eorum defensione secundum qualitates locorum et castellorum.

part subsistent encore, tandis que d'autres ont ou entièrement disparu, ou complètement changé de nom. Guérin en compte aujourd'hui quarante-sept ; mais Biliotti,
comprenant dans son énumération des localités qui ne méritent pas même le nom
de villages, en donne un plus grand nombre.

Le soin de garder les côtes de l'île était confié au Turcopolier, chef de la
Langue d'Angleterre, ainsi appelé des Turcopoles, espèce de cavalerie légère
formée des Grecs de Rhodes. Le Grand-Maître de Lastic enjoignit au Turcopolier de visiter l'île tout entière, en prélevant son entretien sur les habitants,
mais sans toutefois leur être à charge. [1] En 1477 le Grand-Maître d'Aubusson
entreprit de visiter en personne toutes les forteresses de l'île ; cette inspection,
qu'il fit accompagné d'une escorte de soldats à cheval et du Lieutenant du
Turcopolier, ne dura pas moins de quarante jours, du 10 février à la fin de
mars [2].

Nous parlerons tout d'abord des villages qui se trouvent à l'est de l'île et nous
finirons par ceux qui sont du côté opposé.

Quand on sort de la ville par la porte de Saint-Jean, ou de Cosquino, on traverse le faubourg de Kato-Maras et on arrive, au bout d'une demi-heure, dans un
site charmant, que les Grecs appellent Rhodini et les Turcs Symboli ou Simbully,
ce qui veut dire : terre couverte de jacinthes. Tous les voyageurs qui ont visité Rhodes
sont unanimes à louer la beauté enchanteresse de cet endroit, planté d'énormes
platanes dont les rameaux vigoureux forment comme un berceau de feuillage et
d'ombre, avec deux fontaines d'eau fraîche et excellente. L'une d'elles est ornée
d'élégantes colonnettes de marbre sculptées, dont les jolis dessins représentent
des grenades ; et toutes les deux ont à côté d'elles une sorte de terrasse d'un
demi-mètre environ de hauteur, avec un gracieux pavé de cailloux noirs et blancs,
mosaïque élégante et fréquente à Rhodes et dans l'île. S'il faut en croire Rottiers [3],
cette terrasse ne serait autre chose que le rez-de-chaussée de la villa des Grands-
Maîtres, qui, devenue la propriété de Hassan-Pacha, a été la proie d'un violent
incendie. Que cette terrasse soit réellement le reste de l'ancienne villa des Grands-
Maîtres, nous l'ignorons ; une chose est certaine toutefois, c'est qu'ils venaient en
villégiature en cet endroit, du moins dans les premiers temps de l'établissement
de l'Ordre à Rhodes : le Grand-Maître de Villeneuve ayant choisi dans la suite
un endroit sur la rive opposée de l'île pour s'y installer pendant l'été, comme nous
le dirons plus loin. En effet, dans la lettre du Pape Jean XXII au Grand-Maître
Fr. Foulques de Villaret, écrite en octobre 1317 [4], il est dit que les Chevaliers
essayèrent pendant la nuit de s'emparer de la personne de Foulques *in locum de
Rodanis*, ce qui est évidemment une faute d'orthographe ou d'impression, au lieu
de Rhodini [5]. Or, comme l'incident eut lieu en automne, il faut en conclure que
Villaret se trouvait alors en villégiature en cet endroit, qu'il y avait une maison,

1. *Stabilimenta*, De Bajulivis, XXXVII.
2. Bosio, II, 366.
3. 197.
4. Pauli, II, 62
5. Bosio, II, 45. Michaud et Poujoulat, *Correspondance d'Orient*, IV, 167.

installée pour y prendre toutes ses aises, vie voluptueuse qui, jointe à un orgueil-leux et arrogant despotisme, lui valut, à lui autrefois *large et courtois et moult libéral* [1], la révolte de ses Chevaliers, son emprisonnement dans le château de Lindos et finalement sa déposition de la dignité magistrale [2].

On aperçoit près de là les arches d'un pittoresque aqueduc, construit évidem-ment par les Chevaliers pour amener l'eau à la ville ; mais peut-être ne firent-ils toutefois que réparer ou remettre à neuf un travail de l'antiquité.

En continuant vers le sud, on traverse les deux torrents Agrullidi et Kaour-Potamos, et l'on voit sur la droite une quantité de maisons disséminées qui forment le village d'Asgourou, situé dans une fertile campagne, et habitées en grande partie par des familles turques.

Plus loin, sur une éminence se dresse l'autre village de Cosquino, autrefois défendu par un château, aujourd'hui disparu [3] ; c'est l'un des villages les plus importants de l'île. Il compte environ 1500 habitants, qui ont la réputation d'être très laborieux et jouissent d'une certaine aisance.

Suivant une tradition populaire, son nom lui viendrait de κόκκος (rouge écar-late), et la porte de la ville qui mène à ce village aurait été ouverte par le Grand-Maitre d'Aubusson, qui, étant cardinal, s'habillait de rouge ; d'où le nom de la porte et du village. Cette étymologie (que je rapporte uniquement pour l'avoir entendue à Rhodes) ne me parait pas acceptable, car le village existait avant que d'Aubusson ne fût Grand-Maitre et, en second lieu, il fut créé cardinal après l'ouverture de cette porte, qui, du reste, fut ouverte très longtemps auparavant, et probablement par le Grand-Maitre de Milly ou par Zacosta. En outre il est peu croyable que d'Aubusson s'habillât de rouge à Rhodes ; s'il revêtait l'armure en temps de guerre, en temps de paix il portait le costume des Chevaliers de son temps. Et il ne faudrait pas accorder plus de créance à l'hypothèse de Guérin. D'après lui ce nom viendrait de κόσκινον (crible), le terrain environnant étant percé de nombreux puits creusés pour extraire de la pierre de taille, ou parce les habitants en étaient autrefois renommés pour fabriquer ces sortes d'objets [4]. Le paysan qui, esclave des Turcs, s'échappa de leurs mains le 26 ou 27 juin 1522, et put se sauver à Rhodes et indiquer les forces de l'armée musulmane, comme Bourbon le raconte [5], était natif de Cosquino.

A trois kilomètres de ce village, à gauche, sur la mer est le cap Vodi, ou du Bœuf, ainsi appelé à cause de la forme d'un rocher à son extrémité, dans lequel on veut voir la forme d'un bœuf. On y aperçoit les ruines d'un monas-tère de Saint-Élie, qui se composent d'une chapelle et de petites cellules, et qui existait déjà du temps de l'Ordre [6]. Le 26 juin 1522, la flotte de Soliman,

---

1. *Chronique du Templier*, 319.
2. Il mourut en 1327 et fut enterré dans l'Église de Saint-Jean, à Montpellier. Le Président Le Bon a composé une dissertation sur son inscription funéraire.
3. Torr, 44.
4. Guérin, 178.
5. II, 640, 653.
6. V. la Carte de l'île dans Buondelmonte, *De Insulis Archipelagi*.

venant de l'île Symis [1], commença par jeter l'ancre près du village de Villanova, sur la côte ouest, dans un endroit nommé la Fossa ; puis sur le soir,
tournant la pointe des moulins, dite Saburra, elle passa en ordre de bataille
devant le port de Rhodes à trois milles au large, et alla prendre position
de l'autre côté de la ville, ici, à l'est, près du cap Vodi [2], à environ six milles
de la ville, dans une cale où les vaisseaux étaient à l'abri du vent d'ouest [3], dans
un endroit, dit Bosio, appelé Jematico ou Remi [4], dont nous avons aujourd'hui
perdu la trace. Le récit de cet auteur manque de clarté sur ce point, ce qui
indique qu'il ne connaissait pas lui-même les lieux dont il parle. Un endroit
dit Rheni se trouve bien dans l'île,.mais de l'autre côté : c'est une gorge étroite
et profonde aboutissant à la mer, formée par le cap Monolithos ; de sorte qu'on
ne voit pas quel 'rapport peut exister entre Rheni et le cap Vodi, dont il est
si éloigné.

La flotte turque resta dans cet abri pendant toute la durée du siège. Ce lieu
s'appelait aussi Parabolino ou Parambolino [5], nom que Guglielmotti [6] attribue par
erreur au cap Saburra, qui se trouve du côté opposé de l'île.

Le chemin qui conduit de Cosquino à la riante vallée de Kalithies, au midi du
cap Vodi, monte pendant quelque temps et descend ensuite, traversant trois
torrents sur l'un desquels est jeté un pont à une seule arche gothique, œuvre des
Chevaliers, tandis qu'on aperçoit avant et après, de place en place, les traces
d'une ancienne rue pavée de pierres et de cailloux. Ces trois torrents, souvent
desséchés, sont, comme tous ceux de l'île, entourés de bosquets de myrtes,
d'agnus castus ou gattiliers, et de gigantesques lauriers-roses qui, lorsqu'ils sont
en fleurs, font merveilleusement ressortir la beauté du paysage. A droite, dans les
montagnes environnantes, se trouvent perdus, pour ainsi dire, au milieu de magnifiques chênaies, le monastère d'Eleousa et le village de Kalithies, cités par Bosio
parce que leurs habitants ont, en 1475, par crainte des Turcs, reçu l'ordre de se
retirer à Rhodes, dont ils dépendaient [7].

Non loin de là, sur le bord de la mer, près de l'embouchure du torrent Psalido-
Kambo, se dresse une montagne solitaire et à pic, dite, je ne sais pourquoi, Promontoire de Trajan [8], sur le sommet de laquelle on aperçoit les restes d'une
muraille d'un mètre et demi environ de largeur et construite en pierres sèches :
œuvre évidemment d'une très haute antiquité. On appelle communément cet
endroit Erimokastron, et non Richardo, comme, je ne sais pour quel motif, l'indique
la carte de Rottiers [9]. On n'y rencontre aucune trace de construction médiévale,

1. Bourbon, 638.
2. Hafouz Ahmed.
3. Ramadan, 735.
4. Bosio, II, 651, 652. Guérin, 240.
5. Bourbon, 638.
6. Guerra dei Pirati, I, 208.
7. II, 349.
8. Biliotti, 448.
9. Atl., Pl. I.

ce qui nous confirme dans la pensée que les Chevaliers ne tirèrent pas parti de ces ruines, quoiqu'elles occupent une situation très élevée. Peut-être était-ce anciennement l'acropole d'un endroit dit Ermia ou Armia, dont les habitants, comme ceux de Psitos et d'Aphandou, dépendaient, en 1475 et 1479, de la châtellenie de Rhodes [1]. Aujourd'hui le site est entièrement désert, couvert de ronces et n'ayant guère de sentier qui y conduise. On ne trouve du reste dans le voisinage aucun vestige qui trahisse ici l'emplacement de l'antique Ermia.

Après avoir franchi le torrent de Psalido-Kambo, on trouve sur la droite, au milieu de quelques oliviers, le village d'Aphandou, lequel est entouré de trois côtés de collines qui le cachent pour ainsi dire, et lui donnent probablement son nom [2]. Près du village sont des ruines médiévales de constructions, entre autres les restes d'une tour carrée que les habitants appelaient Kastro, peut-être parce que ce sont les débris de l'ancien château. Ce village faisait aussi partie de la châtellenie de Rhodes [3].

Au bout de deux heures et demie de route dans la direction du sud-est nord-ouest, on rencontre le village de Psitos, ou Obsito, comme l'appelle Bosio, dans un site enchanteur, avec des eaux et du gibier en abondance. On y voit les restes d'une autre tour carrée, presque identique à celle d'Aphandou. On raconte que c'est de là que le 24 juin 1522, jour de saint Jean, le guetteur découvrit la flotte de Soliman [4]. En cas de danger d'invasion musulmane, comme la chose se produisit en 1475 et en 1479, les habitants de Psitos avaient l'ordre de se réfugier à Rhodes, [5], à la châtellenie de laquelle ils appartenaient.

A sept kilomètres environ plus au sud, après avoir traversé des ravins continus et des collines recouvertes de pins, de platanes et de lauriers-roses, on voit sur un sommet aride le village d'Arkhibolis, dont le nom contraste avec le peu de maisons qui le composent. En 1474, les habitants de ce petit hameau reçurent l'ordre de se retirer à Rhodes, en cas d'attaque des Turcs [6].

En se dirigeant d'Arkhibolis vers le sud-est, on descend dans une vallée couronnée de deux hautes montagnes, le Niso et l'Hyampeli, incultes et rocailleuses, d'un aspect grandement pittoresque ; et environ huit kilomètres plus loin, on arrive à Archangelos, qui est l'un des principaux endroits de l'île, avec une population d'environ 1600 âmes. On prétend que son château existait avant l'arrivée de l'Ordre. Aujourd'hui ce ne sont plus que des ruines. A l'époque du Grand-Maître de Milly, l'année 1457 et non en 1415, comme l'écrit Biliotti [7], ce château était en si mauvais état qu'une nombreuse troupe de Turcs, profitant de l'obscurité de la nuit, débarqua dans le voisinage. Montés sur des embarcations légères

1. Bosio, II, 349, 387.
2. Ἀφάνδου.
3. Bosio, II, 349, 387.
4. Bosio, II, 651. Bourbon, 638.
5. Bosio, II, 349, 387.
6. Bosio, II, 349.
7. 223.

que conduisaient [1] des hommes expérimentés, ils prirent et massacrèrent les gardes qui surveillaient la mer de ce côté, puis, s'avançant sur Archangelos, ils l'emportèrent d'assaut, pillant les maisons des habitants, qu'ils emmenèrent pour la plupart en esclavage ; enfin ils regagnèrent le rivage, montèrent à bord de leurs vaisseaux et firent voile vers Constantinople. Cette échauffourée fut désastreuse pour l'île et l'Ordre tout à la fois. Les Rhodiens demeurèrent frappés de terreur à la pensée du retour possible d'une pareille invasion, et de même qu'ils s'étaient adonnés jusque-là, en pleine sécurité, à la culture des champs, ils devinrent désormais si timides et peureux qu'ils laissèrent presque tous leurs terres incultes. Mais ce qui est pis encore, c'est que la plupart de ceux qui avaient été emmenés en servitude se mirent, pour se racheter, comme de vils espions, au service de l'ennemi, avec leur parfaite connaissance des lieux, menant les fustes turques au pillage de l'île [2].

Les Grands-Maîtres de Milly et Zacosta entreprirent de fortifier le château d'Archangelos. Les travaux durèrent plusieurs années et furent achevés en 1476, année de la mort de Zacosta [3]. Le Grand-Maître Orsini les reprit plus tard sur une plus vaste échelle, avec le concours du Commandeur d'Aubusson, son successeur dans le Magistère. En effet, nous avons vu sur les murailles de ce château, du côté est, les écussons accouplés de l'Ordre et d'Orsini, et sur celles qui regardent le nord les mêmes armoiries de Zacosta accolées à celles de l'Ordre, avec la date de 1476. Huit ans plus tard, en 1475, le château était encore en bon état de défense. Pendant que les habitants des autres villages de l'île avaient l'ordre, en cas d'invasion, de se réfugier dans tel ou tel fort indiqué, il était convenu que les habitants d'Archangelos ne se retireraient pas, pour se défendre, ailleurs que dans leur propre château [4]. Dans la suite, toutefois, tant de confiance semble avoir disparu, car, en 1479, ce village fut agrégé à la châtellenie de Pheraclos [5]. En effet, quelques années après, pendant l'été de 1503, le château se trouvait si faiblement défendu que, plusieurs fustes ayant jeté une centaine de Turcs dans l'île, ceux-ci purent impunément attaquer une seconde fois les habitants d'Archangelos et faire cent ou cent cinquante prisonniers ; et ils auraient poussé plus loin leur audace, si un escadron de cavalerie, mandé en toute hâte de Rhodes, ne les eût chassés, en leur infligeant de grandes pertes [6].

Ce château se dresse sur une colline qui, d'un côté, est hérissée de masses granitiques à travers lesquelles il est difficile de se frayer un passage, et de l'autre donne à pic sur une vallée étroite. Presque en face et de côté s'élèvent, menaçantes, et le dominent deux montagnes d'environ 570 mètres de haut ; sur l'une d'elles est une petite chapelle dédiée à saint Élie.

1. II, 223.
2. Bosio, ibid.
3. Torr, 84.
4. Bosio, II, 349.
5. Bosio, II, 357.
6. Bosio, II, 572.

Près de l'embouchure d'un torrent, sur le rivage de la mer, se trouve une fabrique de faïences connue dans l'île par ses amphores et autres vases aux formes bizarres ; l'endroit se nomme Petrona. L'art de la poterie n'était pas seulement dans l'antiquité célèbre à Rhodes ; il y jouit encore au moyen-âge d'une haute renommée.

D'après les historiens byzantins du XVe siècle, la coupole de Sainte-Sophie de Constantinople aurait été construite avec des briques de Rhodes. Ils racontent que Justinien envoya trois de ses officiers dans l'île pour y commander et emporter à Constantinople des briques en terre poreuse et légère. Elles pesaient en effet douze fois moins qu'une brique ordinaire, et chacune d'elles portait l'inscription : « DIEU l'a posée et elle ne saurait être ébranlée à jamais. » Cependant la coupole s'effondra et Justin suivit l'exemple de son oncle, la reconstruisant avec des briques apportées encore de Rhodes, qui avaient le même poids, faites de la même terre et présentant la même inscription [1]. Biliotti prétend que ces briques étaient faites d'un mélange de joncs pilés, de pierre ponce pulvérisée, de farine et autres ingrédients [2].

Au nord du cap Archangelos, à très peu de distance du rivage, apparait la petite île Parme. Le Grand-Maître de l'Isle-Adam y fit construire, en 1521, un couvent pour les moines grecs de l'Ordre de saint Basile, qu'il fortifia même pour résister aux pirates ; et il y mit comme supérieur le P. Macaire [3]. Ce monastère placé sous le vocable de saint Nicolas, donna plus tard son nom à l'île [4].

La distance d'Archangelos à Malona est d'environ dix kilomètres. Nous n'avons aucune trace de ce village dans les archives de l'Ordre ; il ne figure que dans le décret du Conseil de 1474, déjà cité [5], comme faisant partie de la Châtellenie de Pheraclos. Avant d'arriver à Malona, on passe par un bout de route pavée qui est sans doute l'œuvre des Chevaliers, puis à travers des sites pittoresques et au milieu de véritables forêts d'arbres fruitiers, de pins, de chênes et de caroubiers ; le tout entremêlé de nombreux ruisseaux alimentés par un torrent, dont l'abondance des eaux forme la richesse de cette végétation. Enfin, un peu avant d'entrer dans le village, on traverse un bois d'oliviers d'une grosseur vraiment extraordinaire, dont le tronc, pour la plupart, mesure jusqu'à dix mètres de circonférence. Ils remontent probablement au temps de l'Ordre ; et la chose devient tout à fait vraisemblable si l'on songe que, sans parler des arbres géants d'Amérique, il existait il y a quelques années en Écosse à Fortingall et à Foullebec en France, et peut-être existent-ils encore, des ifs qui pouvaient avoir,disait-on, de mille à trois mille ans [6]. A Malona, les maisons sont disséminées çà et là et comme perdues au milieu des jardins : amandiers, mûriers, cognassiers, abricotiers et figuiers gigantesques entrelacent leurs rameaux verdoyants sur les habitations et les sentiers ombreux

1. Torr, 84.
2. 351.
3. Bosio, II, 630.
4. Bosio, ibid.
5. V. le commencement de ce chap. 2.
6. Magasin Pittoresque, XXIX, 192.

du village, arrosé par les eaux limpides et fraîches d'un torrent : paysage d'une beauté inoubliable.

Au sud de Malona se trouve un petit village appelé Massari, auquel on arrive en traversant deux torrents. Il se compose d'une trentaine de feux, et est situé dans un endroit très fertile. On y rencontre plusieurs moulins à eau, dont l'un, avec des dépendances, un jardin et une tour, que le Grand-Maître de Milly donna, le 26 mars 1460, au chevalier Louis de Maniago, Grand-Commandeur de Chypre[1]. Celui-ci devait avoir, ce semble, entre autres charges, celle de surveiller les plantations de canne à sucre que l'Ordre possédait dans l'Ile, et de se servir de ce moulin pour la raffinerie des récoltes faites à Rhodes. Car si les terres de la Grande-Commande de Chypre étaient merveilleusement propres à la culture de la canne à sucre[2], celles de Rhodes ne leur cédaient en rien sous ce rapport ; et nous savons que de tous les pays qui fournissaient de sucre l'Europe au moyen-âge, Rhodes n'occupait pas le dernier rang[3]. Le nom de Massari fut donné par les Arabes (qui implantèrent dans le Levant la culture du sucre) aux moulins dans lesquels on écrasait la canne[4].

Après Malona, en se dirigeant vers le sud, on traverse un bois d'oliviers avec des plantes semblables à celles dont nous avons parlé ci-dessus, et l'on suit la berge d'un autre torrent qui va se jeter à la mer à quelque distance de là, dans une baie connue des navigateurs sous le nom de Veeglikah[5]. Ce torrent[6], peut-être le plus considérable de l'île, est la Gadura, ou Godura, dont Pauli place à tort l'embouchure auprès de Pylona[7]. On recueille surtout dans son lit ces beaux petits cailloux ronds qui servent aujourd'hui, comme autrefois, à faire la mosaïque employée comme pavé dans ces îles et même à Smyrne, d'où l'on vient les chercher à Rhodes[8]. A son embouchure sont des sources salines, et une foule de débris de pavages en pierre, signe évident qu'il y avait jadis des habitations en cet endroit. Peut-être était-ce là le village de Salia, dépendant de la Châtellenie de Pheraclos[9] ; comme dans le village de Kategrano, situé sur une éminence au sud-ouest de Malona, on peut reconnaître l'ancien Catagro, cité dans le décret du Conseil de 1474 et par Bosio[10], et où fut envoyée la même année une partie de la cavalerie, tandis que l'autre était dirigée sur Lindos et Salakkos[11]. Aussi

---

1. *Libri Bullarum*, n° 55. f. 210. Il était du Prieuré de Venise, dans la Langue d'Italie, d'une famille très connue du Frioul.

2. V. Mas-Latrie, *Documents nouveaux servant de preuve à l'histoire de l'île de Chypre*, etc., p. 568, sq.

3. Heyd, *Commerce du Levant*, II, 689. 691.

4. Ce nom subsiste encore en Sicile et en Espagne *(Massara et Almazara)* pour les moulins où l'on écrase l'olive et le sésame ; et en Italie *(Macèra)*. V. Heyd, *Op. cit.*, II, 680, 686.

5. *Mediterranean*, Pilot, 15.

6. En grec *Gaīluras* ; nom qui, d'après Biliotti, 660, lui vient de la violence avec laquelle il engloutit parfois dans ses ondes l'âne et celui qui le monte.

7. Cod. dipl., II, 497.

8. *Mediterranean*, Pilot, 15.

9. Décret de 1474. V. la note (1) de ce chapitre, p. 170.

10. II, 349.

11. II, 353.

le monastère de Kameri, à l'ouest de Kategrano, n'est autre peut-être que le lieu de Caminari qui, de même que Catagro, faisait partie de la Châtellenie de Pheraclos [1].

A gauche de l'embouchure du susdit torrent, une colline isolée, qui présente l'aspect d'un cône tronqué, fait saillie dans la mer en forme de promontoire, dont elle s'élève avec récif perpendiculaire. Elle mesure environ onze cents mètres de circonférence à la base, quatre cents au sommet, et cent cinquante mètres de haut [2]. Sur le sommet sont les restes d'une grande forteresse, à laquelle on accède péniblement par un escalier en ruine, construit en maçonnerie. Il n'y a qu'une seule porte, et l'enceinte, avec ses murailles de deux mètres d'épaisseur, présente de place en place des tours rondes en saillie. Mais les tours comme les murailles sont complètement délabrées. On y aperçoit une citerne encore bien conservée, de sept mètres de profondeur sur douze de large de chaque côté, et les restes d'une ancienne chapelle et de bâtiments servant sans doute au logement de la garnison. Au temps de Guérin, on y voyait encore des armoiries, qui ont aujourd'hui disparu [3].

L'aspect de l'ensemble est imposant et l'on jouit là-haut d'une très belle vue. Ce sont les ruines du fameux château de Pheraclos, dont parlent si fréquemment les historiens de l'Ordre. Biliotti qui, je ne sais pourquoi, voit dans ces ruines le château de Malona, pendant qu'il en est à plus de quatre kilomètres [4], avoue dans plusieurs endroits de son livre qu'il n'a pu, malgré toutes ses recherches, retrouver l'emplacement de Pheraclos, et se demande si ce célèbre château n'était peut-être pas Erimokastron, dont nous avons parlé ci-dessus, ou sur le mont Skathi au-dessus de Messanagros [5].

Sans parler de Pauli, qui dans l'espèce ne fait guère autorité et qui confond Fando (Afandou) avec Pheraclos [6], et de Rottiers, qui sur sa carte fantastique de l'île place Pheraclos au sud du mont Atayrios (qu'il met également à un autre endroit), il n'eût guère été difficile, ce semble, pour Biliotti, de savoir, en consultant quelque auteur, que Pheraclos devait se trouver près du bord de la mer, et du côté de l'est [7], et non par conséquent sur le mont Skathi. Qu'il fût proche de la mer, il pouvait l'apprendre par exemple de Bosio [8], quand celui-ci parle d'une barque envoyée par le Châtelain de Pheraclos au Grand-Maître pendant le siège de 1522. Barthélemy des Sonets, dans la carte géographique jointe à son manuscrit « L'Isolario », place Pheraclos à l'endroit de ces ruines [9].

---

1. Décret de 1474. Bosio, II, 349.
2. Guérin, 185.
3. Guérin, 188, 189.
4. Guérin dit que la distance de Malona à ces ruines est de six kilomètres (p. 187), mais il se trompe.
5. 271, 446.
6. II, 496.
7. Par exemple, le *Lexicon* de Philippe Ferrari porte que Pheraclos était *in ora ad ortum*.
8. II, 671.
9. Manuscrit dans la Bibliothèque de Saint-Marc de Venise, déjà cité. V. Not., Add. et Doc., II.

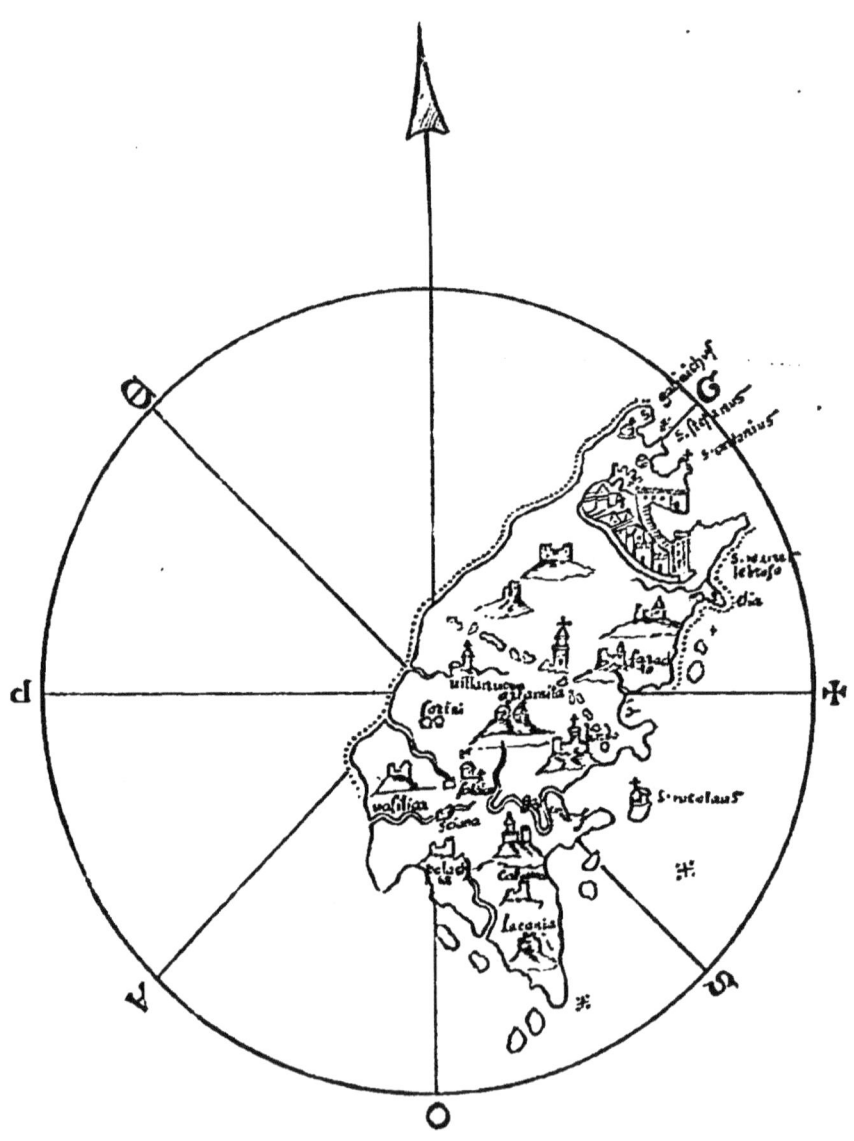

L'ILE DE RHODES,
PAR BARTHÉLEMY DES SONNETS (*Iscario*).

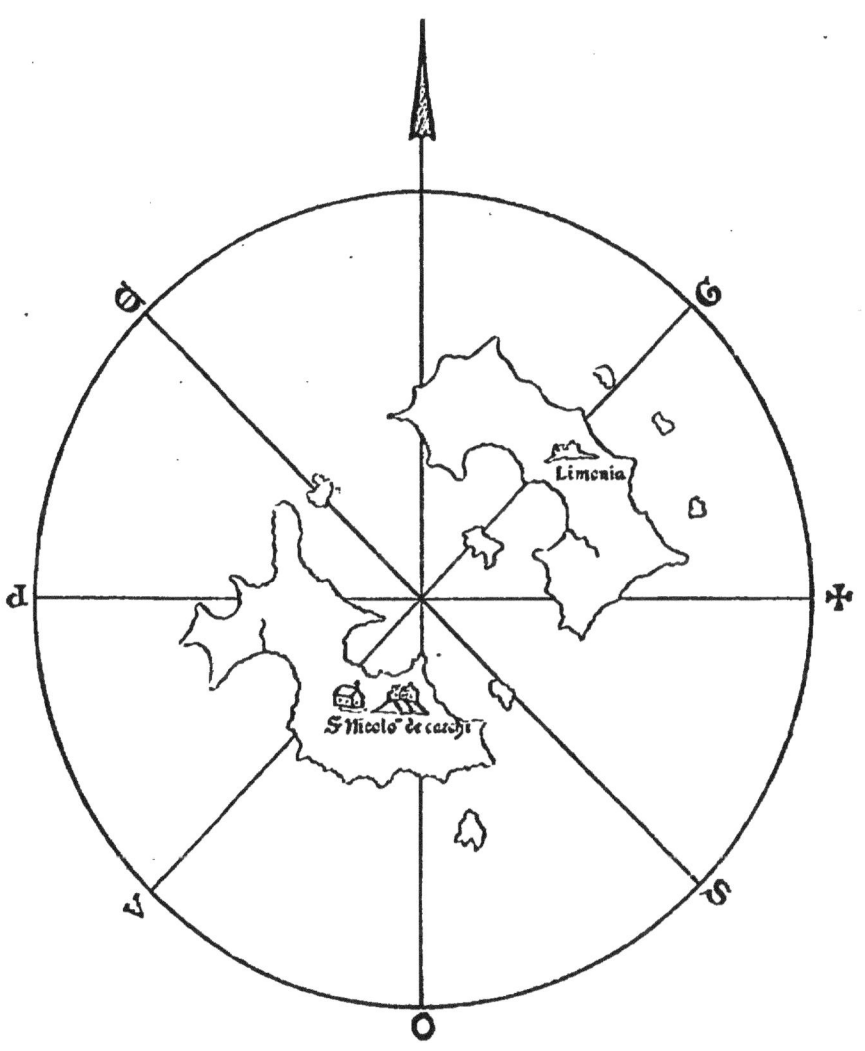

LES ILES DE HALKIS ET LIMONIA,
PAR BARTHÉLEMY DES SONNETS (*Isolario*).

Le nom de Pheraclos lui vient peut-être de la nature du sol, nu et dépouillé, sur lequel il s'élève. C'était autrefois une forteresse byzantine, bâtie sans doute sur l'acropole d'une ville ancienne, et ce fut la première place de l'île occupée par les Chevaliers en 1306. En vertu du traité conclu le 27 mai de la même année, entre Vignolo Vignoli et le Grand-Maitre Foulques de Villaret, celui-ci, étant parti le 22 juin de Limisso, résidence de l'Ordre depuis 1291, s'en vint avec deux galères et quatre bâtiments de second ordre, en compagnie de trente et un Chevaliers et d'un bon nombre de soldats, aborder à l'île de Castellorizzo [1] : s'y étant arrêté un mois, pendant lequel Vignoli fit une reconnaissance à Rhodes, il se dirigea ensuite sur Pheraclos et s'en rendit maitre, le 30 septembre, après trois jours de combat [2].

Le château de Pheraclos, transformé en prison, dès l'année 1383, pour les Chevaliers privés de l'habit [3], ne devait guère offrir de résistance, car les Turcs purent s'en emparer sans coup férir et faire main basse sur le village d'Archangelos en 1457 [4]. Mais, treize ans plus tard, en 1470, sous le Grand-Maitre Orsini, à l'annonce que les musulmans méditaient une nouvelle descente dans l'île, le Conseil, par décret du 14 octobre, prit le parti de fortifier Pheraclos [5]. Telle fut l'importance des travaux exécutés que, grâce à elle et à sa position naturelle, le château fut avec Monolithos et Rhodes considéré, dès lors, comme l'une des trois plus fortes places de l'île. Aussi quand on fit, en 1475, le recensement des habitants de l'île, et quand, après les avoir divisés en trois troupes, on assigna à chacun d'eux le château où ils devaient se retirer en cas d'invasion turque, un tiers des habitants de l'île reçut pour lieu de refuge le susdit château [6].

En 1501, avant de rejoindre la flotte de la ligue, le Grand-Maitre d'Aubusson enjoignit à huit Chevaliers d'avoir soin des principaux châteaux de l'île qui se trouvaient sur le bord de la mer, et de ce nombre était naturellement celui de Pheraclos [7].

Le Grand-Maitre Orsini [8] venait ici pour jouir du bon air de l'endroit, et ici il fit installer les malheureux fils de l'infortuné Zizim. Remis avec leur mère au Soudan d'Egypte par leur propre père avant son départ pour Rhodes en 1485, Bajazet demanda qu'on les livrât entre ses mains, mais le Soudan refusa noblement d'obtempérer à ses ordres [9]. On ne sait à quelle époque et combien d'entre

---

1. Ile très aride, appelée anciennement Cistène, à 250 m. d'altitude, longue de trois milles sur un et demi de large. Il y avait un poste militaire construit, dit-on, par le Grand-Maitre de Heredia, des armoiries duquel viendrait, selon quelques-uns, le nom moderne de l'île, Castellorizzo e Castellorosso ; Heredia avait, c'est vrai, sur son écusson, sept châteaux, mais d'or et non rouges, qui était la couleur du champ. V. Bosio, II, 328. Biliotti, 187. Rinaldi, *Ann. Eccl.*, 1450, nos 17, 18. *Mediterranean Pilot*, p. 30.

2. *Libri Bullarum*, N. N.

3. C'était le plus grand châtiment qu'un Chevalier pouvait recevoir.

4. Bosio, II, 255.

5. Bosio, II, 321.

6. *Libri Conciliorum*, 1473, 1478, f. 62. Bosio, II, 351, 387, 605.

7. Bosio, II, 547.

8. Bosio, II, 349.

9. Bosio, II, 494, 495.

eux vinrent à Rhodes, ni si leur mère vint avec eux ou si elle était déjà morte. Le Chapitre Général de 1504, par décret du 17 décembre, confia au Grand-Maître le soin de l'entretien d'Amurat, fils de Zizim [1], et nous savons qu'au château de Pheraclos il tenait maison comme un grand seigneur, avec un nombreux personnel, et qu'il avait pour majordome Fr. Jean Raffino, servant d'armes [2]. Il avait auprès de lui deux fils et deux filles dont on ignore les noms ; selon quelques-uns, Amurat, non seulement aurait embrassé la religion chrétienne, mais il aurait même revêtu l'habit de l'Ordre ; assertion toutefois que ne vient confirmer aucun document. Les Chevaliers ne cessèrent de le traiter avec bonté. En mai 1521 [3], Amurat recevait la visite d'un ambassadeur du Sophi de Perse, et lui offrait des présents qu'il avait reçus lui-même du Conseil et du Lieutenant du Magistère, alors vacant par la mort de del Carretto [4]. Il resta à Pheraclos jusqu'au siège de 1522, après lequel, nous l'avons dit, il fut pris et étranglé avec ses deux fils par ordre de Soliman sur la colline des SS. Cosme et Damien, tandis qu'on envoya ses filles au sérail de Constantinople.

Parmi les châtelains de cette importante forteresse nous devons citer Fr. Pierino du Ponte, d'Asti, qui fut depuis Grand-Maître à Malte, et qui obtint le gouvernement de Pheraclos et le bailliage de l'île de Rhodes, par bulle magistrale du 13 juillet 1514 [5] ; son successeur, et dernier châtelain, fut Fr. Désiré du Puy [6]. Ce fut lui qui, pendant le siège de 1522, envoya une embarcation de Rhodes, pour avertir le Grand-Maître que des soldats turcs, faits prisonniers par les gens de Pheraclos, accusaient hautement certains personnages importants de Rhodes de tenir les ennemis au courant de ce qui se faisait dans la ville et des délibérations du Conseil, et que les Turcs creusaient une grande mine (nous en avons parlé ci-dessus) qui allait aboutir à l'église de Saint-Jean du Collachium [7]. Ces nouvelles jetèrent l'alarme dans la garnison de Rhodes, et il n'y fut plus question que de trahison. Les soupçons se portèrent entre autres sur un riche personnage dont on ignore le nom, très considéré avant le siège, ambassadeur de l'Ordre à Constantinople, et qui avait ensuite montré beaucoup de zèle pour la défense. Il fut jeté en prison par des mercenaires candiotes, pour avoir lancé une flèche en un moment et dans un lieu suspects, et pour avoir dit que, s'il n'arrivait pas de secours, il fallait absolument arriver à s'entendre avec Soliman pour le paiement d'une indemnité et pour l'élargissement des esclaves turcs : on le maintint sous bonne garde. Un autre, de Raguse, en crédit auprès du Grand-Maître lui-même, soupçonné pour avoir pris un intérêt excessif au travail des contre-mines, fut arrêté, mais bientôt remis en liberté ; un troisième enfin fut accusé d'envoyer des infor-

---

1. Bosio, II, 581.
2. Bosio, II, 581 ; III, 4.
3. Bosio, III, 4.
4. Bosio, II, 624.
5. Bosio, II, 613.
6. Le capitaine de secours était à cette époque le chevalier Fr. Garcia Curtes. V. Sanuto, *Diarî*, XXXIV, 79.
7. Bosio, II, 671. Chap. VIII de cet ouvrage, page 97.

mations secrètes à Mustapha et à Ahmed, par l'intermédiaire d'un jeune homme qui avait l'habitude de se rendre au camp turc, déguisé en femme [1]. La chute de Rhodes entraîna celle de Pheraclos, et le 29 décembre 1522 Soliman recevait la nouvelle de la capitulation de ce château [2]. Il avait obéi sans doute, pour se rendre, aux injonctions de l'Ordre, car les ressources dont il disposait lui eussent permis de prolonger la résistance encore pendant dix ou douze jours [3].

1. Torr. 62.
2. Hafouz-Ahmed.
3. Relation de Trevisani.

Chapitre Dix-septième.

N laissant l'embouchure du torrent Gadura, la route continue au fond d'une vallée voisine de la mer, le long de la baie de Malona, traversée par des torrents dont plusieurs ont un lit très large. Après avoir dépassé une petite chapelle dédiée à saint Georges, on arrive au village de Kalathos, situé au pied d'une montagne du même nom, haute d'environ 400 mètres et dont une ramification se termine au cap Lindos [1]. Le village de Kalathos faisait partie en 1474 et 1479 de la Châtellenie de Lindos [2], et c'est la seule indication que nous aient transmise sur cet endroit les documents de l'Ordre. En approchant de la mer on côtoie un golfe solitaire et pittoresque, après lequel on a devant soi le Krana, montagne escarpée, aride, rocailleuse ; on monte, et l'on descend ensuite vers Lindos en suivant une route taillée dans le roc, avec des traces d'une voie plus ancienne, souvenir probable de l'occupation byzantine ou des Chevaliers. A gauche se dresse le promontoire Milianos [3], qui donne à pic sur la mer et sur lequel, comme sur le Krana où passe la route, sont d'innombrables nids d'aigles (en dépit de ce que Pline a écrit) et d'autres grands oiseaux qui offrent de grandes ressemblances avec ces derniers et planent majestueusement dans les airs à une grande hauteur ou près du sommet de la montagne [4].

Lindos, ville célèbre dans l'antiquité, est située au fond d'une étroite vallée, qui s'étend du sud au nord-ouest entre les dernières pentes du Krana et une colline où s'élève l'ancien château des Chevaliers, et s'abaisse vers la mer où sont deux baies ;

---

1. Guérin, 14.

2. Bosio, II, 349, 387.

3. De ce promontoire à celui de Monolithos, qui s'élève du côté opposé de l'ile, il y a 17 milles, et c'est le point où l'ile atteint sa plus grande largeur. V. *Mediterranean Pilot*, 16.

4. Rhodus aquilam non habet (X, 41).

celle du nord est l'ancien port, aujourd'hui presque complètement ensablé et impraticable, et celle du sud, assez profonde, quoique petite, est d'un accès difficile à cause de l'étroitesse de son embouchure. Cette seconde baie s'appelle le port de Saint-Paul, parce que la tradition veut que l'apôtre y ait débarqué quand il vint à Lindos. A l'est de la ville et entre celle-ci et la mer, se dresse un promontoire rocailleux d'environ 170 m. de haut, qui descend vers le nord-est par une pente rapide et presque à pic, et du côté ouest s'incline avec une déclivité beaucoup moins sensible pour former la pointe méridionale du port de Lindos. Cette petite mais âpre colline

LE CHATEAU DE LINDOS.

est couronnée d'une plate-forme d'environ 100 m. de diamètre, et ses flancs, surtout vers le sud-ouest, descendent irrégulièrement et presque à pic dans la mer, qui a ici une très grande profondeur. Cette défense naturelle contre les assauts des flottes ennemies, était encore doublée par le château placé sur le haut, dominant la ville et la côte, qui se dirige à pic vers le sud-ouest. La forme de ce château, aujourd'hui en ruine, est irrégulière, mais on peut dire qu'à l'entrée il est trilatéral avec trois façades, dont l'une à l'ouest, la seconde au sud et la troisième à l'est. Le côté nord, long d'environ 100 mètres, possède une double enceinte de murs et a la face nord tournée vers le port de Lindos ; sa forme et sa position en rendent le côté moins fort à ses extrémités, avec deux lunettes en saillie. Le second côté, long d'environ 100 mètres aussi et à peu près en ligne droite du nord au sud, a la façade tournée vers la ville ; le troisième, plus étendu que les deux autres, est le plus irrégulier et se divise en deux parties : l'une presque rectiligne dans la direction du midi, et l'autre en saillie plus au nord et avec la façade vers l'est ; tout ce côté presque parallèle à la côte domine la mer, et se termine à son extrémité inférieure en s'unissant au second côté par un éperon qui s'avance vers le sud ; et à l'extrémité la plus orientale sont les restes d'une tour, au point où la montagne descend le plus à pic vers la mer. C'est dans ce fort, qui est à l'origine de construction byzantine et fut enlevé aux Génois par les Impériaux en 1248 [1], que vint se réfugier en 1317 le Grand-Maitre Foulques de Villaret, lorsque, ayant encouru l'aversion et le mépris des Chevaliers, et déposé du Magistère de l'Ordre, il échappa au guet-apens qu'ils lui avaient tendu à Rhodini pour s'emparer de sa personne, comme il a été dit plus haut [2]. Il s'enferma dans la place, et protesta de là contre les arrêts du Conseil en en appelant au Pape. Chose curieuse qu'il importe de remarquer à ce propos, c'est que les deux Grands-Maitres déposés de leur charge furent Villaret, qui éleva l'Ordre au rang de puissance d'État, et Hompesch, entre les mains duquel la souveraineté s'évanouit. Villaret, par un privilège accordé aux habitants de Lindos, les affranchit de la condition servile à laquelle étaient soumis les autres habitants de l'île ; privilège qu'ils firent valoir lorsque Fr. Pierino du Ponte, bailli de l'île de Rhodes, voulut en 1516 les obliger d'amener à la marine les bois qu'ils avaient coupés dans les forêts voisines pour la construction des galères [3]. Dans la suite, des travaux plus importants de fortification firent de cette place, après Rhodes, la première citadelle de l'île, et les décrets de 1474, 1479 et 1513 firent ressortir de sa Châtellenie les villages de Katavia, Lartos, Pylona, Kalathos, Sklipio et Yennahdi [4]. Lindos se rendit en 1522, le 30 décembre, et les clefs en étaient remises à Soliman en même temps que celles de l'heraclos et de Mono-lithos [5]. Il y avait à Lindos, ce semble, un poste de douze Chevaliers, car nous voyons douze Chevaliers se rendre à Rhodes le 13 novembre de cette année, ame-nant avec eux, sur deux barques, vingt-deux hommes et leurs munitions [6]. Au milieu des ruines de ce château, on découvre de nombreux restes de monuments anciens, qui évidemment furent employés à sa construction. Cette circonstance, et le fait d'avoir retrouvé dans d'autres châteaux de l'Ordre des débris de l'antiquité, ont fait dire à quelques-uns que les Chevaliers étaient des vandales et des igno-rants : accusation répétée par le chevalier Fr. Sabba Castiglione, qui écrivait que ses confrères de Rhodes étaient des barbares, qu'ils ne savaient que manier l'épée, le sabre, la cuirasse, la cotte d'armes, le bouclier, l'arc et les flèches, et que

---

1. Torr, 45.
2. V. chap. XVI, p. 171, 172.
3. Bosio, II, 615.
4. Bosio, II, 349, 357, 387, 605.
5. Sanuto, *Diari*, XXXIV, 67.
6. Sanuto, *Diari*, XXXIV, 85.

le culte qu'il avait pour les souvenirs de l'antiquité l'exposait chaque jour à être traité d'hérétique et d'idolâtre [1]. Pour justifier ce reproche de vandalisme, il faudrait prouver que les Chevaliers trouvèrent les monuments, dont on leur impute la démolition, encore debout, et oublier qu'ils succédaient à des vainqueurs barbares, à des iconoclastes, tels que Léon l'Isaurien, le calife Tazid, Constantin Copronyme et leurs proconsuls ; et que la plupart de leurs châteaux, comme celui de Lindos par exemple, ne furent pas construits par eux ; oublier que les Chevaliers, au contraire, conservèrent avec soin les sculptures du Mausolée pour en décorer leur château de Saint-Pierre, près d'Halicarnasse [2], qu'ils placèrent une foule d'anciens autels aux portes de leurs maisons à Rhodes, qu'ils se servirent de sarcophages antiques et les sauvèrent en y déposant les restes de leurs Grands-Maîtres; que s'ils eussent été des barbares et des ignorants, ils ne nous auraient pas laissé les magnifiques ornements d'église que l'on admire encore à Malte, ni les superbes façades de certains édifices, ni les merveilleuses portes de l'Hôpital de Rhodes. Il y eut même parmi eux, dans les derniers temps, des esprits cultivés, tels que le chevalier Fr. Benvenuto de Saint-Georges [3] ; le malheureux Fr. André d'Amaral, qui savait son Pline sur le bout du doigt [4], et Castiglione lui-même, qui collectionna des marbres et des antiquités pendant son séjour dans l'île, de 1500 [5] à 1508, pour Isabelle Gonzague d'Este. Son humeur, plutôt amie de la solitude et des recherches savantes que du métier des armes, ne pouvait se plier aux exigences de la vie militaire ; aussi ne trouvait-il rien de bon à Rhodes, pas même la beauté idéale, et reconnue de tout le monde, de l'île, qu'il qualifie (en mettant ridiculement le comble à l'injustice) de rocher dénudé [6]. Les uns disent qu'il écrivait de la main gauche, parce qu'il avait perdu la main droite au siège de Rhodes, mais Peluso affirme qu'il n'y assista pas [7]. Aujourd'hui, si les ruines du château présentent, à une certaine distance, un aspect pittoresque et imposant avec leurs courtines longues et crénelées, on n'en éprouve pas moins une impression pénible, à mesure qu'on gravit l'escalier et les deux portes d'accès ; car on se trouve au milieu d'un tel amas de ruines disparates, qu'on a peine à se représenter quelle était autrefois la forme ou la disposition de l'édifice. On y remarque toutefois encore deux citernes, des escaliers, des colonnes et le cintre d'une chapelle, dédiée, dit-on, à saint Jean, de 25 pas de long sur 16 de large, où l'on voyait, dans ces derniers temps, des traces d'an-

---

1. *Lettres inédites* de Fr. Sabba da Castiglione publiées par Luzio. (Arch. stor. Lomb., XIII, 92-100.)

2. On est quelque peu surpris de lire dans Reclus, *Nouv. Géogr. Univ.* IX, Asie antérieure. 637 : « Les Chevaliers de Saint-Jean de Jérusalem, plus barbares que tous leurs devanciers, s'attaquèrent aux monuments pour en faire des pierres à bâtir et de la chaux. Sous la direction de l'architecte Schlegelholt, ils démolirent le Mausolée pour élever une forteresse, que d'ailleurs ils ne défendirent point contre Soliman. »

3. Bosio, II, 617.

4. Fontanus, II. Bourbon, 626, dit « qu'il était homme d'autorité et de savoir ».

5. Luzio, dans la préface des *Lettres inédites* cit , p. 92.

6. « Deserta, arida et inabitata insula... la quale d'ogni cosa equalmente sustiene extrema inopia se non de rocce, sassi et mari. » Lett. cit., p. 98.

7. V. Peluso, *Fr. Sabba da Castiglione* (Arch. Stor. Lomb., 1876).

ciennes peintures murales, aujourd'hui disparues. La partie la plus intéressante de tout le château, c'est-à-dire la mieux conservée, est celle qui regarde l'entrée, où l'on aperçoit d'élégantes fenêtres de style gothique. On y retrouve encore les armes du Grand-Maître d'Aubusson, qui y exécuta en 1480 de nouveaux travaux de défense[1], et sur la première porte vers la ville, un écusson portant une bande, qui doit être celui du Grand-Maître Fulvian ou du Grand-Maître Lastic. En 1845, le gouvernement ottoman songea un moment à restaurer le château, mais il en abandonna bientôt l'idée[2]. Aujourd'hui il est complètement abandonné et ouvert à tous les vents ; mais il y a quelques années à peine il était occupé par une garnison, et par là même inaccessible.

La petite ville de Lindos, qui compte aujourd'hui 650 habitants, en avait, di-ton, 2500 au temps de l'Ordre. Les rues en sont étroites, avec maisons, dont une grande partie datent de l'époque des Chevaliers, souvent appuyées l'une contre l'autre par des arches comme à Rhodes. Ces maisons, pour la plupart pavées en mosaïques formées de petits cailloux noirs et blancs, dont nous avons parlé ailleurs, ont les fenêtres et les portes embellies d'ornements, et à l'intérieur des plafonds en bois à caissons recouverts de petits dessins. On désigne généralement plusieurs de ces habitations comme ayant appartenu aux Chevaliers ; mais c'est un sentiment que je ne partage pas, car il n'y avait relativement qu'un très petit nombre de Chevaliers qui habitassent Lindos et la ville et ils devaient résider dans le château. Du reste, la plupart des maisons de Lindos construites à l'époque du gouvernement de l'Ordre, ont été dans la suite réparées et transformées. En effet, j'ai remarqué dans plusieurs d'entre elles une fenêtre ou une porte de style turc pratiquée dans une autre de plus grande dimension, dont on a respecté les corniches, d'un style qui rappelle parfaitement celui des constructions dues aux Chevaliers ; ce qui semble confirmer encore le fait d'avoir rencontré sur une de ces maisons la date de 1642 et sur une autre celle de 1643, dates de leur restauration, sans doute.

On remarque à Lindos l'église, monument très ancien, orné à l'intérieur de vieilles peintures murales très médiocres, de style byzantin, représentant Abraham, David, la Sainte Vierge ; quelques-unes ont été restaurées malheureusement par une main inexpérimentée, à laquelle il faut attribuer une grosse tête de dragon que vomit un diable peint à gauche de la porte. Devant la façade, sous un portique à côté de la porte principale, sont deux petites pierres absolument identiques, de forme rectangulaire, qui présentent une croix, à l'extrémité inférieure de laquelle se trouvent les deux bras d'une ancre, tandis que, dans la partie supérieure, aux angles, sont deux petites croix grecques entourées d'un léger cordon. Près du clocher moderne, on aperçoit les ruines de l'ancien, offrant encore, sculptés dans le marbre, deux écussons l'un sur l'autre : en haut celui du Grand-Maître d'Au-

---

1. « Cuncta disponit et de præsidiis Langonis, Castelli S. Petri, Feracli, Lindi, Monolithi, ordinatque loca defensoribus, commeatibus, machinis et cæteris bello aptis muniantur. » Caoursin, *De Rhod. obs.* Breydenbach dit la même chose, *De Rhod. urb. obs.*

2. Biliotti, 387.

busson, et en bas un autre représentant un écusson avec une bande au chef de l'Ordre. Cette église appartint toujours au rite grec et s'appelait, aux temps de l'Ordre, la Madone de Lindos [1]. Le Chapitre Général de 1489 accorda au Grand-Maître d'Aubusson la permission de faire dans cette église, comme dans toutes celles de la ville de Rhodes et de l'île, des fondations de messes et de services religieux [2] ; dans ce temple aussi eurent lieu, en 1503, les obsèques solennelles de cet illustre Grand-Maître [3]. Cette église avait très probablement à sa tête Étienne Calomeris, qui, en qualité de « protos » de Lindos, signa avec Georges Psichalis une lettre qu'on lit dans Paciaudi et qui se rapporte à une tentative des Chevaliers pour reprendre Rhodes en 1525 [4].

Lindos est célèbre pour ses faïences : ses plats surtout sont très recherchés en Europe. On a prétendu à tort que ces faïences avaient quelque ressemblance avec celles d'Italie, et on a voulu en conclure que les Chevaliers s'en étaient inspirés pour la création de cette industrie. D'après une tradition beaucoup plus vraisemblable, les Chevaliers, donnant la chasse aux infidèles sous le Magistère de Villeneuve, se seraient emparés d'un vaisseau qui portait des fabricants perses de faïences ; l'Ordre les aurait établis à Lindos, où ils trouvèrent un sable excellent pour la fabrication des émaux transparents. Sans rejeter cette version, qui n'a rien d'impossible, il ne faut pas perdre de vue que l'industrie de la faïence dans l'île remonte à une très haute antiquité. Les fouilles qu'ont faites récemment Salzmann et Biliotti nous en fournissent la preuve manifeste [5]. Le dessin des plats, des amphores, des briques pour pavés et autres objets qui sortirent de ces fabriques, représentent généralement des arbres et des fleurs artificielles ou naturelles : roses, tulipes, anémones, cyprès, et des fruits divers, le tout avec entrelacs d'une finesse digne des Perses ; et quelquefois encore on y trouve de l'architecture, des figures humaines et des animaux. Quelques-uns ont voulu en conclure à tort que ces artistes n'étaient pas d'origine persane, parce qu'il leur aurait été interdit, comme musulmans, de reproduire les traits de l'homme. Mais c'est une erreur, car cette prohibition n'existe point dans le Coran, mais simplement dans la fausse interprétation de quelques-uns de ses commentateurs, que les Perses ont toujours refusée [6]. Les plats les plus anciens, d'ordinaire avec large bord en forme d'écuelles, n'ont pas généralement plus de quatre ou cinq fleurs placées symétriquement, tandis que les modernes, dont la plupart offrent la forme d'une soucoupe sans bord, trahissent une plus grande aisance naturelle à reproduire les fleurs, et portent des entrelacs beaucoup plus riches.

Quant aux pavés ou briquetons, si l'on aime mieux, leur dessin, généralement sur un fond couleur crème, n'est pas limité à l'un d'entre eux, mais se continue sur les autres, si bien qu'il en faut plusieurs pour le développement d'un même motif.

1. Bosio, II, 506.
2. Bosio, II, 506.
3. Bosio, II, 568.
4. Paciaudi, De calin, etc., 295 ; et le chap. XX de cet ouvrage.
5. Biliotti, 537 sq.
6. V. à ce propos Salzmann, Nécropole de Camyros ; Biliotti ; Torr, et Deck, La faïence, p. 25, 26, 27, 28 sq.

Suivant Deck, la fabrication de la faïence n'aurait pas survécu, à Rhodes, au départ des Chevaliers, mais Torr, au contraire, ne partage pas cet avis. Outre certains objets avec inscriptions turques, il attribue aux fabriques de Lindos, entre autres choses, de grands globes que l'on voit encore actuellement suspendus dans les mosquées et deux faïences avec la date de 1686 et de 1687, sans aucune valeur artistique du reste, qui représentent un édifice à deux étages avec escaliers et une main qui fait le geste de bénir [1].

Le Musée de Cluny à Paris renferme plus de cinquante objets attribués aux fabriques de Lindos, entre autres un plat sur lequel est représenté un jeune homme nommé Ibrahim, en costume persan, avec tunique et chaussure rouge, qui lève les mains au ciel pendant qu'il tient à la main un feuillet avec cette inscription : « Mon DIEU, que je souffre ! Qu'ai-je fait pour être ainsi maltraité sur la terre étrangère ? Quand mes peines finiront-elles ? Quand donc se réaliseront les désirs de mon cœur ? J'aurais à vous dire autre chose, mon DIEU, mais comment m'entendriez-vous ? Ibrahim a beau se plaindre ; quand ses prières seront-elles exaucées ? » Il en est qui ont voulu voir, dans ce plat, la preuve que les ouvriers des fabriques de Lindos étaient d'origine persane [2] ; Torr cependant met en doute qu'il ait été exécuté à Lindos et soutient, non sans quelque raison, qu'il a été apporté de Damas. Cet auteur trouve de toute beauté une figure de la Sainte Vierge avec l'Enfant-Jésus et des Chérubins peints sur deux tableaux de faïence avec une légère bordure, où il croit reconnaitre une copie ou imitation de la Madone d'Apollona [3].

Lindos vit encore fleurir une autre industrie, celle de la dentelle. Les femmes tissaient, avec le coton de l'île, de la toile destinée à servir de canevas aux broderies dont elles ornaient les tentes, les couvertures de lit, les nappes. Leur dessin à fleurs et arabesques éblouissantes par la vivacité et l'harmonie des couleurs, les rendit célèbres non seulement dans le Levant, mais encore en Europe, où l'on en conserve plusieurs spécimens. Aujourd'hui encore les femmes de Lindos exécutent des ouvrages remarquables du même genre, mais ce qu'elles font ne saurait rivaliser avec les productions de leurs ainées.

A une lieue environ de Lindos, sur une éminence recouverte d'arbrisseaux, se trouvent des ruines qui ne sont autre chose que les restes d'un ancien village inconnu ; et à trois kilomètres de là, en allant vers le sud-ouest, apparait au fond d'une fertile vallée, au milieu de quelques jardins, le hameau de Pylona, cité par Bosio [4], que Pauli appelle Polona [5], que l'on confond quelquefois avec Apollona, et dont les habitants reçurent l'ordre en 1475 de se retirer à Lindos, de laquelle Châtellenie ils dépendaient [6]. De là, en allant vers l'ouest par une route montueuse et à travers un pays désert, on descend dans une vallée arrosée par

1. Deck, La faïence, 26.
2. Deck, ibid.
3. 84, 85 et seq.
4. II, 349.
5. Cod. dipl , II, 496.
6. Bosio, II, 349.

le torrent de Laerma, abondant d'eaux ; à son embouchure dans la mer est un moulin, et plus en arrière, une petite église dédiée à saint Georges, dans le voisinage de laquelle, sur une éminence, se dresse une tour de garde du temps des Chevaliers. En tournant le dos à la mer et en remontant le cours du torrent, on aperçoit à gauche le mont Hofti, au bas duquel se dresse, sur le sommet d'une colline, ce qui subsiste encore du château de Lartos, village situé à environ un kilomètre au-delà du torrent même, au nord du château. Ce dernier, qui commandait la vallée et dont la tour était comme un poste avancé, n'est plus qu'une ruine complète, dont la vue ne laisse guère soupçonner à quel point cet endroit était autrefois fortifié. L'enceinte, de soixante pas environ sur vingt, était flanquée de tours rondes, dont on aperçoit aujourd'hui seulement les bases.

Ce château fut donné à Vignolo Vignoli par bulle d'or de l'empereur Andronique II Paléologue peu de temps avant que Rhodes tombât entre les mains de l'Ordre. Le traité de 1306, par lequel Vignolo fit alliance avec le Grand-Maitre Foulques de Villaret pour la conquête de Rhodes, réglait que, tandis que l'île resterait aux Chevaliers, ce village et un autre à son choix resteraient à Vignolo [1] : et il demeura en effet pendant quatre générations dans sa famille. En 1391 le Grand-Maitre Heredia le donna en fief, par diplôme daté d'Avignon le 9 novembre, à Niccolino de Lippo, gentilhomme rhodien, familier de Vignolo, avec obligation de fournir quelques livres de cire, et d'entretenir dans les guerres de l'Ordre contre les Infidèles un homme d'armes à cheval, mais latin, et non grec [2]. Plus tard, avec l'agrément du Grand-Maitre, Niccolino vendit ce fief à un médecin nommé Foulques Vignolo, Génois fixé à Rhodes, descendant peut-être, je ne le sais, du susdit Vignolo Vignoli [3]. En 1404, à la mort de Simon Vignolo, peut-être fils de Foulques et feudataire du lieu, le château de Lartos échut, par dévolution, à l'Ordre, et le Grand-Maitre Naillac le donna en fief au gentilhomme rhodien Dragonetto Clavelli, qui avait aussi acheté peu auparavant le fief de l'île de Nissiros de Bustello Brancaccio, et lui en fit expédier les lettres patentes en date du 28 mai 1402 [4]. Ce lieu faisait partie de la Châtellenie de Lindos, où, en 1474 comme en 1479, les habitants reçurent l'ordre de se réfugier en cas d'invasion turque [5]. Le village donne son nom au cap qui s'avance dans la mer au sud de Lindos, qui du reste est aussi appelé cap de Lindos, et à la baie située à l'embouchure du torrent Laerma. Le cap Lartos, ou Lindos, est couronné à son sommet d'une tour en ruine, évidemment une tour de garde, et à deux milles en mer, vers le sud, s'élève un récif appelé Paximades ou Paximèdes : mais je ne saurais dire s'il y a quelque rapport avec l'église de Paximades, que Bosio range au nombre de celles qui, comme on dit ci-dessus, furent rasées avant le siège de 1480 [6].

1. Libri Bullarum, n. 11.
2. Pauli, Cod. dipl., II, 496. Delaville, Cartulaire, XIX.
3. Bosio, II, 143.
4. Bosio, II, 143.
5. Bosio, II, 319.
6. Bosio, II, 432, et le chap. XV, page 162 de cet ouvrage.

De Lartos, en laissant derrière soi le mont Hortis, dont on tirait sans doute la pierre dite de Lartos, on monte de colline en colline et le pays prend un aspect moins désolé. On traverse des montagnes couvertes de pins superbes sur un parcours d'environ dix kilomètres avant d'arriver à Laerma, pauvre et petit village au milieu de la forêt. Ce lieu, que Bosio appelle Laderma ou Larderma, est cité avec beaucoup d'autres comme étant l'un de ceux dont les habitants devaient, à l'approche des musulmans, se retirer dans des endroits mieux défendus. En 1475, ils eurent l'ordre de se réfugier à Apollona, et en 1479, à Pheraclos [1]. Les forêts magnifiques et pittoresques qui couvrent encore un quart de la superficie de l'île, étaient, à l'époque des Chevaliers, beaucoup plus étendues qu'aujourd'hui. Elles tendent malheureusement à disparaître de jour en jour, par suite des coupes mal faites et mal distribuées et surtout par les nombreux incendies qu'y allument les bergers. Toutefois Rhodes est encore l'île de l'Archipel qui possède les plus belles forêts ; les pins en sont le principal ornement, mais sur plusieurs points on rencontre également le cyprès, le chêne et autres essences de second ordre.

Au sortir de Laerma, la route, passant d'abord au milieu de montagnes arides et nues, s'engage ensuite sous le frais ombrage de nouvelles forêts dans la direction du sud et aboutit, au bout d'une dizaine de kilomètres, à Sklipio. Là, au-dessus d'une colline proche du village, apparaissent les ruines pittoresques de l'ancien château des Chevaliers avec une tour à chacun des quatre angles. En 1475, les habitants du lieu reçurent l'ordre de se retirer à Lindos, dans le cas où les Turcs viendraient à débarquer ; ce qui montre que le château, ou n'existait pas alors, ou était à peu près sans défense. Mais, à quelque temps de là, il était devenu, d'après Bosio, l'un des plus importants de l'île, et en effet nous savons, à l'appui de son dire, qu'en 1479, non seulement ses habitants, mais encore ceux de Lachania, de Yennahdi et de Vati, devaient, en cas de débarquement d'ennemis, se retirer dans le fort de Sklipio [2].

1. Bosio, II, 349, 387.
2. Bosio, II, 349, 387.

Chapitre Dix-huitième.

U sud-ouest de Sklipio, sur les coteaux d'une riante vallée, se trouve, entouré de pins et de figuiers magnifiques, le petit village de Vati, cité par Bosio [1], et au sud-est, à la distance de six kilomètres environ, près de la mer, apparaît le village de Yennahdi. Suivant Biliotti [2], le nom lui viendrait de son fondateur, qui aurait été un certain Yennahdios, et Guérin le répète après lui [3]. Bosio appelle encore ce village Ghinadoso [4] et raconte que ses habitants, qui avaient, en cas de débarquement ennemi, reçu l'ordre de se réfugier en 1475 à Lindos, et en 1479 à Apollona et à Sklipio, furent, en 1503, attaqués avec ceux d'Archangelos, de Pheraclos et de Katavia [5], par seize fustes turques [6]. Tout près de Yennahdi, sur un monticule au nord-est, on aperçoit les ruines d'une ancienne tour de garde, élevée par les Chevaliers, et que les habitants du village ont aujourd'hui rasée en grande partie pour bâtir une église dédiée à saint Athanase. Le village occupe un site ravissant au milieu de jardins délicieux, et fait un petit commerce avec les habitants de cette partie de l'île, qui viennent s'y approvisionner. En quittant Yennahdi on suit la côte, et après avoir franchi un torrent, avant d'arriver au monastère de Sainte-Marie ou Sainte-Marine, on rencontre les ruines d'une autre ancienne tour de garde, de l'époque de l'Ordre ; et à environ dix kilomètres de Yennahdi, on aperçoit le village de Lachania, sur les flancs du mont Kara-Use.

Entre Yennahdi et Lachania, à l'ouest, au milieu de montagnes arides et d'aspect mélancolique, s'étend le petit village de Messanagros, que Bosio appelle

---

1. Bosio, II, 387.
2. 710.
3. 227.
4. II, 572.
5. Bosio, II, 387.
6. Bosio, II, 572.

Messinagro. En 1474 et en 1475, ses habitants reçurent l'ordre de se retirer à Katavia, en cas de surprise ennemie [1]. Près de là devait se trouver le village de Tataro, cité par le même auteur [2].

Lachania, dont Bosio et plusieurs autres font Canea, Aganea et même Lachinech, devait être en 1475 une place assez forte, car le Conseil l'assigna comme refuge, dans le cas où ils soupçonneraient un prochain débarquement des Turcs [3], aux habitants de Tha, de Defania et d'Efgales [4], lieux aujourd'hui inconnus et dont l'on pourrait peut-être reconnaitre quelques-uns dans des ruines auprès de l'embouchure du Yennahdios Potamos et au-delà du Moros-Potamos [5] et dans plusieurs endroits voisins de ceux-ci. Lachania ne tarda pas, dans la suite, à n'être plus considérée comme place forte, car en 1479 ses habitants, en cas de danger, devaient se réfugier à Pylona [6]. En 1503, la horde des Turcs que débarquèrent près de là les seize fustes dont nous avons parlé, put impunément ravager toute la contrée [7].

Buondelmonte parle de Lachania comme d'un pays très habité et bien cultivé [8]. Actuellement, la population se compose d'environ soixante familles, et l'agriculture y est plus prospère que sur tout autre point de l'ile. Le village est perché sur une colline au milieu de jardins, dont les légumes sont si excellents qu'il en tire son nom [9] ; là croissent encore les meilleurs fruits de l'ile.

C'est sur les collines environnantes et sur celles d'Apollakkia et de Katavia que l'on prenait, aux temps de l'Ordre, les meilleurs faucons, dit Sacres et Gentils [10].

Ferdinand d'Aragon, qui était un grand chasseur, priait, en 1475, le Grand-Maitre Orsini de lui envoyer d'excellents faucons, lui ayant dépêché à cette intention plusieurs de ses fauconniers. Le Grand-Maitre, désirant lui être agréable, lui donna non seulement ceux qu'il possédait alors, mais arrêta, pour s'en procurer d'autres et d'excellents, qu'il serait rigoureusement interdit de chasser ou de prendre des faucons dans les régions de Lachania, Katavia et Apollakkia [11].

Les Grands-Maitres et les Chevaliers s'adonnaient passionnément à la fauconnerie ; et les faucons de Rhodes devinrent si célèbres, que plusieurs Grands-

1. Bosio, II, 347, 387.
2. Bosio, II, 347.
3. Bosio, II, 349.
4. Bosio, II, 349.
5. Guérin, 227, 228, 230.
6. Bosio, II, 387.
7. Bosio, II, 572.
8. Buondelmonte, *De Insulis*, etc.
9. Adxeror.
10. « Le Sacre est de plus laid pennage qu'autre oiseau de fauconnerie ... il est oiseau de moult hardy courage ; il est aussi oiseau de passage, et pris au passage par les fauconniers qui les aguettent en diverses iles de la mer Egée, Rhodes, Carpanto, Cypre, Candie, etc.... Les fauconniers louent celui qu'on nomme le gentil, pour estre bon heronnier.... et aussi que c'est le plus hardy et vaillant de tous les faucons, etc. » *Recueil de tous les oyseaux de proye qui servent à la vollerie et fauconnerie*, par J. B.
11. Bosio, II, 356.

L'ILE DE RHODES,
PAR BUONDELMONTE (*De insulis archipelagi*).

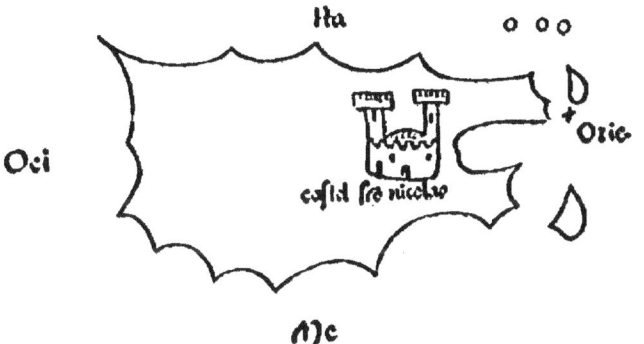

L'ILE DE HALKIS,
PAR BUONDELMONTE (*De insulis archipelagi*).

Maitres faisaient des présents de ce genre aux principaux souverains de la Chrétienté. Nous citerons, entre autres, d'Aubusson qui, nous l'avons dit ailleurs, envoya, en 1498, quatre-vingts faucons en Europe destinés à Louis XI roi de France, à Philibert II duc de Savoie, et à Ludovic Sforza duc de Milan [1] ; et fit un second envoi en 1477 à Louis XI, y ajoutant encore un léopard et chargeant de présenter le tout le Commandeur Fr. Guy de Blanchefort, qui lui succéda depuis dans le Magistère [2]. La fauconnerie fut, du reste, l'une des passions des grands Seigneurs et des Monarque au moyen-âge, y compris les Papes eux-mêmes. Pour n'en citer qu'un seul, l'empereur Frédéric II fut le plus célèbre fauconnier de son temps et composa même un traité de fauconnerie, que son fils, le roi Manfred [3], enrichit d'un commentaire. Comme grands chasseurs, nous signalerons encore Jules II et Pie II qui, avant d'embrasser les ordres, écrivit un traité de chasse et un livre de fauconnerie. Un des ouvrages les plus connus de ce genre fut composé par un Chevalier de l'Ordre, Fr. Jean de Franchières, Grand-Prieur d'Aquitaine [4]. C'est une compilation de la plupart des auteurs qui ont abordé la question, mais surtout du travail d'Amédée Kassianos, Grec qui fut fauconnier des Grands-Maitres. Les extraits qui nous sont parvenus de cet ouvrage permettent de se faire une idée de l'abondance des oiseaux à Rhodes, et de voir que la modicité de leur valeur vénale donnait aux habitants de la campagne la facilité d'en servir leur table, d'ordinaire si frugale [5].

Malgré certains usages turcs, qu'une domination prolongée a introduits dans les mœurs, je demeure convaincu que le paysan rhodien a bien peu changé de ce qu'il était aux temps de l'Ordre. Les instruments aratoires sont d'une simplicité vraiment antique, spécialement la charrue, qui rappelle celle des Arabes. Née sur les flancs des montagnes, ou dans le fond des vallées ou sur la côte, cette population vit attachée au sol qui l'a vue naître, uniquement occupée à le cultiver. Elle est pacifique, simple dans ses mœurs, honnête, mais ignorante et superstitieuse. Le clergé orthodoxe, auquel appartiennent les quelques écoles qui se trouvent dans les villages, est en général fort peu instruit. Plus prodigue de ses soins envers sa propre famille qu'envers son troupeau, on le voit tous les jours de la semaine, ceux de fête exceptés, mêlé avec ses paroissiens dans les travaux les plus bas. Dans nos pays catholiques, nous reprochons parfois un certain manque d'éducation, de propreté, de savoir-vivre à notre clergé, notamment à celui des paroisses rurales ; mais on peut dire qu'à Rhodes, comme, du reste, dans tout le Levant, le clergé grec est infiniment, même sous ce rapport, au-dessous du nôtre. Je ne parle pas de l'état des églises, que Guérin trouve, je ne sais comment, fort bien tenues [6] ;

---

1. Par une lettre (Arch. d'État de Milan, Puiss. Étrang. — Rhodes) datée du 16 décembre 1495, Ludovic Sforza remercie le Grand-Maitre de *duos falcones toros*, dont il vante beaucoup le mérite.

2. Bosio, II, 373.

3. « *Reliqua librorum Friderici II de Arte venandi cum avibus* », Leipsick, 1788.

4. *La fauconnerie.*

5. Torr, 102.

6. P. 80.

je suis, au contraire, d'un avis tout à fait opposé. Quoi qu'il en soit, la population est encore animée de l'esprit religieux et observe, extérieurement du moins, les prescriptions de son église.

Mais la vertu principale des paysans, j'en parle après l'avoir expérimentée personnellement pendant assez longtemps, est l'hospitalité, une hospitalité spontanée, cordiale, désintéressée, dont je garde et garderai toujours le meilleur souvenir.

Leurs maisons sont aussi intéressantes et demeurent ce qu'elles étaient autrefois. Elles sont bien bâties et propres, mais excessivement simples. En général elles ne se composent que d'un rez-de-chaussée et d'une seule pièce, et sont construites par le propriétaire lui-même, car les Rhodiens sont tous plus ou moins maçons. Les murs sont en pierre et les plafonds, en grosses poutres de cyprès, sur lesquelles on place des cannes et des troncs de lauriers-rose, le tout recouvert de ciment et le plus souvent d'une espèce d'argile dite « patilia. » Le plafond, outre les quatre murs, repose au milieu sur une grande arche ogivale qui divise la chambre comme en deux parties égales. Intérieurement le long des murailles et tout autour de la chambre, à la hauteur d'un peu plus d'un mètre de terre, est un banc de cyprès, parfois grossièrement sculpté avec un ornement simple, et fermé sur le devant par des panneaux, formant ainsi une armoire où l'on dépose les provisions et ustensiles de ménage ; tandis qu'au dessus du banc sont les couvertures et les oreillers entassés l'un sur l'autre, de manière à toucher, même dans les maisons les plus aisées, le plafond de la chambre. Pas de lits à proprement parler ; pour dormir on étend une ou plusieurs couvertures sur le banc et l'on s'allonge là-dessus. Les couvertures, qu'on appelle « sindones »[1], et les coussins offrent généralement dans leurs broderies des dessins aussi simples qu'originaux, dont le secret remonte sans doute à la plus haute antiquité. La cheminée est dans un angle ; toutes les parois sont littéralement recouvertes de jarres, amphores et plats, ce dont se compose principalement le luxe du paysan de Rhodes. Parmi les plats, il y en a parfois de très anciens de Lindos (j'en ai vu de très beaux et admiré un très grand nombre chez un cordonnier, mon hôte, à Lindos), et ces objets, comme du reste les autres faïences, et les couvertures et les coussins, constituent la dot de la femme, dot qui se transmet de la mère aux filles. Sur la partie la plus en vue de la chambre, au milieu, sont placées les Saintes Images, devant lesquelles est suspendue, au plafond, une lampe à l'huile ; au-dessous des Images, on place les couronnes nuptiales, dites « stefana »[2]; et autour, on voit d'autres petits tableaux, divers sujets, parmi lesquels il m'est arrivé parfois de remarquer le portrait du Roi et de la Reine de Grèce, et parfois aussi celui du Sultan. Puis à un angle du plafond, pend une espèce de panier fait en forme de plat, et qui a l'air d'une balance, où l'on conserve le pain, que l'on cuit ordinairement le samedi pour toute la semaine.

A huit kilomètres environ de Lachania, se trouve le cap Vigli. On y aperçoit

---

1. Σινδών.
2. Στέφανα.

les restes d'un ancien tour de garde. A une égale distance, au sud de celle-ci, est l'extrémité de l'île, le cap Prasonissi, peut-être le cap Tranquille de la carte de Pauli, si toutefois elle mérite quelque confiance, ayant été faite un peu d'imagination. C'est un écueil rattaché à l'île par un isthme de sable si bas, qu'on le prend de loin pour un petit îlot [1]. De ce cap à celui des Moulins, ou Saburra, l'île mesure 42 milles en longueur [2].

A environ dix kilomètres nord du cap Prassonissi, sur la côte occidentale de l'île, se trouve le village de Katavia, très peuplé à l'époque de l'Ordre [3], et où habitent aujourd'hui environ soixante familles. Dans la partie sud, du côté des marais, on aperçoit, sur une éminence, les ruines d'une tour et d'un château. En 1470, l'Hospitalier et l'Amiral jugèrent que le château n'était pas assez sûr, mais qu'en y faisant des réparations et en y envoyant quelques Chevaliers et soldats, serait capable de résister, tandis qu'il serait dangereux de l'abandonner [4], parce que cette partie méridionale de l'île était souverainement exposée aux attaques des Turcs. En 1474, on y fit quelques réparations et creuser un fossé large et profond, et il fut décidé que les habitants de l'endroit, comme ceux de Messanagros, viendraient s'y réfugier en cas de danger [5]. Trois années plus tard, le Grand-Maître d'Aubusson exposait au Conseil la nécessité de rebâtir à neuf et de fortifier ce vieux château, qui menaçait ruine, alléguant que les habitants de cette contrée si fertile de l'île étaient encore obligés, dans le péril, de se réfugier dans des châteaux trop éloignés, et de laisser ainsi leurs terres en friche. On l'entoura donc de fortifications en règle, et l'on y consacra le mortuaire du Grand-Maître Orsini, décédé le 8 juin 1476 [6]. Malgré ces travaux de défense, en 1503, sans doute parce qu'il était dépourvu de garnison suffisante, il fut assailli avec d'autres châteaux par la horde de Turcs que seize fustes jetèrent près de là sur le rivage, comme il a été dit ci-dessus [7].

La route de Katavia à Apollakkia, que je crois être de 14 kilomètres, traverse tout d'abord des collines arides, et côtoie ensuite le bord de la mer, qui forme ici ce qu'on appelle la baie d'Apollakkia. Pendant quatre longues heures de marche environ, le terrain sablonneux est parsemé de pins, genévriers et lauriers-rose ; on franchit plusieurs torrents. Çà et là, sur la côte, le sable fait place au roc, et dans quelques anfractuosités du rivage, viennent se briser écumantes, contre d'énormes récifs, les vagues d'une mer du plus bel azur. On aperçoit au large, au milieu des flots, deux gros îlots, l'un nommé Karavolos, du cap auprès duquel il se trouve, et l'autre Octonyanisi, plus au nord, à un mille et demi environ du rivage, ce dernier

---

1. *Mediterranean Pilot*, 17.
2. *Mediterranean Pilot*, 12.
3. Buondelmonte : *De Insulis*, etc.
4. Bosio, II, 321.
5. Bosio, II, 347.
6. Bosio, II, 371. Lettre de Mathieu Felarighi à Octavien Petrucci, écrite à Rhodes, le 23 juin 1476. (Arch. d'État de Florence : Strozziane, 363.) On appelle « mortuaire » les revenus d'une Commanderie depuis la mort du titulaire jusqu'au premier jour du mois de mai.
7. Chap. XVI, p. 175

d'une blancheur éclatante et hérissé d'aiguilles qui font rêver d'un long et vieux château féodal avec tours et créneaux ; plus loin à l'horizon, l'île de Carpathos. On voit errer dans cette solitude, au milieu des myrtes et des lentisques, des chèvres sauvages et des daims, voire même souvent des perdrix.

Les daims, comme les cerfs d'ailleurs, qu'on rencontre dans l'intérieur de l'île, auraient été, dit-on, importés par les Chevaliers.

A l'embouchure d'un torrent formé par le Mégaspotamos et la Siana, on tourne à droite, et, après avoir traversé des champs bien cultivés, on arrive à Apollakkia, que Bosio appelle tour à tour l'oloquia, l'olachia et l'olochia. Buondelmonte la dit très peuplée, mais elle ne compte aujourd'hui que 270 habitants. Sa position, sur le versant d'une vallée arrosée par deux torrents, est des plus belles. Bosio [1] la cite en disant que ses habitants furent avertis en 1475 de se retirer en cas de danger dans les villages d'Istrios, Prophylia et Arnita, ce qui confirme la version de Buondelmonte relative au chiffre de la population. En 1479 il fut décidé qu'ils se réfugieraient à Monolithos [2]. Il y a dans le voisinage une colline sur laquelle on aperçoit les ruines d'un château des Chevaliers, large environ sur tous les côtés de 30 pas ; les murailles qui subsistent ont deux mètres d'épaisseur [3]. A une demi-heure de distance d'Apollakkia se trouve Arnita, sur une colline de cette pittoresque et fraîche vallée. Tant en 1475 qu'en 1479, les habitants reçurent, de la part de l'Ordre, avis de se retirer, en cas de danger, à Apollakkia [4].

D'Arnita, en laissant sur la droite le monastère de Saint-Philémon, on monte vers le nord, et après deux heures de marche à travers les montagnes, on arrive au petit village de Prophylia, situé au milieu de forêts où l'on chasse le lièvre, la perdrix et le cerf ; et trois kilomètres plus loin, vers le nord-ouest, à celui d'Istrios, que Bosio appelle Strido. Les habitants de ces villages, d'après le même auteur, reçurent l'ordre en 1475 de se réfugier, en cas de danger, à Apollakkia [5].

D'Istrios à Monolithos, village d'environ 200 âmes, on compte une dizaine de kilomètres, et l'on traverse des bois de pins ordinairement très endommagés par les incendies ; le village est situé au pied du mont Gramitis, appelé généralement Akramitis, montagne au sommet aride, blanc et presque inaccessible, d'environ 900 mètres de haut [6] et boisée çà et là à sa partie inférieure.

De ce village en tournant à l'ouest, à quatre kilomètres environ, on arrive dans une contrée très pittoresque, et à l'entrée d'une gorge, on aperçoit en bas une étroite vallée fermée à droite par le cap Monolithos, à gauche par le cap Fourni, faisant face à un golfe sauvage, et en arrière par les pentes escarpées du mont Akramitis. Sur le côté gauche de la vallée, au-dessus d'un contrefort de la montagne, s'élève isolée près de la mer une immense roche, couronnée des ruines très

1. II, 313.
2. Bosio, II, 387.
3. Guérin, 235.
4. Bosio, II, 387.
5. Bosio, II, 313.
6. Guérin, 238.

pittoresques d'un vieux château. On ne peut y accéder que du côté est, par un sentier abrupt au milieu des pins, et enfin par un escalier extrêmement difficile taillé dans le roc. L'intérieur et, en grande partie même, l'extérieur, n'est plus qu'une complète ruine. Biliotti, qui le visita après Guérin, y trouva encore des pièces avec voûtes, une chapelle avec des fresques représentant saint Georges, la résurrection de Lazare, la sépulture de Notre-Seigneur et les armes d'Aubusson, et les restes d'un riche mobilier en bois, sans doute des stalles, et des faïences de Lindos qui ornaient la porte[1]. Pour moi malheureusement je n'ai plus rien trouvé de cela dans ces ruines si pittoresques et inoubliables qui m'ont singulièrement frappé, à

CHATEAU DE MONOLITOS.

l'exception de deux chapelles, l'une à l'ouest, avec la voûte encore intacte, vide et totalement dépourvue de tout crépi intérieurement ; sur la porte, qui est du côté est, j'ai remarqué en haut deux écussons rongés par le temps ; celui de gauche, presque effacé, porte le Chapeau de Cardinal du Grand-Maître d'Aubusson, qui restaura ce château en 1480[2]. Parallèlement à cette chapelle, on en voit une autre, moderne, rebâtie évidemment à la place d'une plus ancienne. Je n'ai pas trouvé trace des boiseries ou faïences dont Biliotti emporta un fragment : j'ai trouvé au contraire et emporté, moi aussi, à titre de souvenir, un boulet de canon en pierre.

Nous ne savons presque rien de ce château, qui aurait été l'un des principaux

1. Biliotti, 532, 584.
2. Caoursin, *De obsidione*, etc.

de l'île, quoique de petites dimensions, tirant sans doute son importance seulement de sa position. Nous lisons dans Bosio que les habitants d'Apollakkia reçurent l'ordre de se retirer à Monolithos en 1479 [1], et qu'en 1573 l'Ordre enjoignit de diviser en quatre parties la population de l'île ; la première devait se retirer, en cas de péril, à Rhodes, la seconde à Pheraclos, la troisième à Lindos et la quatrième à Monolithos [2]. Mais ici nous sommes en droit de nous demander si l'on veut parler du village de Monolithos, qui, sans doute, était fortifié (quoiqu'il n'en existe pas de ruines), ou en réalité de ce château-ci. En effet, il me semble absolument impossible qu'un si petit édifice ait pu contenir un aussi grand nombre de personnes et les vivres nécessaires à leur subsistance. Par conséquent, je crois que l'ordre du Conseil de 1476, prescrivant, entre autres choses, de faire reconstruire le château de Monolithos, afin d'offrir un asile aux paysans [3], a pu avoir trait à ce château du village, plutôt qu'à celui-ci.

Au mois d'octobre 1522, débarquèrent à Monolithos 4 bombardiers provenant de Candie ; ils traversèrent les montagnes pour se rendre à Lindos, et de là, sur une barque montée par vingt hommes de ce château, profitant de l'obscurité de la nuit, parvinrent à gagner Rhodes le 14 du même mois [4]. Plus tard encore, le 27 novembre, le châtelain de Monolithos, accompagné de quatre Chevaliers et de dix autres personnes, se rendit à Rhodes [5]. Du haut de ces ruines on découvre à quelque distance du rivage un îlot, appelé Strongyli, qu'il ne faut pas confondre avec un autre plus au nord, à côté de l'île Alimia ou Limonia. On prétend qu'il contient cent citernes évidemment à usage de magasins de g   et dont se servent encore actuellement les paysans des environs. Était-ce un dépôt du château de Monolithos ? Biliotti raconte qu'on n'en connaît que quatre-vingt dix-neuf ; mon guide, très au courant des lieux, m'a affirmé qu'il n'y en avait que quatre-vingts.

En s'avançant du château de Monolithos vers le nord, on traverse une forêt sur le versant de l'Akramytis ; en haut des rochers escarpés et derrière, de temps à autre, la vue de l'Atabyron ; en bas la mer parsemée de plusieurs petites îles, dont Halki, Makri et Alimia. En descendant toujours vers la mer, entre le cap Monolithos et le cap Ankoni ou Kopria, sont trois tours de garde du temps de l'Ordre [6], dont deux furent élevées aux frais de d'Aubusson, alors Grand-Prieur d'Auvergne, en 1476 [7] ; l'une est située dans un endroit appelé Glifada, et était comme un poste avancé des châteaux de Monolithos et de Siana, et près d'elle sont les ruines de Vasilika, aujourd'hui comme en 1422, quand Buondelmonte visita Rhodes, *ad nihilum redacta* [8].

1. Bosio, II, 387.
2. Bosio, II, 605.
3. Bosio, II, 360.
4. Bourbon, 662. Bosio, II, 687
5. Sanuto, *Diari*, XXXIV, 85.
6. *Mediterranean Pilot*, 18.
7. Bosio, II, 630.
8. Buondelmonte : *De Insulis*.

Halki, île aride et stérile, dit Buondelmonte, produit des figues en abondance ;
elle avait à l'est un port qui subsiste encore[1] et sur la hauteur un château-fort.
Pauli[2] écrit que cette île s'appelait anciennement Caristo, tandis que ce nom
aurait été, du moins d'après Graesse[3], attribué à une place de l'île de Negrepont.
Là, saint Nicolas, fatigué du voyage, se serait arrêté et aurait montré aux habitants le chemin de la vérité ; et ceux-ci, dans leur reconnaissance, auraient élevé
à leur bienfaiteur une église abondamment pourvue de vases d'or et d'argent[4].
Voilà pourquoi, sur une ancienne carte marine, imprimée à Venise par
Bernardin Rizo en 1490, cette île est dite de Saint-Nicolas de Carchi[5] ; elle est
quelquefois encore désignée par d'autres sous le nom de Cardo. Elle a cinq
milles et demi de longueur ; haute, escarpée et surmontée d'un pic qui s'élève à
594 mètres au-dessus du niveau de la mer, la pointe sud-ouest est à huit milles
et demi au nord-ouest du cap Monolithos, et il y a aujourd'hui des villages habités
par des pêcheurs d'éponges. Cette île faisait partie des Iles Magistrales, et pro-
duisait en abondance des faucon   pour la chasse[6]. Le château, au sud de l'île
entre la mer et le village dit Halkia, actuellement en ruine, et l'île furent donnés
en fief à Barello Assanti le 20 mai 1366, le Grand-Maître, Fr. Raymond de Bérenger,
ne s'en réservant que le souverain domaine et le droit d'y prendre des faucons, dont
l'île était si abondamment peuplée, et obligeant Assanti à construire une tour
dans l'île de Limonia[7]. On y voit les armoiries du Grand-Maitre d'Aubusson,
qui dut la restaurer. Quelque temps avant le siège de 1480, il fut enjoint
aux habitants de Halki de se retirer à Rhodes en cas de guerre avec les Turcs[8].
Ce fut dans les eaux de Halki que le Grand-Maitre d'Amboise réunit en 1507
la flotte de l'Ordre pour être à même de voler au secours des îles que les Turcs
pourraient attaquer[9], et il y arriva lui-même en personne le 15 mai à bord de la
Grande-Caraque. En 1522, lorsque la flotte de Soliman se dirigeait sur Rhodes,
Mustapha-Pacha ordonna à Kara-Mahmoud, l'un de ses capitaines, de se diriger
vers l'île avec quelques galères pour exiger la reddition du château. La garnison
n'ayant pas voulu se rendre, il fallut en venir aux mains et la réduire par la force.
Elle déposa les armes le 15 juillet, et ce même jour fut arboré le drapeau du Croissant sur le château[10]. Bosio raconte qu'en juin 1522 un paysan de Caristo s'échappa

1. Dans la baie d'Emporion. *Mediterranean Pilot*, 17.
2. II, 511.
3. *Orbis latinus*.
4. « Ubi Nicholaus sanctus ex itinere fatigatus residens, illis viam rectitudinis demonstravit : quorum precibus adeo gratiam consecutus est, quod secum et ad fodiendum ferramenta continue laborando in ipsis aridis lapidosisque montibus non minuerentur, a quo tempore usque in hodiernum illesa servantur quæ ad dotes filiabus computant cariores cop-opter ecclesiam ad laudem ipsius auri argentique ditissimam constituere quam corde custodire laborant. » Buondelmonte : *De Insulis*.
5. Bosio, II, 590.
6. Bosio, II, 398.
7. Bosio, II, 105.
8. Coronelli et Pausotti, *op. cit.*, p. 272, 273. Biliotti, 229. Bosio, II, 217.
9. Bibl. de S. Marc. *Portulano*, 4, 55.
10. Hafouz-Ahmed.

des mains des Turcs et vint apporter à Rhodes de précieuses informations sur l'armée ennemie. On ne connaît pas à Rhodes d'endroit de ce nom, à moins que le paysan ne fût de Halki, qu'on appelait anciennement, à ce que dit Pauli, Caristos. L'île de Halki renferme, dans la région du nord-ouest, une grotte nommée Amigdali, où se réfugièrent un grand nombre d'habitants, lorsqu'en 1658 l'amiral vénitien Morosini attaqua l'île et la mit à feu et à sang. Avec un raffinement de cruauté barbare, il fit allumer un grand feu à l'entrée de la caverne, et les malheureux qui s'y étaient réfugiés périrent tous. On y a retrouvé récemment des ossements humains calcinés, restes de ces infortunés[1]. Biliotti place cet incident deux siècles plus tôt[2], le confondant avec le coup de main, bien peu glorieux lui aussi, de Lorédan, en 1460, et que nous avons rapporté ci-dessus[3].

L'île d'Alimia ou Limonia est à trois milles et demi à l'est de Halki, à 275 mètres d'altitude et a un petit port au sud-ouest[4]. Barello Assanti, feudataire de Halki, fut obligé d'y construire, nous l'avons vu, une tour sur le plan que lui donnerait l'Ordre[5], tour qui toutefois dut, soit par suite d'un tremblement de terre ou d'une prise d'assaut, tomber en ruine, car un décret du 5 septembre 1475 prescrit l'érection d'une autre tour très élevée dans l'île[6]. Aussi, le 4 juin de l'année suivante, y envoyait-on un gros bâtiment génois pourvu de tous les agrès nécessaires à la construction[7]. Nous ignorons si ces tours étaient isolées sur la côte, ou si, comme nous inclinons à le croire, elles faisaient partie du château dont on voit encore les ruines sur une éminence. Ce château, parce qu'il était dépourvu d'eau, fut abandonné en 1479[8]. Lorsque, pendant le siège de 1522, plusieurs bâtiments turcs vinrent renforcer la flotte de Soliman, au lieu d'aller comme les autres jeter l'ancre dans la cale de Parambolino, ils se dirigèrent vers cette île, que Ramadan nomme Liman[9].

On tourne ensuite à l'est, puis au sud, en décrivant comme un demi-cercle autour du mont Akramytis, et l'on arrive à Siana, que Bosio appelle Sienna et qui est assise sur le versant oriental de cette montagne. En haut, sur une colline aride et escarpée, sont les ruines du château, dont la garnison fut renforcée en 1474, en prévision de l'arrivée des Turcs, par ordre du Grand-Maître Orsini[10]. En continuant vers l'est, on traverse, au bout d'une heure et demie de marche, dans la direction du nord-ouest, une région très escarpée et presque entièrement dépourvue de végétation, et à côté d'une ancienne carrière. L'Akramytis, l'Atabyron et le Saint-Élie renferment, le premier du marbre blanc et les deux autres un marbre

---

1. Biliotti, 228.
2. Dapper, 164, 165.
3. V. le chap. XII de cet ouvrage, p. 134, 135.
4. Méditerranean Pilot, 18.
5. Bosio, II, 398.
6. Bosio, II, 353.
7. Bosio, II, 360.
8. Bosio, II, 396.
9. Ramadan, 735, 736.
10. Bosio, II, 347.

légèrement teinté de bleu azur. On trouve encore du marbre blanc sur le mont Kalatos près de Lindos, et des marbres rougeâtres qui ont quelque ressemblance avec le porphyre se rencontrent çà et là dans toutes les montagnes de l'île. On arrive ensuite au village de Hagios-Isidoros, dont nous n'avons aucune trace dans les souvenirs de l'Ordre. Au nord de ce village se dresse majestueux le mont Atabyron, la plus haute cime de la chaine de montagnes qui s'étend du nord au sud sur presque toute la longueur de l'île. Sa hauteur maxima est de 1240 mètres[1] et le sommet s'élève solitaire et gigantesque entre les deux autres montagnes environnantes, le mont Saint-Élie au nord-est et l'Akramitis au nord-ouest, le dominant de 700 mètres[2]. Il est à remarquer, comme le fait justement observer Guérin[3], que, quand il parle du mont Artamita, Buondelmonte entend désigner le mont Atabyron, l'appelant sans doute ainsi du petit village, dit Artamiti, situé sur le versant est[4]. Sur la carte que Buondelmonte a jointe à son livre, on voit marquée, à peu près au milieu de l'île, une petite chapelle avec ces mots : *Mons Artamiti*. A mon avis, cette inscription désigne la petite chapelle qu'on voit encore actuellement sur le haut de la montagne, dédiée à saint Jean, de huit mètres de long sur trois de large, et qui se trouve parmi les ruines du vieux sanctuaire de Jupiter Atabyrios[5]. Fr. Felix Faber rapporte, dans son voyage, une tradition d'après laquelle l'arche de Noé se serait arrêtée sur cette montagne[6].

La route de Hagios-Isidoros tournant au nord-est se dirige vers le petit village d'Artamiti, à travers une magnifique forêt de pins et de cyprès dont les troncs disparaissent sous les myrtes et les lauriers-rose. Cerfs, perdrix, lièvres, chèvres sauvages habitent ces pittoresques solitudes.

A sept ou huit kilomètres plus loin, sur le versant nord-ouest de l'Atabyron, se trouve le village d'Embona au milieu de vignes et de jardins où l'on cultive encore le coton et le tabac. Le vin rouge et blanc de ce village est fort apprécié dans l'île. D'un beau rouge vermeil et légèrement capiteux, son goût rappelle jusqu'à un certain point le vin de Santorino et de Samos. Les anciens eux-mêmes prisaient le vin de l'île de Rhodes, lui trouvant des affinités avec celui de Coos[7], et tout le monde a lu les fameux vers de Virgile :

> Non ego te Diis et mensis accepta secundis
> Transierim Rhodia et tumidis bumaste racemis[8] ;

d'où il ressort que c'était un vin doux, un vin de dessert *(mensis secundis)*.

---

1. *Mediterranean Pilot*, 12, l'appelle Atasaro, Biliotti, 2. Guérin indique 1500 mètres sur sa carte géographique.
2. Guérin, 261.
3. 266.
4. Buondelmonte : *De Insulis*.
5. Guérin, 262.
6. Faber, III, 254.
7. Pline, *Hist. natur.*, XIV.
8. Géorg., II, 101, 102.

Toutefois nous n'avons aucun souvenir des vins de Rhodes dans les Mémoires de l'Ordre, et nous ne savons où Rottiers a découvert qu'Embona fut une Commanderie et que son vin s'appelait le vin de la Commanderie[1]. Mais, à propos d'Embona, l'imagination de cet auteur, et je dirais franchement son ignorance, dépasse toutes les bornes. Le mot *bumaste* ($\beta\sigma\mu\alpha\sigma\tau\eta\varsigma$), qui désigne, comme chacun 'e sait, une sorte particulière de raisin, d'une forme semblable aux trayons de la vache, aux gros grains ovales, très longs[2], le bon colonel l'a pris pour le nom d'un village de l'île, et a bravement indiqué sur sa carte, à l'est du mont Atabyron, non loin d'Embona, le village *Bumaste*! « Risum teneatis, amici ! »

Dans les montagnes au nord-ouest d'Embona, vers le mont Saint-Élie, sur une éminence, apparaissent les débris d'une forteresse que la carte de Spratt désigne sous le nom de Ketala ; c'est probablement Quitala, dont les habitants reçurent l'ordre, en 1474, en cas de débarquement des Turcs, de se réfugier à Salakkos[3].

A la distance d'environ cinq kilomètres d'Embona, se trouve le village de Kastelos, environné de jardins, dans une vallée arrosée de nombreux cours d'eau qui descendent du mont Saint-Élie. A trois kilomètres dans la direction du nord-ouest, sur une éminence, sont les ruines imposantes d'un château. Inaccessible du côté de la mer, sur laquelle il s'avance en guise de promontoire, le roc qui le supporte est accessible par terre au moyen d'un escalier aujourd'hui presque entièrement détruit. La forme du château est un quadrilatère qui fait face à la mer au nord-ouest ; il est flanqué de ce côté de deux tours rondes sur la muraille est, ou l'on voit rapprochées les armoiries du Grand-Maître d'Amboise et celles de Carretto, les unes et les autres écartelées avec celles de l'Ordre ; sous les armoiries d'Amboise, la date de l'année 1515 indique que ces armoiries avaient d'abord été placées sur une autre partie du château, et qu'elles furent transportées en cet endroit par le Grand-Maître del Carretto en 1515, c'est-à-dire trois ans après la mort d'Amboise. La muraille basse qui coupe l'angle de jonction de la muraille est avec celle du midi, porte encore les armoiries de Carretto écartelées avec celles de l'Ordre. Cette section était indispensable pour ne pas rendre inutiles les canardières d'une des trois façades de la tour prismatique qui, du côté de la terre, défend l'entrée du fort, et de laquelle se développe une quatrième façade en ligne droite, parallèlement au mur intérieur. On y voit accouplées les armes de l'Ordre et celles du Grand-Maître d'Aubusson. A l'intérieur, tout est en ruine. Une galerie ou chemin de ronde court le long des créneaux jusqu'à la tour carrée, sur laquelle on découvre les armoiries du Grand-Maître Orsini accouplées avec celles de l'Ordre, et d'où l'on descend vers la mer par un escalier jusqu'à un étage inférieur[4]. Au milieu des ruines, on distingue encore certaines pièces avec voûtes, une citerne, et,

---

1. 112.
2. On l'appelle en Italie « Uva galletta ».
3. Bosio, II. 349.
4. Biliotti, 422.

enfoncées dans la muraille, les extrémités des poutres de cyprès qui supportaient autrefois les plafonds.

Il est vraiment étrange qu'il ne soit pas question de ce château dans l'histoire de l'Ordre ; d'autant plus que c'était un des meilleurs de l'île, et qu'il fut restauré, nous l'avons vu, même dans les derniers temps de la domination des Chevaliers. Le nom actuel *Kastelos* n'est pas ancien assurément ; mais quel était-il autrefois? Le Grand-Maître Orsini, ému de compassion pour les habitants de l'île, trop souvent inquiétés par les galiotes turques, alla visiter en 1472 un certain endroit que l'on appelait Telemonias, endroit où les corsaires débarquaient facilement, et résolut d'y faire élever un château à ses frais. C'est du moins ce que raconte Bosio[1]. Or, je me demande si cet endroit que l'on nomme aujourd'hui Kastelos ne serait pas celui que l'on appelait alors Telemonias ; et je crois l'hypothèse d'autant plus plausible que l'on voit, comme nous l'avons dit, sur la partie extérieure de la tour carrée les armoiries du Grand-Maître Orsini, et qu'il y a dans le voisinage une baie nommée Kopria, lieu ordinaire d'atterrissement pour les barques qui arrivent de Halki, lieu d'où vinrent plusieurs fois à Rhodes des hordes de corsaires.

Après avoir laissé à gauche le cap Ankoni, on entre dans la plaine et l'on rencontre le village de Mandrikon, situé au milieu de champs agréables cultivés et plantés d'arbres fruitiers, oliviers, figuiers, mûriers, grenadiers, et de vignes ; village dont il n'est pas question dans l'histoire de l'Ordre. De là, en se dirigeant vers le sud-est, on côtoie, du côté du sud, les pentes du mont Saint-Élie jusqu'à ce qu'on arrive à Apollona, après quinze kilomètres environ d'une route charmante qui traverse des bois de cyprès et de pins, lesquels recouvrent le flanc de la montagne, dont le sommet atteint 850 mètres[2].

Apollona, que Bosio nomme Polona, se trouve au milieu de jardins et compte environ 70 feux. Pauli, je l'ai dit, la confond avec Pylona, et la place, en ajoutant erreur sur erreur, près de la rivière Gadura[3]. Du reste, on ne saurait compter les inexactitudes et les contre-sens dont fourmille cet auteur, relativement à la topographie de Rhodes ; rien de plus fantaisiste que la carte géographique de l'île ajoutée à son ouvrage[4]. Près du village, sur une colline, on aperçoit les ruines du château des Chevaliers, qui mesure cent pas dans tous les sens, et qui était défendu par une haute tour, aujourd'hui démantelée. A l'intérieur, on voit les restes de pièces avec voûtes, pour la plupart effondrées. Il fut décidé en 1475 que les habitants de Laerma[5], en cas de débarquement des Turcs, viendraient s'y réfugier, preuve manifeste de l'importance relative de ce château. Le village possède une église dite Stauros[6] ou Sainte-Croix. J'ignore s'il s'agit d'une église

---

1. II, 335.
2. Guérin, 13.
3. *Cel. Dip.*, II. 497.
4. *Id.*, II, 491, 497.
5. Bosio, II, 349.
6. Σταυρος.

moderne bâtie sur l'ancienne, où l'on vénérait une image miraculeuse de la Sainte Vierge. C'était un sanctuaire très fréquenté du temps de l'Ordre ; Buondelmonte en fait mention [1], et la madone d'Apollona était, après celle de Philerme, la plus honorée de l'île. En 1513, comme on redoutait une invasion des Turcs, on décida de porter la sainte Icone de Philerme à Rhodes et celle d'Apollona au château de Pheraclos [2]. Cette église, qui était de rite grec [3], fut dotée en 1489 d'une fondation par le Grand-Maitre d'Aubusson [4], et l'on y célébra, comme dans tous les autres sanctuaires de la ville et de l'île, des obsèques solennelles de ce Grand-Maitre en 1503 [5]. On conserve aujourd'hui dans l'église un crucifix d'une grande valeur, mais aucune image de la Sainte Vierge qui puisse passer pour celle qui y était autrefois l'objet d'un si grand culte.

1. Buondelmonte : *De Insul.* 1.
2. Bosio, II, 605.
3. Bosio, II, 506.
4. Bosio, II, 506.
5. Bosio, II, 568.

Chapitre Dix-neuvième.

PLATANIA. — DIMELIA. — SALAKOS. — KALA-
VARDA.— PHANAES.— SORONI.— BASTIDA.—VILLA-
NOVA ET LE PARADIS. — KREMASTOS. — MONT
PHILERMOS ET RUINES DE L'ÉGLISE DE LA MADONE.
— SOUTERRAINS ET PEINTURES QU'ON Y VOIT.

ENVIRON cinq kilomètres d'Apollona, à l'est, se trouve l'autre petit village de Platania, dont les habitants devaient, en 1479, en cas d'invasion ennemie, se retirer à Pheraclos[1]. Il doit son nom à une multitude de beaux platanes qui couvrent ses environs ; et devant lui, vers le sud, s'ouvre une riante vallée.

En décrivant une courbe vers le nord et en côtoyant encore le mont Saint-Elie, on traverse tout d'abord un pays extrêmement pittoresque, ombragé de lauriers-rose et de myrtes et arrosé par un cours d'eau, puis des campagnes où l'on cultive le coton et les herbes potagères, et l'on arrive enfin, après six kilomètres environ de marche, à l'autre village de Dimelia, jadis défendu par une tour, dont il ne reste plus qu'un seul pan de mur et dont les habitants, en 1475, eurent l'ordre, en cas de danger, de se retirer à Phanaes[2]. Au-dessus de Dimelia, du côté du sud, sur une montagne toute couverte de myrtes et de lentisques, s'élève une ancienne et gracieuse chapelle byzantine en forme de rotonde, avec de nombreuses peintures au dedans ; mais ces dernières, comme les murailles et les voûtes de l'élégant édifice, sont tellement lézardées de fissures, qu'on peut en redouter la chute d'un moment à l'autre. Nous n'avons pu recueillir aucune indication sur cet intéressant monument bâti dans un site enchanteur et près d'une source d'excellente eau, connue dans toute l'île pour sa fraîcheur et sa bonté, et qui sort d'une fontaine de marbre ombragée par de magnifiques arbres. On appelle cet endroit Fondouklis, et j'ai entendu dire que l'église, comme la montagne, appartenait au monastère de Sainte-Catherine du mont Sinaï.

A l'ouest de Dimelia, à une distance environ de huit kilomètres, se trouve, sur

---

1. Bosio, II, 397.
2. Bosio, II, 349.

le versant septentrional du mont Saint-Élie, le village de Salakos, situé au milieu de jardins potagers arrosés par de nombreux cours d'eau qui descendent de la montagne. Au-dessus du village était l'ancien château, de forme rectangulaire (40^m × 33^m)[1], avec quatre fortes tours aux angles et de vastes pièces voûtées. Il était demeuré presque intact lorsque, en 1800, les nombreux Turcs du village le démolirent pour en employer les pierres à la construction d'une mosquée[2].

C'est dans ce château que reçurent, en 1475, l'ordre de se retirer les habitants de Ketala, place dont nous avons parlé ci-dessus, et ceux d'un autre village aujourd'hui inconnu, appelé Capi[3] ; et ce fut ici, à Catagro et à Lindos, que l'Ordre envoya la même année la cavalerie, rappelant ensuite à Rhodes spécialement les Chevaliers qui avaient la garde de ce château et n'en laissant que quelques-uns avec des bombardiers[4]. Plus tard, c'est-à-dire en 1479, le château n'était guère en état de se défendre, car, cette année-là même, on enjoint aux habitants de Salakos, en cas d'invasion turque, de se réfugier à Rhodes[5]. L'année suivante, à cause du siège, le château tomba absolument en ruine, et Georges Imperiale, Génois, qui l'avait en fief, le céda au Grand-Maître d'Aubusson. Celui-ci, le réunissant à la Chambre du Trésor, fit assigner à Imperiale deux soldées[6], de l'orge pour deux chevaux et une ration pour deux serviteurs ; il lui accorda en outre un sauf-conduit pour qu'on ne pût pas l'inquiéter à Rhodes à cause de ses dettes, et lui fit présent de toutes les pièces d'artillerie et des armes qui étaient dans le château, sans compter d'autres immunités et privilèges[7]. Du haut des tours de ce château, les sentinelles aperçurent, le 17 juin 1522, à quinze milles au large, trois cents vaisseaux de la flotte de Soliman, en marche contre Rhodes[8]. De Salakos vers la mer le terrain descend, couvert de champs fertiles et traversé par un torrent qui se jette à la mer près de Kalavarda ; à deux ou trois kilomètres au nord de Salakos, on aperçoit dans le torrent un moulin qui était autrefois un poste avancé du château de Salakos ; il s'appelle Mirtona, à cause, peut-être, des nombreux myrtes qui croissent dans le voisinage. En descendant vers la mer et laissant à gauche le promontoire Hagios-Minas, où s'élève l'une des anciennes tours de garde, on arrive à Kalavarda, située à environ six kilomètres de Salakos, dont Biliotti voudrait faire venir le nom de la susdite tour (bonne garde, Cali Vardia)[9]. Kalavarda passe pour produire les meilleurs ails de l'île, légume dont les Grecs font un grand usage ; et à ce propos l'on me permettra de rappeler l'une des nombreuses superstitions du peuple rhodien. Quand un enfant vient au monde, on le lave avec du vin tiède dans lequel on a fait bouillir des feuilles de myrte ; puis on le recouvre de

1. Biliotti, 531.
2. Guérin, 274. Biliotti, 531.
3. Bosio, II, 349.
4. Bosio, II, 353.
5. Bosio, II, 357.
6. En terme de l'Ordre « soldea », a solias dicta. Statuta hospit.. De verb. sign., XXXI.
7. Bosio, II, 431.
8. Bosio, II, 530.
9. Biliotti, 531.

sel des pieds à la tête, pour le préserver des maladies de la peau et le rendre vigoureux ; le tout accompagné de force signes de croix sur le front, sur la poitrine et
sur les pieds, en même temps qu'on glisse dans les langes une croix, ou une bonne
gousse d'ail, le plus infaillible préservatif contre le mauvais œil, préjugé des plus
répandus parmi le peuple. Les témoins doivent bien se garder de louer la beauté
du nouveau-né, et si quelqu'un le fait sans y penser, tous les autres de cracher en
toute hâte sur l'enfant en criant : *Scordha-Calavardena*, c'est-à-dire ail de Kalavarda ; ce par quoi ils veulent souhaiter que l'ail entre dans les yeux de l'enfant
pour conjurer l'influence maligne de ce compliment inopportun [1].

En continuant vers le nord-est, après avoir franchi un torrent, on rencontre le
village de Phanaes, appelé, par Bosio, Fano et Fanez, situé à environ quatre kilomètres de Kalavarda, sur un monticule à une demi-heure environ de la mer. C'est
un village assez peuplé et l'on y retrouve encore, les restes d'une tour carrée,
unique souvenir d'un château où, suivant les ordres donnés en 1475, devaient se
réfugier, en cas de danger, les habitants de Dimelia et de Dioscorio et Nicorio [2],
deux villages dont on a perdu aujourd'hui la trace. Toutefois, il semble que le
château se trouvait plus tard en mauvais état, car, en 1479, les habitants de
Phanaes eurent l'ordre, en cas de débarquement des Turcs, de se retirer à Rhodes [3].
Le 4 décembre de la même année, la flotte turque, forte de cent cinquante voiles
et marchant dans la direction de Rhodes, jeta l'ancre devant Phanaes et débarqua
un grand nombre de fantassins et de cavaliers, qui ravagèrent les campagnes
environnantes Toutefois la cavalerie de l'Ordre, qui se trouvait dans ces parages,
leur tendit un piège et les surprit ; les uns furent taillés en pièces, les autres mis en
déroute et obligés de reprendre la mer [4]. C'était Missah-Pacha Paléologue, à l'avant-
garde de la flotte de Mahomet, qui commandait cette escadre. De même, à l'époque
du siège de 1522, la flotte de Soliman vint jeter l'ancre devant Phanaes le jour de
la Saint-Jean (24 juin), et une troupe de Turcs descendant sur la plage brûlèrent
une grande quantité de moissons et repartirent le lendemain dans la direction de
Trianda [5].

On franchit deux torrents qui coulent au milieu de très beaux lauriers-rose et
autres arbustes, et l'on arrive au village de Soroni, entouré de jardins et de vignes.
Les quelques ruines que l'on y remarque encore sembleraient indiquer l'endroit
que Bosio nomme Soriqui et dont les habitants, en 1479, eurent l'ordre, en cas de
débarquement des Turcs, de se réfugier à Rhodes [6].

De Soroni, en passant par Theologos, qu'on appelle par contraction Tholos, on
incline toujours vers le nord-est, et au bout de huit kilomètres de marche on
arrive à Damatria ou Dimatria, dont les habitants, en cas de danger, eurent l'ordre,

1. Biliotti. 631.
2. Bosio, II, 349.
3. Bosio, II, 387.
4. Bosio, II, 397.
5. Bosio, II, 631.
6. Bosio, II, 387.

en 1475, de se réfugier à Rhodes [1]. Cette côte, qui s'étend de Kalavarda jusque vers Villanova, forme une plaine avec des collines à l'est presque dépourvues de végétation ; et de Soroni part, avec quelques interruptions, une route que je crois remonter aux Chevaliers. On compte un peu plus de quatre kilomètres entre Dimatria et Bastida, place dont les habitants, en 1479, eurent l'ordre, en cas d'invasion, de se retirer à Rhodes [2]. De ce côté, la campagne est parsemée de ruines de vieilles constructions qui appartenaient sans doute aux villages que cite Bosio, et dont le nom est aujourd'hui perdu, tels que Corio, Altoluogo, Chimides, Dioscorio, Nicorio et Sigregai, qui devaient, à mon avis, se trouver dans ces parages [3].

De Bastida, en allant vers le nord-ouest et en suivant en partie le cours d'un torrent, on arrive à Villanova, éloigné d'environ six kilomètres. A l'endroit appelé Koufa s'élevait le château, qui était de toutes parts entouré de ravins, excepté du côté est, où il se trouvait de niveau avec le sol. Il était de forme carrée, mesurant 50 mètres de côté, garni de créneaux, imposant, comme on pouvait en juger, il y a quelques années encore, d'après les ruines ; on y remarquait également une chapelle dédiée à sainte Catherine, et de nombreuses pièces avec voûtes. De toutes ces ruines, dont Guérin put encore admirer la masse imposante quand il visita Rhodes, il ne reste absolument pas même une pierre aujourd'hui et on en chercherait vainement la trace.

On croit que ce château fut bâti par ordre du Grand-Maitre Hélion de Villeneuve, qui voulait pourvoir à la sécurité des habitants de cette côte et les mettre à l'abri des incursions continuelles des pirates, qui en dévastaient les campagnes et les villages. Aussi, désireuses de se soustraire au danger, une foule de personnes vinrent-elles bientôt se fixer à l'ombre de ses murs. Le château avait été précisément élevé sur le point central de la côte. Des maisons furent construites, qui formèrent peu à peu un village, et celui-ci prit le nom du Grand-Maitre, qui en favorisa encore le développement en le prenant sous sa protection. En effet, en 1355, il exprima le désir que les plus riches marchands de Rhodes, entre autres les Florentins, fissent construire des maisons et des magasins à Villeneuve, et ce fut pour obtempérer à ses vœux que les Bardi, les Peruzzi et les Acciajoli mirent en commun, à cet effet, la somme de mille florins d'or [4]. Les dépenses occasionnées aux Peruzzi, entre autres, par la construction de magasins et de citernes à l'huile, figurent, avec toutes celles qu'ils firent à Rhodes, sur le livre de banque de cette illustre famille [5], et elles furent payées par l'agent même des Peruzzi, au mois de décembre de la même année 1355 [6].

C'est ici que, en 1464, lorsque l'Ordre s'empara de trois galères vénitiennes

1. Bosio, II, 349.
2. Bosio, II, 387.
3. Bosio, II, 387.
4. Peruzzi, op. cit., 282, sq., 337, 338.
5. Grand Livre de Banque, t. IV, 7, 8, 13, à la Bibl. Ricc. de Florence.
6. Ibid.

descendit le capitaine général de Candie, Alvise Lorédan, chargé, comme nous l'avons dit [1], par la République, de réclamer les dommages-intérêts, les marchandises et les personnes. Comme les négociations traînaient trop en longueur à son gré, Lorédan, pour atteindre plus sûrement le but qu'il se proposait, eut recours à un expédient plus digne de Mahomet que de saint Marc, et le 12 novembre, il commanda à son équipage de descendre à terre et de ravager le pays ; le débarquement eut lieu ici, où ils incendièrent le château, séjour préféré et maison de campagne des Grands-Maitres, et ils emmenèrent cinq cents personnes [2].

En 1470, un ordre du Conseil enjoignit de faire l'inspection du château, et il fut trouvé en excellent état . L'Hospitalier et l'Amiral, chargés de cette mission, le jugèrent assez fortifié pour tenir tête à toutes les troupes que pouvaient débarquer quarante galères [4]. De plus, en 1475, le Conseil décida que, dans le cas où ils seraient menacés par une flotte ennemie, ce château servirait de refuge aux habitants des bourgades aujourd'hui disparues de Chimedes, Altoluogo, Dimatria et Sicregai [5]. En 1479, dans la crainte que les Turcs, qui épiaient l'ile de ce côté, ne s'emparassent du château, d'où il serait facile de diriger un coup de main contre Rhodes, l'ordre fut donné de redoubler de vigilance et de le fortifier. On y envoya le chevalier Fr. Antoine du Mas, avec des Chevaliers, des soldats et des munitions [6], quoiqu'on eût quelque temps auparavant décidé de l'abandonner [7]. En 1522, la flotte turque, s'éloignant de l'ile d'Halki, s'avança dans les eaux de Villanova, y jeta l'ancre, et Mustafa, son chef, après avoir réuni à son bord le Conseil de guerre, prit le parti d'aller prendre position de l'autre côté de l'ile, près le cap Vodi, comme nous l'avons vu ailleurs [8].

Derrière Villanova se dresse la colline dite le Paradis, d'où vient encore le nom au pays qui s'étend à ses pieds, et à la cale qui se trouve en face [9] et que Dapper, sur sa carte, place à tort de l'autre côté de l'ile [10]. Christophore Buondelmonte, prêtre florentin, que nous avons plusieurs fois cité dans le cours de ce travail et qui visita Rhodes au commencement du XVe siècle, après avoir cité plusieurs villages de l'ile, dit qu'il y a près de la ville un endroit, dit le Paradis, créé par les Florentins [11]. De son côté, Barthélemy des Sonnets en vante les délices :

> Tanti bei giardini intorno appare
> Ma quel de' Fiorentini si è il piu degno [12];

---

1. V. le chap. XII de cet ouvrage, p. 134, 135.
2. Malipiero, 615.
3. Pauli, II, 497.
4. Bosio, II, 321.
5. Bosio, II, 397.
6. Bosio, II, 397. Le chevalier du Mas était Prieur de Saint-Gilles, dans la Langue de Provence.
7. Bosio, II, 393.
8. Chap. XVI, p. 172, 173. Hafouz-Amhed.
9. Ramadan, 735.
10. Dapper : V. la carte de l'Archipel en tête de son livre.
11. « Deinde Rhodum propinquamus, ubi tanta est viriditas arborum et amœnitas locorum, quod est mirabile ad videndum et præsertim Paradisus a Florentinis factum. » Buondelmonte.
12. Isolario.

c'est-à-dire que de tous les beaux jardins qui l'entourent, nul ne vaut celui des Florentins.

Sans doute que ces jardins étaient l'œuvre des Bardi et des Peruzzi, dont nous avons parlé, et qui avaient des établissements de commerce à Rhodes. Peut-être même faut-il voir une allusion à cet endroit, dans le document où il est dit que l'agent des Peruzzi acheta une maison et un coin de terre pour y installer le gardien de leur jardin en dehors de Rhodes, et que pour cette acquisition et pour les supports d'une treille il dépensa soixante florins [1]. En effet, le site ravissant et la fertilité exceptionnelle de cette partie de l'île, à proximité de la ville, durent naturellement engager, autrefois comme aujourd'hui, les habitants à en faire leur séjour préféré à la campagne.

Avant de quitter ce village, j'ajoute que, lorsqu'à Rhodes on veut faire peur à un enfant, on ne le menace pas du loup-garou ou de la guenon, mais on lui dit que le chevalier de Villanova va venir, qu'on le voit sortir à minuit des tombes qui sont au milieu des ruines du château, et qu'il est couvert, de pied en cap, d'une armure noire avec grande croix blanche sur la poitrine, mais que, quand on l'approche de trop près, il disparaît.

Une heure de marche sépare Villanova de Kremastos, village entouré, lui aussi, de jardins chargés de légumes et d'arbres fruitiers. Le village est en partie bâti sur les flancs d'une colline, au haut de laquelle on aperçoit les restes d'un immense édifice carré, qui était jadis un château. Biliotti dit qu'on y voit les armes du Grand-Maître del Carretto, aujourd'hui disparues, et que c'était la résidence d'été des Grands-Maîtres, d'où le nom de Kremasto ou Kremasti (Grande Maitrise) [2] : étymologie ingénieuse et fantaisiste, mais qui n'est pas une preuve suffisante pour admettre, comme Torr le fait justement remarquer [3], que ce château servait de villégiature aux chefs de l'Ordre. Bosio écrit que les habitants de Kremastos, en 1479, eurent l'ordre, en cas de danger d'invasion, de se retirer dans leur château et de faire bonne garde sur la côte [4]. Rottiers raconte que, au temps des Chevaliers, lorsqu'on voyait de loin les sauterelles arriver comme un noir tourbillon, les habitantes de ce village se réunissaient sur la grève, poussant des cris et frappant, à coups redoublés, les objets de bronze ou de cuivre qu'ils avaient dans les mains ; alors la troupe redoutable, épouvantée par ce vacarme, faisait marche en arrière, jusqu'à ce que, se trouvant à bout de forces, elle tombât dans la mer [5].

Tout près de Kremastos, du côté sud-ouest, on voit le mont Philerme que Hammer, nous l'avons dit [6], a remplacé par Simboly, et pris pour celui de Saint-Étienne, erreur qui a été aussi reproduite par Flandin [7]. Il se dresse au milieu de

1. *Livre de Banque*, cit., 7, 8, 13.
2. Biliotti, 332.
3. 46.
4. Bosio, II, 387.
5. Rottiers, 33.
6. V. la Préface de cet ouvrage.
7. *Histoire des Chevaliers de Rhodes*.

la plaine, isolé, escarpé de toutes parts, sauf du côté nord, avec les flancs recouverts de buissons et en quelques endroits de beaux cyprès et de pins. Il se termine par une plate-forme, jadis entourée tout autour d'une enceinte crénelée aujourd'hui en ruine, et qui mesure environ 150 mètres de circonférence ; sur le côté de l'enceinte qui regarde Kremastos s'élèvent deux grandes tours aux sommets délabrés, et à environ 45 m. l'une de l'autre. L'intérieur de cette enceinte offre un sol quelque peu accidenté, tout jonché de débris d'anciens édifices et rehaussé vers le centre. La partie la plus intéressante de cet espace est celle qui se trouve au nord, car les ruines qu'on y voit sont encore reconnaissables. On y remarquait, au temps de Guérin [1], des pièces avec voûtes, qu'il suppose avoir fait partie d'un monastère, et qui aujourd'hui n'existent plus, et les restes de la chapelle de la Madone dite de Philerme, restes qu'on voit encore maintenant, quoique de plus en plus détériorés. Je ne saurais dire si ce qui subsiste actuellement est, comme le voudrait Biliotti [2], la sacristie de l'église, ou l'église même, comme j'inclinerais à le croire, car étant donné les proportions de cette sacristie, l'église eût été, certainement, d'une grandeur exagérée pour Rhodes, et les églises et chapelles dont il reste quelque chose étaient généralement petites, même l'Église Conventuelle de Saint-Jean. Le style est gothique, et nous ne découvrons plus sur les murs la moindre trace des peintures qu'y a vues Biliotti [3]. L'édifice se divise en deux parties égales, séparées par une grande arche ogivale ; les chapiteaux des pilastres portent les armes de l'Ordre alternant avec celles du Grand-Maître d'Aubusson. L'une des deux divisions a quatre fenêtres et l'autre une seule, toutes égales entre elles, étroites et longues ; une petite porte en plein-cintre est la seule qui existe et se trouve dans la seconde partie ; on y voit encore dans le mur qui fait face à la porte, une niche où devait être placée l'image miraculeuse de la Vierge. Cette niche, qui est à plein-cintre et qui n'a pour tout ornement qu'une simple corniche, mesure un mètre quatre-vingt-six centimètres de haut sur un mètre dix-huit de large.

À cent pas environ de cet édifice, on voit une espèce de souterrain de 6 mètres de long sur 2 m. 50 de large [4], lequel n'est, à mon avis, que la crypte d'une chapelle aujourd'hui détruite. Les parois de ce souterrain, aujourd'hui en partie rempli de décombres et d'herbes, sont recouvertes d'un crépi épais, jadis orné de peintures. Rottiers les trouva encore en si bon état de son temps, qu'il put les faire relever par son peintre, et les insérer dans l'Atlas qui accompagne son livre. Actuellement il est impossible d'y rien comprendre, tant elles ont souffert ; et je soupçonne qu'elles ne devaient être en meilleur état au temps de Guérin et de Biliotti, puisque l'un et l'autre de ces auteurs n'en parlent évidemment et ne les décrivent que sur la foi de Rottiers [5]. Je ne sais à quel point la copie du peintre

1. *Op. cit.*, 270.
2. 588.
3. *Ibid.*
4. Et non 7 m. 50 de long sur 5 de large, comme le dit Rottiers, p. 388.
5. Guérin, 291. Biliotti, 586.

est exacte, mais il est permis d'avoir quelque doute, car il parait impossible que
certaines erreurs de détail aient été, nous le verrons, commises au siège même
de l'Ordre : et ces peintures dans les dessins d'Aspro Madilli ne trahissent absolument aucun caractère d'antiquité. Il faut aussi remarquer que l'auteur de ce
tableau ne connaissait ni le blason, ni même les armes les moins ignorées de
l'Ordre et leurs couleurs ; qu'il ne pouvait être, comme l'écrit Rottiers[1], un tel
Fr. Sébastien, élève de Cimabuë, attendu que cet illustre peintre florentin mourut
vers 1300 ; que les peintures en question ne furent pas exécutées, certainement,
avant le Grand-Maitre d'Aubusson, dont on voit ici les armes. Il n'est pourtant
pas facile du tout d'expliquer la signification de ces peintures qui, d'après Biliotti,
mais en vertu de je ne sais quelle autorité, représenteraient la Visitation et l'Apparition de l'Ange à saint Joseph[2]. En commençant par la paroi la plus longue, on
voit tout d'abord, à droite, quatre guerriers qui ont chacun, à leur côté, un écusson
égal à la soubreveste dont ils sont revêtus, et une figure de saint à proximité qui
semble les protéger. Le premier porte les insignes du Grand-Maitre de Villeneuve
et a, à côté de lui, une figure qui doit être ou saint Michel ou saint Georges ; vient
le second avec les armoiries du Grand-Maitre de Villaret, protégé par sainte Catherine ; puis un troisième avec la soubreveste et les armes du Grand-Maitre de Pins,
protégé par saint Pierre ; finalement un guerrier avec l'écusson du Grand-Maitre
Fluvian, protégé par une figure qui semble être celle de la Sainte Vierge. Ces
quatre personnages sont agenouillés sur des coussins et tournés vers une des
parties plus courtes du fond, où sont représentés le Sauveur avec saint Pierre
et saint Paul à droite et à gauche la Madone, qui étend la main sur la tête d'un
guerrier prosterné, et sainte Marie-Madeleine. — Après les quatre figures de Chevaliers vient un prélat avec un ecclésiastique et une figure en long habit qui les
couvre de sa protection, un homme, une femme et un guerrier vêtus d'une armure
semblable à celle des quatre autres, de taille notablement plus petite. Celui-ci a,
comme les premiers, un écusson près de lui qui représente des fasces, écusson
reproduit sur la soubreveste avec addition de la croix de l'Ordre. Vient ensuite un
autre guerrier dans les proportions des quatre premiers, avec la soubreveste à
fasces comme le précédent ; derrière lui deux religieux de l'Ordre. Dans la partie
de devant, on voit un moine avec un serpent et une colombe ; puis saint Michel
avec les balances et la lance dont il frappe un dragon ; ensuite un autre guerrier
sans soubreveste et sans écusson, et plus petit que les quatre premiers. Après
le guerrier est peint un écusson à fasces jaune et azur, puis une sainte qui, de son
manteau, couvre une figure d'homme. Quoiqu'elle ne présente pas de caractère
spécial, Rottiers y voit un « page de Jérusalem[3] ». Suivent d'autres armoiries

---

1. P. 374.

2. Biliotti, 586.

3. Il désigne ainsi, p. 82, les jeunes gens qui accompagnaient, en 1482, le Grand-Maitre d'Aubusson à la
rencontre de Zizim, quand il débarqua à Rhodes. Bosio les appelle « pages jeunes Chevaliers », II, 452. Il
y avait, en effet, des Chevaliers reçus dans l'Ordre encore enfants, dits Chevaliers de minorité, et qui servaient les Grands-Maitres en qualité de pages : usage qui régna même à Malte ; mais ils ne furent jamais
appelés pages de Jérusalem.

rouges à fasces d'azur qui ont peut-être, mais à tort, la prétention de représenter celles du Grand-Maitre de Lastic ; ensuite saint Jean-Baptiste et, finalement, un écusson à losanges blancs et rouges avec franc-quartier d'azur à l'étoile d'or. A côté de ces insignes on aperçoit un guerrier renversé à terre avec la faux de la mort qui le menace. Il porte une soubreveste aux armes à losanges susdites écartelées avec celles de l'Ordre. Suivent en dernier lieu quatre bustes bardés de fer avec la visière relevée par où l'on aperçoit la tête de mort, et ils alternent tour à tour avec les écussons des Grands-Maitres Fluvian, d'Aubusson et de l'Ordre. Vient ensuite l'autre paroi plus petite, en face de celle qui porte la figure du Sauveur, et représentant Notre-Dame des Sept-Douleurs avec d'autres figures. Telle est à peu près la description du dessin que donne Rottiers de cette peinture. A ce propos nous remarquerons, comme nous l'avons indiqué, les erreurs héraldiques qui concernent les armoiries de Villeneuve, de de Pins, de Lastic et d'Aubusson ; erreurs incompréhensibles à une époque où la science du blason était en si grande vogue, et surtout à Rhodes, où les armoiries des Grands-Maitres, que l'on rencontrait à chaque pas, étaient connues de tous.

Si donc il est presque impossible d'expliquer à quel événement la peinture fait allusion, n'est-il pas permis de croire que, au lieu de remonter aux temps de l'Ordre, elle ne date pas plutôt d'une époque plus récente, exécutée par quelque main pieuse après le départ des Chevaliers ? Quoi qu'il en soit, c'est une hypothèse dont la solution risque de se faire longtemps attendre, car, l'original étant dans un état qui ne permet plus de voir à quel point la copie de Rottiers présente un caractère de ressemblance, nous n'avons aucune donnée pour nous prononcer en connaissance de cause.

Chapitre Vingtième.

I L y avait un château, sur le mont Philerme, bien longtemps avant que les Chevaliers ne vinssent dans l'île [1], car nous savons que les troupes impériales furent assiégées dans cette forteresse byzantine, en 1248, par les Génois [2]. Les Chevaliers s'en emparèrent le 9 novembre 1306 : on prétend qu'un serviteur grec du commandant byzantin, pour se venger d'avoir été battu par son maître, leur indiqua une entrée qui était sans défenseurs. Les assiégés cherchèrent un refuge dans la chapelle de la forteresse, et trois cents mercenaires turcs, qui étaient accourus à leur service, furent passés au fil de l'épée [3]. En 1480, à l'époque du premier siège, il fut décidé, après mûre délibération, de mettre la place sur un meilleur pied de défense qu'elle n'avait été jusque-là, et d'y envoyer une garnison de Francs, et non de Grecs, en considération de l'importance qu'avait cette position [4]. Pendant le second siège de 1522, Soliman s'empara du mont Philerme et se mit à y exécuter des travaux, pour bien montrer aux Chevaliers qu'il n'avait nullement l'intention de renoncer à son entreprise [5] ; mais plutôt qu'un nouveau château, il agrandit l'ancien et y établit des pièces pour bains et autres lieux de plaisirs, « arcanarum libidinum et monstruosi concubitus, » suivant l'expression de Fontanus [6].

Sur cette même montagne existait aussi anciennement un monastère et une église, car, en 1269, un gentilhomme porta d'ici à Jérusalem une relique du bras de saint Philippe apôtre. La relique, qui était accompagnée d'un authentique de

---

1. *Chronique du Templier*, 320, 321.
2. Torr, 46.
3. Pachimeres, II, 635, 636.
4. Bosio, II, 398.
5. Bosio, II, 683.
6. Fontanus, II.

l'évêque de Sparte, passa depuis à l'église de Saint-Remi de Reims, où elle fut exposée à la vénération publique jusqu'en 1793 [1]. J'ignore néanmoins si l'église qu'y élevèrent plus tard les Chevaliers, et qui était placée sous la juridiction de l'Ordre [2], fut bâtie sur les ruines de celle qui était contiguë au monastère ; car nous n'avons aucune indication qui nous permette de préciser ce point. Ce qui a rendu surtout cette montagne célèbre, c'est une image miraculeuse de la Sainte Vierge, qui y était entourée d'une vénération universelle et connue sous le nom de Notre-Dame de toutes les grâces [3].

Voici ce que la tradition rapporte au sujet de cette sainte Image :

A l'époque très reculée où l'île dépendait des empereurs d'Orient, un riche et puissant personnage, originaire de Rhodes, ayant résolu, on ne sait pour quel motif, de se donner la mort, se rendit sur la montagne avec l'intention de se précipiter du haut en bas. Il était sur le point d'exécuter son dessein, quand il vit tout à coup la Sainte Vierge vêtue de blanc lui apparaître, le conjurant de renoncer à son détestable projet. La vision céleste une fois disparue, le malheureux, rentrant en lui-même, sentit naître dans son cœur un vif désir de faire pénitence, et choisit, pour lieu de sa retraite, la montagne même où la Vierge-Mère s'était montrée à lui. Il y fit construire un ermitage et un temple en son honneur ; mais n'ayant pas d'image qui reproduisît ses saints traits bénis, et sachant qu'il y en avait une à Jérusalem, qui passait pour être l'œuvre de saint Luc, et non pas une statue, comme l'écrit Vertot, il put l'obtenir, et l'ayant apportée avec une joie indicible à Rhodes, il la plaça dans l'église de l'ermitage qu'il avait élevée sur la montagne. Il y vécut, jusqu'à une vieillesse avancée, dans les austérités de la pénitence, et peu à peu, son exemple ayant attiré de nombreux pèlerins aux pieds de la Madone, le sanctuaire devint l'un des plus célèbres de l'Orient. Plusieurs années après la mort du saint ermite, un jeune homme de Rhodes devint épris d'une demoiselle ; il aurait voulu l'épouser, mais les parents s'opposèrent à leur mariage. Un jour qu'elle s'était rendue au sanctuaire en compagnie de sa mère, elle profita du moment où celle-ci était en prière pour lui demander la permission de s'écarter un moment et de s'approcher plus près de l'autel, afin de mieux contempler l'Image miraculeuse. Derrière l'autel, en vertu d'une entente préalable, se tenait caché le jeune amoureux ; mais l'entrevue désirée ne put avoir lieu, car les deux jeunes gens, punis à l'instant de leur sacrilège, tombèrent foudroyés sur le sol même de l'autel. D'où le nom de mont de l'Amour malheureux (Philermos) et la renommée toujours plus grande de la sainte Image [4].

L'Ordre entoura la sainte Image d'un culte tout particulier et ne cessa de la regarder comme son égide tutélaire. Il l'enrichit de pierreries et de dons innom-

---

1. Torr, 69. V. dans le II vol., p. 79, des *Archives de l'Orient latin*, l'authentique délivré par le Supérieur de l'Ordre du Saint-Sépulcre, en avril 1269, à Acre.

2. Stabilimenta, *De Ecclesia*, XXXVI.

3. « In monte Phileremus est oppidus, et Domina omnium gratiarum sæpe visitata adoratur a multis. » Buondelmonte, *loc. cit.*

4 Pullicino : *La Santa Effigie*, etc., p. 10 et 14.

brables en or et en argent, et prit un soin jaloux de veiller à sa garde [1]. Le Grand-Maître d'Aubusson fit restaurer ou embellir l'église, comme le montrent ses armes, que l'on voit encore sur les chapiteaux des colonnes, et y ajouta plusieurs fondations en 1489 [2]. En 1513, comme on redoutait une attaque des Turcs, la sainte Image fut transportée dans la ville de Rhodes [3] ; et apportée de nouveau, durant le siège de 1522, dans la ville, elle fut déposée d'abord dans l'église de Saint-Marc, puis dans celle de Sainte-Catherine [4]. Ce fut l'un des objets précieux qu'emporta avec lui le Grand-Maître de l'Isle-Adam lorsque, après la chute de Rhodes, il dut prendre le chemin de l'exil. L'Ordre établi à Malte, il lui fit faire un cadre magnifique, qui resta dans le trésor de la Religion jusqu'en 1797. Placée d'abord dans l'église de Saint-Laurent, qui servait d'Église Conventuelle avant la construction de Saint-Jean, la sainte Icone prit place définitivement dans cette dernière à la chapelle dite aujourd'hui du Saint-Sacrement, richement décorée ensuite, particulièrement par la piété du chevalier Fr. Flaminio Balbiano, Piémontais, Prieur de Messine en 1660 [5].

Cette célèbre et miraculeuse Image ayant été dépouillée par Bonaparte des bijoux dont elle était ornée, le malheureux Grand-Maître d'Hompesch [6] obtint du conquérant de l'emporter avec lui, ainsi que la relique de la vraie Croix et celle de la Main de saint Jean-Baptiste, elles aussi dépouillées de tout ornement. Sous le nouveau Grand-Maître, Paul Ier de Russie, elles passèrent dans ce pays, portées par une députation de l'Ordre de S.-Jean de Jérusalem qui avait à sa tête le Bailli Litta [7]. L'empereur Paul prit à sa charge l'exécution, pour la Main droite du Précurseur, d'un nouveau reliquaire, orné de diamants d'une valeur de 14.600 roubles ; et pour le morceau de la vraie Croix d'un second reliquaire aux pierreries de 6.740 roubles. Les deux reliques, comme l'Icone de Philerme, sont conservées encore de nos jours au palais d'hiver de Pétersbourg [8].

L'Image de Notre-Dame de Philerme [9] ne représente que la tête de la Sainte

1. On trouve aux Archives de Malte l'Inventaire des objets d'or et d'argent, des bijoux et autres richesses de l'Église Conventuelle de Saint-Jean, de la chapelle de Notre-Dame de Philerme, de la paroisse de Saint-Antoine, abbé, et autres chapelles et oratoires dépendant de l'Ordre, inventaire dressé par ordre du Conseil, le 14 décembre 1756. On y voit des dessins coloriés, où les pierres précieuses, numérotées, sont estimées dans l'inventaire même. Le dessin 5° représente tous les objets précieux offerts à la Madone de Philerme, destinés à parer la sainte Image, et ne laissant voir que la figure ; et le dessin 6° représente le cadre offert par le Grand-Maître de l'Isle-Adam.

2. Bosio, II, 506.

3. Bosio, II, 605.

4. Bosio, II, 617.

5. Terris, *Églises de Malte*, 134, 135, 271, 273. Moroni, par une erreur manifeste, rapporte que la Madone de Philerme se trouve encore, sous le nom de Notre-Dame de Constantinople, dans l'église des saints Faustin et Jovite à Viterbe, où elle avait été provisoirement déposée par les Chevaliers, après la perte de Rhodes. Vol. CII.

6. Rapport du Grand-Maître Hompesch aux Souverains, aux Archives de Pétersbourg. V. Delaville-Le Roulx, *Les Archives de Malte*, 8.

7. V. Not. add. et Doc., IV.

8. Renseignements fournis par S. É. le comte Greppi, ambassadeur d'Italie à Pétersbourg et Bailli honoraire de l'Ordre de Saint-Jean de Jérusalem.

9. Elle est de 44 centimètres de haut sur 36 de large. M. Cumming, correspondant du *Graphic*, obtint, pendant l'automne de 1894, la permission de prendre la photographie de l'Icone.

Vierge sans le divin Enfant ; la tête est légèrement tournée à droite du specta' .ur et un peu inclinée sur l'épaule gauche ; le visage est ovale et le nez, très pron ncé, est de style nettement byzantin ; autour de la tête elle a une espèce de diadème en fer à cheval parsemé de rubis et de diamants, et deux rangées de diamants et de saphirs autour du cou. En place de nimbe, on voit sortir de derrière la tête les huit pointes de la croix de l'Ordre de Saint-Jean de Jérusalem. Déposée tout d'abord au palais de Gatschina, elle a été transportée plus tard, à la mort de Paul Ier, dans la chapelle du palais de Heja, d'où elle est chaque année, le 12 octobre, ramenée processionnellement au palais de Gatschina, où on la laisse

LA MADONE DE PHILERME.

pendant douze jours exposée à la vénération publique. Elle est, tant à Gatschina qu'à Pétersbourg, l'objet d'un culte vraiment extraordinaire. La sainte Image est revêtue d'une plaque d'or, dite *risa* par les Russes, chargée de joyaux qui ne laissent à découvert que le visage, qui est assez noirci par l'effet du temps ; décoration qui a été faite par Paul Ier pour remplacer l'ancienne enlevée.

Au pied du mont de Philerme, à trois ou quatre kilomètres au nord, se trouve le village de Trianda, qui se compose d'un groupe de maisons réunies autour d'une église, mais qui donne encore son nom aux nombreuses habitations disséminées dans la vallée sur un rayon de trois kilomètres environ. Les maisons sont en partie de l'époque de l'Ordre et les plus modernes ont été bâties sur leur modèle ;

elles ont, d'ordinaire, deux étages et, à l'endroit du toit, une terrasse présentant la forme d'une tour carrée, flanquée d'élégantes tourelles : mais le plus grand nombre tombe en ruine. La vallée offre un site riant, fertile et assez bien cultivé. On rencontre, parmi les habitants de Trianda, surtout pendant la saison d'été, des familles catholiques de Rhodes. Aussi la mission des Mineurs Réformés y a-t-elle élevé une église, qui vient d'être restaurée par la générosité du chevalier Henri Ducci, citoyen rhodien, originaire de Malte. C'est dans ce village que l'exubérante imagination du colonel Rottiers fit vivre le fameux moine Euphemius, possesseur du précieux et unique manuscrit du moine Éleuthère, lequel ne semble avoir existé que dans l'esprit inventif de l'auteur [1]. Trianda aussi, raconte Pauli, avait son château [2], mais il se trouvait en si mauvais état en 1470, que l'Hospitalier et l'Amiral, chargés de le visiter, proposèrent de le raser, et l'on se rendit à leur décision [3].

En face de Trianda, une pointe sablonneuse s'avance dans la mer et de là, sur la droite, se développe la baie à laquelle le village a donné son nom. C'est dans ce golfe [4], que les anciens auteurs appellent la Fosse et où se jette à la mer le torrent de Sondourli, que débarqua, sur la fin de mai 1480, Messih Pacha Paléologue. De là il lui fut facile de s'emparer du mont Saint-Étienne et de débarquer sur le rivage ses machines de guerre et son artillerie sans être vu de Rhodes, située de l'autre côté de la montagne, et de déployer ses soldats d'un côté vers le nord jusqu'à l'église de Saint-Antoine, en face de la tour Saint-Nicolas, et de l'autre vers l'est jusque près de la baie d'Akandia. La flotte turque vint encore dans les derniers jours de juin 1522 jeter l'ancre en cet endroit, tandis que trente vaisseaux se détachaient pour se rendre plus au nord, au cap Saburra, et y surprendre les bâtiments chrétiens qui pourraient accourir au secours de la place [5]. D'après une tradition, Soliman aurait débarqué précisément à l'endroit du rivage qui se trouve entre deux fontaines et où sont les ruines d'une petite mosquée élevée là même en souvenir de cet événement. En continuant à s'avancer sur le bord de la mer, on remarque, à un certain point, de misérables cabanes, habitations ordinaires de quelques lépreux qui vivent d'aumônes. Ce sont des étrangers que la bonté et l'abondance des eaux, dont ils manquent dans leur pays, amènent à Rhodes [6]. Anciennement, cet endroit s'appelait Saint-Jean des Lépreux [7], ce qui prouve qu'il y avait même autrefois un abri pour ces infortunés.

De là, en inclinant à l'est, le terrain s'élève peu à peu et une route pavée de petits cailloux s'engage dans la vallée de Sondourli. C'est une des localités les plus agréables des environs de Rhodes, située derrière le mont Saint-Étienne, au

---

1. V. ce qu'en raconte Bilotti, p. 165.

2. Pauli, II, 497.

3. Bosio, II, 311.

4. « In littus in loco quem ab ipso monte (S. Étienne) deflcens aqua abluit, qui a Rhodiis ob-ce collis spectari non potest. » Breydenbach, De Rhod. urbis ols.

5. Ramadan, 734 sq. Bosio, II, 652. Bilotti, 256.

6. Bilotti, 669.

7. Buondelmonte : De Insulis.

sud, et arrosée par un ruisseau qui prend sa source dans une grotte : cet endroit s'appelait le Mauvais Pas, ou Maupas[1]. On y voit encore les ruines d'une ancienne chapelle, que Biliotti croit avoir été élevée par la piété des Chevaliers[2]. Une célèbre tradition raconte, en effet, qu'au temps du Grand-Maître de Villeneuve, vers 1342, un dragon s'y était établi, qui non seulement faisait de nombreuses victimes, mais encore infestait l'air, et qu'il avait été interdit aux Chevaliers d'en approcher, sous peine de dégradation. De là, sans doute, le nom de Maupas, qu'on voit figurer encore sur la carte de Buondelmonte[3]. Un Chevalier français cependant, Fr. Adéodat de Gozon, résolut secrètement de tuer le monstre, et étant retourné

SONDOURLI.

à cet effet, avec la permission du Grand-Maître, en France, dans le château de sa famille, y fit faire un faux dragon et dressa des chiens à se mettre en arrêt devant lui. Quand ceux-ci furent ainsi exercés à se jeter sur le monstre simulé et le cheval familiarisé avec lui, il revint à Rhodes, se rendit un beau jour, à l'insu de tous, dans l'église du mont Saint-Étienne, pas éloignée du Maupas, et s'y revêtit des armes que son écuyer lui avait apportées. Puis, se dirigeant vers la caverne, il chercha des yeux, mais ne découvrit pas tout d'abord le redoutable dragon.

1. Bosio, II, 71, 72.

2. P. 153. Guérin, 171.

3. Buondelmonte, *loc. cit.*: « Le jardin de Maupas est cité par Bourbon comme l'endroit où les Turcs avaient élevé deux mantelets, p. 649. *Maupas* était encore le surnom du chevalier Fr. Jean de Mesnil, capitaine du Boulevard d'Auvergne, pendant le siège de 1522. (V. Bosio, II, 626.) *Maupas* était aussi le nom d'une Commanderie du Prieuré de France, au diocèse de Soissons. (Delaville, *Cartulaires*, LXVII, LXXVII.)

L'ayant enfin aperçu, il s'arrêta à une certaine distance, en face de l'entrée de la caverne, et se tint la lance au poing. Le dragon sortit, et une horrible mêlée s'engagea dans laquelle les chiens, secondant vaillamment Adéodat, lui donnèrent la facilité de frapper enfin le monstre à la gorge et de le tuer. Ce hardi coup de main ne lui valut ni les félicitations, ni une récompense du Grand-Maître, mais la dégradation, pour avoir transgressé ses ordres[1]. Bosio, et après lui les autres historiens de l'Ordre, des voyageurs même[2], s'étendent à plaisir sur ce célèbre et fabuleux épisode, dont le souvenir s'est conservé jusqu'à nos jours, et servit encore de thème aux compositions dramatiques et sacrées[3]. Rottiers affirme avoir vu à Rhodes, dans une maison très ancienne, proche de la rue des Chevaliers, et qui portait un écusson avec un ours (armoiries, selon lui, de la famille Taxis), une peinture à fresque représentant cet événement[4]. Le tableau, placé dans un grand salon, sur la cheminée, mesurait environ dix pieds de long sur sept ou huit de haut. Il l'a reproduit sur les planches de son atlas ; mais rien n'indique qu'il remonte à cette époque, et encore moins, comme va jusqu'à le supposer l'ardente imagination du colonel, qu'il soit de la main de Gozon lui-même, car on n'a jamais dit qu'il fût peintre. Schiller, au siècle dernier, a chanté cette aventure ; et il y a peu d'années, en 1829, on montrait encore le crâne du monstre, suspendu à la porte d'Amboise[5] ; il a disparu depuis. De même, l'aîné de la famille Gozon a conservé, pendant de longues années, une pierre de la grosseur d'une olive, trouvée, disait-on, dans le corps du dragon, et qui jouissait d'une grande efficacité contre les poisons et faisait bouillir l'eau dès qu'on l'y jetait[6].

Cette merveilleuse entreprise doit renfermer un fond de vérité, d'autant plus, on le sait, que l'île de Rhodes était autrefois célèbre pour le grand nombre de ses reptiles. Le voisinage de la mer, le ruisseau, la grotte, tout porte à croire que cet endroit pouvait être le repaire d'un reptile monstrueux, grossi encore et rendu plus redoutable par l'imagination populaire, ou de quelque crocodile ; et l'existence d'une grosse et effrayante gargouille dont un homme de cœur a délivré le pays, a produit une foule de légendes. Ainsi, les musulmans racontent qu'un horrible dragon vivait précisément à Sondourli et qu'un derviche passa la mer exprès pour le mettre à mort. Arrivé à Rhodes, il chargea quarante ânes de chaux vive et les conduisit l'un après l'autre au-delà de la caverne habitée par le monstre, qui les dévora tous avec leur charge. Après le quarantième, le dragon sortit pour aller boire, mais l'effet de l'eau sur la chaux qu'il avait avalée lui causa intérieurement une telle enflammation, qu'il mourut. Le Pacha récompensa par de riches présents les services du derviche, acclamé et béni de toute la population[7].

1. Bosio, II, 72 sq.
2. V. Du Mont, p. 221 sq., vol. II.
3. V. Smitmer, Catalogus, p.
4. Rottiers, 239. Biliotti en parle pour l'avoir vue, p. 152. Pour moi, je ne l'ai point vue et ne saurais dire si elle existe encore.
5. Biliotti, 150, 151.
6. Bosio, II, 84. Moreri.
7. Biliotti, 153.

De Sondourli, on retourne au bord de la mer et on arrive au faubourg de Neo-Maras ; la route monte et passe au-dessous du versant nord-ouest du mont Saint-Etienne, où elle aboutit à la mer. On y voit, comme nous l'avons déjà indiqué, une très grande quantité d'énormes rochers, tombés évidemment du haut de la montagne, les uns suspendus en l'air, les autres projetés dans la mer, où ils émergent à la surface ou apparaissent dans l'azur transparent des eaux. L'endroit offre un aspect sauvage et la route est très étroite.

Avant d'arriver à ces roches, on laisse en haut, sur la gauche, Kizil-Tepe, où Soliman dressa sa tente pendant le siège de 1522, comme nous l'avons dit plus haut [1].

Enfin, la route descend de nouveau et rejoint encore le rivage, près duquel se trouve le village de Neo-Maras.

Ici se termine notre itinéraire dans l'île de Rhodes, et sans crainte de nous abuser ou d'abuser du lecteur, nous croyons avoir indiqué toutes les ruines, qui subsistent encore, des œuvres des Chevaliers, en y joignant les détails (malheureusement très incomplets pour la plupart) que nous avons pu extraire de tous les documents que nous connaissons de l'Ordre.

Voilà donc ce qui peut aujourd'hui, dans cette île, intéresser le voyageur désireux d'étudier l'histoire de l'Ordre de Saint-Jean. Le temps, plus que la barbarie, ou la manie de détruire, qui s'empare si facilement du vulgaire et de ses chefs, a fait disparaître une foule de monuments de la brillante époque des Chevaliers ; toutefois il en subsiste encore, et ces restes, mis en relief du mieux que nous avons pu, offriront au visiteur, nous en sommes sûr, un attrait qu'ils n'avaient pas jusqu'ici, car les voyageurs et les écrivains du temps passé n'ont par'. que des monuments de la ville, et encore avec trop peu d'exactitude, et souvent même en commettant de graves erreurs que nous avons eu l'occasion de relever au cours de cette étude. A d'autres plus savants que nous de décrire les restes de l'antiquité classique qu'on y admire encore et qui ne rentraient pas dans notre cadre.

Le 3 janvier 1523, Soliman, fier de sa conquête, quitta Rhodes deux jours après le départ du dernier des dix-neuf Grands-Maîtres qui y régnèrent avec gloire pendant plus de deux siècles [2].

Les églises latines de la ville et des faubourgs furent converties en mosquées et on y ajouta des minarets, et cinq mille ouvriers furent employés à réparer les fortifications sur les points où elles avaient le plus souffert pendant le siège [4]. Mais trois ans s'étaient à peine écoulés, qu'en 1525, le Grand-Maître de l'Isle-Adam nourrit pour un moment l'espoir de reprendre Rhodes. Il n'y avait alors qu'une garnison de trois cents janissaires dans la ville ; et la plupart d'entre eux avaient été gagnés à la cause chrétienne par le Protopapas de

1. V. le chap. XV, p. 164.
2. Hafouz-Ahmed.
3. V. la série chronologique des Grands-Maîtres de Rhodes, dans les Not. add. et Doc., V.
4. Torr, 32. Hammer, IX, 50.

Rhodes, nommé Georges Psichalis[1], qui jouissait de la confiance des Grecs. Celui-ci envoya un messager au Grand-Maître, pour lui dire qu'il n'avait qu'à envoyer une Bulle assignant une pension à vie aux conspirateurs et promettant aux habitants de Rhodes leur ancienne liberté, pour que la ville revînt au pouvoir des Chevaliers. L'Ordre devait croiser avec trois galères et six bâtiments dans les parages de l'île, et se réunir devant la ville un certain vendredi dans l'après-midi, au moment où les Turcs étaient réunis pour la prière dans les mosquées ; alors la bannière de saint Jean serait arborée sur la tour de Saint-Nicolas, et en trois heures la ville serait de nouveau au pouvoir des Chevaliers. Une large part dans ces intrigues revient au chevalier Fr. Antoine Bosio[2], mais le projet n'aboutit pas, et Rhodes est demeuré entre les mains des Turcs. Vraiment on a peine à comprendre comment les Chevaliers n'ont pas éprouvé le désir de tenter à nouveau la conquête de leur antique et glorieuse résidence, pendant leur séjour de presque trois siècles à Malte.

Peu de temps après la prise de Rhodes par les Turcs, vers la moitié du XVIe siècle, un capitaine vénitien, Jean Cornaro, qui avait été longtemps esclave dans l'île, écrivant à Venise je ne sais à qui, faisait un tableau de la situation de Rhodes, avec l'intention de décider ses compatriotes à en tenter la conquête. Il racontait que la citadelle était bien fournie d'artillerie, de poudre et de boulets, les magasins bien approvisionnés de blé, mais que la garnison n'était que de trois cents hommes[3].

Ainsi Rhodes, tombé aux mains des Turcs, partagea pendant un siècle environ d'abord la prospérité, puis la décadence de ses nouveaux maîtres. Si les anciens habitants de la ville des Chevaliers revoyaient aujourd'hui, de près et à l'intérieur, cette cité jadis riche, élégante, capable de rivaliser avec ses sœurs de France et d'Italie au XVe siècle, je doute qu'ils puissent la reconnaître. Devenue barbare et sale comme toutes les villes qui ont eu le malheur de tomber sous le joug des Musulmans, semblable à une jeune femme dont la beauté s'altère et languit au milieu des fers de l'esclavage, elle laisse dans l'esprit du voyageur un sentiment profond de pitié et d'admiration.

Dans un avenir plus ou moins proche, lorsque l'empire vermoulu des Osmanlis aura cessé d'offrir au monde le spectacle de ses mœurs barbares et de son fanatisme, quel sera le sort réservé par la divine Providence à l'Ile de Rhodes ? S'il arrive jamais, écrit un illustre auteur moderne , que cette rose ravissante de la mer Egée tombe entre les mains d'un prince chrétien aux grandes et nobles idées, puisse-t-il y créer de belles et bonnes œuvres, et donner une vie nouvelle à cette splendide création de Dieu !

---

1. D'après Le Quien, I, 935, ce serait le Métropolite Euthimius qui aurait conspiré en faveur du retour de l'Ordre. Paciaudi, De cultu, 295, donne à ce propos une lettre écrite à l'Isle-Adam par le Protopape Piscalis et par le Protos de Lindos Calomery.

2. Bosio, III, 26, 28, 35.

3. Musée civique de Venise, Archivio Dona dalle Rose, col. 153. Aujourd'hui encore la garnison de Rhodes se compose à peu près de 300 hommes. V. Guérin, 61, et Biliotti, 573.

4. De Gubernatis, In Terra Santa, p. 17.

NOTES ADDITIONNELLES ET DOCUMENTS.

NOTES ADDITIONNELLES ET DOCUMENTS.

I.

SUR LE MANUSCRIT DIT DE HAFOUZ AHMED.
(Chapitre II, page 38, note 7.)

Cet ancien manuscrit se trouve à Rhodes dans la bibliothèque fondée vers la fin du XVIIIe siècle, dans la Mosquée Mourad-Reis, par Hafiz ou Hafouz Ahmed, Aga de Rhodes.

Pendant mon dernier séjour à Rhodes, ayant désiré d'en avoir une copie, Monsieur Albert Biliotti, vice-consul d'Italie dans l'île, eut l'amabilité de s'adresser à Abdullah Cheik de la Mosquée, qui l'accorda gracieusement.

Le manuscrit a cent quatorze pages, et tout témoigne de son ancienneté ; mais il serait pourtant bien difficile, à mon humble avis, de savoir s'il est un original ou une copie, non plus que d'en connaître avec certitude l'auteur, que l'on prétend avoir assisté au dernier siège de Rhodes en qualité de médecin attaché à la personne de Soliman. Une empreinte appliquée sur le manuscrit contient ces mots : « Hafiz Ahmed, Aga de Rhodes, ancien » écuyer [1] du Sultan, a fait cadeau de ce livre à la bibliothèque qu'il a fondée en cette » île, 1207 [2]. »

Biliotti, qui dans son ouvrage en donne plusieurs extraits, semble croire que Hafouz Ahmed même est l'auteur de ce livre [3] ; mais il se trompe évidemment.

II.

SONNETS DE BARTHÉLEMY ZAMBERTI,
DIT BARTHÉLEMY DES SONNETS, SUR L'ILE DE RHODES
DANS SON *ISOLARIO.* (*Bibliothèque de Saint-Marc, à Venise.*)
(Chap. X, page 116, note 5.—Chap. XVI, page 178.—Chap. XIX, pages 209, 210.—Chap. XVIII, page 199.)

Per Rodi

Verso Greco [1] et Garbino [5] si distende
   A guisa d'uno scudo quasi fata
   Piana in septentrione, a l'ostro [6] rata [7]
   Molti chastelli in lei si se comprende.

Prima Lindo fortissimo ch' asende
   Dal porto suo ch'ha un scoglio ne l'intrata

---

1. *Rickiehlar* (qui tient l'étrier).
2. 1789.
3. Pages 292, 326, etc.
4. Nord-est.
5. Le même que « Libeccio », c'est-à-dire sud-ouest.
6. Sud.
7. Plaine.

Vasilica con altri è ruinata
Ma Catavia abitata esser se intende.

Aganea [1] da rustici et Polacia [2]
Poi v' è monte Filermo e 'l suo castello
Dovè fa nostra Donna a molti gracia
E la Zità de Rodi ch' è un zoiello.

L'hospital de san Zuane da alozare
Che ha dal gran Maistro ogni sovegno
E tanti bei giardini intorno apare ;

Ma quel che del Paradixo si è 'l più degno [3]
In questa prima fu l'arte del mare
Chomo è de le sue chroniche il contegno

E in questa ancor un idol grande fue
Colos [4] che in veder lonzie avea vertue.

Per Rodi

Il vas d'elecione a questa scrive
E suoi abitanti detti colocensi [5]
Che alle terrene cose lor non pensi
Ma che ami le superne sante et dive.

In questa son le belle roxe estive
Che col suo deguo odor conforta i sensi
Per chui tal nome a quest' insula tiensi
Da roxe Rodi in greco se derive [6].

La sua citate antiqua già fu albergo
A signor molti de l'Asia minore
Dita adesso Turchia et vase a tergo ;

Perché la fa più nobile et magiore
Ma i teramoti in parte te dico ergo
A exinanide sue superbe tore

E sapi tu lectore
Che deletevol come ch' altra che sia
E volze un C e un L e iiij mia [7]

E già ditta si sia
Oubire (?) Dria [8] Arabiria [9] et Gialiso [10]
Antiquamente per dartene aviso.

---

1. Lachania.
2. Apollakkia.
3. Les jardins du Paradis, près le village de Villanova.
4. Le célèbre Colosse.
5. Epistola B. Pauli Apostoli (Vas electionis) ad Colossenses.
6. V. Guérin, 51.
7. C'est-à-dire 154 milles.
8. Trianda ?
9. Atabyron.
10. Jalisos.

Per Charchi e Limonia

Se da le Simie [1] te vorai levare
Per andar quarta d' ostro in ver garbino [2]
Circa quaranta mia per tal camino
Limonia e Charchi tu potrai trovare,

Che prima s'ebbe Calisto [3] a nomare
De lequal già i giganti che domino (?)
E sono montagnose a dir latino
Ma fichi in copia se suol achatare.

In questa è una degna cosa nota
Che quando i pàtri sue figlie marita
Le zape e i badili i dauno in dote

Perchè mai se consumano in lor vita
San Nicolò con sua mente divota
Che de Dio sta gratia a lor largita.

Però che essendo in dita
Dal camin stanco e lasso il vechierello
Quei che zapava el condusse al castello
Cha da levante il porto e sua clisia (?)
E volta tuta cercha vinti mia [4].

III [5].

DESCRIPTION DE LA GRANDE CARAQUE DE RHODES DITE « SANTA ANNA [6] »

(D'après un document italien du Prieuré de Pise dans les Archives de l'État, à Florence.)

(Chapitre XIII, page 142, note 2.)

La Grande Caraque avait le port (tonnage) de seize mille salmes (3.200 tonneaux).

Elle avait six ponts, dont deux étaient au-dessous de la flottaison, et étaient couverts de plaques de plomb fixées avec boulons en bronze : jamais elle ne fit eau en bas [8].

Le grand mât était si gros que six hommes réunis ne pouvaient pas l'embrasser [9].

1. L'île Simi.
2. C'est-à-dire vers le sud-sud-ouest.
3. Caristo.
4. Elle a presque vingt milles de circonférence.
5. Il ne nous paraît pas dépourvu d'intérêt, ce document qui a un certain caractère officiel, même après les descriptions que Bosio (III, 150), Baudoin (I, 311) et Guglielmotti (*Guerra di Pirati*, I, 308) nous en ont données.
6. Celle-ci est la « Nouvelle Caraque » dont parle Bosio (III, passim), qui, en 1540, fut désemparée par le Grand-Maître d'Omedes ; la « Vieille Caraque » suivit l'Ordre de Rhodes à Candie, en Italie et à Malte, où elle brûla en 1531. (Bosio, III, 172, 108 et passim.)
7. Elle devait ressembler beaucoup à la « Françoise de Grâce », nef gigantesque que François Ier fit construire vers 1527, et dont parle Jal dans son *Glossaire nautique*.
8. C'est-à-dire qu'il n'y eut jamais d'infiltration sur sa coque au-dessous de l'eau.
9. C'est énorme ; mais il nous faut rappeler que le mât était, dans sa partie inférieure, comme enveloppé

Elle avait trois hunes de combat, l'une sur l'autre ; la plus basse portait de petites pièces d'artillerie.

En combattant, elle ne fut jamais percée en bas, au-dessous de son œuvre morte.

A l'intérieur, il y avait une chapelle très spacieuse, dédiée à son nom de Sainte-Anne ; une chambre très grande où l'on tenait des armes de toute espèce pour pouvoir armer 500 hommes ; un salon et une chambre avec grand nombre de cabines pour loger le Grand-Maître et les seigneurs du Sacré-Conseil ; une salle à manger très commode, où preneaient leurs repas les Chevaliers, avec offices et soutes à provisions.

Pour chaque charge il y avait deux officiers, dont les logements étaient très commodes.

Sur la poupe il y avait des galeries et loges avec des caisses remplies de terre d'où sortaient des plantes et des buissons formant de petits jardins.

Il y avait un moulin à main et un four qui contenait au moins deux salmes de pain pour chaque fournée ; et l'on mangeait chaque jour du pain tendre.

L'eau douce était en grande abondance.

Il y avait aussi un atelier de forge où trois maîtres forgerons travaillaient jour et nuit.

Elle portait 50 pièces de grosse artillerie, couleuvrines et canons renforcés, et encore un nombre infini d'autres petites pièces.

300 mariniers formaient son équipage fixe.

Il y avait deux grands canots de 15 bancs pour rameurs chacun, et 5 bateaux plus petits ; avec ces embarcations on captura bien des fois des galiotes et d'autres navires barbaresques.

Cette note a été extraite de la Chancellerie de Malte.

IV.

SUR LA MADONE DE PHILERME, EN RUSSIE.

(Chapitre XX, page 216, note 6.)

La Madone de Philerme, ainsi que la Sainte Main du Précurseur et le Morceau de la véritable Croix, arrivèrent à Gatschina le 12 octobre 1799. Les journaux russes annoncent toutes les années la translation des *Saintes Reliques de Malte* (comme on les appelle) de la Cathédrale du Palais d'Hiver, où elles se trouvent aujourd'hui en dépôt, à la Cathédrale de Saint-Pierre et Paul de Gatschina.

A propos de l'empereur Paul Ier, il ne sera pas hors de propos de donner ici l'inscription qui se trouve à gauche du maître-autel de l'église des Chevaliers de Malte, annexée au Collège impérial des Pages, et dont M. le marquis Deferrari a bien voulu nous donner copie.

Paulo I Imperatore
ac
Ordinis S^{ti} Joannis Hierosolymitani Magno Magistro
templum hoc a fundamentis erectum
Stanislaus Liestrzencewicz a Bohusz

dans une espèce d'entonnoir très épais. Guglielmotti aussi (*Guerra di Pirati*, I, 308) dit qu'il avait dix mètres de circonférence.

Archiepiscopus Metropolitanus Mohilaviensis
et ejusdem Ordinis Magnus Elemosynarius
in honorem Dni Joannis Baptistæ
consecravit
XIV Kal. Julii anni MDCCC
Pontificatus Pii VII primi
Opus Jacobi Quarenghi
Equitis ejusdem Ordinis
—
Munificencia Imperatoris restauratum
anno MDCCCXXXIII

V.

CHRONOLOGIE DES GRANDS-MAITRES DE RHODES ET DESCRIPTION DE LEURS ARMOIRIES.

(Chapitre XX, page 221, note 4.)

FRÈRE FOULQUES DE VILLARET, de la Langue de Provence, élu peut-être en 1308 [1], succède à Guillaume de Villaret, qu'on suppose son frère, ou son parent : commence la conquête de l'île de Rhodes, dont il s'empare définitivement en 1310. Son despotisme le fait déposer par les Chevaliers, et il renonce à la Grande-Maîtrise en 1319, dans les mains du pape Jean XXII ; il meurt en Languedoc [2], le premier septembre 1327, et est inhumé dans l'église de Saint-Jean, à Montpellier.

Il portait : d'or à trois monts de gueules surmontés chacun d'un corbeau de sable.

FRÈRE HÉLION DE VILLENEUVE, Languedocien, Prieur de Saint-Gilles dans la Langue de Provence, élu en 1319, mort à Rhodes le 27 mai 1346, âgé de 83 ans.

Il portait : de gueules fretté de lances d'or à un écusson du même dans chaque claire-voie.

FRÈRE ADÉODAT ou DIEUDONNÉ DE GOZON, d'une famille du Languedoc, Grand-Commandeur dans la Langue de Provence, élu en 1346, mort le 7 décembre 1353 à Rhodes, et inhumé dans l'Église Conventuelle.

Il portait : de gueules à la bande d'argent bordée d'azur à la bordure crénelée d'argent.

FRÈRE PIERRE DE CORNEILLAN, du Dauphiné, Grand-Prieur de Saint-Gilles dans la Langue de Provence, élu en 1353, mort à Rhodes le 24 août 1355 : inhumé dans l'Église Conventuelle.

Il portait : de gueules à la bande d'argent chargée de trois merlettes de sable.

FRÈRE ROGER DE PINS, d'une famille du Languedoc, reçu dans la Langue de Provence, élu en 1355, mort à Rhodes le 27 mai 1365.

Il portait : de gueules à trois pommes de pin d'or.

1. Bosio, op. cit., II, 32, suivi par Moreri, donne la date de 1308 ; évidemment il se trompe.
2. Pauli, Cod. dipl., II, 463.

FRÈRE RAYMOND DE BÉRENGER, du Dauphiné, de la Langue de Provence, élu en 1365, mort à Rhodes dans le mois de novembre 1374[1].

Il portait : de gueules au sautoir alaisé d'or.

FRÈRE ROBERT DE JUILLAC, du Languedoc, Grand-Prieur de France, élu en 1374, mort à Rhodes le 11 octobre 1376[2].

Il portait : d'argent à la croix fleuronnée de gueules, au lambel de quatre pendants d'azur chargés de trois boutons.

FRÈRE JEAN-FERNAND DE HÉRÉDIA, Aragonais, châtelain d'Emposte, élu en 1376, mort à Avignon en mars 1396, inhumé dans l'église de Caspe en Aragon[3].

Il portait : de gueules à sept tours d'or ou d'argent placées 1, 2, 3, 1.

FRÈRE PHILIBERT DE NAILLAC, du Berry, de la Langue de France, Grand-Prieur d'Aquitaine, élu en 1396, mort en juin 1421.

Il portait : d'azur à deux lions léopardés d'or l'un sur l'autre.

FRÈRE ANTOINE FLUVIAN[4], Catalan, de la Langue d'Aragon, Grand Conservateur et Grand Commandeur de Chypre, élu en 1421, mort à Rhodes le 29 octobre 1437[5].

Il portait : d'or à la fasce de gueules.

FRÈRE JEAN DE LASTIC, du Dauphiné, Grand-Prieur d'Auvergne, élu le 6 novembre 1437, mort le 19 mai 1454.

Il portait : de gueules à la fasce d'argent à la bordure de sable[6].

FRÈRE JACQUES DE MILLY, Grand-Prieur d'Auvergne, élu le 1er juin 1454, mort à Rhodes le 17 août 1461.

Il portait : de gueules au chef denché d'argent.

FRÈRE RAYMOND ZACOSTA, Aragonais, Châtelain d'Emposte, élu le 24 août 1461, mort à Rome le 21 février 1467 ; inhumé dans la Basilique de Saint-Pierre au Vatican.

Il portait : d'or à trois fasces ondées de gueules, à la bordure de sable chargée de huit points d'argent, 3, 2, 3.

FRÈRE JEAN-BAPTISTE ORSINI[7], Romain, Grand-Prieur de Rome, élu le 4 mars 1467, mort à Rhodes le 8 juin 1476 ; inhumé dans l'Église Conventuelle.

---

1. Moreri donne la date de 1373.

2. Le 29 juin, selon Bosio, II, 122 ; mais d'un diplôme donné par Pauli, II, 99, il résulte que dans le mois d'août 1376 Robert de Juillac vivait encore. Longuepierre (*Revue Numismatique*) prétend qu'on doit dire Jully et non Juillac.

3. Richard Caracciolo, Napolitain, Prieur de Capoue, fut élu Grand-Maître par le pape Urbain VI, qui avait déposé Hérédia comme suivant l'antipape Clément VII. Mais le Couvent de Rhodes ne voulut pas le reconnaître, de sorte qu'il mourut dans l'obscurité à Rome, le 18 mars 1395. On voit encore son tombeau dans l'église de l'Ordre, au Mont-Aventin.

4. Les Français traduisirent ce nom en *de la Rivière*.

5. Le 26, selon Pauli, II, 468.

6. « Scutum cum campo rubeo cum linea circumcirca nigra et cum barra alba quæ medium scuti intersecat. » Dans le diplôme, 4 novembre 1448, avec lequel ce Grand-Maître donne à Bernard Salviati le privilège d'écarteler les armes de sa famille avec les siennes. Pauli, *op. cit.* II, 129.

7. De la branche des ducs de Gravina. V. Litta, *Famiglia Orsini*.

Il portait : bandé d'argent et de gueules de six pièces ; au chef d'argent, chargé d'une rose de gueules boutonnée d'or et soutenu de même à l'anguille d'azur posée en fasce.

FRÈRE PIERRE D'AUBUSSON, Grand-Prieur d'Auvergne, élu le 17 juin 1476, Cardinal du titre de Saint-Adrien en 1489, décédé à Rhodes le 3 juillet 1503 ; inhumé dans l'Église Conventuelle.

Il portait : d'or à la croix ancrée de gueules.

FRÈRE ÉMERY D'AMBOISE, Grand-Prieur de France, élu le 10 juillet 1503, décédé à Rhodes le 13 novembre 1512 [1] ; inhumé dans l'Église Conventuelle.

Il portait : palé d'or et de gueules de six pièces.

FRÈRE GUY DE BLANCHEFORT, du Limousin, Grand-Prieur d'Auvergne, élu le 22 novembre 1512, mort à bord d'un navire, en allant en voyage de France à Rhodes, dans l'île de Prodanos, près Navarin, le 24 novembre 1513 ; inhumé dans l'Église Conventuelle de Rhodes.

Il portait : d'or à deux lions léopardés de gueules l'un sur l'autre.

FRÈRE FABRICE DEL CARRETTO, Italien, des Marquis du Finale, près de Gênes, Amiral, élu le 15 décembre 1513, mort à Rhodes le 10 janvier 1521 : inhumé dans l'Église Conventuelle.

Il portait : bandé d'or et de gueules de douze pièces.

FRÈRE PHILIPPE DE VILLIERS DE L'ISLE-ADAM, du Beauvaisis, de la Langue de France, Grand Hospitalier, élu en 1521 ; quitte Rhodes en 1523 ; en 1524 porte l'Ordre à Viterbe ; en 1530, à Malte, où il meurt le 21 août 1534 ; inhumé dans la chapelle du château Saint-Ange et, après, transféré dans l'Église Conventuelle de la Vallette.

Il portait : d'or au chef d'azur, chargé d'un dextrochère d'argent, vêtu d'hermine, supportant un fanon du même frangé du troisième émail.

---

1. Le 8, selon Pauli, II, 471.

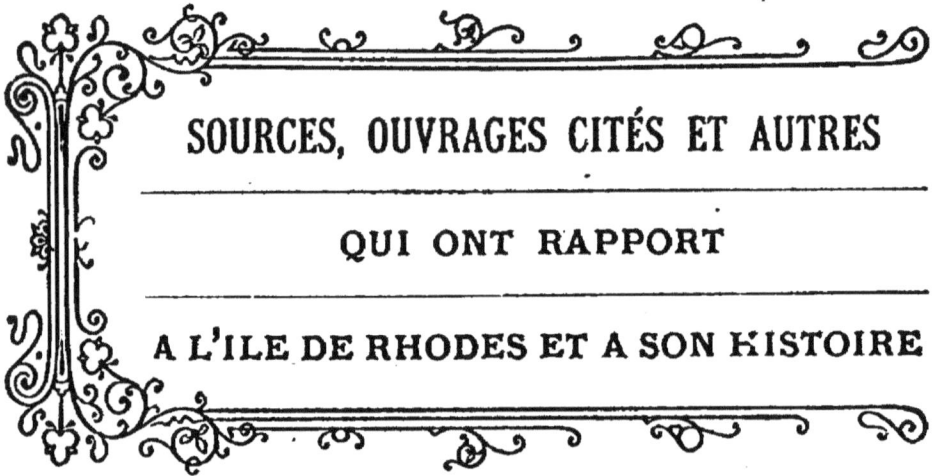

SOURCES, OUVRAGES CITÉS ET AUTRES

QUI ONT RAPPORT

A L'ILE DE RHODES ET A SON HISTOIRE

* Acta Capitulorum Generalium a. 1462, 1466, 1471, 1475, 1478, 1498, 1501, 1504, 1513 (Cités par Smitmer dans son *Catalogo della Biblioteca del Sagrio Militare Ordine di San Giovanni Gerosolimitano, oggi detto di Malta.*)

* Acta Capitulorum Generalium apud Montem Pessulanum et Rhodi ab anno 1330 ad annum 1344 (Cité par Smitmer.)

** Adamus. — De Insula Rhodio et Militarium Ordinum institutione (Cité par Goussancourt dans son *Martyrologe des Chevaliers de S. Jean de Jérusalem.* L'auteur est peut-être Adam de Montoldo, Génois, hérémitain de Saint-Augustin.)

** Æmiliani Elii Quinti Cimbriaci. — Asteris, seu poema de Bello Rhodio (Cité par Smitmer.)

** Alcynoi Petri. — Laudatio funebris defensorum Rhodi (Cité par Smitmer. L'auteur était Vénitien, prote d'Alde Manuce.)

Alexandri B. — Lamento della città di Rodi (Dans les *Lamenti storici dei secoli XIV, XV e XVI.*)

Allard G. — Zizimi, prince ottoman, amoureux de Philippine-Hélène de Sassenage. Histoire dauphinoise. Grenoble, 1673.

Allatii Leonis. — De Nilis et eorum scriptis (Dans la *Bibliotheca graeca sive Notitie scriptorum veterum graecorum quorumcumque monumenta integra aut fragmenta edita extant.* Hambourg, 1718-1728. Vol. V.)

Amaseo. — Diarii udinesi dal 1508 al 1541. Venise, 1884-1885.

* Annali dei Francescani Riformati intorno alla chiesa latina in Rodi (Dans les archives du Couvent latin de Rhodes.)

* Anonyme. — Lettre à Pierre Aretin, écrite de Rome le 31 décembre 1522 (Archives de Florence; Papiers Strozzi, 369.)

Araldi L. — Italia nobile. Venise, 1722.

* Aubusson P. (Le Gr. Maître). — Lettre au roi Charles VIII à propos de la naissance d'un enfant qu'on croyait l'Antechrist (Archives de Florence, Papiers Strozzi, 369.)

* Le même. — Lettre au pape Alexandre VI, datée de Rhodes, le 19 décembre 1493, envoyée par Marc Montanus, archevêque de Rhodes, et par les chevaliers fr. Pierre Stolt, Grand Bailli, et fr. Berenger Sancho de Barospe, Prieur de Navarre (Bibliothèque de Saint-Marc, à Venise, Cod. 74, cl. X.)

Avenant (d') William. — The siege of Rhodes made a rappresentation by the art of perspective in scenes. Londres, 1659.

Baglione G. P. — Lamento con el pianto de Italia e il lamento de Rhodi. Brescia, 1540.

** Balestrinis (de) Leonardi Archiepiscopi Rhodiensis oratio ad Equites Hierosol. Religionis habita cum obsidio a Turcis immineret (Cité par Smitmer.)

** Bandini (le chevalier fr. Melchior, vicechancelier.) — Ad Paulum II Pont. Max. oratio pro Rhodiorum obedientia, a. 1464 (Cité par Smitmer).

** Le même. — Histoire de la Religion de Saint-Jean de Jérusalem (Cité par Smitmer).

Barante (de). — Histoire des ducs de Bourgogne de la maison de Valois. 1364-1477. Milan, 1844-1845.

Baudoin et Neberat. — Histoire des Chevaliers de Saint-Jean de Jérusalem. Paris, 1643.

Benvenuti S. — Dizionario biografico Cremasco. Crema, 1888.

Benvenuti e Vignati. — V. Vignati et Benvenuti.

Berg A. — Die Insel Rhodes. Brunswick, 1862.

Biliotti et Cotteret. — L'île de Rhodes.

Rhodes, 1881 (Le premier livre et peut-être le seul qui a été imprimé à Rhodes : il y a aussi une édition en grec moderne)

Blosii Palladii. — Oratio de prestatione obedientiæ Rhodiorum Leoni X Pont. Max. Rome, 1573

**⁑ Bon (le Président Le) — Dissertation sur l'inscription du tombeau de Foulques de Villaret, Grand-Maître (Cité par Smitmer.)

Bonaffé E. — Fr. Sabba da Castiglione. Paris, 1884.

Buondelmontibus (Christophori de). — De insulis Archipelagi liber. Berlin, 1824 (Il y a deux manuscrits de cet ouvrage, avec cartes, dans la Bibliothèque Nationale de Florence et dans celle de Saint-Marc de Venise.)

Borneri Ursini Jo. — Oratio de obsessa et capta Rhodo. — Jena, 1568.

Bosio Jacques. — Istoria della Sacra Religione et Militia di S Giovanni Gerosolimitano — Rome, 1594-1602.

Bouhours. — Histoire de Pierre d'Aubusson, Grand-Maître de Rhodes. La Haye, 1739.

Bourbon (de). Le bâtard, Jacques. — La grande et merveilleuse et très cruelle oppugnation de la noble cité de Rhodes. Paris, 1526 (Celle-ci est la première édition de cet ouvrage ; la seconde, imprimée à Paris en 1527, porte ce titre : *Histoire et prise de la noble et ancienne ville et cité de Rhodes.* Vertot l'a publié dans le deuxième volume de son Histoire dans l'édition de Paris 1726, avec le titre de *Relation du second siège de Rhodes en 1485*, faute typographique à corriger en 1522. Le savant Brunet, dans l'édition de son *Manuel du Libraire* de 1860, se trompe étrangement en parlant de deux éditions de cet ouvrage, de 1515 et de 1517.)

Bouvrier G. (premier roi d'armes du roi Charles VII). Armorial, publié par Vallet de Viriville. Paris, 1866.

Brasca Santo. — Itinerario alla santissima citta di Jerusalem. Milan, 1841.

Breuning J. J. — Orientalische Reiss. Strasbourg, 1612.

Breydenbach B. — Sanctarum peregrinationum in montem Syon ad venerandum Xti sepulcrum in Hierusalem atque in montem Synai ad divam Virginem et Martyrem Katharinam opusculum. Mayence, 1486 (Cet ouvrage, qui a eu plusieurs éditions, en 1490, en 1502, en 1536, etc., a été traduit en français par Nicolas de Huen, et imprimé à Lyon en 1488.)

Le même. — De Rhodiæ urbis obsidione (Imprimé avec l'ouvrage précédent.)

Brunfels Othon. — Ut afflictionibus Rhodiorum militum succurratur oratio. Bâle, 1523

Bruyen (Le) C — Voyage au Levant, c'est-à-dire dans les principaux endroits de l'Asie Mineure. Paris, 1728.

Brugère (Le). C. — Voyage au Levant, c'est-à-dire dans les principaux endroits de l'Asie-Mineure. Paris, 1728.

* Bullæ romanorum Pontificum ad Ordinem Sancti Johannis spectantes (Cité par Paciaudi dans son livre *De cultu sancti Jo. Baptistæ antiquitates christianæ.*)

Campi P. M. — Storia ecclesiastica piacentina. Plaisance, 1651.

Campo (dal) Viaggio di Nicolo a Este a Gerusalemme (Dans la *Miscellanea di opuscoli inediti o rari dei se oli XIV e XV*. Turin, 1861.)

* Canonici Philippe, nonce d'Innocent VII, au Grand Sultan. — Itinerario da Roma a Rodi fino a Babilonia (Cité par Smitmer.)

Caoursin Guillelmi, Rhodiorum vicecancellarii. Obsidionis Rhodiæ urbis descriptio — De casu regis Ziami. —

De terræ motus labe qua Rhodii affecti sunt. — Oratio in Senatu Rhodiorum de morte magni Thurci habita prid. Kal. junii 1481. — De celeberrimo fœdere cum Thurcorum rege Bagyazit per Rhodios inito commentarium. — De translatione Sacræ Dextræ sancti Johannis Baptistæ Christi præcursoris ex Constantinopoli ad Rhodios commentarium. — (Tous ces opuscules de Caoursin, avec les *Stabilimenta Rhodiorum militum*, forment un seul volume, enrichi de plusieurs xilographies, imprimé à Ulme en 1496. Un des plus beaux livres de la Bibliothèque Nationale de Paris est la *Obsidionis Rhodiæ urbis descriptio* en vélin avec magnifiques miniatures. Nous avons parlé de ce code au chapitre I, p 15.

Le même — Ad Summum Pontificem Innocentium papam octavum oratio, habita in Consistorio publico quinta Kal. februarii anno 1485. S. L.

Caprin. — Marine istriane. Trieste, 1889.

Cavavita (Fr. Jean, Gr. Prieur de Lombardie). — Della poverta de' Cavalieri di Malta trattato. Borgonuovo dans le Marquisat de Roccaforte, 1718.

Carderera. — Iconografia española. Madrid, 1855-1864.

* Carli Bernard. — Lettre sur le siège de Rhodes de 1522 (Archives de Florence, papiers Strozzi, 369.)

Casola P — Viaggio a Gerusalemme tratto dall' autografo esistente nella Biblioteca Trivulzio. Milan, 1855.

Castiglione fr. Sabba, milite hierosolimitano. — Ricordi a fra Bartholomeo di Castiglione suo nipote, milite del medesimo Ordine Bologne, 1549 (Il y a plusieurs éditions de ce livre célèbre.)

Le même. — Lettres inédites. V. Luzio.

Chalchondila. — Histoire de la décadence de l'empire grec et établissement de celui des Turcs. Trad. par B. de Vigenere, Paris, 1650.

Charrière L — Négociations de la France dans le Levant. Paris, 1848.

Chateaubriand. — Itinéraire de Paris à Jérusalem et de Jérusalem à Paris. Paris, 1812.

Choiseul Gouffier — Voyage pittoresque dans la Grèce. Paris, 1782

Chronique du Templier (Dans les *Gestes des Chyprois, recueil des chroniques françaises écrites en Orient*. Genève, 1887.)

** Clementis Rhodiorum metropolitæ oratio ad populum imminente obsidione (Cité par Smitmer)

Codice del sacro e militare Ordine gerosolimitano. Malte, 1782

Commemoriali de la République de Venise.

Copey. — Eynes Schuldbriefs so der Canzler von Rhodes mit Namen Mark Boignal aim Edelmann in Candia zu geschrieben. S. L.

Coronelli et Parisotti. — Isola di Rodi. Venise, 1688.

Dapper. — Description exacte des iles de l'Archipel. Amsterdam; 1703.

Decima (della) e di vari altre gravezze imposte dal Comune di Firenze ; delle monete e della mercatura dé Fiorentini fino al secolo XVI. Lisbonne et Lucques, 1765-1766.

Deck. — La fayance.

Delaville le Roulx J. — Les archives, la bibliothèque et le trésor de l'Ordre de Saint-Jean de Jérusalem à Malte. Paris, 1883.

Le même. — Un anti-Grand-Maître de l'Ordre de Saint-Jean de Jérusalem. Paris, 1879.

Le même — Les archives de l'Ordre de l'Hôpital dans la péninsule ibérique. Paris, 1893.

Le même. — Cartulaire général de l'Ordre des Hospitaliers de Saint-Jean de Jérusalem. Paris, 1894, 1897.

* Deliberationes Conciliorum anno 1461 inceptæ die 14 augusti (Cité par Smitmer.)
* Deliberationes Conciliorum completorum, acta et ordinationes generalis Capituli celebrati Rhodi anno 1475 (Cité par Smitmer.)

Dupuys Merry. — Relation du siège de Rhodes en 1480. (Dans l'*Histoire des Chevaliers de Saint-Jean de Jérusalem* de Vertot, édition de Paris, 1726. Dupuys fut témoin du siège.)

Epistola ad Papam una cum vexillo turchino missa a. 1480 die 18 novembris de obsidione insulæ Rhodus a Turcis. (Dans les *Reliquiæ Manuscriptorum omnis æti.* Halle, 1737.)

Epistolæ Magni Turci editæ cum prefatione Laudivii, equitis hierosolymitani, ad Franciscum Bertrandum. Rome, 1473. (Smitmer cite 13 éditions de cet ouvrage : ce chevalier Laudivius est aussi l'auteur d'une *Vita Beati Hieronymi*, imprimée vers 1472.)

Erasmi Roterodami in Novum Testamentum annotationes. Bâle, 1538.
* Establissemens de l'Hopital de Sainct Jehan de Jerusalem. (Code autrefois dans la Chancellerie de Malte et dans la Bibliothèque du Gr. Prieur de l'Eglise de Saint-Jean, cité par Smitmer.)

Este (d') Nicolas. V. Campo (dal).

Estourmel J. — Journal d'un voyage en Orient. Paris, 1894.

Faber Fr. Félix. — Evagatorium in Terræ Sanctæ, Arabiæ et Ægypti peregrinationes. Stuttgard, 1843. (On a de ce livre une édition en allemand imprimée en 1557. L'auteur s'appelait Schmid, nom qu'il se plut à latiniser en Faber.)

Fabrici F. G. — Bibliotheca græca. Hambourg, 1719.

Falconetti Georges, rhodien. — V. Lamento (El lachrimoso) etc.

* Faucelles (Le chevalier de). — Traité du siège de Rhodes (1521). — (Manuscrit cité par Goussancourt et par Smitmer.)
* Federighi Mathieu. — (Lettres dans l'Archive d'État à Florence.)

Le même. — Lettere due della venuta del Saltano Zizim presso il Gran Maestro di Rodi (Dans le *Giornale Araldico-Genealogico-Diplomatico.* Pise, 1879.)

Ferrari Philippe. Lexicon. Paris, 1670.

Ferris Achille. — Descrizione storica delle Chiese di Malta e Gozzo. Malte, 1866.

Le même. — Memorie dell' inclito Ordine Gerosolimitano esistenti nelle isole di Malta. Malte, 1881.

* Ferro (Le chevalier Félix). — Ruolo dé Cavalieri, Cappellani Conventuali e Serventi ricevuti nella veneranda Lingua d'Italia dal 1401 fino al 1637. (Manuscrit près Smitmer.)

Flandin E. — Histoire des Chevaliers de Rhodes et description de ses monuments. Tours, 1867.

Fontana Aldighiero. — Dell' origine della Sacra ed Eminentissima Religione Gerosolimitana. — Bologne, 1704.

Fontanus Jacobus Brugensis, Jurisconsulti Jusdicis appellationis Sacræ Nobilisque Militiæ Hierosolymitanæ et populi rhodii — De bello rhodio(1522) libri tres ad Clementem VII Pont. Max. dedicati. Rome, 1524. (Traduits en espagnol par Christoval d'Arcos et imprimés à Seville en 1526 ; et en italien par Sansovino en 1545.)

Le même. — Ad Adrianum Pont. Max. epistola missa Rhodo post devictam insulam. Tubinge, 1523.

Fondras. — Un amour de vieillard. Paris, 1854.

* Foxan (El caballero fray don Juan Antonis de). — Historia de la Orden de S. Juan de Jerusalem. (Manuscrit cité par Bosio et par Smitmer.)

Franchierez (Le chevalier Fr. Jean, Grand Prieur d'Aquitaine). — La fauconnerie. Paris, 1567.

Friderici II imperatoris. — Reliquiæ librorum de arte venandi cum avibus. Leipzig, 1788.

Furse Henri. — Mémoires numismatiques de l'Ordre souverain de Saint-Jean de Jérusalem. Rome, 1889.

Galeani-Napione. — Dissertazione intorno ali Ordine di S. Giovanni di Gerusalemme. S. I.

Gallizioli. — Memorie per servire alla storia della vita di Gabriele Tadino, Priore di Barletta. Bergame, 1783.

** Garge Jo. Bapt. Senensis equit. hierosol. oratoris excellentissimi Rhodiorum Principis Fabritii Carretti — Oratio in obedientia præstanda apud Leonem X Pont. Max. habita in Consistorio pridie non. martii 1514. (Dans l'*Oratio in octava Sessione lateranensis Concilii, una cum obedientia magni Magistri Rhodi*, cité par Smitmer).

** Le même. — Oratio habita apud Leonem X Pont. Max. ac lateranense Concilium in Sessione octava quartodecimo kal. januarii, 1514. (Elle se trouve, comme la précédente, dans l'*Oratio in octava Sessione*, etc.)

** Georgii Prioris Gennicensis. — Diarium peregrinationis transmarine 1507. (Cité par Smitmer.)

Germain. — Histoire de la Commune de Montpellier depuis son origine jusqu'à son incorporation définitive à la monarchie française. Montpellier, 1851.

Germanus Fr. — Vita Philippi III Burgundiæ ducis. (Dans les *Reliquiæ Manuscriptorum omnis ævi.*)

Goussancourt M. — Le Martyrologe des Chevaliers de Saint-Jean de Jérusalem contenant leurs éloges, armes, blasons, etc. — Paris, 1643.

Gozzone Deodatus Ordinis sancti Johannis hierosol. pestiferi Draconis rhodiensis interfector symbolum Christi Servatoris adumbratum sub ipso sepulcri dominici apparatu, et melodramate adornatum. Prague, 1754 (Il y a aussi une traduction en allemand du même ouvrage imprimée à Prague dans la même année).

Graesse I. G. J. — Orbis latinus. Dresde, 1861.

Grasset. — Essai sur le Grand Prieuré de Saint-Gilles, de l'Ordre de Saint-Jean de Jérusalem, suivi du catalogue des Chevaliers, Chapelains, Diacots, Donats et Frères servants d'armes de la vénérable Langue de Provence, dressé sur les livres originaux. Paris, 1869.

Grassi G. — Dizionario militare italiano. Turin, 1835.

Gregoras Nicephori. — Byzantina historia. Paris, 1702.

Guazzo Marc. — Historie ove si contengono le guerre di Maometto con la Signoria di Venetia, etc., et l'assedio di Rhodi etc. Venise, 1545.

Gubernatis De (A.) — In Terra Santa. Milan, 1899.

Guérin. — Voyage dans l'île de Rhodes et description de cette île. Paris, 1856.

Guglielmotti A. — Storia della marina pontificia nel medio evo. Florence, 1871.

Le même. — La guerra dei Pirati e la marina pontificia. Florence, 1876.

Guichardi Fr. Thomæ, Rhodii, utriusque juris doctoris, Ill^{mæ} hierosolimitanæ Religionis Magistri, Oratoris coram Clemente VII Pont. Max. — Oratio habita in qua Rhodiorum oppugnationis et deditionis summa continetur. Rome, 1524.

* Guisonii Jo. — Breviarium historiæ obsidionis Rhodi. (Cité par Smitmer.)

Hamilton — Researches in Asia Minor. Londres, 1830-40.

Hammer. — Geschichte des Osmanischen Reiches. — Pest, 1827-1835. (Traduite en français, J. J. Hellert, et imprimée à Paris en 1835-1844.)

Le même. — Topographische Ansichten gesammelt am einer Reise in die Levante. Vienne, 1811.

Harff (Arnold von). — Pilgerreise von Köln durch Italien, Syrien, Aegypten, Arabien, Nubien, Palästina, die Türkei, Frankreich und Spanien (1496-1499). Cologne, 1860.

Heck et Plee. — Nouvel atlas de l'Empire Ottoman, etc., avec plusieurs plans de villes et ceux des sièges et batailles mémorables soutenus par les Ottomans. Paris, 1834.

* Hedenborg J. — Geschichte des Insel Rhodos von der Urzeit bis auf die heutigen Tage nebst einer historischen Uebersicht des Volker Griechen, Römer, Araber, Franken und Türker welche die Insel beherscht haben ; mit einer Sammlung vieler Inscriptionen so vie vieler Abildungen von Monumenten besonders aus dem Mittel Alter. 1854. — (Manuscrit autographe en quatre volumes avec un atlas dans la Bibliothèque des Marquis Sommi Picenardi au château des Torri Picenardi, près Crémone, en Italie. Ce manuscrit renferme une nombreuse et bien remarquable collection d'anciennes inscriptions grecques, copiées sur les originaux par Hedenborg, mais dont une grande partie, copiée postérieurement par d'autres voyageurs, a été publiée. Il y en a pourtant encore d'inédites, qui ont été récemment publiées (1899) par un savant italien, le professeur Ange Scrinzi, élève de l'école italienne d'archéologie de Rome et directeur du Musée de la ville de Venise.)

Herquet V. K. — Johan Fernand de Heredia, Gross Maister des Johanniter Ordens. Mulhouse, 1878.

Hertzberg. — Storia dé Bizantini e del' Impero Ottomano fin verso la fine del XVI secolo. Milan, 1894.

Heyd W. — Histoire du commerce du Levant au Moyen-Age ; édition française refondue et considérablement augmentée par l'auteur. Leipzig, 1885.

Hiller von Gaertringen. — Inscriptiones grecæ Rhodi, etc., consilio et auctoritate R. Academiæ Borussicæ. Berlin. 1895.

Le même. — Die Insel Thera in Altertum und Gegenwart mit Ausschluss der Nekropolen, etc — Berlin, 1899. — (Il y a de très belles vues de Rhodes.)

Historia von Rhodis wie riterlich Sie sich gehalten mit dem Tyrannischen Kayser Machomet (1480). Strasbourg, 1513.

Jal A — Glossaire nautique Paris, 1848.

Illustrazione Lombardo Veneta (La Grande). Milan, 1857-59.

* Instructiones datæ Georgio Bazardo ad Soldanum Bajazettem Turcorum Imperatorem nuntio (Manuscrit cité par Smitmer).

* Instructiones datæ D. Philippo nunt'o ad Magnum Magistrum Hospitalis Hierosol. et ad Soldanum Aegypti. (Manuscrit cité par Smitmer).

* Inventario dello stato degli ori, argenti, gioje ed altro delle Maggior Chiesa di S Giovanni, Cappella della Beatissima Vergine di Filermo, Parrocchia di S. Antonio abate et altre Cappelle et Oratori dipendenti dalla S. Religione, fatto per ordine del S. Consiglio il 14 Dicembre 1756. (Dans les Archives de Malte)

Journal de la campagne de Soliman (1522). (Dans l'*Historie del' Empire Ottoman* de Hammer).

* Journal du siége de Rhodes de 1522. (Manuscrit d'auteur inconnu ·qui se trouve à Rhodes, dans la Mosquée Mourad - Reïs, à laquelle il a été

donné par Hafouz-Ahmed Aga. V. à propos de ce document les *Notes additionnelles*, I, page 225 de cet ouvrage.)

* Kalibas George, rhodien. — Siège de Rhodes de 1522. (Manuscrit dans la Bibliothèque de Vienne en Autriche.)

* Kalosimas Antoine. — Lettre sur le siège de Rhodes de 1522. (Dans la Bibliothèque de Vienne en Autriche. L'auteur fut témoin oculaire du siège.)

* Kay John, poète lauréat. — The siege of the noble and invincible City of Rhodes. (Cité par Smitmer).

* Khodgia Effendi. — Description du siège de Rhodes de 1580 (Manuscrit en langue turque cité par Smitmer).

Lacroix L. — Iles de la Grèce. Paris, 1853.

Lacroix P. (Bibliophile Jacob) — Vie militaire et religieuse au moyen âge et à l'époque de la Renaissance. Paris, 1872.

Lafenestre et Richtenberger. — La peinture en Belgique. (Dans *La peinture en Europe*. Paris, s. d.)

Lamansky V. — Secrets d'État de Venise, documents, extraits, notices et études servant à éclaircir les rapports de la Seigneurie avec les Grecs, les Slaves et la Porte Ottomane Pétersbourg, 1884.

Lamartine (de) A — Souvenirs, impressions, pensées et paysages pendant un voyage en Orient Bruxelles, 1835.

Lambros P. — Monete inedite dei Gran Maestri dell' Ordine di S. Giovanni di Gerusalemme in Rodi. Venise, 1865.

Lamento (El lachrimoso) che fa il Gr. Maestro de Rhodi con gli suoi Cavalieri a tutti gli Principi della Christianità nella sua partita : con la presa di Rhodi. — S. L. (1541.) (L'auteur est George Falconetti, rhodien.)

Lamenti storici dei secoli XIV, XV, XVI. Padoue, 1894.

Lelong. — Bibliothèque historique de la France. Paris, 1768-1778.

Leonis Papæ X. — Bulla pro erectione collegii dominorum militum Sancti Petri de Urbe, de mense augusti, 1520 S. D.

* Liber actorum in Generali Capitulo Neapoli celebrato anno 1384 per Venerabilem Fratrem Ricardum Caracciolum, S¹ Joh. Jerozol. Magistrum. (Manuscrit chez Smitmer.)

* Liber Capitulorum Generalium Revmi Patris Domini Fr. Jacobi de Milly, Hospit. S Johann. Hierosol. Magistri anno 1454 et 1459, Rhodi. (Manuscrit chez Smitmer.)

* Liber Missarum ad usum Ecclesiæ Hospitalis S. Jo. Hierosol. (Manuscrit dans l'église de Saint-Jean à Malte.)

Libri Bullarum. — (Dans les archives de Malte.)

Libri Conciliorum. — (Ibid.)

Libro de los fechos et conquestas del principado de la Morea, compilado por comandamiento de don fray Ferrandez de Heredia, Maestro del Hospital de S¹ Johan de Jerusalem. Genève, 1885.

Life (The) of the Peter d'Aubusson, Grand Master of Rhodes. Londres, 1679.

* Livres des Chapitres et des visites du Gr. Prieuré de Saint Gilles, (aux Archives des Bouches-du-Rhône à Marseille.)

* Livre de la Banque de la famille Peruzzi de Florence. (Manuscrit à la Bibliothèque Riccardi de Florence.)

Liste de Messieurs les Chevaliers, Chapelains Conventuels et Servants d'armes des trois vénérables Langues de Provence, Auvergne et France. Malte, 1787.

Litta P. — Famiglie celebri. Milan, 1819.

* Lomellino Pietro. — Cose memorabili dell' assedio di Rodi. (Manuscrit cité par Goussancourt et Smitmer.)

Longuepierrieu. — Revue numismatique. S. L. 1859.

Ludewig. — Reliquiæ manuscriptorum omnis ævi. Francfort, 1720-27.

Luzio A. — Lettere inedite di Fr Sabba da
Castiglione. (Dans l'*Archivio storico
lombardo*. XIII. Milan, 1886.)

** Macedonio. (Le Comm. Fr. Alexandre.)
Commentario dell'assedio di Rodi
(1522) (Cité par Smitmer.)

Magasin pittoresque (Le). — Paris, 1833-18...

Maggi e Castriota. — Della fortificatione
delle citta. Venise, 1564.

Magistri et Consilii Hospitalis Hier. rerum,
loco et tempore gerendarum in Ildri-
mium Ottomanum ad fratrem Renier
Post (Pot) Commendatarium de Cha-
lons etc. monitum et instructio. Cologne, 1482.

Maguency Claude. — Le recueil des armes
des plus nobles maisons et familles,
Paris, 1633.

Magni Turci Epistola. Naples, 1473.

Magny (Claude de). — La vraie et parfaite
science des armoiries. Paris (1842?).

Mahumetto, imperador de Turchi ; Lettere
ridotte alle volgar lingua da M. Lo-
dovico Dolce. Venise, 1563, 1564.

Malipiero Domenico. — Annali Veneti
(Dans l'*Archivio storico italiano*, Série
I, vol. VII.)

Marcellus. — Souvenir de l'Orient. Paris,
1839.

Marchegay. — Cartulaire du Bas-Poitou.
Les Roches Baritaud, 1878.

Marsart, maître de forges. — Les canons ;
notes historiques sur la fabrication et
l'emploi des bouches à feu. Paris, 1845.

Martins C. — Promenade d'un naturaliste
en Orient, à bord de l'*Hidaspe*. (Dans
le *Magasin Pittoresque*, XXV.)

Marulli (Le chev. Fr. Geronimo). — Vita
de Gr. Maestri della sacra Religione di
S. Gio. Gerosolimitano. Naples, 1636.

Mas Latrie. — Histoire des Archevêques
de Chypre. (Dans *Les archives de
l'Orient latin*, II, 390.)

Le même. — Documents nouveaux servant
de preuves à l'histoire de l'île de Chypre sous le règne des princes de la
Maison de Lusignan. Paris, 1882.

Le même. — Histoire des Archives de Chypre. (Dans les archives de l'*Orient
latin*, II.)

Massaroli Ignazio. — Fra Sabba da Castiglione ei suoi Ricordi (Dans l'*Archivio
storico lombardo*, 1889.)

Mayre J. — Liladamus ultimus Rhodiorum
primusque melitensium Equitum Magnus Magister ; seu Melita : poema.
Paris, 1685.

Mediterranean Pilot (The) comprinting the
Archipelago with the adiacent cost of
Greece and Turkey, including also the
island of Candia or Crete. Londres,
1892.

Mediterranean Pilot (The). — Bassin oriental de la mer Méditerranée ; première
partie : Rhodes, Chypre, Caramanie
et Syrie. Trad. par Courtiron. Paris,
1880.

Menestrier. — La nouvelle méthode rai-
sonnée du blason. Lyon, 1701.

Meursii Jo. — Rhodus, sive de illius insulæ
atque urbis rebus memoratu dignis.
Amsterdam, 1675.

Michaud et Poujoulat. — Correspondance
d'Orient. Bruxelles.

Mont (du). — Voyage en France, en Italie,
en Allemagne, à Malte et en Turquie.
La Haye, 1699.

Montani Marci, Rhodii Archiepiscopi. — Ad
Alexandrum VI Pont. Max. oratio
pro Rhodiorum obedientia anno 1493,
mense martio. S. L.

* Monumenta Rhodi (Cité par Paciaudi
dans son *De Cultu S. Jo. Bapt.* etc.,
Diss. IX, et par Smitmer V. aussi le
chapitre XV de cet ouvrage.)

Moreri. — Le Gr. Dictionnaire Paris, 1759.

Moroni G. — Dizionario di erudizione ecclesiastica. Venise, 1840-1861

Müller S — Documenti sulle relazioni delle città toscane coll' Oriente. Firenze, 1879.

Muratori L. G. — Annali d'Italia. Milan, 1744

Le même. — Antiquitates medii ævi. Milan, 1738.

Naumann. — Serapeum, zeitschrift für Bibliothekwissen schaft ; Handschriften Kunde und ältere Litteratur Leipzik, 1843.

Neberat. — Privilèges de l'Ordre de Saint-Jean de Jérusalem.

Nili Metrapolite Rhodi. — Enarratio synoptica de sanctis et œcumenicis synodis. (Dans *Justelli*, Nomocanon Photii etc. Paris, 1615.)

Noé (Le père). — Viaggio da Venetia al Santo Sepolcro et al Monte Sinaï. Venise, 1614.

Oratio in octava sessione Lateranensis Concilii una cum obedientia Magni Magistri Rhodi. S. L.

Orient Latin (Archives de l').

Otto Heinrich Pfalzgraf bei Rhein Pilgerfahrt (Dans les *Deutsche Pilgerreisen nach dem heiligen Lande herausgegeben von R. Rorich und H. Meisner.*)

Pachimeres Georgi — Opera omnia. (Dans le *Patrologiæ cursus completus* de Migne. Paris, 1865.)

Paciaudi P. M. — De cultu S Jo. Baptistæ antiquitates christianæ. Rome, 1755.

Paciaudi P. M. — Memorie dei Gran Maestri del militare Ordine gerospolimitano. Parme, 1780.

Padiglione C — Dell' Ordine Cavalleresco del Nodo in Napoli. Naples, 1894.

* Paganini Gaudentii — Liber de Rhodia successione. (Manuscrit près Smitmer.)

Pantaleonis Henrici. — Militaris Ordinis Johannitarum Rhodiorum aut Melitensium Equitum rerum memorabilium terra marique historia Bâle, 1581.

Pasolini Zanelli G. — Un Cavaliere di Rodi e un pittore. Trevise, 1893.

Pauli P. A. — Dell' origine ed istituto del sacro militar Ordine di S. Giovanni gerosolimitano, detto poi di Rodi, oggi di Malta, dissertazione. Rome, 1781.

Pauli (Sébastien). — Codice diplomatico dell' Ordine gerosolimitano. Lucques, 1733-1737.

Pegolotti et Baldacci. — Della pratica della mercatura. (Dans *Della decima ed altre gravezze imposte dal Comune di Fiorenza*, etc.)

Peluso Francesco. — Fra Sabba da Castiglione gentiluomo milanese. (Dans l'*Archivio storico Lombardo*, 1876.)

Peirano V. — Fra Guglielmo da Voltaggio, commendatore nei Cavalieri di Malta, fondatore della chiesa di S. Giovanni di Prè. Gênes, 1879.

Persoglio V. — Sant'Ugo, cavaliere ospitaliere gerosolimitano, e la Commenda di S. Gio. di Prè. Cenni storicocritici. Gênes, 1877

** Peruzzi Robert. — Ad Adrianum Pont. Max de obsidione Rhodi oratio. (Cité par Goussancourt et Smitmer)

** Le même. — Lettre à Paul Vettori, datée de Rhodes le 13 octobre 1522. (Archives de Florence.)

Peruzzi S. L. — Storia del commercio e dé Banchieri di Firenze in tutto il mondo canosciute dal 1200 al 1345 Florence, 1868.

Pignotti L. — Storia della Toscana fino al principato. Florence, 1826.

* Piossasco (Le chev. Fr. Merle). — Lettre à Barbre, Marquise de Mantoue, écrite de Rhodes, le 4 août 1482. (Archives des Gonzague à Mantoue.)

Plinii Secundi. — Naturalis historia Venise, 1507.

* Plutarco. — Le vite traslatate di grammatica greca in volgare greco in Rodi per Domitri Taloquidi e da

greco in ragonese (aragonais) per un frate predicatore vescovo di Tudernopoli, per comandamento del riverente in Christo Padre et Signore domino firate Giovanni Maestro dell' Ordine dello spedale di S. Giovanni in Gerusalemme (le Gr. Maitre de Hérédia). (Code écrit en 1468, dans la Bibliothèque Laurentenne de Florence.)

Poitiers G. B. - - Recueil de tous les oiseaux de proie qui servent à la volerie et fauconnerie, 1567. (Un des traités de fauconnerie imprimés par Mamet avec la *Fauconnerie* de Jean de Franchières.)

Porcacchi. - Le isole più famose. Venise, 1575.

Port. — Essai sur l'histoire du commerce maritime de Narbonne. Angers, 1854.

Pozzo (dal). (Le comm. Fr. Barthélemy.) — Historia della sacra Religione militare di S. Giovanni gerosolimitano. Vérone et Venise, 1703-1715.

Le même. — Ruolo generale dei Cavalieri gerosolimitani ricevuti nella Ven. Lingua d'Italia fino all' anno 1689, continuato dal Gr. Priore Fr. Roberto Solaro per tutto l'anno 1713, e ultimamente cresciuto fino all' anno 1738. Turin, 1738.

Privat de Fontanilles. — Malthe ou l'Isle-Adam, dernier Grand-Maitre de Rhodes et premier Grand-Maitre de Malthe. Paris, 1749.

* Privilegia a Summis Pontificibus Ordini Sancti Johannis hierosolymitani concessa. (Archives du Grand Prieuré de Venise.)

Privilegia immunitate Ordinis S. Johannis hierosolym. Rhodianæ militiæ a Summis Pontificibus concessa. Leipzik, 1520.

Protesta del Capitano Generale dell' armata veneta al Gran Maestro di Rodi (1464). (Dans l'*Archivio storico italiano*. Vol. VII.)

* Puccini (Le chev. Fr. Jean-Bapt.) — Lettre à Paul Vettori sur les affaires de Rhodes, écrite de Messine le 2 mars 1523. (Archives de Florence, papiers Strozzi, 369.)

Pullicino P. — La santa effigie delle Beata Vergine Maria nella Cappella del SS. Sacramento della Chiesa Concattedrale della Valletta. Malte, 1863.

Quien. — Oriens christianus in quattuor Patriarchatus digestus. Paris, 1740

Ragnina N. — Annales Ragusini. (Dans les *Monumenta spectantia historiam slavorum meridionalium.* Vol. XIV.)

Ramadan. — Epitre triomphale pour la conquête de Rhodes. (Dans les *Archives de l'Orient Latin,* vol. II.)

Le même. — Mémoires sur la prise de la ville et de l'ile de Rhodes en 1522 par Soliman, empereur des Ottomans. (Publiés par Tercier dans les *Mémoires de l'Académie des Inscriptions de Paris,* vol. XXVI. Paris, 1759.)

Reclus E. — Nouvelle Géographie universelle. Paris, 1884.

* Règle (La) et les Établissements et les Coutumes de l'Hospital de Sainct Jehan de Jerusalem. (Copié du Code Vatican, écrit vers 1280 et cité par Smitmer.)

Regnaut Antoine. — Discours du voyage d'outre-mer au Sainct-Sepulcre de Jherusalem et autres lieux de la Terre Sainte. Lyon, 1573.

Resseguier (Le Bailli de). — Dissertation sur la trahison imputée à Andrée d'Amaral, Chancelier de l'Ordre, lors du siège de Rhodes. S. L. 1757.

** Le même. — Le siège de Rhodes fait par Soliman II, poème. (Cité par Smitmer.)

Revue numismatique Paris, 1859.

Reisenbuche des heileigen Lands. Francfort, 1584.

* Rhodes (Fr. Nicolas de). — Lettre au

Pape Innocent VIII. (Dans la Bibliothèque de Saint - Marc de Venise, cod. 178, cl. II.)

Rhodiorum militum Magistri. — De servata urbe sua et insigni victoria contra Turcas ad Fridericum III Imperatorem relatio(Dans les *Rerum Germanicarum Scriptores* de Tréher, et dans le *Codice diplomatico* de Pauli.)

Richardi Regis itinerarium (Dans les *Anglicanæ historiæ scriptores quinque*. Oxford, 1887.)

Rietstap. — Armorial général. Gouda, 1884.

Rinaldi O — Annali ecclesiastici. Rome, 1646-1677.

* Rohan (Le chevalier Fr. Albérique). — Sa relation de Rhode, d'où il partit le 14 novembre 1522. (Dans les Archives de Florence, papiers Strozzi, 368 ; elle se trouve alléguée à une lettre du Cardinal Rangoni au célèbre François Guichardin, en date du 13 juin 1523)

Robert L. — Catalogue des collections composant le musée d'artillerie en 1889. Paris, 1890.

* Roberti (Le chevalier). — Account of the taking of Rhodes by the Turk. (Cité par Smitmer.)

Roberson. — The history of the reign of the emperor Charles V. — Londres, 1769. (Trad. en français par Suard, et imprimée à Paris en 1822.)

Rocchi E. — Le origini della fortificazione moderna ; studi storico-critici Rome, 1894.

Roque (De la). — Catalogue des Chevaliers de Malte. Malte...

Ross. — Reisen auf griechischen Inseln. Stuttgard, 1840-1852.

Rottiers (Le colonel). — Monuments de Rhodes (avec atlas.) Bruxelles, 1830.

Rubbi Andrée. — Rodi presa, tragedia. Venise, 1773.

Saint Allais. — L'Ordre de Malte, ses Grands Maîtres et ses Chevaliers. Paris, 1839.

Salzmann A. — Nécropole de Camyros (île de Rhodes) ; journal des fouilles exécutées dans cette nécropole pendant les années 1858 à 1865. Paris, 1875.

Sanseverino Robert. — Viaggio in Terra Santa. Bologna, 1888.

Sansovino M. J. — Della guerra di Rhodi Libri III. (C'est la traduction de l'histoire de Fontanus.) Venise, 1545.

Le même. — Commentario sull' isola di Rodi (Imprimé en 1543, à Venise, avec l'ouvrage précédent et une description de l'île de Malte.)

Sanuto M. — Diarii. Venise, 1879-189.

Sathas C. — Μεσαιωνικὴ βιβλιοθήκη. Athènes, 1878.

Le même. — Documents inédits relatifs à l'histoire de la Grèce au moyen âge. Paris, 1880-1890.

Savary. — Lettres sur la Grèce. Paris, 1782.

Scola Bartolomeo. — Di Basilio della Scola, soldato, bombardiero ed in gegnere militare, studi e documenti. Venise, 1888.

Scrinzi Ange. — Iscrizioni greche inedite di Rodi. Venise, 1899 (*Atti dell' Istituto di Scienze, Lettere ed Arti.*)

Scropii Thomæ Dromonensis Episcopi. — De legatione sua ad Rhodios liber (Cité par Smitmer.)

* Solivanov. — De Rhodi insulæ topographia. 1892.

Semini (Le chevalier Antoine). — Lettere sulla perdita di Rodi e sull' arrivo del Gr. Maestro in Messina (Manuscrit chez Smitmer.)

Sguropulos Sylvestri — Vera historia unionis non veræ inter Græcos et Latinos, sive Concilii Florentini exactissima narratio. A La Haye, 1660.

Simonis Julii. — Captivitas Rhodi. Rome, 1523.

Smitmer (de) François. — Catalogo della Biblioteca del sagro Militare Ordine di

S. Giovanni Gerosolimitano, oggi detto di Malta. S. L. 1781.

Solis J.-C. — Descrizione di molte isole famosissime. Padoue, 1696.

Solaro (Le chevalier fr. Robert). - V. Pozzo (dal)

Sonetti (Bartolomeo de li) Isolario. — Cette collection de sonnets descriptifs de plusieurs îles du Levant, est l'œuvre de Bartelemy Zamberti, capitaine de navire au service de la République de Venise Cet ouvrage, selon Cicogna (Bibliografia Veneziana, I, 361), a été écrit entre 1478 et 1485. Le manuscrit se trouve dans la Bibliothèque de Saint-Marc à Venise. V. *Not. add.* de cet ouvrage, page 115 et seq.

Spandungino J. — De la origine degli Imperatori Ottomani, Ordine della Corte, forma del guereggiar loro, sit e costumi delle naione (Dans Sathas, *Documents, etc.*)

Stabilimenta Rhodiorum Militum. Ulme, 1496 (Imprimé avec les ouvrages de Caoursin.)

Statuta Hospitalis Hierusalem. Rome, 1588.

* Suarez Henrici. — Orbis christianus (Manuscrit dans la Bibliothèque Nationale de Paris ; on a un extrait de ce livre dans les *Archives de l'Orient latin*, vol. I.)

Südheim (de) Ludolphi. — De itinere Terræ Sanctæ (Dans les *Archives de l'Orient latin*, vol. II.)

Suidas. — Lexicon. Genève, 1630.

Tercier. — Mémoires de l'Académie des Inscriptions. Vol. XXVI.

Thevenot. — Relation d'un voyage fait au Levant. Paris, 1665.

Tombeau des Grands Maitres de Rhodes, au Musée de Cluny (Dans l'*Illustration*, vol. LXXI, 1878.)

Tommassetti G. — Notizie intorno al Cavaliere fr. Melchiorre Bandini, vice-can celliere dell' Ordine Gerosolimitano a

Rodi. Rome, 1881 (Publiées pour les noces Bandini Grazioli.)

Torquato. — De eversione Europæ ; prognosticon. S. L.

Torr Cecile. — Rhodes in ancient times. Cambridge, 1885.

Le même. — Rhodes in modern times. Cambridge, 1887.

Tougard C. — Quelques notes sur la Chapelle de la Commanderie de Saint-Vaubourg au Val de la Haye. Rouen, 1873.

* Trevisano Domenico, Capitano Generale a Candia. — Relatione fatta l'anno 1523 al Senato Veneto. — (Dans la bibliothèque de Saint-Marc de Venise, cod. 882, cl. VII.)

Tschudi L. — Reise und Pilgerfahrt zum heiligen Grab. Rorschach, 1606.

Ursini Veli Germani. — Ad Rhodum consolatio ob Clementis VIII Pont. Max. electionem (Cette brochure se trouve avec le discours de Guichard au même Pape.)

Valle (della) Pietro — Viaggi. Rome, 1650.

Vallet de Viriville. — V. Bouvier.

Varie grazie, ossiano dispense di consuetudini e di statuti fatte dai Sommi Pontifici a ' Cavalieri dell' Ordine Gerosolimitano etc. (Dans le *Trattato della povertà, etc.* du Prieur Cavarita.)

Vasari Georges. — Le vite dei più eccellenti pittori, scultori e architetti ; con nuove annotazioni e commenti di G. Milanesi. Florence, 1878-1882.

Vernazza G. — Vita di Benvenuto di San Gorgio, cavaliere gerosolimitano. Turin, 1780.

Vertot (l'abbé René de). — Histoire des Chevaliers de Saint-Jean de Jérusalem, appelés depuis Chevaliers de Rhodes et aujourd'hui Chevaliers de Malte. Paris, 1726 (En général l'édition citée dans notre ouvrage est celle d'Amsterdam, 1764.)

Vie (la) et les aventures de Zizim, fils de Mahomet II, empereur des Turcs. Paris, 1724.

Vignati et Benvenuti. — Provincia di Crema (Dans la *Grande Illustrazione del Lombardo-Veneto.*)

Villeneuve-Bargemont. — Monuments des Grands Maîtres de l'Ordre de Saint-Jean de Jérusalem, accompagnés de notes historiques. Paris 1829.

Vimercati-Sansererino, fr. Lelio. — Les preuves de noblesse faites dans le Prieuré de Lombardie pour sa réception dans l'Ordre de Saint-Jean de Jérusalem, l'année 1680. (Dans les archives du Grand Prieuré de Venise.)

* Visitatio et informatio de omnibus fundationibus ac possessionibus Capellarum Ecclesiæ Sancti Johannis Collacii, Ecclesiarum Sancti Antonii, Nostræ Dominæ de Philermo, etc., aliarumque Ordinis Sancti Johannis hierosolymitani in insula Rhodi anno 1508, facta mandato Magni Magistri fr. Emerici Damboyse (Manuscrit près Smitmer.)

Voyages faits en Asie dans les XII, XIII, XIV et XV° siècles. La Haye, 1735.

Wagner — Carmina Medii Ævi. Leipsick, 1874.

Le même. — Rhodische liebslied. Leipsick, 1879.

* Waldener (Le commandeur fr. Christophe). — Relatio de obsidione Rhodia. — (Citée par Smitmer; c'est peut-être la lettre écrite à son père, publiée par Tercier.)

Wahraffige neue Zeitung der Belegerung der Stadt Rhodis. S. L. 1522.

Windus (Le Capitaine). — Sur la Grande Caraque de l'Ordre de Saint-Jean de Jérusalem dite de Ste-Anne (Dans le *Archæological Journal.* Londres, 1862. vol. XIX.)

Zeno Apostolo. — Dissertazioni Vossiane. Venise, 1753.

Ziliolo Alessandro. — Storie memorabili dei suoi tempi. Venise, 1642.

Zosyme (Le diacre). Vie et pèlerinage Genève, 1889 (Dans les *Itinéraires russes en Orient. Archives de l'Orient latin.*)

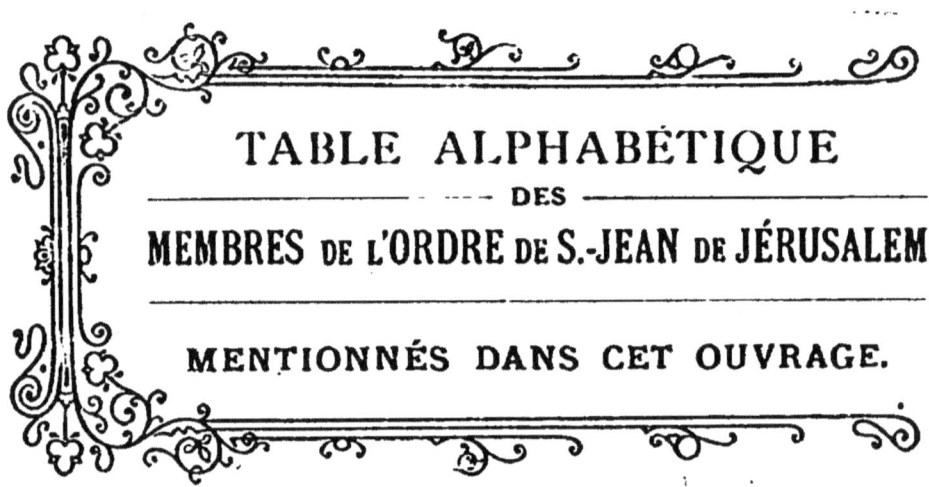

TABLE ALPHABÉTIQUE

DES

MEMBRES DE L'ORDRE DE S.-JEAN DE JÉRUSALEM

MENTIONNÉS DANS CET OUVRAGE.

TABLE ALPHABÉTIQUE GÉNÉRALE.

TABLE DES GRAVURES.

ERRATA.

Page 11, ligne 25, *en lieu de* : journal contemporain,   *lisez* : journal contemporain du siège de 1522.
» 16, » 1,   »   Plan de l'île de Rhodes,   »   Plan de la ville de Rhodes.
» 20, » 20,   »   de Trinquetaille,   >   de Trinquetaille, Fr. Robert d'Aube, dit Rocquemartine.
» » note 5,   »   de Paul Vettori,   »   du chevalier Fr. Jean-Baptiste Puccini.
» 21, ligne 5,   »   Paul Trevisani,   »   Paul Giustiniani.
» 31, » 11,   »   armoristes,   »   armoiristes.
» 36, L'écusson de la Langue de Castille doit être parti à gauche de celui du Portugal.
» 38, note 7, *en lieu de :* Not. III. et Doc.,   *lisez* : Notes Add. et Doc. I.
» 45, » 6,   »   Tercier, op. cit.,   »   Tercier, Mémoires de l'Académie des Inscriptions.
» 59, ligne 13,   »   dans la quatrième,   »   dans le quatrième.
» 66, note 1,   »   Ferlenghi,   »   Federighi.
» » » »   »   Araldico,   -   Araldica.
» 85, » 3,   »   de Paul Vettori,   »   du chevalier Fr. Jean-Baptiste Puccini.
» 86, » 2,   »   de Paul Vettori,   »   du chevalier Fr. Jean-Baptiste Puccini.
» 94, ligne 12,   »   Sant-Jean,   »   Saint-Jean.
» » note 1,   »   de Paul Vettori,   »   du chevalier Fr. Jean-Baptiste Puccini.
» 100, ligne 24,   »   aux portes,   »   aux postes.
» 105, » 2,   »   statuta res,   »   statutaires.
» » » 4,   »   les commanderies,   »   la commanderie.
» 111, » 3,   »   cielo,   »   cœlo.
» » » 4,   »   croyions,   -   croyons.
» 113, » 22,   »   se tête,   »   sa tête.
» 116, note 5,   >   Not. III. et Doc. II,   »   Not. Add. et Doc. II.
» 129, ligne 13,   »   Policien,   »   Politien.
» 145, » 32,   »   trouait,   »   trouvait.
» 183, » 7,   »   mois sensible,   -   moins sensible.
» 195, » 1,   »   d'un ancien tour,   »   d'une ancienne tour.
» 229, » 14,   »   page 221, note 4,   »   page 221, note 3.
» 235, » 4,   »   Sagrio,   »   Sagro,
» » » 6,   »   aggi,   »   oggi.
» 236, » 25,   »   Brugère (Le),   »   Bruyen (Le).
» 239, » 11,   >   ali Ordine,   >   all' Ordine.
» » » 31,   »   transmarine,   »   transmarinæ.
» 242, » 37,   »   per Rhodiorum,   »   pro Rhodiorum.
» 243, » 35-36,   »   gerospolimitano,   »   gerosolimitano.
» » » 32,   »   Tivenze,   »   Firenze.
» » » 33,   »   canosciute,   »   conosciuto.
» 244, » 9,   »   Laurentenne,   »   Laurentienne.
» » » 13-14,   »   Slatorum,   »   Slavorum.
» 245, » 20,   »   sit,   »   siti.
» » » 21,   »   dell naione,   »   della natione.
» » » 37,   »   Gorgio,   »   Giorgio.

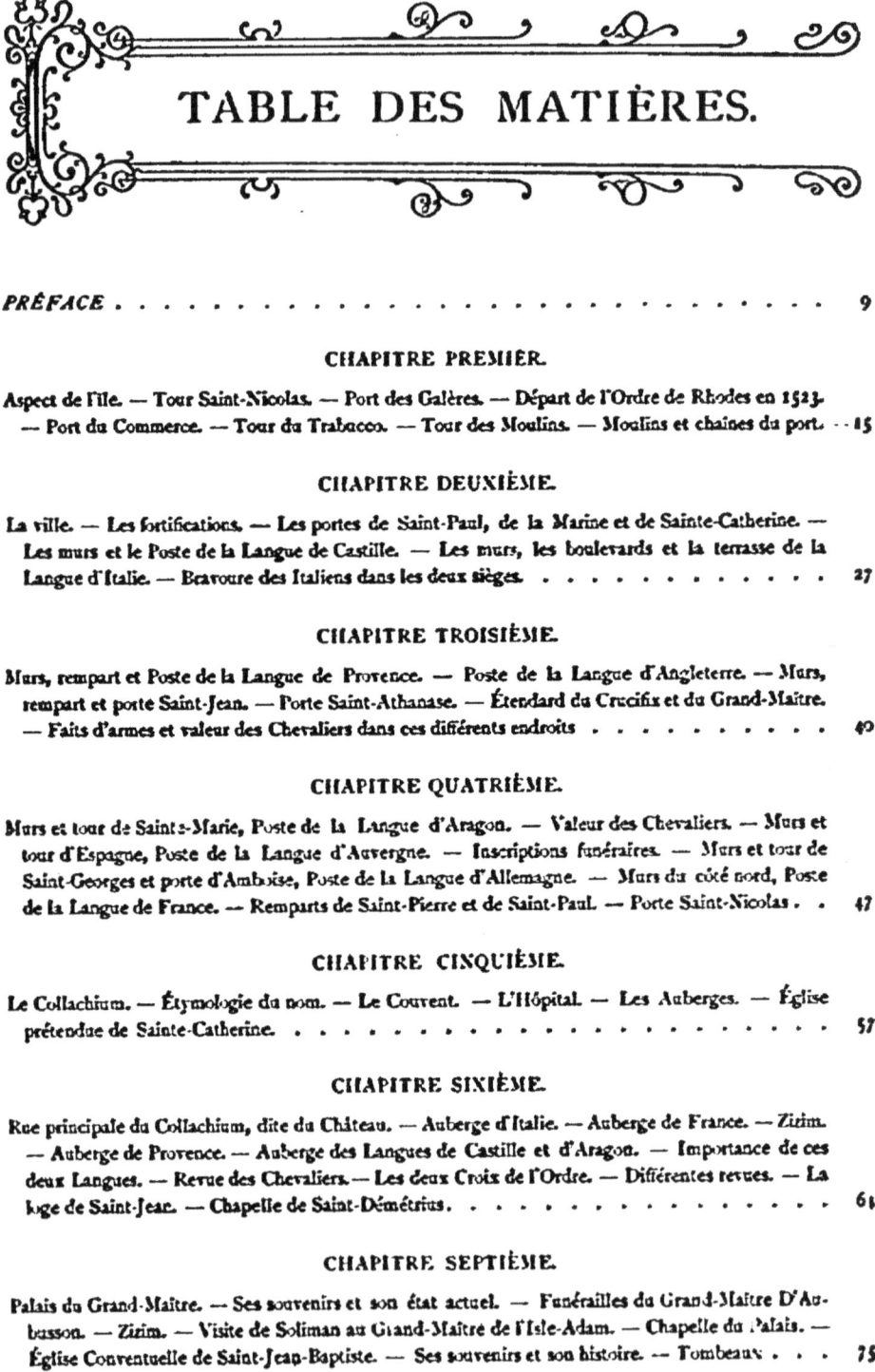

TABLE DES MATIÈRES.

CHAPITRE DIX-HUITIÈME.

CHAPITRE DIX-NEUVIÈME.

CHAPITRE VINGTIÈME.

www.ingramcontent.com/pod-product-compliance
Lightning Source LLC
Chambersburg PA
CBHW051241050726
47594CB00001B/254